LE NOUVEL ÂGE DU CAPITALISME

DU MÊME AUTEUR

L'État brancardier, Calmann-Lévy, 1989.
Le Colbertisme « high tech », Hachette, 1992.
La Tentation hexagonale, Fayard, 1996.
L'Ordre économique mondial, Fayard, 2001.

En collaboration avec Michel Bauer
Qui gouverne les groupes industriels ?, Seuil, 1981.
Les Grandes Manœuvres industrielles, Belfond, 1985.

Élie Cohen

LE NOUVEL ÂGE DU CAPITALISME

Bulles, krachs et rebonds

Fayard

© Librairie Arthème Fayard, 2005.

Introduction

Il y a une énigme du capitalisme contemporain. Comment expliquer que le plus grand choc boursier que nous ayons connu depuis 1929, provoqué par l'éclatement de la bulle de l'Internet, n'ait eu aucun des effets habituels en termes macro- ou microéconomiques ? Comment expliquer que les crises qui se sont succédé depuis 1997 aient été accompagnées d'une croissance exceptionnelle, puisque 2004 restera dans les annales comme l'année où la croissance mondiale aura été la plus forte depuis 20 ans ? Comment expliquer que la crise de confiance dans le capitalisme, ses institutions, ses régulations, intervenue après les faillites frauduleuses d'Enron et de Worldcom ait été digérée en quelques mois et n'ait en rien freiné la diffusion du modèle américain d'un capitalisme régulé de marchés financiers ?

Chacune de ces questions a reçu des réponses structurelles ou conjoncturelles. La révolution des technologies de l'information, la mondialisation, la globalisation des marchés financiers expliqueraient la dynamique maintenue de l'expansion économique. La qualité du pilotage des politiques macroéconomiques, la solidité des institutions microéconomiques, la réactivité des organisations, les innovations financières seraient cause de cette « résilience » économique. Enfin l'œuvre du législateur, l'office de la régulation et le travail de la justice auraient permis le rebond d'un système pourtant durement atteint. Ces explications, aussi cohérentes soient-elles, ne rendent pas compte de la séquence des crises, de la rapidité des retournements, de la trajectoire du nouveau capitalisme.

Depuis la crise asiatique de 1997, on ne compte plus les crises majeures, inattendues, violentes, porteuses de remises en cause radicales, mais toujours suivies de reprises, de bulles puis de rechutes. Pourtant, les crises asiatiques, russes, ou celle résultant de l'effondrement du fonds d'arbitrage LTCM[1] avaient à peine perturbé, dans les années 1990, la dynamique de croissance tirée par les États-Unis et alimentée par les moteurs de la nouvelle économie et de la mondialisation.

Depuis l'an 2000, les crises paraissent plus durables et s'additionnent dans un contexte général de croissance inégale. Après le *bogue* de l'an 2000, ce fut le krach de la nouvelle économie, peu après le drame du 11 septembre 2001, en 2002, la crise de confiance liée à la faillite d'Enron, puis la grippe aviaire en Asie, et aujourd'hui, il est question de bulle immobilière. Chaque bulle qui éclate « purge », dit-on, l'économie ou les marchés de leurs excès, à la manière d'une bonne saignée censée remettre le patient d'aplomb. Mais l'économie mondiale, qui repart toujours de l'avant, semble porter en germe les sources des crises futures, comme si la solution apportée à chaque crise provoquait un nouveau déséquilibre et accélérait la venue de la suivante.

Dans le brouillard de l'actualité, on annonce à chaque épisode paroxystique le retour de 1929, avec son cortège de récession, de faillites et de chômage, avant d'en relativiser la portée lors de l'épisode suivant. Le passage à l'an 2000 devait ainsi mettre notre civilisation en péril. Privés de leurs commandes électroniques, les avions affolés allaient tomber comme des mouches, les centrales nucléaires s'arrêter net, les ascenseurs rester coincés entre deux étages et notre économie, en général, piquer du nez. Avec le krach de la « nouvelle économie », c'est la

---

1. LTCM (Long Term Capital Management) est un fonds d'arbitrage américain dont la faillite en 1998 a provoqué l'effondrement des bourses mondiales et menacé un moment de mettre en péril le système financier international.

promesse d'une croissance continue sans récession ni inflation – puisqu'elle était le résultat des gains de productivité – qui disparaît ; c'est un nouvel âge de la prospérité, stimulant l'enrichissement personnel ou favorisant la redistribution, qui s'évanouit. Le 11 septembre paraissait condamner la mondialisation dans son ensemble : impossible d'imaginer le libre-échange, l'entreprise réseau, les délocalisations dans un monde de méfiance, hérissé de protections, de dispositifs sécuritaires. La crise de la grippe aviaire achève de terroriser des acteurs économiques mondialisés soumis à des chocs répétés, intenses et imprévisibles. Si l'atelier du monde lui-même devient inaccessible, alors la mondialisation est vraiment en péril.

Qui pouvait croire que le pire était encore à venir, avec les scandales Enron, Worldcom, Ahold, Vivendi ou encore Parmalat, pour ne mentionner que les plus fameux ? Un éditorialiste a pu dire de la faillite d'Enron qu'elle faisait plus de mal au capitalisme que le 11 septembre car elle minait sa légitimité. De toutes les atteintes au capitalisme, la plus insidieuse et la plus durable est celle qui touche au cœur la confiance. Confiance dans les chiffres censés retracer l'activité de la firme et dans les auditeurs mandatés pour certifier les comptes, confiance dans les analystes et les agences de notation dont le métier est de traiter l'information pour le compte des investisseurs, confiance, enfin, dans les autorités boursières dont la mission est de contrôler les marchés financiers.

Ces crises n'ont pas toutes eu la même portée. Certaines ont eu un impact géopolitique majeur, d'autres un impact économique immédiat mais limité dans le temps ; d'autres encore auront des conséquences à long terme sur nos modes de vie. Pourtant, la crise de confiance consécutive à la faillite d'Enron, si elle a bien touché au cœur le capitalisme de marchés financiers, n'a altéré ni la dynamique de croissance des États-Unis, ni apparemment l'attractivité du modèle américain. Pourquoi, alors qu'il ne s'agissait que d'une série de faillites, certes spectaculaires mais conformes à la logique capitaliste, a-t-on parlé de crise majeure ?

Ces faillites ont soulevé trois problèmes : le statut des intermédiaires financiers garants de la confiance (analystes, agences de notation, auditeurs comptables, gérants de fonds) dans une économie régulée, l'efficacité de la régulation dans une économie d'innovation, la réalité des bénéfices économiques obtenus par la déréglementation. Enron, Parmalat, Adelphia, Tyco ou encore Worldcom ont livré des comptes obscurs. À l'aide de procédés comptables, ces firmes ont parfois fait croire à une activité qui n'existait pas, voire forgé des résultats imaginaires. Elles ont dissimulé des dettes et artificiellement gonflé la valeur de certains actifs. Ces entreprises ont pu ainsi manipuler leurs comptes sociaux, sans que les contrôles internes de leurs auditeurs et administrateurs, ou externes des analystes, agences de notation et agences de régulation aient rien décelé, rien arrêté, rien sanctionné. La sincérité des comptes, sur laquelle tout l'édifice du crédit, de l'investissement et des retraites était fondé, a été bafouée sans que personne ait réagi.

Ces manipulations lèvent des interrogations quant à la réalité de la croissance des années 1990 dans les secteurs libéralisés et aux vertus prêtées à la déréglementation. Si les chiffres d'affaires et les résultats des entreprises phares des télécommunications et de l'électricité ont été largement trafiqués, les bénéfices économiques des politiques de déréglementation à l'œuvre dans ces secteurs sont à revoir. Quel est le réel bilan de la déréglementation de l'électricité si cette politique a ruiné l'État de Californie, permis qu'Enron manipule le marché et coûté davantage à chaque consommateur? Comment évaluer l'impact réel de la libéralisation des télécommunications quand on sait que les baisses de prix constatées par les consommateurs sont en partie le produit d'un transfert de richesse provisoire des investisseurs vers les consommateurs? La déréglementation des télécommunications a abouti à des surinvestissements dans les réseaux, à de fausses facturations de bande passante et, au terme du processus, à la destruction de capital et à la faillite des nouveaux entrants : on peut légitimement s'interroger sur l'impact économique d'une telle politique. S'agissant enfin de la déréglementation financière, si l'effet net de la suppression des barrières entre les activités de banque de détail, de banque d'affaires et du commerce de titres est la capture du client, l'incitation à la manipulation des marchés et à la confusion des genres entre analystes et banquiers d'affaires, on peut là aussi remettre en cause les bénéfices de la libéralisation.

Enfin, si de telles malversations ont pu proliférer au pays de l'industrie financière la plus sophistiquée et de la *corporate governance*[2] la plus normée, alors c'est le modèle américain de capitalisme régulé qui est remis en question. En effet, en raison de la taille et de la profondeur du marché financier américain, les normes juridiques, comptables et financières qui le régissent ont fini par s'imposer partout. Les entreprises européennes cotées à Wall Street importent ce modèle sur le vieux continent. Par ailleurs, le développement des marchés financiers et le recul des formes traditionnelles d'intermédiation de ce côté de l'Atlantique ont contribué à rapprocher les différentes formes de capitalisme. Au-delà de la crise elle-même, c'est donc la question de la convergence inéluctable des systèmes qui se pose.

Trois ans plus tard, la crise paraît oubliée, digérée, et sa portée exagérée. Il aura suffi d'exhiber quelques patrons menottés devant les téléspectateurs, de produire dans la hâte une nouvelle loi (Sarbanes-Oxley[3]) et de laisser faire la justice pour que tout rentre dans l'ordre. Un curieux consensus a fini par émerger selon lequel la cupidité a toujours fait partie des sept péchés capitaux.

Ce livre est né d'un refus, celui de résumer les causes de cette crise en évoquant la seule cupidité. Le propre des institutions de régulation est de policer les passions, les intérêts et les comportements humains. Une crise de cette ampleur révèle un échec du système. En même temps, si la crise est systémique, comment expliquer la résilience du système, comment comprendre que des chocs qui auraient dû être fatals aient été absorbés ?

Pour répondre à ces questions, il faut faire droit à deux approches qu'incarnent bien, dans des genres différents, Joseph Stiglitz[4], Prix Nobel d'économie et contempteur de l'intégrisme

---

2. Gouvernance d'entreprise.
3. La loi Sarbanes-Oxley a été votée par le Congrès américain après la faillite d'Enron pour restaurer la confiance (*cf.* chapitre 10).
4. Joseph Stiglitz, *The Roaring Nineties*, New York, Norton, 2003.

de marché, et Raghuram Rajan[5], économiste en chef du Fonds monétaire international et professeur de finance à Chicago.

Le premier, père de la théorie des asymétries d'information, pratique la charge de cavalerie lourde altermondialiste. Sa thèse tient en quelques formules : les années 1990 ont vu le triomphe de faux économistes (Laffer et les théoriciens de l'économie de l'offre[6]) et de vrais affairistes (Ken Lay, P-DG d'Enron, pour n'en citer qu'un). Ceux-ci sont parvenus à imposer, par le trafic d'influence, un évangile de la déréglementation, destructeur pour l'économie et source d'un immense enrichissement pour toute une classe de profiteurs. Ces « intégristes du marché » auraient même réussi, selon Joseph Stiglitz, à exporter leur fausse science aux quatre coins du monde en diffusant, pour le malheur des peuples, le décalogue du « consensus de Washington ». Pis encore, ces conservateurs ont même accompli le tour de force de subjuguer les démocrates et de pervertir jusqu'au premier d'entre eux, Bill Clinton, alors Président. Comment comprendre la forte croissance et le boom technologique de ces dernières années ? Pourquoi les crises à répétition n'ont-elles pas mis à bas le système ? Pourquoi d'excellents esprits qui, comme Stiglitz, étaient aux manettes, ne furent-ils pas entendus dans leur propre camp tandis que d'autres, bien moins qualifiés, faisaient école ? On n'en saura rien, ou pas grand-chose.

La seconde approche, celle de Raghuram Rajan, théoricien d'une finance progressiste et libératrice, ne voit dans les crises actuelles que des moments d'adaptation. L'invention d'une nouvelle industrie du risque, les vertus de la finance de marché, les crises avérées des systèmes financiers fortement intermédiés plaident en faveur de l'innovation financière même si, dans les brèches d'une régulation perfectible, se glissent des pratiques frauduleuses. Cette démarche trouve un écho chez des économistes comme Anton Brender[7], qui font du couple banque centrale-marchés financiers le moteur de la nouvelle régulation, et donc de

---

5. Raghuram Rajan et Luigi Zingales, *Saving Capitalism from the Capitalists*, New York, Crown Business, 2003.
6. *Supply side economics*.
7. Anton Brender et Florence Pisani, *La Nouvelle Économie européenne*, Paris, Economica, 2005.

la croissance soutenue. On en trouve une autre version chez Aldo Cardoso, dernier président d'Arthur Andersen, l'entreprise d'audit par laquelle le scandale Enron a pris toute son ampleur : pour lui, la descente aux enfers de son entreprise ne relève que de l'éternel rituel sacrificiel du « bouc émissaire ». Mais supprimer un des acteurs de la chaîne fiduciaire coupable de fraudes à répétition ne suffit pas à comprendre la question centrale des instruments de mesure dans une économie de plus en plus virtuelle et financière. Les décisions prises dans la hâte, loin de résoudre le problème, donneraient la prime à l'incompétence au nom de la prévention du conflit d'intérêts. Pour Cardoso, on aurait pratiqué l'exorcisme au lieu de la thérapie. Là encore, l'expert a peut-être raison sur tel ou tel dispositif réglementaire, mais comment justifier que le contrôleur conseille le dirigeant ? À quoi sert l'auditeur s'il enregistre passivement les données qu'on lui communique ? À qui l'investisseur, le futur retraité, doit-il s'en remettre si la collusion règne entre acteurs censés incarner des tiers de confiance ?

Les contempteurs comme les thuriféraires du système se trouvent coincés dans une impasse. Pourquoi les politiques de libéralisation et de déréglementation, justifiées hier encore par la nécessité de redynamiser des systèmes économiques, sont-elles aujourd'hui dénoncées comme la source des manipulations de marché et des enrichissements sans cause ? À l'inverse, ne faut-il pas considérer que, si les dérives constatées relèvent toujours de comportements de fraude individuels, elles n'en révèlent pas moins des failles dans le système de régulation ? Faut-il incriminer un dispositif institutionnel perfectible ou admettre que les failles résultent elles-mêmes de compromis entre groupes d'intérêt et pouvoirs publics ?

La crise de confiance dans les institutions du capitalisme mise au jour, entre autres affaires, par la faillite d'Enron nous paraît donc une clé indispensable pour analyser et comprendre le capitalisme régulé de ce début de siècle.

Notre démarche articule trois approches.

La première, empirique et descriptive, consiste à faire le récit de deux affaires qui ont profondément marqué les esprits aux États-Unis et en Europe, celles d'Enron et de Vivendi Universal (VU). Difficile de comprendre, avec le recul, comment Jean-

Marie Messier, dirigeant une compagnie d'eaux, a pu se rêver *media mogul* et parvenir à entraîner derrière lui les marchés financiers, les médias et même les Bronfman, une famille canadienne redoutable dans la gestion de ses intérêts financiers. Il est tout aussi énigmatique de comprendre comment un modeste opérateur de pipelines a pu, en dix ans, se hisser au septième rang des entreprises américaines à coups de diversifications dans le trading et en vendant aux marchés le modèle de l'entreprise sans actifs tangibles. Ces deux histoires font émerger les situations, les acteurs, les décisions qui modèlent l'entreprise et lui donnent un cours a priori si improbable. Mieux encore, elles permettent de repérer des nœuds problématiques, c'est-à-dire des moments charnières où l'entreprise, dans un environnement donné, hésite entre de multiples options et finit par faire un choix dont on peut alors évaluer la portée.

La deuxième approche est analytique et relève de l'économie politique. VU et Enron ont tous deux bénéficié des politiques de déréglementation et de libéralisation tant dans les secteurs financiers que dans celui des *utilities* (services publics en réseau). Or ces politiques ont favorisé l'expansion de ces secteurs alors même qu'elles comportaient des failles visibles. La genèse de ces politiques publiques se trouve à la source de bien des dérèglements ultérieurs. Faire l'économie politique de ces réformes et de leur mise en œuvre, c'est comprendre la logique des intérêts et de leur conciliation par l'autorité politique sans recourir aux thèses trop faciles du complot.

Notre troisième approche est institutionnelle et porte sur la dynamique de convergence des systèmes capitalistes. Les années 1990 ont vu les capitalismes européens perdre une partie de leurs spécificités et suivre de plus en plus le modèle américain. Cette convergence va-t-elle être freinée par l'affaire Enron ou, à l'inverse, renforcée par la nouvelle loi américaine Sarbanes-Oxley ? Notre démarche est donc inductive et repose sur la conviction que les récits d'entreprise permettent d'analyser les mutations du capitalisme. Mais pourquoi Vivendi et Enron ?

La faillite d'Enron est habituellement associée à celles de Worldcom, de Parmalat, de Tyco, d'Adelphia ou encore d'Ahold.

Dans les résumés qu'on présente de ces affaires, on nous conte toujours la même histoire, celle de dirigeants peu scrupuleux qui se sont livrés à des fraudes majeures. Ces chefs d'entreprise cupides ont ruiné leurs firmes, emporté l'épargne voire la retraite de leurs salariés et des investisseurs. Ces faillites ont révélé des pratiques illicites et déclenché des actions judiciaires.

La quasi-faillite de Vivendi Universal relève apparemment d'une tout autre séquence événementielle, et dès lors d'une autre logique : pourquoi l'associer à celle d'Enron ? En effet, l'histoire de VU serait celle d'une ambition mal maîtrisée financièrement aboutissant à une crise de trésorerie aiguë. La liquidation progressive des actifs est certes le signe d'une faillite industrielle, mais elle ne paraît pas remettre en cause les politiques de déréglementation, ni la dynamique de convergence.

Si l'on cherche dans les métiers, les situations, les personnages qui ont animé ces deux affaires, les différences sont légion.

Kenneth Lay, le président d'Enron, est un entrepreneur texan, fidèle de George W. Bush. Jean-Marie Messier fut quant à lui le Petit Prince de l'aristocratie des affaires françaises avant de se rêver tycoon hollywoodien.

VU est l'héritier de la Compagnie générale des eaux, un groupe de services publics locaux enraciné dans le terroir et riche de mille et une « cagnottes » dissimulées dans des sociétés locales. Enron, au contraire, est une entreprise neuve née du regroupement de quelques gestionnaires d'oléoducs gaziers.

Enron a falsifié des comptes, intimidé ses comptables, manipulé les marchés. Rien de tel apparemment en France, où VU semble avoir été davantage victime de la mégalomanie de son chef que de réelles manipulations comptables.

Enfin, Enron a été mise en faillite et a disparu, alors que VU a connu une dramatique crise de trésorerie et essaie de survivre en se recentrant sur les médias et les télécommunications.

Pourtant, croiser ces deux histoires pour rendre compte des métamorphoses du capitalisme s'est imposé comme une évidence.

L'effondrement de VU est directement lié à la séquence calamiteuse qui va de la faillite d'Enron en novembre 2001 à celle de Worldcom en juin 2002. On assiste dans ce court laps de temps à une inversion des critères d'appréciation des entreprises par les banques et les institutions financières. Les banques se battaient pour prêter de l'argent à des entreprises qui, même très endettées, disposaient de bonnes perspectives de croissance et d'un actif net positif; dès qu'Enron s'effondre, elles ferment brutalement leurs guichets à ces mêmes entreprises. VU sera une victime directe de ce retournement.

Par ailleurs, Enron et VU sont les entreprises emblématiques de la déréglementation et de l'innovation financière. La première fut un acteur décisif de la libéralisation du marché de l'électricité et de la déréglementation des marchés financiers tandis que la seconde, d'abord victime de la déréglementation foncière et financière, devint par la suite un agent direct des déréglementations des télécommunications et de l'énergie. VU connut la gloire en surfant sur la vague de l'Internet mobile avant de se faire le prophète inspiré de la convergence numérique. Après sa faillite, on a appris qu'Enron incarnait également les dérives de la déréglementation et de l'innovation financière, comme l'a montré la révélation des fraudes, manipulations de marché et trafics d'influence dont elle a été accusée.

Ces deux entreprises rassemblent à elles deux tous les grands récits des années 1990. Analyser la fabrique des politiques et des stratégies des deux groupes, c'est tout à la fois mesurer l'influence des firmes dans la définition des politiques publiques et comprendre en retour comment des stratégies industrielles et financières sont conçues et mises en œuvre dans des environnements tourbillonnants.

Enfin, ces deux entreprises forment la pointe avancée de deux capitalismes en train de converger. Kenneth Lay aimait à se présenter comme le héraut de la déréglementation pourchassant, au nom des investisseurs, les rentiers, les bureaucrates, les patrons oisifs et les financiers conformistes. Il voulait incarner le nouveau rêve américain, celui de la renaissance économique débarrassée des industries et des mentalités de la *rust belt* et tirée par les nouvelles technologies informationnelles et financières – bref, se faire le chantre d'un capitalisme qui sourit aux audacieux capables d'assumer le risque entrepreneurial.

Jean-Marie Messier avait la même aspiration : lui qui, en

tant que haut fonctionnaire politique, incarnait parfaitement le modèle français d'un capitalisme sans capitaux, oligarchique et encastré dans les territoires et l'État central, va promouvoir la création de valeur pour l'actionnaire, la globalisation, la convergence et, pour finir, annoncer la fin de l'exception française. Jean-Marie Messier développe ses activités en profitant des progrès de la déréglementation : il sera même tenté un moment d'emprunter la voie d'Enron dans le domaine du trading énergétique et des montages internationaux, lorsque l'opportunité d'une fusion avec Sithe se présentera, nous y reviendrons. Jean-Marie Messier, comme Ken Lay, doit tout – le meilleur comme le pire – aux marchés financiers : ils l'ont accompagné dans sa reconstruction d'un groupe affaibli, ils lui ont donné les ressources de sa vertigineuse croissance avant de le lâcher du jour au lendemain. Enron et VU ont toutes deux été des victimes des agences de notation. On ne comprend rien aux stratégies successives de Jean-Marie Messier et à la variation de ses convictions si l'on n'a pas en vue la conjoncture des marchés financiers et l'état de l'innovation financière. Dès lors, le contraste n'en est que plus violent avec la Générale des eaux historique. Jean-Marie Messier, comme Ken Lay, a certes fait preuve d'une inventivité financière et d'une créativité comptable à nulles autres pareilles. Mais, parce que cette montée de la complexité comptable n'était plus maîtrisée par les instances de contrôle interne et externe, VU fournit le cas européen le plus exemplaire des effets de la déréglementation et de l'innovation financière. En cela, il s'agit bien du pendant européen d'Enron.

Si nous avons retenu ces deux affaires pour fournir la trame des évolutions du capitalisme au tournant du siècle, c'est que l'une et l'autre expriment un état limite de deux capitalismes qui, partis d'univers différents, étaient en train de converger et ont été amenés à se remettre en cause avec la séquence des crises de ce début de siècle.

Ce livre a trois ambitions : décrire, comprendre, formaliser.

La trame de cet ouvrage est constituée des récits entrelacés de la montée en puissance et de la chute d'Enron et de Vivendi. Il ne s'agit pas, bien sûr, d'écrire un nouveau volume sur les sagas de Ken Lay ou de Jean-Marie Messier, mais bien plutôt de tracer les contours d'une histoire raisonnée de chacune de ces entreprises, c'est-à-dire d'inscrire dans le contexte économique les phases successives de l'ascension et de la chute de VU et d'Enron, en essayant de faire la part de ce qui relève des contraintes et des choix entre stratégies alternatives. Mais ces histoires individuelles sont en même temps particulièrement éclairantes pour comprendre la grande histoire économique de la dernière décennie. La trajectoire d'Enron est en effet inséparable de celle de la déréglementation de l'électricité et, plus tard, de la crise californienne. Par ailleurs, suivre le parcours de Ken Lay, un des acteurs directs de la politique énergétique américaine, permet de s'introduire dans les cénacles de la décision publique à Washington. De même, au moment où démarre l'histoire de Vivendi, son jeune patron doit traiter les conséquences de l'éclatement de la bulle immobilière et poser les premiers paris sur le développement d'Internet et de la téléphonie mobile. On ne peut comprendre le crédit dont a joui cet homme si on ne détaille pas l'action de Vivendi et sa réception. En effet, chacun des paris pris et gagnés a un triple effet : il crédibilise le dirigeant, il valide ses analyses et élargit le cercle de ceux qui le suivent.

Les récits raisonnés des stratégies des deux firmes éclairent deux démarches singulières et livrent les aspects cruciaux de l'évolution de l'environnement technologique, économique et réglementaire. Qu'il s'agisse de la convergence dans les nouvelles technologies de l'information et de la communication (NTIC), de la déréglementation de l'électricité ou du développement de l'industrie des produits dérivés, l'entreprise a développé une grille de lecture de ces évolutions, a conçu des politiques et les a mises en œuvre. Vivendi et Enron ont été des acteurs des politiques publiques tout en étant des produits de ces politiques.

Enfin, ce livre propose de nouvelles clés d'analyse pour comprendre ces évolutions. Analyser cette crise par le seul comportement des acteurs laisse trop de questions sans réponse. Pourquoi les opérateurs des marchés ont-ils cru si longtemps aux fables du multimédia mobile ou du négoce de bande passante? Pourquoi la régulation semble-t-elle toujours en retard d'une innovation? Pourquoi s'accommode-t-on si facilement des crises et de leur retour de plus en plus fréquent? Pourquoi, alors même que la crise paraissait condamner un certain modèle de régulation défini aux États-Unis, l'Europe continuait-elle à l'adopter et à l'adapter à la marge?

Dans un ouvrage précédent[8], nous avions décrit les progrès de la régulation et montré comment un nouveau pouvoir arbitral avait progressivement émergé. L'analyse de la faillite de LTCM et des ratés du FMI dans le traitement des crises asiatiques nous avait conduit à montrer les limites des instruments de régulation face à l'innovation financière d'un côté et aux échecs de la régulation prudentielle de l'autre. Nous souhaiterions ici explorer plus avant le couple innovation-régulation en matière financière, les effets conjoncturels de l'intégrisme de marché sur la régulation et, plus généralement, la profonde ambivalence des innovations financières, tout à la fois source de dispersion organisée des risques et opportunité grandissante pour les manœuvres frauduleuses.

---

8. Élie Cohen, *L'Ordre économique mondial,* Paris, Fayard, 2001.

1

Avant Vivendi (1)
Il était une fois la Générale des eaux

C'est un attelage improbable que forme le jeune Jean-Marie Messier, inspecteur des Finances, expert en privatisations passé par la banque Lazard, et la Compagnie générale des eaux (CGE), cette très vieille dame de l'industrie française dont la discrétion n'a d'égale que la constance dans la rentabilité. Cet appariement est d'autant plus singulier que le brillant financier à l'allure d'éternel adolescent n'a aucune expérience industrielle ni manageriale, et que la vieille dame connaît l'indignité des mises en examen pour corruption. Et il ne s'agit encore que d'apparences : l'entreprise est en réalité minée par une interminable guerre de succession, et les barons prétendants n'apprécient guère l'arrivée du jeune dirigeant qui est apparemment parvenu à séduire son patron, Guy Dejouany. Par ailleurs, la CGE est engluée dans des diversifications mal maîtrisées qui mettent à mal sa légendaire solidité financière, comme son important portefeuille immobilier, constitué au plus haut de la bulle immobilière. Pourtant, cinq ans plus tard, au moment de la constitution de Vivendi Universal, la réussite de Jean-Marie Messier et de son entreprise est unanimement reconnue[1]. Il a réussi ce tour de force : transformer la vieille dame indigne des concessions d'eau et des ordures ménagères en héraut français des médias, d'Internet et des télécommunications. Devenu l'égal de grands patrons comme Eisner chez Disney, Case avec AOL-TW ou Diller à USA Interactive, celui qu'on appelle désormais J2M aura sans transition propulsé l'antique CGE des miasmes des procès pour corruption d'élus locaux aux feux de la rampe hollywoodiens.

Comment en est-il arrivé là ? Comment la Générale des eaux a-t-elle pu, sous son autorité, régler en un temps record les problèmes judiciaires, financiers et manageriaux qui hypothéquaient dangereusement son avenir et se transformer en entreprise de médias ? En bref, comment Jean-Marie Messier est-il parvenu à faire taire les oppositions internes et externes, à séduire les marchés et à enrôler les médias ?

Un détour par l'histoire s'impose pour mieux saisir ce que Jean-Marie Messier a reçu en héritage, ce qu'il a vraiment entrepris, et les moyens qu'il a su rassembler pour engranger ses premiers succès et gagner sa légitimité de dirigeant d'entreprise. La CGE de Guy Dejouany était un empire tentaculaire réunissant près de 2 700 sociétés, dont les activités allaient des services publics locaux aux télécommunications ou à l'industrie du câble. Maîtriser cet ensemble, en appréhender les problèmes, en renouveler les personnels tout en menant une stratégie de conquête n'était pas une tâche facile pour un énarque sans expérience industrielle, un jeune homme qui n'avait dû son poste qu'à la confiance de quelques vieux parrains du capitalisme français comme Ambroise Roux, Jacques Friedmann ou Guy Dejouany.

---

[1]. Un Premier ministre de gauche saluera même cette réussite qui combine innovation technologique et créativité hollywoodienne.

Avant Vivendi (1)

UNE ENTREPRISE CENTENAIRE À L'ORIGINE DU MODÈLE DE LA CONCESSION DE SERVICE PUBLIC

En 1853, le comte Henri Siméon crée la Compagnie générale des eaux pour répondre à deux objectifs principaux, l'irrigation des campagnes et la distribution d'eau potable dans les grandes communes, vite abandonnés au profit de l'adduction d'eau dans les communes urbaines. Ce choix fondateur se double bientôt d'un pari audacieux : devenir un opérateur national. Jusqu'alors, les sociétés exerçant dans le domaine de la distribution d'eau possédaient une implantation exclusivement locale. La CGE se veut « générale » et projette d'étendre son activité à l'ensemble du territoire français. Si le projet est ambitieux et nécessite d'importants capitaux, la compagnie peut compter sur l'appui politique de Napoléon III et sur les investisseurs de la Bourse de Paris prêts à tenter l'aventure industrielle. D'abord essentiellement constitué de noblesse d'Empire, de hauts fonctionnaires et de banquiers, l'actionnariat de la CGE s'ouvre rapidement aux plus petits porteurs. La société est considérée, au début du XXe siècle, comme un placement de « bon père de famille[2] ».

La jeune Compagnie générale des eaux bénéficie d'un contexte favorable aux entrepreneurs et à l'industrie, alors considérée comme un art noble, et s'intéresse à un marché atomisé à fort potentiel, dans lequel elle recherche d'emblée un effet de taille. Pour cela, elle a recours aux capitaux des épargnants afin d'accélérer sa croissance.

Mais l'innovation majeure de la CGE, celle dont on mesure encore aujourd'hui la modernité, c'est la concession de service public. En effet, au XIXe siècle comme au XXe les services publics locaux étaient le plus fréquemment pris en charge par ce qu'on appelait la régie publique municipale. La CGE se présente comme une entreprise privée d'envergure nationale et offre ses services aux collectivités locales sur la

---

2. *Cf.* Alain Jacquot, « La Compagnie générale des eaux 1852-1952 : un siècle, des débuts à la renaissance », *Entreprise et Histoire*, n° 30, 2002.

base du contrat d'une concession de service public de distribution d'eau. Si ce type de contrats existait avant l'avènement de la CGE, il n'avait jusqu'à présent été utilisé qu'à une échelle locale et sous une forme peu élaborée. On peut donc dire que si la CGE n'a pas à proprement parler « inventé » le modèle de la concession, elle fut cependant à l'origine de son développement.

Le modèle de la concession permettait à une commune de déléguer à une entreprise la distribution publique de l'eau potable, et parfois l'adduction et le traitement des eaux à distribuer, via une convention à laquelle était annexé un cahier des charges définissant précisément les conditions d'exploitation du service concédé. Le concessionnaire était ainsi tenu de fournir l'eau à tout usager qui demandait à contracter un abonnement dans les conditions définies par le cahier des charges[3].

En ce qui concerne la construction des infrastructures, la CGE bénéficia parfois – pendant un temps défini par le cahier des charges et en contrepartie d'une redevance additionnelle – de subventions communales pour la construction du réseau de canalisations. Lorsque le réseau d'adduction et de distribution d'eau existait déjà et que la CGE n'était chargée que de sa gestion et de son entretien, le type de contrat utilisé était alors celui de l'affermage. Les contrats de concession ou d'affermage étaient signés pour des durées très longues – il n'était pas rare alors qu'ils couvrent une période de cinquante ans.

Le rôle de la CGE est donc de définir, de commander, de coordonner et de vérifier les travaux nécessaires à la purification et à la distribution de l'eau (usines de traitement, tuyaux, etc.) dans les communes qui lui ont concédé la distribution de leur eau potable. Toutefois, durant ses premières décennies d'activité, elle fait appel à des sous-traitants pour mener à bien les travaux.

---

3. *Cf.* Xavier Besançon, *Les Services publics en France*, t. II *(De la Révolution à la Première Guerre mondiale)*, Paris, Presses de l'École nationale des ponts et chaussées, 1997.

DE L'EAU AU CYCLE DE L'EAU

Pendant plus d'un siècle, la CGE se consolide dans le secteur de l'eau en rachetant des concurrents plus faibles. Le groupe grandit au rythme des privatisations des services de distribution d'eau en France – progression qui s'accélère à partir des années 1970 au détriment du mode de gestion intégré des services publics par les collectivités territoriales qui était alors privilégié. L'entreprise acquiert au fil des années une compétence unique dans son secteur, notamment en développant des procédés de purification des eaux. Elle innove en créant son propre laboratoire d'analyse des eaux. Son expansion est à peine freinée par l'apparition, en 1880, de la Société lyonnaise des eaux et de l'éclairage, créée par le Crédit Lyonnais, qui est encore, après sa fusion avec Suez, sa principale concurrente.

À partir des années 1910-1920, tandis qu'elle entre dans une phase de renégociation de contrats arrivés à leur terme, la CGE franchit une nouvelle étape dans la constitution d'un groupe intégré verticalement dans le cycle de l'eau. Trop dépendante des fournisseurs qui exécutent pour son compte les travaux nécessaires à la construction et à l'entretien de ses réseaux, elle décide, en 1918, de créer une filiale destinée à réaliser ces travaux : la Société auxiliaire de distribution d'eau. En 1924, elle rachète la société de tuyaux Bonna. Ainsi maîtresse de ses approvisionnements en tuyaux, équipée pour en effectuer la pose et reconnue pour ses compétences dans les techniques de traitement de l'eau et de gestion de sa distribution, la CGE peut conforter sa position de champion d'une industrie naissante en acquérant certains de ses fournisseurs. La CGE n'est plus une entreprise qui gère des concessions d'eau, c'est un groupe intégré dans les travaux publics, le génie civil, l'ingénierie des réseaux d'eau et la fabrication et la pose de tuyaux.

De l'eau aux services publics urbains : l'intégration par les réseaux politiques locaux

À partir des années 1960, et sous l'impulsion de Guy Dejouany, d'abord directeur général puis successeur en 1976 du président Huvelin, la Générale des eaux va considérablement élargir son activité. Elle passe d'une activité centrée sur l'eau à un développement dans tous les secteurs liés aux services publics locaux.

L'urbanisation accélérée, la décentralisation et la prospérité grandissante des Français ouvrent d'importants marchés aux entrepreneurs de services publics locaux. Les collectivités locales, petites communes ou gros centres urbains, ont des besoins nouveaux et variés : traitement de déchets, assainissement, production d'électricité, réseaux câblés, aménagement urbain, construction de parkings, d'écoles, de cliniques. Elles font part de leurs besoins à une Générale des eaux très bien implantée partout et qui jouit de relations de confiance avec les élus locaux. La Compagnie se développe donc naturellement dans tous ces secteurs. Chaque activité de service public local peut en effet favoriser l'accès à une autre activité : un marché de distribution d'eau peut déboucher sur la gestion d'une station d'épuration ; l'entretien de la chaufferie d'une école peut évoluer vers la transformation des aires de jeux situées à proximité et, par extension, à la construction d'un espace vert dans la commune. La diversification de la compagnie s'effectue ainsi par capillarité – grâce à la création de filiales spécialisées – ou bien par le biais d'acquisitions ou de prises de participation dans ses sociétés déjà existantes, ce qui entraîne la multiplication des secteurs d'activité et des filiales. Le développement et l'implantation de la CGE dans les services publics urbains n'est pas dicté par une stratégie d'ensemble, mais plutôt par une multitude de stratégies locales, source future d'un certain nombre de problèmes.

La diversification de la CGE commence en 1967 dans le secteur du traitement de déchets – qui se développe considérablement dans les années 1970 –, avec la mise en activité des premières usines d'incinération et de compostage d'ordures ménagères gérées par l'entreprise. Elle se poursuit avec l'ouverture au secteur de la gestion de l'énergie, puis à celui des transports[4] avant de s'étendre à la gestion de parkings et de mobilier urbain, à la restauration d'entreprise ainsi qu'à l'entretien de parcs d'attractions qui feront, entre autres, partie des secteurs d'activité de la Générale des eaux.

En 1975, 46 % du chiffre d'affaires de la CGE est encore réalisé dans des services liés à l'eau, mais 28 % l'est déjà dans les travaux publics et 12 % dans l'énergie. Le secteur du traitement de déchets prend aussi de l'importance, tout comme le secteur immobilier.

LE CÂBLE, LES TÉLÉCOMS ET LA TÉLÉVISION

À partir des années 1980, un changement significatif s'opère : la CGE de Dejouany investit peu à peu le secteur de la communication. Forte de ses relations avec les élus locaux et nationaux, elle se lance dans une stratégie de « noyautage », que l'on retrouvera lors de chaque opération. Pour sa première incursion significative dans le secteur de la communication, la CGE jette son dévolu sur le câble.

Lorsque le gouvernement de Pierre Mauroy lance, en 1982, le plan câble, il s'agit avant tout de rééditer, dans le secteur de la télévision, le grand programme de rattrapage du retard pris dans le domaine du téléphone – c'est-à-dire relancer l'économie par un programme d'infrastructures nationales décidé par l'État et mis en œuvre par une administration entreprenante – la Direction générale des télécommunications (DGT, l'ancêtre de France Télécom) – pour le plus grand profit des équipementiers nationaux[5].

---

4. La CGE prend une participation dans la Compagnie générale de chauffe avant de prendre le contrôle de la Compagnie générale d'entreprises automobiles.

5. *Cf.* Élie Cohen, *Le Colbertisme high tech : Économie du grand projet Télécom*, Paris, Hachette, 1992.

Cette ambition industrielle se double d'une ambition culturelle. Le plan est en effet conçu pour résister à la menace potentielle des satellites Coca-Cola ainsi nommés car ils permettent de déverser en continu sur la France des séries américaines produites à la chaîne. En multipliant les chaînes et en bâtissant une infrastructure qui permette leur diffusion dans tous les foyers, l'État cherche ainsi à préserver l'exception culturelle française, tout en favorisant l'innovation technique et l'industrie nationale. L'ambition, enfin, est politique. Avec la décentralisation, les élus locaux ont acquis des compétences nouvelles et ils entendent bien mettre le câble à profit afin de participer à l'aventure technologique, tout en utilisant ce média moderne pour favoriser la démocratie électronique et l'accès du plus grand nombre à la culture audiovisuelle.

Pour assumer cette triple ambition, les auteurs du plan câble imaginent alors un édifice institutionnel baroque dont l'unique mérite sera de permettre à la CGE et à la Lyonnaise des eaux d'investir le secteur des vidéocommunications. Dans la première ébauche envisagée par le gouvernement, les réseaux devaient être construits, financés et gérés par la DGT tandis que les têtes de réseau étaient confiées à la TéléDiffusion de France (TDF). Les collectivités locales devaient pour leur part créer des sociétés d'exploitation du câble, les SLEC, responsables de la programmation et de l'exploitation commerciale. À l'État d'initier, grâce à ses commandes d'œuvres, la formation d'une offre de programmes qu'il mettait à la disposition des opérateurs du câble. Enfin, des règles étaient édictées afin que les contenus soient diversifiés et que des groupes d'opérateurs ne puissent ni se former ni se concentrer.

Dans un premier temps, la CGE voit comme une menace l'intrusion de nouveaux opérateurs dans sa chasse gardée des services publics locaux. Les élus locaux ne sont guère disposés à se convertir en opérateurs commerciaux de réseaux et encore moins en programmateurs, mais ils sont cependant intéressés par un investissement auquel ils ne contribuent que faiblement et sensibles à la vitrine technologique que représentent les premiers réseaux en fibre optique permettant de contrôler un canal local d'information.

La CGE propose alors aux élus locaux de les débarrasser de ces corvées, en leur laissant le bénéfice politique de l'inauguration des nouveaux réseaux et services. Tout en respectant formellement la loi, elle crée autant de structures qu'elle passe de conventions... jusqu'à ce que la loi change.

Avec l'arrivée au pouvoir, en 1986, du gouvernement de Jacques Chirac, les opérateurs privés peuvent désormais assurer la maîtrise totale d'une offre de services de vidéocommunications (infrastructure et offre commerciale) dans le cadre des opérations dites «hors plan câble», et consolider durablement leurs activités commerciales des opérations «plan câble».

La Direction générale des postes et télécommunications (DGPT) consacre les réalités du terrain en autorisant trois opérateurs autres que France Télécom à exploiter les réseaux câblés du plan câble. Les communes peuvent alors s'adresser au câblo-opérateur de leur choix et signer avec eux un contrat de concession. Il est donc logique de retrouver, parmi ces opérateurs, la Générale des eaux et sa concurrente, la Lyonnaise des eaux, ainsi que la Caisse des dépôts et consignations. La CGE a même créé, deux ans plus tôt, une filiale pour ce secteur, la Compagnie générale de vidéocommunications, qui regroupera plusieurs marques : «Plein Câble», «Le Câble» et «Région Câble». Le câble nécessite cependant des investissements très lourds, et l'activité câble de la Générale, comme celle de ses concurrents, accumulera les pertes[6].

Si la CGE n'eut pas la main très heureuse en matière financière avec le câble, elle aura plus de chance avec Canal +, dont l'ascension est fulgurante.

Lorsque André Rousselet, alors à la tête d'Havas, relance le projet très controversé d'une quatrième chaîne, il peine à trouver des partenaires et se tourne, entre autres, vers Guy Dejouany. En effet, ce dernier a une dette envers Rousselet, qui n'hésita pas à intervenir auprès de François Mitterrand pour

---

6. Sous l'ère Messier, en novembre 1997, Canal + deviendra l'actionnaire majoritaire de la Générale de vidéocommunications, qui changera de nom pour devenir, en février 1998, Numéricable.

empêcher une OPA de Saint-Gobain sur la CGE. Par ailleurs, le patron de la CGE s'intéresse à la télévision, et en particulier aux programmes que compte diffuser la nouvelle chaîne (essentiellement du sport et du cinéma). La CGE investit donc dans Canal + à hauteur de 15 %[7], devenant ainsi le second actionnaire de la chaîne, après Havas.

Dejouany ne tarde pas à découvrir l'immense potentiel de sa nouvelle participation et n'aura de cesse de prendre le contrôle de la chaîne. L'alternance de 1986 lui donne les moyens légaux de ses ambitions.

C'est grâce à la loi Carignon, alors ministre de la Communication, que la CGE consolide sa position dans Canal +. À partir de 1994, la loi permet à un actionnaire de détenir 49 % d'une chaîne – ce qui n'était jusqu'alors pas possible. Marc Viénot de la Société générale, Pierre Dauzier de Havas et Guy Dejouany concluent un pacte d'actionnaires qui leur permet de prendre le contrôle de la chaîne. Cette manœuvre entraîne la démission d'André Rousselet, qui dénonce cet accord comme une tentative de mettre la chaîne « sous tutelle » du pouvoir et rend le Premier ministre Édouard Balladur directement responsable de cette reprise en main. À l'issue de cette opération, la CGE, alors en mauvaise santé financière, possède 21 % des parts de Canal +, ce qui lui permet de consolider une de ses sources majeures de profit et d'amorcer le tournant qu'elle prendra avec Jean-Marie Messier[8].

Outre Canal +, la Compagnie générale des eaux possède d'autres participations importantes dans le secteur des médias, puisqu'elle est également propriétaire de TMC et détient 26 % du capital d'UGC.

Le second pôle de la CGE dans le domaine de la communication que Jean-Marie Messier trouve à son arrivée, c'est le téléphone.

---

7. Dejouany, qui souhaite développer son entreprise dans le secteur de la communication, crée à cet effet la Générale d'images.
8. Celui-ci, alors conseiller de la CGE chez Lazard, est d'ailleurs considéré comme le concepteur du pacte.

En 1987, Guy Dejouany bénéficie une fois de plus de ses réseaux politiques pour profiter de l'ouverture à la concurrence de la radiotéléphonie publique décidée par Gérard Longuet, alors ministre des Postes et Télécommunications[9]. Si l'on envisage un moment de confier à TDF le rôle de concurrent de France Télécom, les compagnies d'eau manifestent aussitôt leur candidature et c'est finalement la CGE qui est choisie, au grand dam de la Lyonnaise des eaux qui soupçonne des connivences politiques. La Générale des eaux devient alors le deuxième opérateur de téléphone français en créant la Société française de radiotéléphone (SFR), qu'elle contrôle en partenariat avec le Britannique Vodafone. SFR obtient sa première licence de téléphonie mobile en 1988 (licence NMT), avant de se voir octroyer en 1992 la licence GSM[10], encore exploitée aujourd'hui. Dans un premier temps, SFR n'a pas d'autre choix que d'utiliser largement le réseau de France Télécom pour faire transiter les appels de ses abonnés – cause d'un bras de fer permanent à propos du montant de la redevance que la société de téléphonie mobile doit verser à l'opérateur historique. L'entrée sur le marché de Bouygues stimule la concurrence et ouvre un réel développement du téléphone mobile en France, ainsi qu'une notoriété grandissante pour le réseau de la Générale. Lorsque Jean-Marie Messier sera nommé à la tête de la CGE, cette participation dans le téléphone sera alors considérée comme un joyau, d'autant plus que la perspective de l'ouverture totale du marché des télécommunications à la concurrence augure d'immenses sources de profit.

---

9. Cette politique vise à introduire la concurrence dans les télécommunications, d'abord pour les nouveaux services (téléphonie mobile, services à valeur ajoutée...) puis dans les services plus classiques comme les cabines téléphoniques.

10. NMT (*Nordic Mobile Telephone*) : norme des pays nordiques pour le radiotéléphone analogique de première génération. GSM (*Global System for Mobile communications*) : norme européenne pour les systèmes de téléphonie numérique, utilisant des bandes de fréquences harmonisées en Europe.

Hors de France : début timide de l'internationalisation

Sous la présidence de Guy Dejouany débute plutôt timidement l'internationalisation de la CGE. La compagnie avait déjà décroché des marchés d'adduction d'eau dans quelques villes prestigieuses comme Venise ou Istanbul, mais ce n'est qu'à la fin des années 1980 et au début des années 1990 qu'elle parvient réellement à exporter son savoir-faire dans les pays européens (Royaume-Uni, Espagne, Danemark) et à remporter des contrats dans quelques grandes métropoles comme Mexico, Caracas, Sydney, Kuala Lumpur ou encore Tianjin en Chine. En 1990, la CGE réalise alors le quart de son activité à l'étranger.

Mais la position internationale de la firme se développe également grâce à d'autres secteurs, en particulier l'énergie – la CGE investit sur le marché américain de l'énergie avec sa filiale Sithe – et l'immobilier.

L'immobilier

La CGE s'intéresse à l'immobilier depuis 1972, date à laquelle elle lance la construction d'une tour de 41 000 m² à la Défense. En 1978, elle rachète le groupe de bâtiment et travaux publics Campenon Bernard et entre à hauteur de 10 % dans le capital de Maisons Phénix. Mais cette branche d'activité prend une importance croissante au sein de la CGE au cours des années 1980, alors que le secteur connaît un véritable boom dû à une triple déréglementation immobilière, financière et foncière. Tandis que de nouveaux acteurs non spécialistes, comme les banques, entrent sur le marché, la CGE se retrouve paradoxalement parmi les entreprises les mieux qualifiées du secteur. La libéralisation fait de cette activité un secteur très rentable dans des délais relativement courts et, au sein d'une CGE très décentralisée, chaque dirigeant de filiale va être poussé à prendre des paris très rémunérateurs, mais également très risqués.

Au mitan des années 1980, la reprise économique entraîne une croissance de la création d'emplois de bureau et provoque une forte demande dans le secteur de l'immobilier. Le gouvernement de Laurent Fabius tente alors de favoriser la construction en supprimant un dispositif qui, depuis 1955, obligeait les sociétés désirant construire des bureaux ou des locaux à déposer une demande d'agrément préalable qu'elles n'étaient pas sûres d'obtenir[11]. Avec la suppression de cette loi, les promoteurs deviennent plus libres dans leurs choix d'implantation.

Cette dérégulation immobilière se double d'une libéralisation financière rendue possible par la série de réformes du système bancaire lancées par le ministre des Finances, Pierre Bérégovoy. Les banques qui, avec la fin de la spécialisation, évoluent dans un univers de plus en plus concurrentiel, investissent en néophytes dans des secteurs plus risqués. Les crédits immobiliers leur permettent de prendre des marges plus importantes que celles qu'elles réalisent sur les crédits à l'industrie, et l'immobilier devient donc leur terrain d'action privilégié. La loi sur l'épargne de 1987 incite les épargnants à investir en produits financiers, ce qui provoque une diversification de ces produits et un développement important de la Bourse. Alors que la pierre a pour réputation d'être un placement très solide, les banques vont oublier leur habituelle prudence pour financer toute une série de projets immobiliers.

Enfin les lois de 1982 sur la décentralisation ont transféré aux communes une série de compétences nouvelles, comme l'aménagement du territoire communal et l'octroi de permis de construire, à la seule condition qu'elles se dotent d'un plan d'occupation des sols. Les premiers effets de cette loi se font sentir en 1985. Les communes veulent attirer les entreprises sur

---

11. Cette procédure visait une meilleure répartition des activités économiques sur le territoire français, puisqu'elle pouvait obliger les entreprises majoritairement implantées en Ile-de-France à s'installer en province.

leur territoire, et l'on voit éclore de multiples zones d'aménagement concerté (ZAC) ou de parcs d'affaires.

Dans un tel contexte, marqué à la fois par la croissance retrouvée, la libéralisation financière et une déréglementation immobilière, il ne manquait plus qu'un mirage, une promesse de félicité continue pour qu'une bulle immobilière se forme. La perspective du marché unique, et la comparaison des valeurs foncières entre Paris et les autres grandes capitales européennes – Paris est bien moins cher que Londres et attire donc les investisseurs étrangers –, fournissent l'élément décisif à la formation de la bulle. On assiste ainsi, entre 1985 et 1990, à une explosion des chantiers ainsi qu'à une hausse très importante des loyers (du simple au double) et du prix des immeubles (114 % de hausse)[12] dans les quartiers d'affaires (dans les quartiers résidentiels l'augmentation est un peu moins spectaculaire). Cette flambée des valeurs immobilières entraîne à son tour des prises de position spéculatives sur ce secteur – on croit alors à une croissance sans risque, puisque le secteur est réputé solide – qui conduisent à la formation progressive d'une bulle sur l'immobilier.

La Compagnie générale des eaux s'est invitée à la fête par son propre mouvement, mais aussi parce qu'elle est très liée aux banques et aux collectivités locales qui cherchent à attirer les promoteurs et qu'elle possède une véritable expérience dans le secteur. Elle va donc s'engager dans de nombreux projets immobiliers.

En 1985, elle devient l'actionnaire de référence de Maisons Phénix, compagnie à la tête de laquelle Dejouany nomme Jean-Marc Oury, brillant normalien de 36 ans, agrégé de mathématiques et ingénieur des Mines, qui est à l'époque présenté comme son successeur potentiel. Oury se lance dans de grandes manœuvres[13] et crée, au début de l'année 1990, la Compagnie

---

12. Nous empruntons ces chiffres et ceux qui suivent à Jean-Claude Bourdais, « La crise immobilière à Paris », in *Crises Financières*, Jacques Gravereau, Jacques Trauman éd., Paris, Economica, 2001.

13. Fin 1989, il fusionne Maisons Phénix avec H-France (résidences de loisirs de Jacques Ribourel et de Catherine Mamet), Foncier Conseil (société d'aménagement appartenant à la Générale des eaux) et Progemo (promotion immobilière, filiale de la CGE).

immobilière Phénix (CIP). Si Maisons Phénix s'était spécialisée dans la maison individuelle bas de gamme, la CIP s'intéresse à la promotion et à l'hôtellerie de luxe, deux secteurs qui constitueront les deux tiers de son chiffre d'affaires en 1992[14]. Mais l'activité de la Générale des eaux dans le secteur ne se limite pas à la CIP : en 1985, elle monte sa participation dans la Sari-Seeri, la compagnie du promoteur immobilier Christian Pellerin, jusqu'à 65 % du capital de cette société particulièrement florissante dans le quartier de la Défense[15], et elle prend en 1988 le contrôle, au terme d'un accord avec Saint-Gobain, de la Société générale d'entreprises, acteur majeur et mondial du BTP[16]. À la fin des années 1990, la Compagnie générale des eaux est donc un géant de la construction.

À partir de 1991, le ralentissement de l'économie, qui s'accompagne d'un mouvement spéculatif sur la livre sterling et le franc et de la remontée des taux d'intérêt, entraîne un repli du marché. La crise économique génère une baisse de la demande en matière de bureaux : les entreprises retardent ou annulent leur déménagement. La demande diminue de moitié entre 1989 et 1992 alors que, dans le même temps, l'offre a littéralement explosé, ce qui entraîne une chute vertigineuse des valeurs immobilières, au point que les prix de vente reculent de 70 % entre 1990 et 1997[17].

Ce krach de l'immobilier est dramatique pour la plupart des acteurs du marché, incapables d'assumer les frais des immeubles dont ils ont engagé la construction, et encore moins capables de faire face aux remboursements des énormes emprunts qu'ils avaient contractés lorsque les prix étaient au plus haut. En 1994

---

14. *L'Expansion*, 7/4/1994. La CIP rachète les chaînes Cidotel et Libertel ainsi que les quelques hôtels de luxe qui constituent la chaîne Demeure-Hôtel. En tout, elle possédera vingt-huit hôtels dans Paris intra-muros (du 2 au 4 étoiles), plus trois hôtels de luxe à l'étranger – dont The Grand qui occupe, à Amsterdam, l'ancien hôtel de ville (*L'Expansion*, 21/1/1993). La CIP rachète aussi des studios de cinéma : Boulogne-Billancourt d'abord, puis les mythiques studios de Babelsberg, à Berlin.

15. *L'Expansion*, 21/1/1993.

16. La SGE possède entre autres des participations dans Campenon Bernard, SOGEA, Freyssinet, Cochery Bourdin Chaussé, Saunier Duval ou encore Tunzini.

17. J.-C. Bourdais, «La crise immobilière à Paris» in *Crises Financières, op. cit.*

et 1995, de très nombreux marchands de biens et promoteurs, dont Christian Pellerin, déposent leur bilan, tandis que les banques perdent près de 400 milliards de francs[18].

Si, à l'instar des autres promoteurs, la CGE n'a pas les moyens d'absorber les pertes liées à ses engagements financiers dans l'immobilier, la gravité de ces pertes n'apparaît pas tout de suite. En raison de la structure décentralisée du groupe, du nombre incalculable de ses entités et de l'absence de contrôle de leur gestion, chaque dirigeant de filiale a pu investir de sa propre initiative, et les dirigeants de la CGE sont incapables d'avoir une vision claire des pertes réelles du groupe. La crise reste donc dans un premier temps masquée.

Pis encore : alors que l'immobilier est au creux de la vague, certaines filiales du groupe continuent d'investir dans le secteur. Au cours de l'année 1991, Jean-Marc Oury continue de multiplier les rachats de concurrents[19] dans un domaine – celui des maisons individuelles – où les ventes ont baissé de près de 40 % en dix ans[20], et investit massivement en Allemagne de l'Est alors que les pertes de la CIP sont déjà abyssales. Témoin de cette fuite en avant de la CGE, cette déclaration de Guy Dejouany qui, début 1994 – c'est-à-dire en plein cœur de la crise immobilière –, se dit persuadé que, grâce à l'immobilier, la CGE est en train de « se fabriquer un patrimoine d'une qualité exceptionnelle, notamment dans le secteur qui est le cœur de la Défense[21] ». En réalité, la CGE aimerait bien se débarrasser d'une partie de ses récentes acquisitions et ne conserver que les plus rentables, mais toutes ses tentatives échouent[22] et la compagnie va même se retrouver, à la suite de la chute de l'empire Pellerin dont elle était l'actionnaire clé, premier propriétaire de la Défense[23].

---

18. *L'Expansion*, 17/9/1992.
19. Comme par exemple Bruno Petit et le Groupe maison familiale.
20. *L'Expansion*, 17/3/1994.
21. Propos rapporté par *L'Expansion* du 7/4/1994.
22. Au nombre de ces tentatives avortées : l'échec de la fusion de la CIP et d'Altus – une filiale du Crédit Lyonnais –, ainsi que l'échec de la vente des titres détenus par Lucia – une des sociétés du groupe Pellerin – au conseil général des Hauts-de-Seine.
23. La CGE a en effet dû racheter un certain nombre des titres du groupe Pellerin.

Le contrecoup de la bulle immobilière et de la crise du début des années 1990 se double d'une série de graves erreurs de gestion. La stratégie de ventes internes qui a masqué un temps certaines pertes va en réalité aggraver l'impact de la crise sur la situation réelle du groupe. Ainsi, au moment où Messier arrive à la CGE, les pertes de l'immobilier sont dramatiques (37,6 milliards de francs) et dépassent même les fonds propres de l'entreprise (30 milliards).

Le gouvernement Dejouany

Le bilan de Guy Dejouany est donc mitigé. Il laisse à Messier une entreprise essentiellement française qui s'occupe principalement de services publics locaux. Encore timide à l'étranger et plombée par les pertes de l'immobilier, elle reste cependant une entreprise riche en actifs qui sait trouver les marchés porteurs : téléphonie mobile, télévision, câble ou encore publicité. La CGE dispose également d'un potentiel de croissance important dans son métier de base car, en cette fin de XXe siècle, les questions d'environnement deviennent cruciales. C'est par ailleurs une entreprise qui, depuis longtemps, attise les convoitises : on se rappelle en effet que Saint-Gobain a un moment rêvé de l'absorber pour développer une synergie industries-services.

Le développement de la CGE sous la présidence de Guy Dejouany a été considérable. Lorsque celui-ci devient président de la CGE, elle ne regroupait qu'une petite centaine de sociétés ; lorsque Messier arrive à la tête du groupe, il contrôle plus de 2 700 sociétés. Cependant, plus qu'une véritable multinationale, la CGE est alors une fédération lâche constituée de myriades de filiales et marquée par une absence d'organisation intégrée et une faiblesse des fonctions centrales. Ces filiales gérées avec une décentralisation poussée à l'extrême se comportent plus ou moins comme des PME juxtaposées les unes aux autres[24] et cette accumulation d'entreprises éparpillées dans des secteurs très divers freine toute stratégie industrielle rationnelle. La CGE comprend des entités souvent redondantes voire concurrentes.

L'autorité de Dejouany ne peut donc qu'être très distante. Elle est aussi autocratique. La CGE ne pratique ni les grandes messes annuelles ni les comités de direction ni les réunions d'état-major : la «corporate governance» y est inexistante. Les actionnaires sont négligés[25] et les dirigeants nommés de façon discrétionnaire par un patron adepte du tête-à-tête qui règne en «Sphinx[26]» sur une assemblée de barons aux responsabilités variées. Une bonne partie des dirigeants de la CGE occupent en effet des postes purement honorifiques, tandis que l'autre partie est constituée de véritables chefs d'entreprise qui dirigent leurs filiales ou leurs unités avec une grande liberté d'action. Dans cet univers où le contrôle de gestion est quasiment inexistant, les barons sont en effet maîtres de leur territoire, et chacun gère ses profits et ses pertes de façon autonome.

Au final, la CGE est une entreprise très secrète – les collaborateurs de Dejouany se plaignent eux-mêmes de ne jamais connaître les intentions du maître et le conseil d'administration n'en sait guère davantage –, peu dirigée et qui gère très mal le risque. Elle déploie de grandes ressources pour assurer son influence politique locale et nationale, source d'un flux continu d'affaires dans les secteurs publics locaux, comme dans celui du câble et du téléphone, mais aussi de soupçons, voire de corruption. Les dernières années de l'ère Dejouany sont en effet marquées par les affaires financières : en 1994, la CGE compte 15 cadres dirigeants mis en examen dans 10 dossiers politico-financiers qui mettent en cause 31 élus[27]. Guy Dejouany va être lui-même inquiété et mis en examen pour corruption active dans une affaire de marchés publics à Saint-Denis de la Réunion, avant d'être acquitté.

---

24. On trouve en revanche un tout autre modèle dans la gestion de la Lyonnaise des eaux.
25. C'est Messier qui, à son arrivée, convainc Dejouany d'écrire la première lettre aux actionnaires de sa présidence.
26. Surnom de Dejouany.
27. Selon *L'Express,* 11/4/1996.

La CGE telle que la quitte Dejouany est donc une entreprise pleine de richesses en devenir qui connaît des problèmes de stratégie, de finances, d'organisation et de management.

L'ADOUBEMENT DE MESSIER

Jean-Marie Messier entre officiellement au conseil d'administration de la CGE le 26 novembre 1994, date à laquelle il est nommé directeur général et mandataire social. Il remplace Jean-Marc Oury à la tête de la CIP un mois plus tard.

S'il ne figure pas encore parmi les visages connus du grand public, Messier est loin d'être un inconnu dans les milieux d'affaires. Il a été un artisan des privatisations au sein du cabinet Balladur, où il a pu s'initier aux divers jeux d'influences politiques et rencontrer la plupart des banquiers d'affaires de Paris ainsi que les plus grands patrons français. Il a, on s'en souvient, été l'un des conseillers de la CGE au sein de la banque Lazard, où il a notamment conçu le pacte d'actionnaires entre Havas, la CGE et la Société générale qui a permis à la CGE d'augmenter sa participation dans Canal + en 1994. Repéré par Jacques Friedmann et Ambroise Roux, Messier passe alors pour un « séducteur de vieux[28] ». Dejouany l'a choisi parce qu'il possède le dynamisme et le talent nécessaires pour remettre à flot la vieille dame du capitalisme français et que, avec sa triple formation de polytechnicien, d'énarque et d'inspecteur des Finances, il est un pur produit du système de formation des élites à la française. Dejouany le croit ainsi capable de préserver l'héritage du système des solidarités croisées entre patrons.

Souvent présenté comme un génie de la finance, Messier s'impose d'abord comme l'artisan du retour à l'équilibre financier.

---

28. Selon le mot de Nazanine Ravaï dans *La République des vanités*, Paris, Grasset, 1987, repris par Pierre Briançon, *op. cit.*

Il réorganise complètement une Générale des eaux dont les activités disparates rendaient difficile toute ligne cohérente. Dans les premières semaines, son arrivée comme directeur général de la CGE ne modifie pas vraiment la perception des analystes sur le groupe, jusqu'à ce que, en octobre 1995, il fasse sa première prestation devant la communauté financière. On assiste alors à cet étrange paradoxe : alors qu'il annonce les premières pertes de la CGE depuis un demi-siècle, Messier parvient à convaincre les marchés qu'il est l'homme de la situation. Dès le lendemain de sa présentation des comptes semestriels, le titre gagne en effet 2,7 %[29].

Jean-Marie Messier a également pour tâche d'instaurer un véritable gouvernement d'entreprise – l'avenir montrera son échec en la matière – et de rompre avec les pratiques antérieures d'opacité. Le nouveau mot d'ordre de la CGE est désormais la *transparence*, une minirévolution au sein du groupe. Non content d'organiser en interne des réunions de cadres et de dirigeants de la CGE, il s'efforce de rencontrer les syndicats le plus souvent possible et multiplie les lettres d'information, les interviews et les contacts avec les journalistes. Pour la première fois dans l'histoire de la CGE, journalistes économiques et analystes financiers se trouvent réunis lors d'une séance où Messier leur présente lui-même des comptes de résultats et annonce sa stratégie pour l'avenir. Si Messier est un brillant énarque, il fait figure d'original puisqu'il est le premier directeur général de la Générale des eaux depuis 1904 à ne pas être issu du corps des Mines ni des Ponts et Chaussées. Banquier et non ingénieur, il ne possède pas de compétences immédiates pour gérer des entreprises d'adduction et d'épuration des eaux[30].

---

29. *Les Échos*, 18/4/1996.
30. Messier va d'ailleurs considérer avec méfiance le secteur de l'eau, à un moment où celui-ci fait pourtant figure de métier d'avenir.

Avant Vivendi (1)

LA DÉCAPITALISATION DES COMPAGNIES D'EAU ET LE TRAITEMENT DE LA CRISE IMMOBILIÈRE

Le premier fait d'armes de Jean-Marie Messier consiste à redresser financièrement la CGE en apurant les pertes et les mauvais risques immobiliers. L'opération à laquelle il se livre alors contribue pour beaucoup à sa réputation de magicien de la finance : la légende veut même que la complexité du dispositif inventé avec Guillaume Hannezo, son nouveau directeur financier, l'ait obligé à l'exposer un certain nombre de fois aux membres du comité d'audit avant que ceux-ci ne le comprennent.

Jean-Marie Messier était confronté à un problème d'une simplicité désarmante : les activités qu'il contrôlait directement, notamment dans l'immobilier, étaient source de pertes alors que celles qui, notamment dans l'eau, avaient accumulé des réserves financières importantes étaient inaccessibles. Les dispositions propres au droit des concessions supposaient en effet que chaque concession urbaine soit gérée par une société certes contrôlée par la CGE mais disposant d'une personnalité juridique et comptable indépendante. Plus ces sociétés étaient anciennes, plus elles étaient riches, car elles avaient accumulé des provisions suffisantes pour faire face aux aléas liés à l'entretien du réseau et à son éventuelle reconstruction. Or le capital ainsi accumulé était la « propriété » de la commune puisqu'il était constitué de réserves prélevées sur les revenus de l'eau en cas de besoin. La CGE considérait cependant ces réserves comme des bénéfices piégés dans une structure incommode qui bloquait leur remontée rapide vers la société mère. Il lui fallait donc trouver le moyen de récupérer ces sommes, sans pour autant léser les collectivités locales ni bafouer le droit des concessions.

La technique finalement trouvée relève du domaine de l'assurance, mais là n'est pas sa seule vertu. En mutualisant comme il l'a fait le risque « entretien et renouvellement de la concession », Jean-Marie Messier a en effet gagné sur trois tableaux. D'une part, il met un terme à un gaspillage de ressources financières en considérant qu'il n'y a aucune raison économique pour que chaque société de gestion conserve pour l'entretien de son réseau l'intégralité des sommes mises de côté au cours de l'histoire de la concession. Il propose donc aux diverses sociétés la garantie que la CGE fera face à leurs obligations d'entretien le moment venu. De la sorte, les sommes accumulées et de fait stérilisées sont libérées pour d'autres usages. D'autre part, comme Jean-Marie Messier a déjà en tête les étapes suivantes de sa stratégie de conquête, il choisit de dégeler les capitaux piégés dans les sociétés d'exploitation, ce qui prépare la séparation de l'eau et des autres services publics urbains des activités de communication en organisant un transfert de ressources. Enfin, il prend le parti, pour faire face à ses nouvelles obligations, d'optimiser son ratio dettes/fonds propres. Rien n'oblige en effet la CGE, société mère, à posséder en fonds propres des capitaux nécessaires à l'entretien courant des concessions d'eau : il suffit qu'elle dispose des lignes de crédit nécessaires pour faire face à ses éventuelles obligations.

Jean-Marie Messier transfère la richesse accumulée au cours du passé dans les concessions d'eau et d'énergie vers la CGE et offre en échange les garanties nécessaires aux sociétés d'exploitation en recourant aux services d'une compagnie d'assurances, ce qui lui permet au passage d'extérioriser les plus-values dormantes.

Mais en réalité, et c'est là que réside toute l'astuce, la CGE n'a pas vraiment besoin de s'assurer puisque, statistiquement, elle peut faire face directement aux besoins susceptibles de survenir dans l'une des 1 001 sociétés d'exploitation. Cependant, comme elle ne peut pas simplement vider de leurs réserves des sociétés dont les comptes doivent être soumis au contrôle des collectivités locales, la CGE va faire comme si elle s'assurait, en s'adressant pour des raisons fiscales à une compagnie d'assurances irlandaise qu'elle va elle-même créer et contrôler à 100 %.

La technique est la suivante : la société irlandaise d'assurances reçoit les versements des filiales d'eau et d'énergie et leur garantit les risques sur concessions pour une période de 2 ans. Ce dispositif couvre la prise en charge des dépenses récurrentes, pour un montant plafonné à 228,7 millions d'euros, et de dépenses exceptionnelles, pour 381 millions d'euros. Au-delà de cette somme, la garantie de la CGE est censée jouer, mais c'est la filiale eau de la firme qui s'est engagée à couvrir ce que le groupe ne pourrait assumer. Or, puisque les sociétés gérant les concessions urbaines disposaient d'un excès de réserves financières, on peut supposer qu'en toute logique les fonds transférés à la captive d'assurances n'auront à être restitués que dans de faibles proportions : le groupe CGE peut ainsi réinvestir immédiatement les versements qu'il a effectués. L'argent piégé dans les filiales et libéré par ce dispositif peut donc couvrir certains déficits, et résorber les pertes accumulées dans des opérations immobilières hasardeuses.

Une dernière étape sera franchie avec la transformation des sociétés d'eau, d'électricité, et plus généralement de services publics locaux en une société de plein exercice, Vivendi Environnement, débarrassée de ses capitaux et chargée de dettes avant d'être mise sur le marché. Cette opération permet en effet à Jean-Marie Messier de parachever l'élaboration de la stratégie qu'il formulera bientôt et qui consiste à capter la valeur des activités historiques afin de financer de nouvelles aventures dans la communication.

BULLE IMMOBILIÈRE, INNOVATION FINANCIÈRE ET REDÉPLOIEMENT INDUSTRIEL

Au moment où Jean-Marie Messier s'apprête à donner une nouvelle identité au groupe dont il a hérité, quatre éléments de taille dans l'histoire qui va suivre se dégagent.

La CGE historique est un groupe prospère, assis sur des activités – les services d'environnement urbain – promises à un bel avenir, et qui a su prendre le tournant des nouvelles activités de la communication. Alors que les pays émergents connaissent leur décollage économique, la CGE est l'un des rares groupes mondiaux capables de concevoir, de bâtir et d'exploiter les infrastructures de services publics les plus indispensables à la vie collective. Le groupe a su innover, tant dans les technologies environnementales que dans les dispositifs institutionnels permettant d'associer le public et le privé dans le financement et la gestion des infrastructures urbaines. Par des procédés qui tiennent plus, nous l'avons évoqué, du capitalisme d'influence que des batailles de marché, Guy Dejouany a de surcroît pu acquérir des positions enviables dans le secteur de la communication et des télécommunications [31].

La CGE a subi, avec la formation puis l'éclatement de la bulle spéculative de l'immobilier, un choc de tout premier ordre. Elle avait choisi de faire de l'immobilier un axe majeur de son développement et s'était entourée des professionnels du secteur afin de contrôler la chaîne de production des immeubles de bureau. Elle bénéficiait d'autre part de rapports privilégiés avec les élus locaux au moment même où ceux-ci se sont mis à exercer des droits nouveaux en matière de construction. Pourtant, emporté par la folie collective suscitée par la bulle immobilière, le groupe a commis de lourdes erreurs : continuant à s'engager alors que les signes du retournement étaient visibles, il a même témoigné d'un aveuglement inégalable en finançant les opérations les plus risquées en France et à l'étranger alors que la bulle se dégonflait.

La CGE, pourtant riche de nombreux actifs, connaissait donc une crise larvée au milieu des années 1990. Elle rassemble près de 2 700 sociétés et recouvre des secteurs aussi divers que le BTP, la santé, l'eau, les transports, les télécommunications, l'électricité ou encore les médias. Elle a cependant perdu la maîtrise de sa croissance : nombre d'activités ne sont plus que la trace de vieux services rendus alors que les activités rentables ne libèrent pas leurs liquidités et que les activités d'avenir manquent de capitaux. Pis encore, nous l'avons souligné, l'ensemble n'est pas gouverné et encore moins géré par un monarque vieillissant entouré d'anciennes gloires industrielles.

C'est donc peu de dire que, dans un tel contexte, l'arrivée de Jean-Marie Messier fait l'effet d'une bombe. Il va impulser un cours nouveau, notamment en modifiant l'image publique de la

---

[31]. Certes, nombre de participations sont minoritaires, voire dormantes, mais l'œil exercé du banquier d'affaires qu'est Jean-Marie Messier ne s'y trompera pas : l'avenir – ou l'aventure – est dans la multiplication et la diversification des participations.

CGE. En édictant un code de déontologie, en incitant ses collaborateurs à refuser des marchés fondés sur la corruption et en recrutant un magistrat en vue pour mettre en œuvre cette nouvelle politique, il signifie qu'il entend rompre avec la culture de compromission associée aux marchés publics locaux. Il renouvelle aussi profondément les équipes dirigeantes, ce qui va non seulement susciter des résistances internes mais aussi provoquer une affaire de dénonciation calomnieuse. S'il parvient à mater cette révolte interne, le nouveau P-DG doit gagner des victoires sur les terrains industriel et financier afin d'asseoir son autorité.

C'est en réglant avec maestria la question immobilière qui hypothéquait l'avenir du groupe que Jean-Marie Messier acquiert ses premiers galons. Mais la technique choisie en dit long sur l'avenir. Dans cette opération, il n'a pas créé de richesses : il s'est contenté de trouver des techniques financières et comptables afin de rendre disponibles des ressources existantes dans l'entreprise. Il a de surcroît pris des risques majeurs en liquidant rapidement des actifs immobiliers surévalués, puisqu'il a garanti à certains acquéreurs les recettes futures de la location. La bonne fortune du personnage voulut qu'il n'ait pas à honorer cet engagement car le marché reprit de la vigueur, mais il y avait dans cette volonté de se débarrasser à tout prix et dans les meilleurs délais de l'immobilier soit une sous-optimisation financière des cessions, soit une prise de risque excessive.

Si le procédé de décapitalisation des compagnies d'eau au profit de l'immobilier n'est probablement pas répréhensible au regard du droit, il n'en reste pas moins qu'il ne résout en rien les problèmes réels de perte de substance du groupe. Cette habileté permet de différer la solution des problèmes très réels qu'affronte la CGE. Sur le moment, certains analystes financiers critiquent la démarche, mais ils ne sont guère entendus. L'image que l'homme est en train de se forger dépasse déjà ces contingences. Pour le moment, Jean-Marie Messier a sauvé l'entreprise et vient de gagner la première bataille, celle de sa légitimité de patron.

Sa crédibilité se nourrit de cette performance. Lorsqu'il commence à tracer des perspectives ambitieuses pour l'entreprise, on se souviendra de la facilité avec laquelle il a tenu ses engagements de redressement.

2

Enron, entreprise phare de la déréglementation électrique

Enron a d'abord incarné les vertus de l'innovation dans les réseaux de services publics dérégulés avant de résumer à elle seule tous les vices de l'entreprise manipulatrice abusant de son pouvoir de marché et bafouant l'intérêt général. Le fait est qu'Enron se prête merveilleusement bien aux discours manichéens. L'échec de l'entreprise phare de la déréglementation redonne espoir aux adeptes des monopoles publics administratifs d'ancien régime. Entreprise innovante mais non contrôlée, elle illustre aux yeux des partisans de la régulation les impasses de l'intégrisme de marché.

Mais l'histoire d'Enron est bien plus complexe et les débats sur la déréglementation sont piégés car les mots mêmes que l'on emploie sont trompeurs. Ce que l'on nomme en Europe « dérégulation », en empruntant un terme aux États-Unis, désigne en réalité une entreprise de régulation ou de réglementation, et, suivant la même logique, ce que l'on nomme en France « libéralisation » correspond aux États-Unis à une déréglementation. Les choses se compliquent davantage lorsqu'on s'aperçoit que ce que l'on appelle « privatisation » n'est en fait le plus souvent qu'une libéralisation ou qu'une régulation sectorielle qui accompagne le changement de statut d'un établissement public.

Dans ce chapitre, nous voulons expliquer le contexte qui a favorisé l'émergence d'une entreprise comme Enron et comprendre pourquoi les États-Unis ont commencé à renoncer à leur modèle de capitalisme régulé au profit d'une dérégulation souvent mal conçue. Dès lors, c'est la réforme des institutions qui est elle-même en question. La démocratie américaine fait une large place aux lobbies, or ceux-ci ont joué un tel rôle dans ces réformes que certains n'hésitent pas à parler de *crony capitalism*, c'est-à-dire de capitalisme de complaisance à l'américaine.

L'échec d'Enron, symbole de l'entreprise sans actifs innovant dans un univers déréglementé, est exemplaire à plus d'un titre. Enron a d'abord été perçue comme une entreprise modèle censée préfigurer la firme du XXIe siècle. Société traditionnelle, elle commence par vouloir devenir la première entreprise de gazoducs d'Amérique du Nord et y parvient. Elle cherche ensuite à devenir la première entreprise mondiale de distribution de gaz naturel et atteint son but. Puis elle devient trader – c'est-à-dire courtier – en gaz avant d'élargir son activité au trading électrique jusqu'à devenir un champion mondial du secteur énergétique.

Au début de l'année 2001, elle est encore considérée comme l'une des toutes premières firmes mondiales, au même titre qu'Exxon ou que Wal-Mart, et sa capitalisation boursière est la septième des États-Unis. À la fin de la même année, elle sera pourtant contrainte de se mettre en faillite.

L'histoire d'Enron est révélatrice de son époque – une époque qu'elle a également contribué à façonner. Tel le Janus de la mythologie, elle possède un double visage : énergéticienne, Enron a bâti l'entreprise phare de la déréglementation ; trader, Enron s'est muée en industriel innovateur de la finance. La société énergétique d'origine a connu, grâce à la dérégulation, un fort développement qui l'a conduite du gaz à l'électricité en passant par l'adduction d'eau. Grâce à un management créatif, elle a très tôt développé un modèle d'entreprise sans actifs. Venue au trading à partir d'une activité de couverture du risque des métiers de l'énergie, elle s'est rapidement comportée comme une pure institution financière, à cela près qu'elle échappait à toute régulation de son activité. Mais l'histoire d'Enron, c'est également celle de Kenneth Lay, un entrepreneur politique lié au parti républicain qui va pousser l'art du lobbying jusqu'aux rivages du trafic d'influence politique. Enron, enfin, c'est la fleur du mal du néocapitalisme de marché : chantre de la création de valeur pour l'actionnaire, elle poussera jusqu'à l'illégalité l'art comptable de la maximisation des résultats.

Quelles sont ces deux Enron, l'entreprise énergétique, d'abord, qui a su profiter de la déréglementation, et la seconde, celle des marchés dérivés, que nous étudierons au chapitre 5 ?

Enron ayant été un avocat résolu de la déréglementation, il importe avant tout de présenter le système énergétique américain tel qu'il se présentait avant sa réforme.

Le secteur énergétique américain avant la dérégulation

Le modèle américain de régulation s'est construit dès la fin du XIXe siècle à partir d'une triple ligne d'inspiration : lutte contre les ententes, protection de l'intérêt général et fédéralisme commercial. Après la première phase d'expansion continentale, les trusts et monopoles privés émergents commencent en effet à abuser de leur position dominante, éliminant leurs concurrents et pratiquant une tarification discriminatoire, ce qui donne naissance à un mouvement populiste. Les législateurs cherchent alors à réguler les marchés et à prohiber les ententes et concentrations excessives. Le Sherman Act en 1890 et le Clayton Act en 1914 définissent l'infrastructure juridique de défense des intérêts des consommateurs, tandis que l'idée d'une intervention publique dans l'économie lorsque l'intérêt général le demande émerge dès 1877 avec le célèbre arrêt « Munn contre État d'Illinois[1] ». Les conditions étaient donc réunies pour que s'instaure une régulation des prix dans les services publics qui jouissaient, de fait, d'une position de monopole.

C'est dans le chemin de fer que s'exerce en premier lieu la régulation. Charles Adams invente la *sunshine regulation* qui repose sur le principe d'une régulation des prix par la publicité faite aux abus de position dominante des barons du rail. Le fonctionnement en est simple : lorsque le régulateur ne parvient pas à dissuader l'industriel d'abuser de son pouvoir, il mobilise contre lui l'opinion publique par la publicité qu'il donne de la situation. Ce dispositif est parachevé avec la création des agences fédérales de régulation. En 1887, le sénateur Reagan édicte une loi qui crée l'Interstate Commerce Commission (ICC), une autorité de régulation fédérale composée de six membres nommés par le Président, agréés par le Sénat, et déclarée compétente pour l'ensemble des activités commerciales entre les États.

Deux ans plus tard l'ICC devient indépendante : ainsi se met en place un système de régulation composé d'une instance de régulation fédérale surplombant celles créées dans chaque État[2].

La crise de 1929 et l'effondrement du trust électrique Insull[3] suscitent un nouvel élan pour l'institution de l'État régulateur.

---

1. La notion de *public utility* est pour la première fois évoquée. L'idée d'une restriction au droit de propriété est donc reconnue quand l'intérêt général est en cause, de même qu'est reconnue la légitimité de l'intervention de l'État quand la firme privée exerce un pouvoir sur le marché. Christian Stoffaës ajoute, dans sa contribution au *Séminaire X-Europe Réseaux Eole Communication*, Paris, 1995, p. 127, que « lorsqu'une activité concerne le public en général, cette activité doit être soumise à un contrôle public ». Par la suite un arrêt du *chief justice* Taft définit la notion d'intérêt public comme les « activités qui bénéficient de privilèges concédés par la puissance publique et qui imposent le devoir d'assurer un service au bénéfice de quiconque le demande... ».

2. Cette histoire est rappelée par Michel Matheu dans son article paru dans *Societal*, n° 30, 4ᵉ trimestre 2000.

3. Samuel Insull avait appliqué au secteur de l'électricité le schéma du monopole verticalement intégré inauguré notamment par Theodore Vail dans les télécommunications avec ATT. Comme Vail, Insull avait en effet très tôt compris les vertus de l'intégration – qui permettait de faire opérer par une même compagnie les activités de

Sous le mandat de Franklin D. Roosevelt les instances indépendantes de régulation spécialisées se multiplient, ainsi la Federal Communications Commission (FCC), ou encore le Civil Aeronautics Board [4] voient le jour. James Landis, disciple de Louis Brandeis[5], étend et complexifie l'édifice légal de la régulation, en instaurant notamment la régulation des «utilities» électriques et en renforçant les pouvoirs de la Securities and Exchange Commission (SEC). Pourtant, ce même James Landis signera, sous la présidence Kennedy, la critique la plus radicale des inefficacités des agences de régulation qui avaient proliféré depuis le New Deal. Reprenant les travaux de l'école du *Public Choice*[6], il dénoncera les effets pervers de la «capture» du régulateur par les grandes entreprises de réseau[7].

Là où les partisans de la régulation voulaient encadrer l'activité de l'entreprise en situation de monopole naturel en agissant sur les prix – ce qu'on appelle le *price cap* – ou sur la rentabilité – *return on investment* –, les tenants du «public choice» faisaient valoir que, dans une économie de marché ouverte et fonctionnant sans entraves, il ne peut, à terme, exister de monopole durable.

Là où les régulateurs parlaient du magistère des autorités indépendantes de régulation, les champions de l'école de Chicago – ceux qui prônaient le «public choice» – ne voyaient que la «capture» des régulateurs par les «régulés».

Enfin, si les tenants de la régulation considéraient comme une garantie la procédure de détection des abus de pouvoir de

---

production, de transport et de distribution – ainsi que celles du monopole privé exercé sur les réseaux de transport et associé à la mise en place d'une pyramide financière de contrôle. La création d'un tel monopole devait en effet lui permettre de concentrer le pouvoir économique en faisant financer la croissance par le marché.

4. Pour de plus amples développements sur cette question, *cf.* Élie Cohen, *L'Ordre économique mondial*, Paris, Fayard, 2001.

5. Louis Brandeis est le juriste américain qui inventa la théorie de la régulation des «utilities», à la fin du XIXe et au début du XXe siècle. Quant à Landis, il théorisa sa pratique dans *The Administrative Process*.

6. George Stigler et ses disciples, qui avaient multiplié les études sur les faillites des secteurs régulés, étaient quant à eux parvenus à des conclusions qui s'opposaient radicalement à celles de Louis Brandeis.

7. Il faudra cependant attendre la présidence Carter pour que s'ouvre enfin l'ère de la dérégulation.

l'opérateur dominant, leurs adversaires démontraient de manière implacable que l'asymétrie d'information créait un biais nécessairement favorable aux contrôlés.

Au total, la régulation vertueuse rêvée puis codifiée par Brandeis et mise en œuvre par ses disciples, dont Landis, au nom de la défense des intérêts des citoyens les plus démunis, se révéla inopérante devant les abus de position dominante des monopoles et la capture du régulateur. Cet échec de la régulation sera instruit et documenté par George Stigler. Par une ruse de l'histoire, c'est Landis qui, changeant d'orientation, commencera à défaire ce qu'il avait construit dans ses jeunes années.

En effet, des solutions autres que la régulation sont envisagées afin de rendre « contestable » un marché monopolisé. Cette réflexion sur les insuffisances de l'intervention publique à prévenir l'apparition de monopoles et les abus de position dominante débouche sur une théorie des *government failures*. Pour ses partisans, les instances administratives de régulation ne sont que de piètres agents dans des univers économiques rendus instables par le tourbillon technologique. Leur rigidité organisationnelle, la lenteur de leur procédure quasi judiciaire, leurs échecs répétés dans la supervision des prix et des profits dans les secteurs régulés, ainsi que leur complaisance à l'égard des entreprises établies, en feraient des entités incapables de promouvoir la concurrence, l'intérêt des consommateurs et le bien public.

Cette approche n'est pourtant pas la seule à prévaloir. Si les Européens furent eux aussi confrontés aux problèmes de monopole intégré, d'abus de position dominante et de pratiques tarifaires discriminatoires, ils s'engagèrent le plus souvent dans la voie de la nationalisation et firent le choix d'une économie administrée, lorsqu'ils n'ignorèrent pas purement et simplement la question des monopoles tant que les nécessités de la reconstruction prenaient le dessus.

Ainsi, s'il est vrai que le début des années 1980 voit, de part et d'autre de l'Atlantique, un engagement certain en faveur d'un processus de libéralisation du secteur des services publics en réseau – ou « public utilities » –, le mode d'action varie considérablement : en Europe, il passe surtout par la privatisation, la réglementation d'activités qui se trouvaient jusque-là dans le domaine public et la création d'instances de régulation indépendantes ; aux États-Unis – c'est ce que nous allons voir à présent – la réforme entraîne un nouveau partage entre secteurs régulés et secteurs non régulés.

Rappelons pour commencer que l'industrie de l'électricité américaine comporte, comme celle du gaz, trois maillons : la production, le transport et la distribution. Or, depuis le New Deal de F. D. Roosevelt, ces trois activités avaient été confiées, dans chaque région, à une seule grande « utility » privée strictement réglementée. Au moment où démarre le processus de dérégulation, le système électrique américain présente donc trois caractéristiques[8] : fragmentation, double régulation et faible intégration nationale.

Le système électrique américain est avant tout fragmenté sur le plan géographique. Dans chaque État domine un opérateur local intégré en situation de monopole, de sorte que les « utilities », qui représentent 93 % de l'énergie vendue, ont un statut de service public.

Cette organisation éclatée, dans laquelle coexistent des « utilities » publiques ou privées, des coopératives rurales et des entreprises fédérales, dont la fameuse Tennessee Valley Authority, trouve son origine en 1935, dans le Public Utilities Holding Company Act (PUHCA) qui accordait aux « utilities » une franchise exclusive pour une région donnée, avec obligation de servir tous les utilisateurs à un prix raisonnable. Les législateurs considéraient en effet que le transport d'électricité était un monopole « naturel » qui nécessitait une seule entreprise chargée d'en gérer toute la chaîne en reliant la production à la demande, sous la surveillance du régulateur censé assurer au consommateur final des prix stables et raisonnables. En réalité, des disparités importantes existaient entre les différents États. Cela tenait parfois à des raisons objectives, comme le choix de sources d'énergie primaire différentes, la géographie ou la densité urbaine, mais cela pouvait également être porté au compte

---

8. Voir Jacques Percebois, « La dérégulation de l'industrie électrique en Europe et aux États-Unis », *Revue de l'Énergie*, n° 490, septembre 1997.

de la mauvaise qualité de l'équipement, des rentes de situation, ou encore des effets malthusiens des réglementations. Dans les années 1990, New York, le New Jersey ou le Connecticut payaient ainsi leur électricité plus de deux fois plus cher que le Wyoming ou l'Idaho [9]. Si la loi de 1935 avait permis de casser les trusts bâtis depuis le début du siècle et mis en difficulté avec la crise de 1929, les monopoles locaux verticalement intégrés empêchaient la constitution de producteurs ayant la masse critique.

Lorsqu'en 1978 le président Carter signe le Public Utilities Regulatory Policies Act (PURPA), il entend avant tout trouver une réponse au choc pétrolier de 1974 en promouvant la cogénération et en favorisant le développement d'énergies renouvelables à l'aide d'obligations d'achat à prix élevés. Cependant, cette loi ouvre la voie à la déréglementation, car le PURPA entraîne deux effets inattendus. Non seulement de nouveaux acteurs montrent qu'ils sont capables, au même titre que les « utilities », de construire et d'exploiter des centrales pendant les années 1980, mais la loi leur garantit de surcroît l'accès au réseau, ce qui revient à mettre en cause le monopole verticalement intégré. Par ailleurs, les prix d'achat de l'électricité produite étant fixés à un niveau élevé pour favoriser le développement des énergies renouvelables, cette loi crée un appel d'air pour le développement de nouvelles capacités de production, notamment en Californie.

Cette ouverture du marché ne se fait pas de manière brutale. Le PURPA encadre le développement de générateurs indépendants, les *qualifying facilities* (QF), dont il limite à une puissance de 80 MW la capacité de production. En échange, les exploitants régulés ont l'obligation légale d'acheter l'électricité ainsi produite. Ces producteurs indépendants se trouvent donc reliés au réseau national, en contrepartie d'une redevance qu'ils versent aux réseaux régionaux de transport sur lesquels ils se connectent.

---

9. Une moyenne annuelle qui tourne alors autour de 10 cents le kilowatt-heure pour les premiers contre 4,5 voire 4 cents/heure pour les seconds, et une moyenne nationale qui tourne autour de 6,5 (source : US Energy Information Administration).

Enron, entreprise phare de la déréglementation électrique 55

En 1992, une étape supplémentaire est franchie avec l'Energy Policy Act, qui accorde aux producteurs indépendants un statut légal grâce auquel ils vendent en gros dans divers États et sont exemptés des règles qui pèsent sur les «utilities». Ils deviennent ainsi des *Exempt wholesale generators*.

La deuxième caractéristique du système électrique américain tient au fait qu'il est à la fois régulé au niveau fédéral par la Federal Energy Regulatory Commission (FERC) et au niveau des États par les Public Utilities Commissions (PUC). Les PUC fixent le prix final pour le consommateur sur la base du *cost plus*[10], ce qui induit un phénomène de surinvestissement puisque les producteurs récupèrent les coûts à travers les tarifs (effet Averch-Johnson). Le FERC, qui est compétent sur le réseau inter-États, fixe quant à lui les péages et permet l'accès des tiers au réseau pour la livraison d'électricité des producteurs vers les «utilities», mais non vers le client final. Ce système a donc un effet désincitatif pour l'investissement en réseau des opérateurs intégrés, puisqu'ils peuvent se voir obligés, au titre de l'accès d'un tiers au réseau (ATR), d'ouvrir leurs réseaux à des producteurs concurrents.

Enfin, l'organisation électrique présente des profils très différents selon les États. Sept d'entre eux se sont engagés dans le processus d'ouverture du marché électrique, le plus célèbre d'entre eux étant la Californie. Dans un contexte où les tarifs étaient très variés selon les États, ne serait-ce qu'en raison du type de bouquet énergétique dominant, les distributeurs avaient obtenu la possibilité de s'approvisionner librement sur le marché de gros[11]. Les industriels présents dans les États aux tarifs les plus élevés avaient donc fait pression pour s'approvisionner directement auprès des producteurs, selon une procédure de fourniture sur le marché de détail[12]. La Californie avait ainsi initié une ouverture progressive du marché de détail qui devait prendre effet à partir du 1er janvier 1998.

---

10. Le système «cost plus» garantit au fournisseur de récupérer son investissement et ses coûts plus une marge garantie, il n'a donc aucune incitation à minimiser l'investissement. De plus, toute amélioration de la productivité bénéficie au consommateur final et non à l'entreprise.

11. C'est-à-dire de faire du *wholesale wheeling*.

12. *Retail wheeling*.

Si la dérégulation peut contribuer à lever quelques sources majeures d'inefficacité des marchés régulés – comme le sous-investissement, le surinvestissement, les problèmes d'économie d'échelle ou de structure tarifaire –, toute solution qui aboutit en pratique à casser le monopole vertical intégré pour le remplacer par des mécanismes de marché mâtinés de régulation résiduelle crée ses propres inefficacités[13]. La question institutionnelle est donc décisive dans toute entreprise de libéralisation et de déréglementation.

ENRON : UNE ENTREPRISE ÉNERGÉTIQUE DÉRÉGULÉE

Enron est le fruit de la fusion opérée en 1985 par Kenneth Lay entre Houston Natural Gas et Internorth, deux entreprises gazières possédant quelques réseaux de gazoducs dont le métier essentiel était la vente et le transport de gaz.

Kenneth Lay est un manager original dans le paysage américain. Ce n'est ni un entrepreneur ni un héritier, mais un haut fonctionnaire républicain reconverti qui a tissé un large réseau politique et est très lié aux administrations responsables de la régulation du secteur énergétique. Ayant entamé sa carrière comme économiste au sein d'une compagnie pétrolière de Houston, Humble-Oil, il rejoint en pleine guerre du Vietnam l'école navale de Rhode Island où il travaille trois ans pour le Pentagone. Il intègre ensuite la Commission fédérale de l'énergie de Washington[14] où il reste deux ans. Ce passage, décisif, lui fait découvrir la réglementation de l'énergie et le monde politique. Après cette période, Lay rejoint Florida Gas, qu'il quitte huit ans plus tard pour devenir le bras droit de Jack Bowen, P-DG de Transco et ancien patron de Lay en Floride. Basée à Houston, Transco possède des pipelines et fournit aux

---

13. Voir Paul Joskov, « Eestructuring, competition and regulatory reform in the US electricity sector », *Journal of Economic Perspectives*, vol. 11, n° 3, été 1997, p. 119-138.
14. Cette commission préfigure la FERC.

États de New York et du New Jersey la plus grande partie de leur gaz. Ken Lay y reste jusqu'en 1984, date à laquelle il deviendra P-DG de Houston Natural Gas.

Lorsque Lay arrive chez Transco, la réglementation sur le gaz a commencé à s'assouplir depuis 3 ans, pour soutenir la production[15], et Lay a l'idée de mettre en Bourse les excédents de gaz non vendus dans les contrats à long terme, une stratégie qu'il continuera à développer chez Houston Natural Gas. Cependant, si les lois de 1978 ont permis d'augmenter la production, le ralentissement de l'économie dans les années suivantes conduit à une baisse de la demande et à un effondrement des prix. Pour résister au choc, les entreprises de gaz se lancent, au début des années 1980, dans une politique de fusions-acquisitions. Kenneth Lay rachète ainsi plusieurs réseaux de pipelines et double la surface globale du réseau de Houston Natural Gas.

La deuxième étape de la déréglementation se situe en 1985, juste avant la création d'Enron, et marque un tournant, puisqu'en autorisant les services publics locaux à acheter du gaz à une entreprise et à en payer une autre pour le transporter, la FERC incite fortement les sociétés comme Houston Natural Gas à séparer leur activité de transport de celle de vente. C'est dans cette période de transition et de restructuration intense pour l'industrie du gaz que naît Enron, fruit de la fusion de Houston Natural Gaz avec une autre entreprise de pipelines basée dans le Nebraska, Internorth. Si cette dernière, bien plus importante que Houston Natural Gas, absorbe l'entreprise dirigée par Kenneth Lay, celui-ci parvient à se faire nommer deux ans plus tard à la tête du nouvel ensemble.

Durant ses premières années d'existence Enron cherche, comme toutes les entreprises du secteur, à se désendetter et à renégocier ses contrats à long terme, encouragée en cela par la FERC. L'industrie du gaz est alors scindée en deux métiers : celui de transporteur, réglementé, et celui de vendeur, dérégle-

---

15. Avant 1978, les prix du gaz étaient fixés de manière très stricte dans le cadre de contrats à long terme.

menté. Enron sépare progressivement son métier de vendeur de son activité de transporteur. Enron Transwestern Pipeline Company est la première entreprise de pipelines à cesser de vendre du gaz pour ne plus proposer que du transport, la vente de gaz étant transférée à une autre division de la société. Cette activité, qui se développe notamment par le biais des bourses de produits gaziers vendus à terme, permet à Enron d'agir librement en faisant jouer l'offre et la demande et en anticipant l'évolution future du marché de l'énergie. En 1990, ces bourses représentent plus de 75 % des ventes de gaz, ce qui entraîne une très grande volatilité des prix. Enron offre une gamme de contrats à terme d'une durée de deux à dix ans, avec des prix fixes, garantissant davantage de sécurité en termes de prix et d'approvisionnement, ce qui lui permet d'augmenter ses marges. La majeure partie du marché du gaz n'étant pas incluse dans des contrats à long terme, Enron a la possibilité d'acheter du gaz au meilleur prix sur le marché boursier pour le revendre à des prix fixés à l'avance.

C'est donc par le gaz qu'Enron commence à s'enrichir, et notamment grâce à l'évolution de la réglementation. Or celle-ci dépend de la bonne volonté du pouvoir politique, et l'exceptionnelle réussite d'Enron est due avant tout aux talents de lobbyiste de son patron.

Kenneth Lay et le capitalisme de connivence

À Washington Kenneth Lay s'est approché des sphères du pouvoir, où il s'est forgé une compétence sur les marchés énergétiques. Appelé au sein de la Commission fédérale de l'énergie, l'organe de contrôle de ces marchés, il a fait avancer la cause de la déréglementation des monopoles dans le gaz et l'électricité, dans le contexte libéral de la présidence de Ronald Reagan. Lay apprend vite à théoriser et à négocier. Il rencontre à Washington de nombreux parlementaires et sénateurs ainsi que les grands patrons des sociétés énergétiques, mesure l'importance de la réglementation et observe de près les méthodes employées par les lobbyistes afin d'influencer les législateurs[16].

Kenneth Lay crée donc Enron convaincu que sa connaissance des affaires fédérales lui permettra d'influencer les politiques et de peser sur les décisions de Washington. C'est dans cette optique qu'il fonde au sein d'Enron un comité d'action politique (PAC) qui a pour « mission de collecter puis dépenser des fonds pour faire élire ou battre des candidats politiques, selon leur disposition à relayer dans les sphères du pouvoir les idées du courtier en énergie[17] ». Si cette pratique est répandue dans la plupart des entreprises américaines, le lobbying prend au sein d'Enron une place considérable : le groupe ouvre, en dehors de Washington, une trentaine de bureaux employant des lobbyistes à temps plein dont le travail consiste à rencontrer les responsables de tous les organes pouvant influencer la réglementation, de la Maison-Blanche à la Securities and Exchange Commission, en passant par le Sénat, la Chambre des représentants, les département du Trésor ou de la Justice, l'Agence de protection de l'environnement, la réserve fédérale et les partis politiques. Réceptions, dîners et voyages sont organisés pour familiariser les décideurs avec les métiers de l'énergie et les rallier au camp de la déréglementation.

Si tout au long de son existence Enron recevra de l'État plus de 3,6 milliards de dollars d'aides en garantie de risque et en fonds publics[18], c'est bien la déréglementation qui est l'objet de tous les efforts de Lay. Déréglementation des marchés de la vente et du transport du gaz et de l'électricité, révision des normes sur la sécurité des pipelines, déréglementation financière, baisse d'impôts, croisade contre la taxe sur les sociétés et contre la loi de modernisation de l'autorité des marchés de matières premières, pour le droit d'exportation et d'implantation des entreprises d'énergie dans les pays étrangers : les lobbyistes d'Enron ont obtenu des résultats importants pour l'expansion de l'entreprise sur de nombreux points. Au sein de

---

16. Il va même jusqu'à donner des cours sur les relations entre les entreprises et les organes de l'État, à l'université George-Washington.
17. Selon un de ses membres, propos rapporté par *La Tribune*, 25/7/2002.
18. Joseph Stiglitz, *The Roaring Nineties*, New York, Norton, 2003.

son réseau de relations, Enron porte une attention toute particulière à la FERC, qui régule le secteur de l'énergie, et s'allie avec ses membres les plus influents[19]. Rappelons ainsi que l'actuel président de la FERC, Patrick Wood, est un Texan proche de George W. Bush, et que ce dernier a reçu un important soutien financier d'Enron pour son élection en 2001.

La famille Bush et le réseau républicain étaient d'ailleurs, on l'imagine, particulièrement choyés par Enron qui fut, dès le début, un grand contributeur des campagnes républicaines : de janvier 1991 à juin 1999, Enron verse 1,46 million de dollars au parti républicain. Si cette pratique est légale aux États-Unis et si d'autres compagnies donnent davantage[20], Enron s'est distingué par le nombre de responsables politiques auprès desquels elle a réparti son argent, puisqu'elle aurait, selon *La Tribune*, donné des fonds à près de la moitié des membres du Congrès et aux deux tiers des membres du Sénat. Les républicains profitèrent largement des largesses d'Enron, mais ils ne furent pas les seuls, puisque les démocrates touchèrent eux aussi d'importantes sommes, comme le sénateur de New York Charles Schumer, ou l'ancien candidat à la vice-présidence Joe Liebermann[21].

À mesure qu'il porte ses fruits, le lobbying législatif d'Enron en faveur de la déréglementation s'intensifie. Lay accueille ainsi en 1992, l'année des premières lois déréglementant l'électricité, une convention républicaine à Houston. L'année suivante, Enron engage deux anciens membres de l'administration Bush, James Baker et Robert Mosbacher, ainsi que Wendy Gramm, l'épouse du sénateur du Texas Phil Gramm et ancienne présidente de la CFTC (Commodity Future Trading Commission). Cette commission, principal régulateur du marché de l'énergie,

---

19. Enron a non seulement fait l'apologie de la déréglementation, mais également suggéré des règles du jeu « biaisées » qui devaient lui permettre de jouer sur des différences de potentiel artificielles. Enron a en particulier contribué largement à la promotion de règles complexes et incohérentes dans le fonctionnement des marchés en temps réel et *day ahead* et a largement milité pour l'obligation faite aux distributeurs traditionnels de s'approvisionner sur les marchés *spots* « organisés » ainsi que pour l'interdiction faite aux mêmes acteurs de se couvrir par des contrats à moyen-long terme.

20. Selon Loren Fox, durant la même période, Pfizer a donné 1,55 million de dollars, AT&T 2,91 millions et Philip Morris 6,21 millions.

21. *La Tribune*, 27/7/2002.

avait décidé de ne pas réglementer les dérivés sur les excédents de gaz – ces produits auxquels Enron devait ses premiers succès.

L'accession à l'investiture suprême de George W. Bush marque l'apogée de la réussite d'Enron. L'entreprise constitue en effet la source la plus importante de financement de la carrière politique du chef de la Maison-Blanche, à hauteur de 623 000 dollars depuis 1993, selon le Center for Public Integrity[22]. Les réseaux tissés avec l'administration Bush sont particulièrement étroits, tant et si bien que si Ken Lay est membre de la commission d'étude sur l'Évaluation de la nouvelle économie, il donne surtout l'impression d'être un vice-ministre de l'Énergie. Non content de compter parmi ses actionnaires 15 hauts responsables de l'administration Bush, au nombre desquels Donald Rumsfeld, Thomas White, Peter Fisher ou encore Karl Rove[23], Lay est un familier du vice-président Dick Cheney. Ce dernier, chargé d'élaborer une nouvelle politique pour l'énergie, le consulte officiellement à plusieurs reprises, à tel point qu'aux dires de Henry Waxman, élu démocrate de Californie, pas moins de dix-sept propositions soutenues par Enron auraient été retenues dans le plan Cheney sur l'énergie proposé en mai 2001.

C'est donc en partie grâce au lobbying et à sa proximité du pouvoir que Ken Lay a fait prospérer son entreprise. Ces appuis politiques joueront un grand rôle dans les projets indiens d'Enron, mais avant cela, l'entreprise de Houston est surtout la principale bénéficiaire des lois de 1992 et 1996 qui déréglementent le marché de l'électricité. Ces lois sont d'autant plus importantes pour Ken Lay que, selon lui, le marché du trading électrique est potentiellement trois fois plus important que celui du gaz naturel. Avec l'aide de Jeff Skilling, il va appliquer au marché de l'électricité le modèle d'affaire qu'il a inventé avec succès pour le gaz.

---

22. Le Center for Public Integrity est une association de journalistes issus de grandes télévisions et de grands journaux américains.
23. Respectivement ministre de la Défense, secrétaire d'État aux Armées, sous-secrétaire au Trésor, et conseiller politique du Président.

La déréglementation de l'électricité en Californie

En 1992, sous la pression du lobby prodéréglementation dont Kenneth Lay est l'un des membres actifs, le président Bush, lui-même très lié au secteur de l'énergie, signe le Comprehensive National Energy Policy Act : ce texte remplace la loi de 1935 et élargit l'accès au réseau de transport à tous les producteurs indépendants, les autorisant ainsi à vendre leur électricité sur le marché public américain et même international. Si les producteurs ne sont pas limités en taille ni en puissance, ils n'ont cependant qu'un accès limité au marché puisqu'ils ne peuvent vendre directement au consommateur final [24].

C'est en 1996 que la dérégulation de l'électricité se met véritablement en place, quand, en Californie [25], est votée une loi imposant aux opérateurs historiques la séparation de leurs activités de production et de transport. Cette séparation peut être totale, avec la création d'un gestionnaire indépendant – un *independent system operator* (ISO) – comme ce sera le cas en Californie, ou simplement comptable. Elle implique aussi l'accès non discriminatoire des producteurs aux réseaux de transport et de distribution ; les services publics responsables de ces réseaux sont donc tenus de créer des systèmes électroniques pour partager les informations concernant leur disponibilité et leur capacité. Si les lignes de distribution locales continuent à être gérées par les services publics, les « utilities » sont cependant tenues de garantir aux consommateurs l'accès direct à n'importe quel fournisseur d'électricité opérant dans l'État. Le

---

24. On peut par ailleurs noter que cette même loi déréglemente également le marché du gaz naturel.

25. Du fait de sa taille et de son climat, la Californie est l'un des États qui consomment le plus d'électricité, et il est également un de ceux dont les prix payés par les consommateurs sont les plus élevés – 9,7 cents kW/h en 1993 contre une moyenne nationale de 6,9 kW/h. Les tarifs des particuliers, des commerçants ou des industries sont par ailleurs nettement supérieurs au prix que paient les services publics californiens. Le mouvement californien prodéréglementation s'appuie donc principalement sur la question du prix pour réclamer l'apparition d'un marché concurrentiel, considérant que par nature un monopole ne réalise pas de grands efforts dans ce domaine.

23 septembre 1996, la Californie devient ainsi le premier État à décider de l'ouverture du marché de détail de l'électricité à la concurrence. Cette décision entre en vigueur le 1er janvier 1998, pour la totalité du marché. Conformément à la loi, les distributeurs sont tenus de vendre leurs centrales électriques et d'acheter de l'électricité auprès de fournisseurs déréglementés, la plupart étrangers à l'État. En revanche, pour rassurer les consommateurs les plus inquiets, le prix de revente aux clients reste réglementé et plafonné à un certain niveau. Les promoteurs de la déréglementation ne voient pas d'inconvénient à accepter cette clause puisque la concurrence doit logiquement entraîner une baisse des prix – cette dernière règle a toutefois joué un rôle important dans la crise qui a suivi.

Au moment où la Californie décide d'ouvrir son marché de détail de l'électricité à la concurrence, deux grands modèles d'organisation du marché de gros prévalent.

Le premier est fondé sur un « pool » centralisé par le biais duquel tous les producteurs vendent leur électricité et tous les clients – ou leurs détaillants – achètent la leur. Le pool est dirigé par un opérateur indépendant – l'ISO – qui contrôle également les réseaux de transport en distribuant l'énergie là où elle est nécessaire et en ajustant les prix dans le but de refléter l'offre et la demande.

Le second modèle est organisé comme un marché bilatéral où les acheteurs et les vendeurs concluent eux-mêmes les contrats et informent l'opérateur indépendant du lieu et du moment où ils comptent utiliser le réseau. L'opérateur n'intervient qu'en cas de risque de surcapacité du réseau.

La Californie opte pour un entre-deux. L'opérateur indépendant californien suit les règles du modèle bilatéral, mais dans le même temps la Power Exchange[26] fonctionne comme un pool où, pendant 4 ans, les trois grandes « utilities » californiennes, la Pacific Gas & Electric, la Southern California Edison et la San Diego Gas & Electric, s'engagent à effectuer toutes leurs transactions.

---

26. Bourse électrique.

Des espoirs déçus

Dans un État où le réseau électrique est obsolète et où le consommateur subit des tarifs élevés, cette déréglementation du marché ouvre à l'évidence de brillantes perspectives.

La dérégulation est alors censée fournir des incitations plus importantes que la régulation en matière de coût, de productivité et de diversification qualitative de l'offre. L'apparition d'un marché déréglementé de l'électricité doit offrir au consommateur une offre variée : grâce aux vertus de la concurrence, les Californiens vont enfin pouvoir payer leur électricité à un prix raisonnable. On se persuade d'autre part que l'entrée sur le marché de nouveaux opérateurs, et donc de nouveaux investisseurs privés, va créer des incitations à améliorer les réseaux. Les bénéfices attendus sont à la fois une baisse des prix pour le consommateur, une plus grande diversité et une meilleure qualité de l'offre de service.

Convaincu que la déréglementation va entraîner une baisse des prix, le législateur garantit aux « utilities » des prix calculés sur la base des *stranded costs* ou « coûts échoués ». Les « utilities » californiennes se sont en effet lancées, une vingtaine d'années auparavant, dans la construction de coûteuses centrales nucléaires et de lignes électriques pour lesquelles elles s'étaient endettées, et l'on craignait qu'elles ne soient incapables – baisse des prix oblige – de rentabiliser un jour ces investissements. Le principe des « stranded costs » consiste à contourner ce problème en gelant le prix de détail de l'électricité autour de 6 cents kW/h : le consommateur paie le prix du marché, estimé inférieur à 6 cents, à l'opérateur qu'il a choisi, et verse la différence à l'« utility » jusqu'à ce qu'elle ait remboursé les investissements consentis du temps de la réglementation.

Les effets de la dérégulation californienne ont été, contre toute attente, catastrophiques. À partir du 31 mars 1998, les consommateurs ont eu le droit de choisir un fournisseur d'électricité disponible dans leur région en cherchant les meilleurs prix et, d'avril 1998 à avril 2000, le prix du mégawatt s'est maintenu en moyenne aux alentours de 30 dollars. Or la demande en électricité augmenta fortement durant cette période de croissance économique, et explosa littéralement lors des pics de chaleur de mai et de juin 2000, le prix du mégawatt atteignant alors 120 dollars. La région a connu une période de pénurie et les grandes métropoles des coupures de courant.

En raison du gel des prix de détail qui avait été décrété, les consommateurs ne furent que faiblement touchés par ces hausses des prix[27]. En revanche, les «utilities» qui leur fournissaient leur électricité subirent les hausses de plein fouet. Le risque d'une augmentation subite des prix avait été reporté sur les distributeurs, qui se retrouvèrent étranglés par le gel des prix de détail car ils étaient obligés d'acheter 10 cents de l'électricité qu'ils revendaient 6 cents. Pris en tenaille par des contrats de vente sur le long terme à un prix plafonné, et des contrats d'achat sur le marché comptant, ou marché «spot», les «utilities» furent contraintes d'absorber seules le choc de cette hausse. L'impact aurait certes été moins grand si les distributeurs s'étaient approvisionnés en électricité en signant eux aussi des contrats d'achat à long terme avec leurs fournisseurs, mais la loi sur la déréglementation, qui avait pour objectif de favoriser le marché au jour le jour et la concurrence, interdisait au distributeur de signer de tels contrats[28]. La situation devint vite intenable pour les «utilities» : la plus grande compagnie de distribution d'électricité de Californie, la Pacific Gas & Electric, fit en effet faillite moins d'un an plus tard, lestée par une dette de 9 milliards de dollars[29], alors même que les deux autres grandes «utilities» californiennes connaissent aujourd'hui encore des situations catastrophiques.

Pendant ce temps, les producteurs et les traders s'enrichissaient.

Comment une telle situation était-elle possible, alors même que les analystes craignaient au contraire que la concurrence n'entraîne une surproduction d'électricité ?

---

27. Ils ne subirent qu'un préjudice indirect, à travers les coupures de courant qui survinrent dans les grandes villes californiennes.
28. Du fait de la crise énergétique, cette loi a été modifiée en 2000.
29. Joseph Stiglitz, *The Roaring Nineties*, op. cit.

Les producteurs d'électricité comme Enron et l'administration de George W. Bush déclarèrent que la régulation était imparfaite car incomplète. On incrimina une capacité de production jugée trop faible ainsi que des contraintes environnementales qui freinaient, disait-on, la construction de nouvelles centrales nucléaires. Force fut d'admettre que la vague de chaleur qui avait touché la Californie au mois de juin avait connu bien des précédents… à la différence d'une telle pénurie, tout à fait inédite. Le lien entre la pénurie et la dérégulation devenait donc évident.

L'électricité est un produit extrêmement volatil. À la différence des autres sources d'énergie, elle est impossible à stocker. La majeure partie des dépenses nécessaires à la production d'électricité demeure fixe et les centrales électriques doivent produire en continu. Il est presque impossible, dans ce secteur, de prévoir avec précision – et de s'adapter rapidement à – la demande, en particulier lorsque le consommateur final paie un prix fixe et reste insensible aux fluctuations des tarifs. À l'inverse d'autres industries, l'élasticité nécessaire à un ajustement rapide et cohérent entre les prix et l'offre et la demande n'existe pas dans ce secteur. Une très petite variation de la demande peut entraîner une hausse vertigineuse des prix, surtout si l'offre est peu flexible.

Cette situation extrêmement tendue s'est trouvée exacerbée, en Californie, en raison du faible nombre d'acteurs sur le marché. Contrairement aux attentes des analystes, la déréglementation n'a pas entraîné dans cet État autant de concurrence que prévu, de sorte que de petits producteurs et de petits vendeurs se sont retrouvés en position de force sur le marché, face à d'énormes « utilities » aux prises avec des variations importantes de la demande. Or, au moment de la crise de juin 2000, plusieurs centrales, en réparation, étaient déconnectées

Si des observateurs s'étaient étonnés à l'époque de la tension qui existait sur le marché, il fallut attendre plusieurs mois pour que des soupçons naissent et qu'on se rende compte que les négociants en électricité avaient manipulé le marché afin de faire monter artificiellement les prix et de toucher des sommes gigantesques.

Enron est l'entreprise qui a le plus bénéficié de la crise californienne, celle aussi qui a sans doute le plus manipulé le marché.

Enron : Du gaz à l'électricité

Lorsque Enron, devenu le plus important vendeur de gaz d'Amérique du nord, se lance dans l'électricité, son but est d'y appliquer une recette déjà éprouvée. Sa capitalisation boursière est passée de 2,65 milliards de dollars au début de l'année 1990 à 8,26 milliards au début de 1994[30], et l'ambition de Kenneth Lay a elle aussi grandi. Il ne se contente plus d'être le leader mondial sur le marché du gaz naturel, il vise la première place sur le marché de l'énergie en élargissant le secteur d'activité du gaz à l'électricité d'abord, puis à d'autres secteurs, pour devenir petit à petit un pur trader. En ce qui concerne le secteur de l'électricité, il s'agit alors d'intégrer l'activité de production et de distribution, lors de l'ouverture du marché, et de développer ainsi une intense activité de trading.

Choisir de lancer une activité de trading dans le contexte de la déréglementation est plus risqué pour l'électricité que pour le gaz, mais pas hors de portée pour un industriel de l'énergie. Enron semble posséder les compétences et l'expérience requises pour acheter au meilleur prix de l'électricité en Oregon et la revendre dans l'heure à une collectivité locale qui ne possède pas ses capacités, à l'autre bout du pays.

Le trading électrique commence pour Enron en juin 1994, et dès le mois d'octobre, la firme vend en moyenne 500 mégawatts heure. Quelques mois plus tard, cette activité est passée à 7,8 millions de mégawatts heure, soit 20 % du marché[31]. Enron n'est cependant pas seule à se lancer sur ce nouveau marché, beaucoup plus lucratif que celui du gaz, puisque deux fois plus

---

30. Loren Fox, *Enron, The Rise and Fall*, Hoboken (NJ), John Wiley & Sons, 2003.
31. *Id., ibid.*

volatil : AES, Natural Gas Clearing House et Morgan Stanley font également partie des nouveaux entrants.

Un marché manipulé

Dès le début de la crise énergétique californienne, on soupçonna une manipulation du marché. Le système californien dépendait en effet d'un dispositif institutionnel qui faisait la part belle aux nouveaux entrants et aux traders et négligeait les vieilles « utilities » régulées. Des économistes comme Paul Krugman, professeur à Princeton, ou Frank Wolak, de Stanford, firent alors part de ces inquiétudes. On apprit par la suite que bien avant la crise californienne, au mois de mai 1999, le responsable du trading électrique d'Enron pour la côte ouest, Timothy Belden, avait sciemment saturé les lignes électriques en envoyant 2 900 mégawatts sur une installation ne pouvant en supporter que 15. L'État de Californie, voyant ses lignes saturées, avait alors envoyé à tous ses fournisseurs un message leur demandant d'arrêter leur envoi d'électricité, contre des compensations financières. Cet après-midi-là, le prix de l'électricité grimpa de 70 %, et si la manipulation de Belden, découverte un an plus tard, fut sanctionnée d'une amende de 25 000 dollars, les Californiens avaient surpayé leur électricité d'environ 5,5 millions de dollars ce jour-là[32].

Cependant, contrairement à ce qui a été affirmé par la suite par les dirigeants de la compagnie, Belden n'était pas un mouton noir égaré au milieu du troupeau des honnêtes traders d'Enron : il ne faisait qu'appliquer une méthode courante. Preuve a été faite de nombreuses manipulations du marché par les traders d'Enron, et la Commission californienne des services publics a même établi que la plupart des coupures d'électricité qui touchèrent la Californie entre novembre 2000 et mai 2001 n'étaient pas dues à des problèmes de sous-capacité ou de panne du réseau, mais à l'attitude des principales entreprises d'énergie

---

32. Cet incident, appelé le « Silver Peak incident », est raconté par Mimi Swartz et Sherron Watkins in *Power Failure*, Londres, Aurum Press, 2003.

qui conservaient, malgré la demande, une grande partie de leur capacité[33].

Au fur et à mesure de la publication de ces documents, il est apparu que la crise californienne avait été créée de toutes pièces par des entreprises de trading qui en profitèrent pour s'enrichir considérablement, au premier rang desquelles on trouve bien sûr Enron.

Les traders de la firme texane avaient en effet développé nombre de techniques aux noms évocateurs, comme «Ricochet», «Death Star», «Fat Boy» ou encore «Get Shorty», qui leur permettaient de faire monter ou baisser artificiellement l'offre ou la demande au gré de leurs besoins, générant ainsi un maximum de profit. Ces techniques consistaient souvent à jouer sur les deux marchés californiens, le marché libre et le marché «day ahead», reposant sur un contrat à terme d'une seule journée. La technique appelée «Ricochet» consistait ainsi à jouer de la différence de prix entre ces deux marchés normalement séparés. Enron achetait de l'électricité en Californie sur le marché «day ahead», revendait cette électricité dans un autre État, puis la rachetait dans cet État pour la revendre en Californie sur le marché libre dont les prix étaient souvent plus élevés. «Death Star» consistait à jouer sur le décongestionnement de certaines lignes électriques. Enron était en effet parfois subventionnée par l'ISO pour transporter de l'électricité d'un secteur saturé vers un secteur normal. La compagnie se contentait alors de disperser l'électricité temporairement et de la ramener à son point de départ en utilisant des lignes qui n'étaient pas sous la coupe du régulateur, ce qui lui permettait de toucher une subvention. À l'inverse, la stratégie de l'«Inc-Ing» permettait de jouer sur les deux marchés afin de toucher une autre subvention dont s'acquittait l'ISO pour que les traders renoncent à certaines commandes risquant d'encombrer le réseau.

Les traders d'Enron avaient conscience de l'illégalité de ces types de stratégie, puisqu'ils n'ont pas hésité à déclarer durant la période de crise des gains plus faibles que leurs gains réels pour

---

33. Paul Krugman, *The Great Unravelling, op. cit.*

éviter d'attirer l'attention sur ces manipulations. Ils accumulaient ainsi des réserves pour la période suivante qui, en raison du contrecoup de la crise, risquait d'être plus difficile. Ils y étaient par ailleurs fortement encouragés par leurs dirigeants qui prônaient le développement de ce type d'innovations techniques.

Enron a sans conteste joué un rôle dans la crise californienne, mais les fondements de cet épisode sont plus profonds. La première vague de déréglementation a suscité l'apparition de nouveaux entrants assurés de prix élevés au nom de la diversification des sources d'énergie. La disponibilité d'une énergie bon marché dans les États voisins, rendue inaccessible à cause d'une réglementation figée, avait fait naître un mouvement en faveur de la déréglementation en Californie[34]. En agissant en amont, Ken Lay et ses amis politiques s'assurent que les nouvelles règles sont suffisamment poreuses pour permettre au trading de se développer. Les règles du jeu incohérentes et l'incitation des « producteurs purs » à manipuler les prix spots[35], ainsi que les manipulations de prix de l'électricité et du gaz évoquées par Krugman et Stiglitz, ont pesé sur la hausse des tarifs. Pour autant, le système électrique californien était soumis à une conjonction d'aléas défavorables : hydraulicité faible, température plus élevée pendant le fameux été 2000. À cela s'ajoute l'impossibilité de construire de nouvelles centrales (fussent-elles au gaz) pour faire face à une demande en forte croissance depuis plusieurs années : de nombreux projets étaient en cours sans pouvoir aboutir. L'effet NIMBY (« not in my backyard », ou « partout sauf chez moi ») a bien joué, les consommateurs californiens étant à la fois de gros consommateurs d'énergie et soucieux de leur environnement[36].

D'autres entreprises ont manipulé les marchés, comme Reliant Energy Inc., Mirant Corp., Williams Cos ou encore

---

[34]. J.-P. Bouttes, J.-M. Trochet, note du 7 septembre 1998 : « L'accélération récente des réformes dans le système électrique américain ».

[35]. J.-P. Bouttes, conférence IFE du 13 janvier 2005, « Sécurité d'approvisionnement et investissements dans l'électricité ».

[36]. J.-P. Bouttes, R. Leban, J.-M. Trochet, « La crise du marché électrique californien », *Revue de l'Énergie* n° 526, mai 2001.

Dynegy, et d'autres États, dont le Texas, ont été victimes de manipulations. La particularité d'Enron est seulement d'avoir poussé beaucoup plus loin que les autres ce système, ce qui lui a permis de s'enrichir très rapidement et de devenir une star de Wall Street.

L'EXPANSION D'ENRON

Ken Lay a repris à son compte l'idée défendue par Jeff Skilling d'une entreprise bâtie à partir d'actifs « intangibles » via son pôle financier et se lance très tôt dans le trading énergétique. Il considère néanmoins que l'acquisition de champs de gaz ou de centrales électriques est une étape nécessaire avant d'en arriver à la mise sur pied d'une entreprise sans actifs. Enron doit donc, selon lui, continuer d'investir dans des actifs tangibles afin de se familiariser avec les secteurs à partir desquels le groupe compte opérer.

Cependant, si Enron possède d'énormes réserves de gaz qui confèrent crédibilité et sécurité à son activité de trading gazier, elle ne détient aux États-Unis que quelques petites centrales électriques de faible rendement alors qu'elle s'est engagée depuis près de trois ans sur le marché de l'électricité.

Lay commence donc à acquérir d'autres centrales électriques aux États-Unis et rachète notamment, en juillet 1997, après de longues négociations avec les autorités locales, l'« utility » d'électricité Portland General[37].

Enron pose par ailleurs les jalons d'un développement international. L'entreprise s'associe ainsi à deux compagnies britanniques, la National Power et ICI Chemicals and Polymers Ltd., et commence la construction d'une gigantesque centrale électrique dans le Nord-Est de la Grande-Bretagne, la Teeside Power Plant, dont le débouché est pour moitié assuré grâce à un

---

37. Il la paie très cher, ce qui deviendra une habitude, mais cette acquisition se fait par échange d'actions. Enron offre toutefois une prime de 42 % aux actionnaires de Portland General.

contrat de 15 ans avec quatre collectivités locales britanniques. L'internationalisation d'Enron se poursuit en Amérique du Sud – en Argentine et au Guatemala, puis en Bolivie et au Brésil – avant de s'étendre à la Chine ou encore à la Turquie.

Mais c'est en se lançant dans la construction de la centrale de Dabhol en Inde qu'Enron réalise son investissement le plus important et le plus controversé. L'entreprise américaine profite de la volonté du gouvernement indien de déréglementer et d'ouvrir le secteur de l'énergie aux investisseurs étrangers pour bâtir, en 1993, un projet comportant la conception, la construction et l'exploitation d'une centrale thermique à gaz naturel d'une puissance de 2 015 MW à environ 160 km au sud de Bombay, dans le Maharashtra, le troisième plus grand État indien. Pour ce faire, Enron crée, pour un montant d'environ 2,9 milliards de dollars, la Dabhol Power Company, une société de droit indien ayant la responsabilité de coordonner tous les aspects liés à la construction et au fonctionnement de la centrale ainsi qu'à son approvisionnement en combustible. Dabhol, dont Enron détient 80 % tandis que Bechtel et General Electric se partagent les 20 % restants [38], représente alors l'investissement étranger le plus important en Inde.

La Banque mondiale, qui avait auparavant subventionné plusieurs projets d'Enron à hauteur de 700 millions de dollars, refusa cette fois de financer celui-ci, en effet considéré comme difficilement viable, car il aurait fallu que l'électricité vendue par Dabhol le soit à un prix très élevé pour que l'opération soit rentable. Enron parvient cependant à persuader le gouvernement indien d'accepter un contrat *take or pay* qui stipule que l'État du Maharashtra s'engage à acheter un certain volume d'électricité à un prix convenu à l'avance et beaucoup plus élevé que ceux pratiqués par les producteurs nationaux, et ce pendant 20 ans. L'Inde prend ainsi tous les risques, s'engageant pour plus de 30 milliards de dollars garantis par une institution gouvernementale américaine, tandis qu'Enron s'assure un retour sur investissement de 25 % [39]. On comprend alors mal comment

---

38. Loren Fox, *Enron, The Rise and Fall*, op. cit.
39. Joseph Stiglitz, *The Roaring Nineties*, op. cit.

l'Inde peut accepter de pareilles conditions. Il semble qu'en réalité les négociations se soient accompagnées d'importantes pressions politiques du gouvernement américain. Enron fut même soupçonnée d'avoir corrompu des membres du Parlement indien en donnant au parti au pouvoir de l'époque l'équivalent de 13 millions de dollars – un fait bien évidemment contesté par l'entreprise[40].

Lorsque les deux partis d'opposition indiens, qui avaient très tôt mené campagne contre ce projet, accèdent au pouvoir en 1995 et décident de suspendre la première phase du projet et d'annuler la seconde[41], Enron n'abandonne pas pour autant, et les hauts responsables de l'administration Bush entrent une fois de plus en jeu. L'ambassadeur américain indique clairement que les autres entreprises américaines pourraient annuler leurs projets d'investissement en Inde si les choses en restaient là, et le contrat liant Dabhol à l'État du Maharashtra est finalement renégocié en 1996, le prix convenu pour l'électricité étant revu à la baisse et le Maharashtra Electricity Board se voyant autorisé à prendre une participation de 30 % dans Dabhol. Mais l'opinion publique et les associations locales ne sont toujours pas convaincues par le projet et des émeutes éclatent, réprimées par la police. Dabhol est définitivement un échec lorsque, au début de 2001, l'État du Maharashtra se révèle incapable de payer 50 millions de dollars pour l'électricité fournie par Dabhol, dont les prix sont encore trop élevés. Au même moment, de nouveaux producteurs locaux peuvent en effet fournir de l'électricité près de quatre fois moins chère que celle produite par le conglomérat, et le Maharashtra annonce en avril qu'il souhaite rompre le contrat. Malgré les nombreuses pressions politiques américaines – Colin Powell et Dick Cheney interviennent même à cette occasion auprès des responsables politiques indiens –, Enron doit se résigner, tout en tentant de se faire dédommager par l'Inde, à mettre en vente Dabhol.

---

40. Loren Fox, *Enron, The Rise and Fall*, op. cit.
41. La première phase du projet consistait à produire 695 mégawatts d'électricité via une centrale fonctionnant au pétrole dont la construction devait commencer en 1994. La seconde prévoyait de produire 1 320 mégawatts via une centrale au gaz naturel, dont la construction devait commencer l'année suivante.

Lors de la faillite du groupe, la filiale indienne était toujours à vendre.

De l'énergie aux services publics locaux : l'échec d'Azurix

Les projets et les échecs internationaux d'Enron ne se limitent pas au secteur de l'énergie. Lay avait également pour ambition de développer Enron dans d'autres services publics locaux. Le procédé est toujours le même : investir dans des actifs pour acquérir rapidement un savoir-faire sur des marchés porteurs, déréglementés ou en voie de déréglementation, avec l'idée que la division financière d'Enron pourra rapidement utiliser ce savoir-faire pour lancer une activité de trading hautement lucrative.

Le secteur qui intéresse alors au plus haut point Ken Lay, c'est l'eau. Il est en voie de déréglementation et le dirigeant d'Enron pense pouvoir y appliquer son modèle. Enron doit donc acquérir des actifs tangibles dans l'eau pour apprendre à connaître un métier et un marché dominés par les deux géants français, Suez Lyonnaise des eaux et Vivendi environnement. Elle regroupe ses actifs à l'intérieur d'une filiale nommée Azurix censée devenir rapidement autonome. Les analystes financiers sont plutôt surpris de cette stratégie et le cours d'Enron baisse de 1,25 $ le jour où la première acquisition dans l'eau est validée. Le secteur de l'eau demande en effet des investissements de départ très coûteux, et donc une capacité à s'endetter. Le rendement n'est garanti qu'à long terme et reste plutôt faible comparé à d'autres marchés. Les analystes notent également l'absence de synergies évidentes entre le secteur de l'eau et celui de l'électricité. Cela n'empêche pas Rebecca Mark, qui dirige Azurix, d'annoncer un *return on equity* (ROE) ou rendement du capital action de 20 %, là où les compagnies d'eau atteignent au mieux 10 %. Enron peut faire confiance à ses comptables pour que les investissements d'Azurix n'apparaissent pas dans son bilan. Andy Fastow a en effet créé pour l'occasion une transaction complexe, via un holding, Atlantic Water Trust, qui possède

50 % d'Azurix, et Marlin Water Trust, une *special purpose entity* qui finance Atlantic[42].

Enron entre sur le marché de l'eau en acquérant Wessex Water, une compagnie d'adduction d'eau britannique qui possède alors plus d'1 million de clients. La vente est réalisée pour 2,2 milliards de dollars payés en cash, soit une prime de 28 % sur le cours de l'action de Wessex. Le prix est justifié selon Lay par l'importance que doit prendre le secteur de l'eau dans les prochaines années. Lay espère également que le gouvernement britannique va baisser les taxes payées par les « utilities » d'eau.

Azurix dépense aussi beaucoup d'argent pour acheter des concessions d'eau en Argentine – deux concessions de 30 ans dans la région de Buenos Aires pour 439 millions de dollars –, au Mexique – où elle prend une participation de 49,9 %, et de 38,5 millions dans une concession à Cancún –, ou encore au Brésil. Elle fait également l'acquisition, pour 120 millions de dollars, de Philip Utilities Management, une compagnie canadienne qui construit des usines de traitement d'eau. Si Azurix est à l'évidence obligée de payer le prix fort – elle a dépensé, selon ses propres analystes, 100 millions de dollars de trop afin de faire toutes ces acquisitions[43] – pour construire son entreprise, c'est qu'elle subit la violente concurrence des deux géants français. Après un départ encourageant, puisque l'introduction en Bourse d'Azurix le 10 juin 1999 permet de lever 685 millions de dollars[44], le secteur de l'eau se révèle un marché plus difficile à conquérir que celui de l'électricité. À de nombreuses reprises, Rebecca Mark voit ses homologues de Suez ou Vivendi surenchérir sur ses propres propositions et emporter le marché. Des projets échouent parce qu'ils sont jugés trop peu profitables par le conseil d'administration d'Enron ou qu'ils ne reçoivent pas le soutien de la Banque mondiale. Un projet de concession d'eau de 285 millions de dollars à Accra, au Ghana, achoppe

---

42. Nous reviendrons dans le chapitre 5 sur le fonctionnement de ces montages financiers complexes.
43. Loren Fox, *Enron, The Rise and Fall*, op. cit.
44. *La Tribune*, 26/7/2002.

ainsi parce que la banque considère qu'Azurix va facturer l'eau 30 % plus cher que la moyenne[45].

Malgré quelques tentatives pour relancer la machine, notamment en introduisant au début de 2000 sur Internet deux plates-formes de trading pour le secteur de l'eau – water2water.com pour le trading d'eau et waterdesk.com pour celui d'équipements et de produits chimiques liés à l'eau –, la croissance et le volume d'affaires d'Azurix restent en dessous des espérances de Rebecca Mark.

Par ailleurs, la dérégulation du secteur de l'eau ne se met pas en place à la vitesse envisagée par Kenneth Lay. Les lois régissant la distribution d'eau aux États-Unis sont complexes et l'eau, considérée par certains comme « l'or bleu » du nouveau siècle, est un sujet politiquement très sensible. Les collectivités locales, notamment dans les villes moyennes, sont réticentes à l'idée d'abandonner leur approvisionnement en eau à une compagnie comme Enron qui, si elle était une star de Wall Street, n'en avait en effet pas moins la réputation d'être une firme agressive et peu intéressée par le service aux particuliers. Les problèmes rencontrés par Azurix se répercutent rapidement sur son cours de Bourse : le titre, qui valait 19 dollars en juin 1999, ne vaut plus que 6 dollars au mois de novembre. L'échec d'Azurix entraîne, en août 2000, l'éviction de Rebecca Mark, date à laquelle le titre est coté à 4,94 dollars. Azurix doit déprécier ses actifs argentins, ce qui représente une charge de 470 millions au quatrième trimestre 2000. Pour enrayer la chute, Enron rachète la filiale à ses actionnaires en mars 2001.

Enron peine donc à réussir dans les métiers qui nécessitent des investissements lourds et dont le rendement se fait sur le long terme. Ses tentatives pour entrer sur le marché des particuliers pour le gaz et l'électricité ont également échoué[46]. Les

---

45. *La Tribune*, 26/7/2002.
46. En janvier 1997, la compagnie s'était alliée avec la Northern California Power Agency pour vendre de l'énergie aux 700 000 clients de l'agence répartis dans 11 villes. Mais le marché des particuliers est très différent de celui des collectivités et, si les employés d'Enron savent négocier des contrats pour des millions de dollars, ils ne savent pas comment s'y prendre avec de petits contrats.

échecs de Dabhol et d'Azurix mettent un terme au projet de Rebecca Mark, qui voulait faire d'Enron une entreprise d'« utilities » implantée dans le monde entier, et valident par contrecoup la vision de Jeff Skilling : pour lui, si Enron réussit dans le trading gazier et électrique, ce n'est pas grâce à sa connaissance des pipelines ou des centrales électrique mais en raison de sa capacité d'innovation financière – en bref, grâce à la qualité de ses mathématiciens. Pendant qu'Enron s'embourbait en Inde ou perdait du temps avec l'eau, Skilling avait en effet développé, à partir du trading électrique, sa propre Enron – une Enron spécialiste des transactions financières qui avait su prendre la vague de l'Internet et assurait à l'ensemble du groupe une valorisation financière sans précédent.

Conclusion

Enron est contemporaine du mouvement de déréglementation. Mais les critiques fondées contre l'improvisation coupable manifestée parfois dans les dispositifs mis en place ne doivent pas faire oublier les raisons pour lesquelles la déréglementation fut envisagée. Les échecs de la régulation – faible incitation à baisser les prix et à investir à temps, capture du régulateur – étaient réels et avaient été aggravés, aux États-Unis, par le fractionnement extrême des marchés et des régulations locales. L'expérience californienne enseigne toutefois qu'il y a pire qu'un système régulé qui fonctionne mal : un système partiellement dérégulé où les hommes politiques imposent une organisation du marché absurde et où de nouveaux acteurs non régulés peuvent manipuler le marché. Enron, qui avait développé une véritable compétence dans la gestion des marchés gaziers et avait su inventer la banque du gaz pour gérer les à-coups et les risques du marché tout en générant une activité lucrative, s'est engouffrée dans la faille de l'organisation des marchés électriques, allant jusqu'à dévoyer une déréglementation pour laquelle elle avait politiquement milité.

L'enseignement à tirer est donc double. D'une part, un système institutionnel qui mêle régulation et concurrence suppose une attention extrême portée à l'organisation pratique du marché. D'autre part, le passage du monopole intégré régulé au marché concurrentiel n'abolit pas le besoin de régulation mais rend au contraire nécessaire une régulation plus fine, car les enjeux, en termes de bien-être public, de la manipulation des marchés peuvent être considérables. Nous verrons dans le chapitre 5 comment, sur la base de son expérience d'énergéticien, Enron va littéralement inventer un nouveau modèle économique fondé sur la finance de marché. Nous essaierons alors de comprendre comment la finance s'empare d'un secteur lourd en équipements et grand consommateur de capitaux pour en faire une pure place de marché virtuelle.

3

Vivendi (2)
D'impasse en impasse,
toujours plus haut

Pendant qu'il s'occupe de recapitaliser et de réorganiser la Générale des eaux en cédant une bonne partie des activités périphériques réunies par ses prédécesseurs, Jean-Marie Messier engage la refonte du groupe. Fort des actifs de qualité trouvés dans la CGE, à savoir Canal + et SFR, il entend développer les secteurs du groupe liés à la communication. Mais la CGE manque cruellement de moyens financiers, et Messier bâtit tout d'abord une stratégie sous cette contrainte. Pour renforcer sa position dans les métiers de la communication, il se met en quête d'acquisitions et sait saisir les opportunités. Pour autant, il ne peut se défaire des métiers historiques du groupe, non seulement parce que sa légitimité n'est pas suffisante mais aussi parce que les métiers en question intéressent les hommes politiques. Acquérir sans défaire l'héritage, acheter sans payer en cash, organiser sans figer un groupe en mouvement permanent : telles sont les conditions de l'exercice que s'impose Jean-Marie Messier.

Mais une stratégie uniquement dictée par des contraintes financières a peu de chances de redonner confiance aux investisseurs : le jeune P-DG sait qu'il doit raconter une histoire aux marchés financiers, qui n'hésiteraient pas à sanctionner une démarche industrielle illisible[1]. Pour convaincre les analystes et masquer le caractère improvisé de sa gestion, il s'appuie sur son sens aigu de la communication, de sorte qu'il parvient à chaque fois à inscrire l'opportunité du moment dans une vision à long terme fondée sur quelques idées en vogue telles que le potentiel de tel ou tel métier, la convergence ou encore l'avenir d'Internet.

Avant de trouver son chemin, Messier s'engage dans plusieurs directions. Ouvert à toutes les opportunités, il sait proposer des stratégies adaptées à chaque nouvelle situation. Il explore des pistes parfois simultanément, en reproduisant plus ou moins le même modèle : il s'agit, à partir d'une simple participation ou d'un partenariat, de monter en puissance dans l'activité, via des acquisitions ou des accords avec des partenaires étrangers, pour finalement se recentrer grâce à une fusion majeure.

Si ces pistes aboutissent souvent à des impasses, elles permettent cependant à Jean-Marie Messier de faire de son groupe une entreprise attractive pour le marché. Dès son arrivée à la tête de la CGE, il pose le principe d'une entreprise centrée sur la création de valeur. La nature des activités exercées passe donc au second plan tandis que l'indicateur de la

---

1. Au moment où Messier devient P-DG de la CGE, une partie des analystes financiers se montre en effet sceptique quant à la vitesse à laquelle le groupe est restructuré. En juillet 1996, l'agence de rating Moody's dégrade la note de la Générale. Il y a encore une trop grande diversité de métiers dans le groupe. C'est une critique qui poursuivra Messier au moins pendant quatre ans. Jean-Marie Messier improvise alors sa défense : «La CGE, déclare-t-il, a la culture du temps. Nous ne sommes pas au pied du mur. Nous n'avons pas de problème de stratégie» (*L'Expansion*, 23/10/1996). Quelques mois plus tard, pourtant, Messier se fera le chantre de la vitesse afin de justifier le rythme effréné auquel le groupe réalise de nouvelles acquisitions très diversifiées.

réussite du groupe tient tout entier dans la bonne santé du titre CGE, puis Vivendi.

La prise d'Havas marque le début de cette période de reconstructions et d'hésitations qui rythment la vie de la CGE sous l'ère Messier. Si cette opération permet au nouveau patron de passer avec succès son premier grand test industriel en renforçant la part des métiers de la communication au sein du groupe, elle constitue avant tout le point originel de la stratégie qu'il poursuivra au cours des années suivantes. Réalisée au nom des synergies possibles entre les métiers de l'édition et du multimédia, la prise d'Havas est le marchepied grâce auquel Messier commence son ascension. C'est en effet à partir d'Havas que débute le mouvement perpétuel, le deal tout azimut au gré des opportunités.

LA PRISE D'HAVAS ET LA NAISSANCE DE VIVENDI

Havas est un groupe qui détient des participations dans un grand nombre de secteurs plus ou moins liés à la communication – publicité, tourisme, édition, presse, multimédia – mais qui a perdu de sa valeur en raison d'une trop grande diversification. Messier s'y intéresse non pas tant parce que le groupe occupe des positions avantageuses dans l'édition et le multimédia, mais surtout parce qu'il cherche depuis quelque temps à monter dans le capital de Canal +.

Entrée en matière

En moins d'un an, Jean-Marie Messier parvient à mettre la main sur 34 % de la chaîne cryptée, il assure un contrôle de fait d'Havas sans recourir à l'OPA, et il arrive même à écarter celui qui l'avait convié à y jouer un rôle plus important. Une prouesse intéressante.

Si l'on en croit Messier, c'est en décembre 1996 que le patron d'Havas, Pierre Dauzier, lui propose, à sa «grande surprise[2]», de rapprocher Havas et la CGE.

Dans un premier temps, la CGE accède à la requête de Dauzier, qui cherche avant tout à accroître son poids dans le capital de Canal +, et lui cède la participation de 19,6 % qu'elle possédait[3]. Elle reprend la majorité des parts qu'Alcatel détenait dans Havas, devenant ainsi l'actionnaire principal du groupe, avec un peu moins de 30 % des parts. Si le prix retenu pour les titres Canal + est de 1 175 francs, soit le cours moyen constaté sur les trois derniers mois, les actions Havas émises en contrepartie valent 425 francs chacune, ce qui représente une prime de 15 % par rapport à la moyenne boursière. C'est aussi à ce prix que le groupe de Jean-Marie Messier rachète les titres à Alcatel, lors d'une transaction de 3,4 milliards de francs[4].

Si, sur un plan financier et à court terme, le grand gagnant de l'opération est sans conteste Alcatel, dont la plus-value atteint environ 600 millions de francs, tout le monde salue alors l'habileté stratégique de Messier. En effet, en apportant ses titres et en acquérant ceux d'Alcatel, il réussit le tour de force de prendre le contrôle d'Havas sans OPA[5]. Les journaux parlent d'«un coup

---

2. Jean-Marie Messier, *J6M.com*, Paris, Hachette Littératures, 2000. On peine évidemment à croire Messier sur ce point. La CGE et Havas avaient en octobre 1996 déposé un dossier commun par le biais de deux filiales (CGI et ITI-Télé images) pour la reprise de la SFP (Société française de production). Si leur offre, subordonnée à l'adhésion du personnel, n'aboutit pas, elle permit de tester le rapprochement des deux groupes. Pour certains, elle aurait même constitué un gage donné au gouvernement afin qu'il autorise la prise d'Havas.

3. Outre ses actions Canal +, la CGE apporte à Havas 100 % de la Générale d'images qui regroupe des participations dans des chaînes thématiques – 33,3 % de Multithématiques et 33,1 % de MCM-Europmusique –, le producteur et distributeur Bac films, ainsi que le prestataire technique Phoenix studio, le tout étant valorisé à 526 millions de francs. Cet accord exclut les studios allemands de Babelsberg, les chaînes de télévision locales et la CGV, la filiale câble de la Générale des eaux.

4. *Les Échos*, 7/2/1997.

5. L'ADAM (Association de défense des actionnaires minoritaires) estime alors que la CGE doit lancer une OPA sur Havas, mais Messier réussit à éviter que la fusion ne se fasse sous la forme d'une OPA et la CGE absorbe assez logiquement l'ancien holding un an plus tard, en février 1998. C'est avec une OPE – offre publique d'échange, bien moins onéreuse qu'une OPA – dont les modalités ont été négociées avec les petits actionnaires que s'achève l'offensive de la CGE sur Havas. *Les Échos* du 10/3/1998 indiquent que la parité proposée aux actionnaires est de 2 actions Générale des eaux

Vivendi (2)

de tonnerre dans le monde de la communication[6]» puisque, grâce à Havas, la CGE contrôle tous les canaux de diffusion et se renforce dans les contenus. Mais ce nouveau «monstre du multimédia[7]» permet surtout à la stratégie de la «convergence» prônée par Messier de se déployer[8].

La convergence édition / multimédia

Celui que l'on commence à surnommer J2M prend l'avenir d'Havas en main[9]. Là où tous les groupes étrangers de communication ou d'édition s'étaient spécialisés, dans la publicité, l'édition professionnelle ou encore les ouvrages de référence, Havas collectionne les participations sans grande cohérence. Messier décide de mettre de l'ordre dans cette myriade de participations, en recentrant notamment l'activité sur l'édition, les jeux et la presse professionnelle[10].
Pour mener à bien cette restructuration, il doit affronter la résistance de certains barons d'Havas. Après s'être servi de Pierre Dauzier pour évincer les anciens dirigeants, il le licencie à son tour, le remplace par son ami Éric Licoys, et devient ainsi le maître incontesté du nouveau groupe.

---

pour 5 actions Havas. Au total la CGE doit créer 23 millions d'actions supplémentaires correspondant alors à 23 milliards de francs. 5 milliards de francs sont consacrés par le groupe à l'achat de ses propres actions afin de se constituer un autocontrôle. Sur les 34,1 milliards de francs de la transaction, plus de 23 milliards sont rémunérés en titres. Cela permet à la CGE de préserver une partie de sa capacité d'investissement.
   6. *Le Point*, 8/2/1997.
   7. *Le Point*, 8/2/1997.
   8. Cette stratégie est immédiatement justifiée par Messier au moyen de ce qui deviendra une de ses formules favorites : «C'est ce que veut le marché, nous l'anticipons» (*Le Point*, 8/2/1997).
   9. Lorsque Messier annonce, lors de la conférence de presse commentant l'opération, sa future stratégie pour Havas, qui prévoit notamment la cession des activités voyages et de publicité, il devient évident qu'il est le nouveau patron d'Havas.
   10. L'opération se révèle une bonne affaire. Durant l'année 1997, malgré l'échec très médiatique de la cession de *L'Express*, les cessions d'actifs se multiplient, avec la vente du *Point*, de la régie IP, de Métrobus, de l'Office d'annonces (ODA), et les annonces de désengagement partiel dans Havas Advertising, Havas Voyages ou ITI Télé images.

Jean-Marie Messier poursuit alors la restructuration d'Havas, qu'il imagine « concentré à 90 % sur l'édition papier et le multimédia ». Après quelques opérations dans le secteur de la presse professionnelle [11], Havas devient, en novembre 1998 et grâce à sa filiale d'édition électronique Havas Interactive, un des leaders mondiaux sur le marché du multimédia. Le multimédia et surtout Internet sont devenus, au cours de l'année 1998, des enjeux majeurs de la stratégie de Messier.

C'est également en 1998, juste après l'absorption d'Havas, qu'il annonce le changement de nom de la Générale des eaux en Vivendi. Cent millions d'euros vont être investis pour imposer ce nom qui doit symboliser la métamorphose de la vieille compagnie en entreprise high-tech socialement responsable. Il s'agit pour Messier de rompre définitivement avec les mœurs affairistes des années Dejouany, mais aussi d'en finir avec l'image poussiéreuse d'une simple « compagnie d'eaux [12] ». En outre, en imposant un nouveau nom sans référence à l'histoire ni aux activités du groupe, Messier parachève un plan de communication qui, depuis trois ans, a progressivement identifié l'entreprise à son seul patron.

Cependant, s'il a trouvé, avec la « convergence », son point d'ancrage stratégique, il lui reste à définir une ligne de conduite plus lisible, d'autant plus que les analystes n'oublient pas les métiers traditionnels de la CGE, qui représentent toujours une part importante du chiffre d'affaires et de l'activité du groupe.

---

11. Havas rachète *Le Quotidien du médecin*, l'éditeur médical espagnol Doyma, dont il partage le rachat avec Bertelsmann, l'éditeur scolaire espagnol Anaya, et le groupe L'Étudiant, pour un total de 2,5 milliards de francs (*Les Échos*, 23/11/1998).

12. Il s'agit notamment pour Messier de distinguer son groupe de la Lyonnaise des eaux, qui a fusionné avec Suez l'année précédente, et avec laquelle certains étrangers confondaient parfois la CGE. William Emmanuel cite ainsi dans son livre, *Le Maître des illusions, op. cit.*, p. 59, l'anecdote d'un ministre chinois qui avait pris Messier, venu négocier des contrats d'eau, pour le fils de Jérôme Monod, patron de la Lyonnaise. Il attribue même à cette méprise l'origine de la décision de Messier.

Environnement : l'autre pôle de Vivendi

Parallèlement à la construction du pôle communication, le pôle environnement prend une nouvelle ampleur. La CGE cherche à rattraper son retard, notamment dans l'eau, et elle décroche, entre 1997 et 1998, une quinzaine de grands contrats dans ce domaine [13].

Les autres métiers traditionnels poursuivent leur développement, comme en témoigne l'OPA amicale de 116 millions de livres lancée en septembre 1997 en Grande-Bretagne sur un groupe britannique spécialisé dans la collecte et le traitement de déchets [14], ou encore la montée en Espagne de la CGE à hauteur de 49 % dans un holding qui contrôle lui-même 57 % du groupe de construction FCC (Fomento de Construcciones y Contrata) [15].

Messier semble donc élaborer le projet d'une Vivendi reposant sur la communication et l'environnement ; en dépit de sa nette préférence pour le premier secteur, il se sent tenu de poursuivre l'expansion du groupe dans ses métiers traditionnels. Il a besoin de conforter son pouvoir, notamment auprès d'un conseil d'administration composé de parrains du capitalisme français qui ne le laisseraient pas brader les métiers qui ont fait la réputation de la CGE. De plus, il doit améliorer la situation financière du groupe et ne peut pas se passer d'un pôle environnement qui enregistre de 1997 à 1999 une croissance de 33 % de son chiffre d'affaires et de 59 % de son résultat d'exploitation [16]. Avec la déréglementation et la privatisation, ce sont toutes les positions traditionnelles de l'ex-CGE – de l'eau à

---

13. C'est plus qu'elle n'en avait négocié au cours des vingt années précédentes (*L'Expansion*, 07/10/1999).
14. *Les Échos*, 29/8/1997.
15. Signe que Messier ne perd pas de vue son principe de convergence et son goût pour le secteur de la communication, cette dernière participation est motivée par le développement dans la téléphonie mobile, puisque Messier convainc Esther Koplowitz, la patronne de FCC, d'investir dans les technologies.
16. *Les Échos*, 26/6/2000.

l'électricité en passant par les transports et la propreté – qui connaissent des bouleversements ouvrant de grandes perspectives de développement. Pour toutes ces raisons, le P-DG de Vivendi éprouve le besoin d'équilibrer son développement dans les médias avec des acquisitions dans l'environnement afin de rassurer les actionnaires comme les analystes : le développement dans la communication ne se fait pas au détriment de l'activité nourricière, dont beaucoup considèrent qu'elle reste l'atout majeur de la société.

Ainsi, au début de l'année 1999, Vivendi fait successivement l'acquisition de l'entreprise américaine de traitement de déchets Waste Management et du spécialiste américain de l'eau, United States Filter Corporation (USFilter), et devient le leader mondial du secteur. L'achat d'USFilter, grâce à une OPA lancée en mars 1999, doit être presque entièrement financé par un appel au marché, pour un montant jamais égalé en France de plus de 5,7 milliards d'euros. Deux augmentations de capital sont prévues à cet effet, l'une en numéraire auprès des particuliers, l'autre par émission d'obligations convertibles. Messier annonce même qu'il veut lancer le préplacement d'obligations convertibles, soit en actions Vivendi, soit en titres Vivendi Environnement. Il s'agit donc d'un produit « innovant » et inédit jusqu'alors, puisque cette filiale n'existe pas encore et qu'elle ne doit être introduite en Bourse que trois ans plus tard.

Messier veut démontrer aux analystes et aux actionnaires que les acquisitions n'augmentent que très peu l'endettement du groupe et qu'elles vont même générer, dans un futur proche, un confortable cash-flow. Il présente alors le futur Vivendi Environnement comme un levier financier nécessaire à un développement dans la communication. Grâce à leur déréglementation et leur modernisation dans les pays industrialisés ainsi qu'à l'explosion des besoins en électricité des pays du tiers-monde, les métiers de l'énergie sont appelés à générer de confortables profits.

La découverte du modèle Enron donne des idées à Messier, tenté de saisir l'opportunité de la déréglementation. En novembre 1998, il annonce l'acquisition par Sithe, filiale américaine à 60 % de Vivendi qu'il avait déjà rapprochée de Dalkia, l'ex-Générale de chauffe, des actifs de production non nucléaire d'électricité de GPU (General Public Utilities) aux États-Unis, soit une douzaine de centrales électriques. En moins d'un an, Messier double la taille de cette filiale. Il décide rapidement de la céder car Sithe, alors dixième producteur américain, développe une conception de la production d'électricité particulière mais risquée et si Vivendi a pu, en 1999, monter dans le capital de Sithe car son patron américain voulait mimer Enron et passer au pur négoce électrique ; Jean-Marie Messier préfère toutefois renoncer, estimant qu'il n'est pas outillé pour gérer ce genre de risque.

Sa stratégie semble donc fonctionner. Certes, les investisseurs se méfient des conglomérats aux contours trop flous et certains analystes s'interrogent sur la cohérence d'ensemble du groupe, mais Messier a réussi à convaincre les marchés que Vivendi pouvait créer de la valeur. Financièrement et structurellement, il paraît avoir les moyens de ses ambitions et, du point de vue boursier, l'année 1998 est satisfaisante : le titre Vivendi atteint même son cours le plus haut au début du mois de février de l'année suivante [17].

Quoique mû par l'idée de la convergence et à la recherche d'une possible expansion dans le domaine de la communication, Messier ne sait pas encore véritablement sur quel secteur de spécialisation jeter son dévolu. S'appuyer uniquement sur les contenus d'Havas ne pourra le mener bien loin ; il va explorer d'autres pistes, et d'abord celle de la télévision, grâce à Canal +, dont Vivendi est devenu l'actionnaire majoritaire – un avantage que Messier compte bien exploiter.

---

17. Le groupe annonce pour l'année 1998 un bénéfice net de 1,12 milliard d'euros pour un résultat d'exploitation ayant plus que doublé à 1,39 milliard d'euros (*La Tribune*, 12/3/1999).

CANAL + : DEVENIR LE CHAMPION DE LA TV PAYANTE

L'intérêt de Messier pour Canal + est ancien et il possède une connaissance approfondie de la structure de la chaîne [18], qui présente alors un profil idyllique. Représentée dans plusieurs pays d'Europe avec 7,67 millions d'abonnés en 1996, cette première-née des chaînes à péage maîtrise les technologies de pointe et a toujours su anticiper les évolutions majeures de la télévision. C'est alors l'une des entreprises les plus rentables de France [19].

Mais, au moment du lancement de CanalSatellite numérique, la chaîne se trouve dangereusement freinée car elle doit faire face à la concurrence nouvelle du bouquet satellite TPS [20]. Par ailleurs, elle se trouve fragilisée dans son alliance avec Bertelsmann [21] après la fusion de UFA (filiale de Bertelsmann) avec la CLT (filiale du groupe Albert Frère et concurrent direct de Canal +).

Le choix de Nethold

Canal + cherche donc à tout prix un partenaire : ce sera Nethold, filiale de Richemont, le groupe sud-africain dirigé par Johann Rupert. Malgré ses difficultés financières, Nethold apparaît comme l'allié parfait [22] qui ferait de Canal + le leader de la télévision à péage en Europe.

---

18. On se souvient qu'il s'était occupé de la chaîne en étant, chez Lazard, l'architecte du plan Dejouany qui avait écarté, on s'en souvient, le fondateur historique de la chaîne, André Rousselet, et promu Pierre Lescure au poste de P-DG.

19. 11 milliards de francs de chiffre d'affaires, soit 741 millions de francs de bénéfice net, comme l'indique Valérie Lecasble dans son ouvrage *Le Roman de Canal +*, Paris, Grasset, 2001.

20. Né en janvier de l'alliance de TF1, M6, la CLT, la Lyonnaise des eaux, France Télévision et France Télécom.

21. Canal + avait créé en juillet 1994 avec Bertelsmann une société à 50/50 pour développer la télévision numérique à péage.

22. Avec 1,5 million d'abonnés, Nethold est le numéro trois de la télévision payante en Europe ; l'entreprise est présente en Italie, au Benelux et en Europe centrale et présente par ailleurs l'avantage de n'avoir conclu aucune autre alliance.

Vivendi (2)

Fort du soutien qu'il avait apporté un an auparavant à Pierre Lescure lorsque Dauzier avait tenté de l'évincer afin d'asseoir sa propre influence sur Canal +, Jean-Marie Messier est devenu l'interlocuteur privilégié de la chaîne et de son président qui l'associe aux discussions avec Nethold. Alors que, début juillet, un désaccord sur le périmètre exact de l'alliance Nethold-Canal + menace de tout faire échouer, Messier entre dans le jeu et soutient avec vigueur le projet. Comme il l'avouera plus tard, il prend là sa première décision stratégique d'envergure.

Le 6 septembre, après une semaine de dures négociations, Canal + absorbe Nethold grâce à l'émission de 6,1 millions d'actions, plus une soulte de 221 millions de francs [23].

Est-ce trop cher payé ? Jean-Marie Messier avait tout de suite annoncé que l'opération affecterait les comptes de Canal + pendant plusieurs années [24], tandis que Pierre Lescure avait affirmé que grâce à la restructuration et au redéploiement des activités de Nethold le nouvel ensemble atteindrait l'équilibre à la fin de 1999 ou au plus tard en l'an 2000.

Les comptes de Canal + ont mis beaucoup plus de temps que prévu à se rétablir. Jean-Marie Messier avancera même cet argument pour démettre Lescure de ses fonctions en avril 2002 [25]. Mais à l'époque, les deux hommes sont persuadés que Canal + a la capacité d'absorber le choc de cette acquisition.

L'opération est alors perçue comme un pari industriel audacieux et prometteur. Lorsque Pierre Lescure reçoit, à la fin de l'année 1996, le prix du manager de l'année, *Le Nouvel Économiste* insiste sur l'importance de la fusion avec Nethold dans le

---

23. La chaîne cryptée a dû largement surenchérir sur Direct TV, qui avait fait une offre à Rupert, et offre à Richemont 15 % du capital de la future société. L'autre actionnaire de Nethold, MIH, en prend 5 % tandis que la CGE ne détient plus que 15,4 % de l'ensemble. Mais associée à Havas et à la Société générale, dont les parts sont également diluées, elle conserve toutefois la minorité de blocage et signe un pacte d'actionnaire avec le groupe sud-africain pour s'assurer la priorité d'un éventuel rachat en cas de sortie d'une des parties (*cf.* Valérie Lecasble, *Le Roman de Canal +, op. cit.*).

24. Grâce à ses résultats exceptionnels, Canal + bénéficie généralement d'un traitement favorable de la part des analystes financiers, et Messier sait que les marchés lui laisseront un temps le bénéfice du doute.

25. Il faut attendre plus d'un an après la fusion avant de lire les premières prévisions alarmistes sur l'état financier de Canal + dans la presse.

choix de l'ex « enfant du rock [26] ». Tout a été dit ou presque sur l'improbable duo formé par Jean-Marie Messier et Pierre Lescure, sur leur vraie-fausse amitié, sur leur rivalité. Pour certains, le P-DG de Canal + voyait la fusion avec Nethold comme un excellent contrepoids à l'emprise grandissante de Messier sur la chaîne ; selon d'autres, Messier s'est servi de cette fusion, qui fait entrer de nouveaux actionnaires étrangers dans le jeu, pour installer Canal + dans une relation de dépendance financière vis-à-vis d'eux. Avec Nethold, les deux hommes accomplissent ensemble leur premier coup d'éclat personnel – même si c'est Lescure qui reçoit les lauriers –, et réussissent à faire oublier leur costume d'héritier – de Dejouany pour Messier, de Rousselet pour Lescure. Les deux hommes sont appelés à travailler de plus en plus ensemble : après la fusion avec Havas, Vivendi détient 34 % du capital de Canal + et Jean-Marie Messier devient le vrai patron de la chaîne cryptée. Pendant longtemps, il laisse à Lescure une totale liberté pour diriger sa « famille », sa « tribu », son équipe de « saltimbanques »[27]. C'est évidemment entre eux une affaire de séduction mutuelle : ils ont en commun une spectaculaire réussite et partagent un certain mépris pour leurs adversaires, en particulier pour Patrick Le Lay. Ainsi, lorsque TF1 décide de se lancer dans la télévision payante, ils sous-estiment la capacité de nuisance d'un bouquet concurrent et écartent d'un revers de la main toute possibilité de rapprochement entre TF1 et Canal + dans le satellite. De même, lorsque les deux chaînes publiques font part de leur souhait d'être présentes dans le satellite, leurs propositions n'intéressent pas Canal + et elles s'allient à TF1. De fait, Pierre Lescure incarne l'antithèse de Patrick Le Lay, et il est convaincu que Canal + dispose d'une avance confortable sur son concurrent. Ce péché d'orgueil lui vaudra une concurrence acharnée de TPS sur le cinéma et les droits de retransmission du football.

---

26. Nom d'une émission de télévision célèbre que présentaient Pierre Lescure et Antoine de Caunes au début des années 1980.
27. Ce sont les propres termes de Jean-Marie Messier, cf. *J6m.com*, op. cit.

Messier, virtuose du deal : Pathé

Au début de l'année 1999, l'homme d'affaires Vincent Bolloré donne à Canal + l'occasion de remporter une importante victoire dans la lutte à couteaux tirés qui l'oppose à TF1. Après s'être intéressé un temps à Bouygues[28], Bolloré jette son dévolu sur Pathé. Le groupe est présent dans le cinéma – production, distribution et exploitation de salles –, le câble – Pathé Sport, Comédie, Voyage... –, la presse – il détient une participation dans le journal *Libération* – et l'audiovisuel puisqu'il possède 17 % de BSkyB.

En décembre 1998, Bolloré annonce qu'il contrôle près de 19,6 % de Pathé. Son P-DG Jérôme Seydoux veut trouver depuis quelque temps des partenaires pour son entreprise mais à ses yeux, Bolloré fait davantage figure de prédateur; il se sent directement menacé et cherche un allié. Or Pathé est un partenaire historique de Canal + puisqu'il possède 20 % de CanalSatellite et est associé à StudioCanal.

Le 20 janvier 1999, TF1 achète en Bourse 9 % de Pathé, entrant ainsi dans le capital de son concurrent, CanalSatellite. Lescure et Messier se rendent compte du danger qui les guette. Plutôt que d'engager une grande bataille boursière, ils choisissent de prendre de vitesse Le Lay en rachetant les parts de Bolloré. L'affaire se négocie dans l'urgence, au téléphone. La maestria dont Messier fait preuve dans ce genre d'exercice et la somme proposée pour l'opération convaincront Bolloré d'accepter de céder ses 19,6 % à Vivendi et à Canal +, qui disposeront donc respectivement de 8,6 % et 16,3 % de Pathé. L'accord est signé le 25 janvier et TF1 abandonne la partie trois semaines plus tard en revendant la moitié de ses 9 %. C'est une belle victoire pour Messier et Lescure, qui récupèrent des parts de Canal-

---

28. Vincent Bolloré a la réputation de tenter, au gré des opportunités, des raids dans le paysage boursier. À la fin de 1997, il était par exemple entré dans le capital de Bouygues dans le but de casser le conglomérat. Il avait échoué dans sa manœuvre, mais avait revendu ses parts dans Bouygues à François Pinault, réalisant au passage une belle plus-value.

Satellite et se retrouvent avec un pied dans BSkyB, via leurs 19,6 % dans Pathé qui possède, rappelons-le, 17 % de BSkyB.

Messier entrevoit, grâce à cette participation dans BSkyB, l'occasion de devenir le leader européen de la télévision payante et d'achever ainsi le processus engagé avec Nethold puis avec Pathé. Le pôle communication de Vivendi trouverait enfin une identité.

L'échec du projet de fusion Canal +/BSkyB

Les relations entre Rupert Murdoch, patron d'un des cinq grands groupes de communication mondiaux, et Canal + sont une longue suite de rendez-vous manqués. Plusieurs possibilités de rapprochement ont été étudiées sans jamais véritablement aboutir, à l'exception de la chaîne allemande Vox, et de quelques programmes partagés.

BSkyB, bouquet de programmes par satellite britannique[29], est l'une des huit cents sociétés sur lesquelles règne Murdoch. Au moment où TF1 lance sa contre-attaque contre Bolloré, Pierre Lescure et Jean-Marie Messier songent déjà à un rapprochement entre Canal + et BSkyB, et c'est Murdoch lui-même qui propose une fusion à Lescure. Les discussions ne se passent pas bien et achoppent sur la valorisation des actifs de la nouvelle société – la valorisation boursière de BSkyB est supérieure à celle de Canal + – et sur la revendication de Canal + de placer un Français à la tête du nouvel ensemble.

Bien que les négociations n'en soient qu'à leur point de départ, les syndicats de l'audiovisuel et du cinéma s'inquiètent de l'éventuelle fusion de Canal + et d'une firme du magnat australien, héraut du libéralisme anglo-américain. Les dirigeants

---

29. Ce bouquet de programmes par satellite est une belle réussite, puisqu'il rassemble 140 chaînes et 7 millions d'abonnés, et touche 29 % des foyers britanniques.

30. Fait suffisamment rare pour être souligné : Jean-Marie Messier est relativement absent de cette négociation. On peut supposer que si une fusion entre BSkyB et Canal + avait conféré au pôle communication de Vivendi une direction claire, il n'est

de Canal + et Murdoch, comprenant l'ampleur des difficultés que soulève l'opération, y renoncent provisoirement[30].

Mais au mois de juin de la même année, Messier et Lescure convainquent Jérôme Seydoux de lui racheter intégralement ses activités audiovisuelles, en lui laissant la partie presse-cinéma. Le nouveau Pathé de Seydoux regroupe toutes les activités cinéma, le journal *Libération*, l'édition de chaînes thématiques et les participations dans l'Olympique lyonnais, tandis que Vivendi récupère pour sa part les activités dans l'audiovisuel, c'est-à-dire 20 % de CanalSatellite et 17 % de BSkyB.

Outre un divorce à l'amiable entre Pathé et Vivendi, l'opération apparaît alors comme la deuxième étape d'une stratégie visant à monter dans le capital de BSkyB[31].

Pendant l'été, Messier rachète aux groupes Pearson et Granada toutes leurs participations dans le bouquet britannique et détient alors 24,5 % du groupe. Au même moment, Johann Rupert, le patron de Richemont, qui était resté depuis la fusion avec Nethold un partenaire dormant, décide de se désengager de la chaîne cryptée. Faisant valoir son droit de préemption, Vivendi rachète les 15 % que Richemont détenait dans Canal + et le groupe de Jean-Marie Messier atteint le maximum légal pour une participation dans une chaîne de télévision, soit 49 %.

Messier estime qu'il peut battre Murdoch[32], mais l'occasion d'absorber BSkyB ne se présentera pas et cette stratégie apparaîtra bientôt comme une impasse[33].

---

pas certain que Messier aurait été satisfait de la façon dont les choses allaient s'engager. Après la fusion avec BSkyB, Murdoch aurait menacé sérieusement l'influence du P-DG de Vivendi sur Canal +. Messier songe peut-être déjà au moyen d'augmenter ses parts dans BSkyB et d'inverser le rapport de force.

31. Avec ses deux étapes successives, cette stratégie a été menée si rapidement qu'elle reste encore aujourd'hui un des plus beaux coups d'éclat de Jean-Marie Messier, à tel point que certains biographes de l'aventure Vivendi confondent les deux étapes : Messier devient parfois celui qui, sur un coup de fil, en un week-end, rachète les parts de Bolloré et les activités de Pathé et se retrouve avec 17 % dans BSkyB, avant même que Lescure ne parte négocier à New York. C'est dire si la vitesse à laquelle Messier élabore et exécute ses plans (déjà grande dans la réalité) est devenue légendaire.

32. Cela n'empêche pas la presse de prêter à Murdoch des intentions d'OPA sur le groupe français, qui connaît sa première crise boursière à la rentrée 1999.

33. Messier sera bientôt encombré par cette importante participation dans BSkyB et mettra du temps à la céder.

Devenir le champion
des opérateurs alternatifs de télécommunications

Lorsque Messier est nommé président de la CGE, le téléphone fait figure pour tous de nouvel eldorado : Bouygues a suivi la Société française de radiotéléphonie (SFR) sur le marché des mobiles GSM, et l'ouverture totale du marché des télécommunications à la concurrence qui doit intervenir un an et demi plus tard fait rêver les industriels.

Jean-Marie Messier, qui doit encore faire ses preuves en tant « qu'industriel », a décidé de lancer son groupe dans la téléphonie fixe. Or, si la CGE possède une participation historique dans SFR qu'elle contrôle en partenariat avec Vodafone, la question de la valorisation de cette participation se pose de façon cruciale.

Comment doter le groupe d'une véritable branche télécommunications sans disposer des fonds indispensables à une telle croissance ? Il faut anticiper le choc de la déréglementation des télécoms, qui nécessite d'importants investissements mais est censée générer des cash-flows appréciables.

Jean-Marie Messier se tourne vers l'étranger pour trouver des alliés de poids. British Telecom, Mannesmann et SBC Communication, qui souhaitent entrer sur le marché français, l'aident à constituer Cegetel, un holding créé au mois de septembre 1996 et regroupant toutes les activités de la CGE dans les télécoms. La CGE détient 44 % de Cegetel. Jean-Marie Messier conserve le contrôle du management tout en faisant financer par les nouveaux actionnaires l'investissement – au moins sept milliards de francs sur un total estimé à 13 milliards sur trois ans[34] – un montage habile applaudi par tous les analystes[35].

---

34. *Le Monde*, 5/4/1997.
35. Cegetel est détenue à 50 % par Transtel (une société détenue à 70 % par la CGE et à 30 % par SBC Communication), à 26 % par British Telecom, à 15 % par Mannesmann, et à 9 % en direct par la CGE. Au final, la CGE détient 44 % du capital mais s'en assure le contrôle via un système de holding et une clause de *standstill* qui verrouille le conseil d'administration.

Soutenue par des alliés d'importance, la CGE cherche d'emblée à se poser en concurrent de France Télécom[36]. Pour Jean-Marie Messier, Cegetel doit être « capable d'avoir une offre globale (voix, données, images) » et de maîtriser aussi bien les technologies du câble que celles du satellite ou du réseau hertzien. Selon lui, « une entreprise ne fera bientôt plus de différence entre les offres de téléphonie mobile et fixe »[37]. Sans pouvoir rivaliser complètement avec le quatrième opérateur mondial, la nouvelle société cherche à s'imposer comme un opérateur alternatif global et compte sur la notoriété grandissante de son réseau de téléphonie mobile (SFR) pour conquérir le grand public. Le lancement de Cegetel est très bien accueilli par la presse et la nouvelle société semble un grand atout pour la CGE.

Après trois années de rapide développement, Cegetel constitue près du quart de la valeur de Vivendi. Jean-Marie Messier regrette même d'avoir convié autant de partenaires à y jouer un rôle. Un déséquilibre persiste entre SFR, qui engrange toujours plus d'abonnés et commence à faire des bénéfices, et « le 7 » qui peine à décoller. France Télécom a su engager une mutation efficace afin d'affronter la concurrence : l'ancien monopole d'État défend bien ses parts de marchés et reste presque inattaquable dans le domaine du téléphone fixe. De plus, si « le 7 » a trouvé plus tôt plus de clients que prévu, ceux-ci lui rapportent peu : au cours de l'année 1999, de petits concurrents tels que « le 9 » et Télé 2 se sont lancés dans l'aventure et ont déclenché une guerre des prix. Jean-Marie Messier ne parvient pas à concurrencer sérieusement l'ancien opérateur public.

Cependant, fort de la réussite de SFR, Cegetel envisage un avenir hors des frontières hexagonales, mais ses ambitions sont modestes car l'objectif est de revenir à l'équilibre à la fin de 2001. Concurrencée par des opérateurs téléphoniques traditionnels prêts à investir davantage pour emporter des marchés,

---

36. Au début de 1997, après avoir conclu un accord avec la SNCF pour créer une entreprise commune, Telecom Développement, Jean-Marie Messier utilise le réseau des lignes téléphoniques déployées le long des chemins de fer pour lancer son service de téléphonie fixe, « le 7 ».

37. *La Tribune*, 5/9/1996.

la filiale de Vivendi accumule les échecs au cours de l'année 1999. Vivendi offre toujours des prix deux fois inférieurs à ceux retenus sur la base des flux actualisés de cash-flow. Elle manque le rachat du britannique One2one, acquis au mois d'août 1999 par Deutsche Telecom, celui de l'allemand E-Plus, racheté en novembre par Bellsouth et KPN, et renonce à l'achat d'Orange, qui sera finalement acquis par Mannesmann. Cegetel n'obtient pas non plus les licences mobiles attribuées au Maroc, en Hongrie et en République tchèque. Enfin, alors qu'elle souhaitait, au début de 1999, participer au capital et au management d'un réseau paneuropéen de télécoms, elle renonce au projet pendant l'été. Les maigres succès, à Monaco ou en Pologne, sont loin de combler les ambitions de Jean-Marie Messier.

Vivendi hésite alors sur la meilleure stratégie à adopter pour Cegetel, qui espérait tripler son chiffre d'affaires – 100 millions d'euros prévus pour l'année 1999 – et doit revoir ses prévisions à la baisse en cours d'année. L'arrivée de la technologie UMTS (téléphonie mobile de 3e génération) offre des perspectives d'avenir qui séduisent Jean-Marie Messier. Toutefois, le prix des licences européennes UMTS – contre lequel il s'insurge – et le coût de développement promet d'être très élevé. Pour des raisons techniques, les opérateurs doivent dépenser des sommes importantes pour l'UMTS avant même d'avoir amorti le coût de développement des mobiles GSM et du WAP, « technologie d'attente » pour l'Internet mobile [38]. Les actionnaires de Cegetel ne sont pas tous prêts à investir de nouveau pour financer le développement de l'UMTS. Jean-Marie Messier doit faire évoluer le tour de table originel de Cegetel, composé de trois groupes qui se livrent à une concurrence de plus en plus rude : Vivendi, British Telecom et Mannesmann.

La tentation Mannesmann

Au début de l'an 2000, Jean-Marie Messier étudie la possibilité d'une alliance avec Mannesmann. Il envisage de fonder un

---

38. *Cf.* Élie Cohen, *L'Ordre économique mondial*, Paris, Fayard, 2001, p. 242-246.

holding commun, voire une fusion complète. Le conglomérat allemand dispose d'actifs dans plusieurs secteurs de l'industrie, notamment automobile, et s'est lancé de manière spectaculaire et heureuse dans les télécommunications : deuxième opérateur allemand de téléphonie fixe et leader sur le marché de la téléphonie mobile, il est également présent en Italie et en Grande-Bretagne, où il vient de racheter Orange.

Depuis le mois de novembre 1999, l'opérateur allemand subit une OPE inamicale de Vodafone à laquelle il pourrait résister grâce à une fusion avec Vivendi. Un tel rapprochement permettrait avant tout aux deux groupes de céder plusieurs de leurs anciens métiers pour financer leurs activités de télécommunication à l'échelle mondiale et former ainsi le géant européen du secteur. Les négociations échouent, notamment en raison de la différence de valorisation entre le titre Vivendi, qui n'est pas « une valeur télécoms », et d'un houleux débat sur le co-management[39].

Au final, Vivendi, qui a dans le même temps envoyé Philippe Germond négocier chez Vodafone, choisit de s'allier avec l'opérateur britannique. Ce choix signifie la fin de partie avec Mannesmann et l'abandon de la stratégie visant à devenir un « champion des télécoms » au sens classique du terme. L'alliance avec Vodafone vise un important développement dans Internet puisque Chris Gent, le patron de Vodafone, a accepté de cofinancer le projet MAP (Multiaccess Portal), qui deviendra Vizzavi.

Devenir le champion de l'Internet

Si l'essor d'Internet remonte, aux États-Unis, à 1995 – année où des sociétés comme Netscape en 1995, puis Yahoo, Lycos et

---

39. Vivendi souhaite une parité absolue au conseil d'administration et dans la direction, ce que Mannesmann, qui ne veut pas de Philippe Germond comme patron de l'Internet ni de Guillaume Hannezo comme directeur financier, lui refuse.

Excite en 1996, font une entrée retentissante sur les marchés financiers[40], c'est en 1999 que la vague d'Internet et l'engouement pour les start-up atteint véritablement l'Europe.

La France a même du retard sur ses voisins[41], mais Messier s'intéresse depuis longtemps au web : il commande des rapports sur les nouvelles technologies à de nombreux cabinets de conseil et fait distribuer des notes à ce propos à ses collaborateurs[42]. De plus, si J2M n'a plus rien à prouver quant à sa capacité à refonder la CGE, il n'a encore initié aucun projet industriel, et s'est contenté de développer de façon spectaculaire les participations acquises par son prédécesseur dans les secteurs des télécoms et de la télévision[43].

Internet lui offre l'occasion de bâtir un projet qui lui soit propre : ce sera Vizzavi, qui le sortira de l'impasse financière.

Jean-Marie Messier a parfaitement saisi le fonctionnement d'Internet. À l'écoute des marchés, il a compris que la notoriété de l'entreprise importait davantage que sa stratégie ; que la bourse n'est plus seulement un outil permettant aux entreprises de trouver de l'argent pour se développer, mais un système d'acteurs très réactifs se nourrissant de deals et d'informations. Les introductions en Bourse des *dotcoms* connaissent un tel succès qu'elles attirent plus de capitaux qu'elles ne peuvent en absorber, de sorte que les marchés sont en permanence prêts à accueillir de nouvelles introductions – les *initial public offering* (IPO) –, y compris celles de jeunes sociétés n'ayant pas encore fait leurs preuves. Pour un adepte de la vitesse comme Jean-Marie Messier, le phénomène est tentant, et Internet le terrain

---

40. Les *dotcoms* doublent ou triplent fréquemment leur valeur boursière le jour même de leur introduction et ne cessent ensuite de grimper, atteignant au cours de l'année 1999 des valeurs stratosphériques. Au printemps de cette année, AOL pèse 150 milliards de dollars, c'est-à-dire beaucoup plus que Boeing ou Texaco.

41. Retard qui s'explique à la fois par une méfiance vis-à-vis de ce qui vient des États-Unis et, surtout, par le succès du Minitel.

42. Lors de l'édition 1998 de la grande réunion annuelle des cadres de la CGE à Faro, au Portugal, Internet faisait partie des deux seuls séminaires obligatoires – le second portant sur la « création de valeur ». Messier voit en effet les nouvelles technologies comme une extraordinaire source de création de valeur.

43. Même la fusion avec Havas avait été, nous l'avons vu, proposée sur un plateau par Pierre Dauzier.

d'action idéal : « L'Internet est instantané et universel, le business le devient », expliquera-t-il en septembre 2000.

Les visions d'avenir chères à Messier, la religion de la « valeur », de la convergence, des nouveaux modèles d'affaires, et la conception de l'abonné comme richesse principale de l'entreprise rejoignent les idées des premiers « gourous » de la nouvelle économie, les analystes Mary Meeker ou Henry Blodget[44].

Grâce aux très bons résultats de SFR et à la croissance de Cegetel dans la téléphonie fixe, Jean-Marie Messier aborde, par le biais d'un partenariat avec la branche française du fournisseur d'accès AOL annoncé au début de 1998, la question d'Internet[45]. Le partenariat avec AOL France a un double objectif : il donne à Vivendi le moyen d'associer au nouvel ensemble un fournisseur d'accès à Internet et fournit les bases d'une collaboration entre Cegetel et Canal +. En fait, le nouvel ensemble disposait déjà d'un fournisseur d'accès, HOL (Havas on line), qui jouissait d'une bonne réputation et commençait à attirer des abonnés. Mais le prestige d'AOL et la possibilité d'une alliance avec Bertelsmann poussent Messier à faire disparaître le fournisseur d'accès d'Havas et à prier ses abonnés de se rabattre sur AOL – ce que feront les deux tiers d'entre eux.

AOL France, à qui les utilisateurs reprochent son manque de souplesse et de nombreux problèmes techniques, ne parviendra jamais à concurrencer Wanadoo de France Télécom en termes d'abonnements et sera de plus affaibli par l'émergence de nombreux fournisseurs d'accès « gratuits » comme LibertySurf, Free ou Caramail.

De plus, si le partenariat avec le numéro 1 mondial avait été, à l'origine, conçu par Jean-Marie Messier comme un tremplin pour devenir le champion de l'Internet européen, cette participation, que Messier paie cher, ne fait de la CGE qu'un partenaire mineur d'AOL. De la même manière, si Jean-Marie Messier pense un temps pouvoir se rapprocher de Bertelsmann et faire ainsi jouer la convergence entre Internet et l'édition, cette

---

44. *Cf.* chapitre 7.
45. La participation de 55 % dans AOL-France est portée conjointement par Cegetel et Canal +.

alliance est rapidement écartée. Malgré les points communs entre Thomas Middelhoff et Jean-Marie Messier, leur jeunesse, leur tropisme américain, leur commune vision d'un avenir radieux grâce à Internet, ce projet à peine esquissé est écarté. Bertelsmann est en effet une entreprise familiale qui a un statut de fondation, ce qui rend tout mariage techniquement difficile.

Cependant, même si les applications concrètes de la convergence restent encore floues ou lointaines, le terme de « convergence » devient omniprésent dans le discours de Messier. Il se focalise peu à peu sur la question de l'« abonné », qui devient, dans sa théorie de la « convergence », la richesse première de la CGE[46].

Il envisage ainsi d'intégrer Internet au décodeur Canal +, à CanalSatellite ou au téléphone SFR : « Bientôt Cegetel fera une offre de téléphonie sur Internet. Demain, l'utilisation de l'écran de télévision pour les services Internet permettra de développer de nouveaux services interactifs. Cegetel et Canal + ont un actif et un potentiel communs : leurs clients[47]. »

Si Canal + et Cegetel partagent la culture de l'abonné, c'est bien là l'un de leurs rares points communs et la collaboration entre les hommes de Cegetel et ceux de Canal +, symbolisée par l'inimitié régnant entre leurs deux patrons, Philipe Germond et Pierre Lescure, manquera singulièrement de confiance et de dynamisme.

Surfer sur la vague du net

Messier a compris qu'Internet dopait le cours de Bourse. Il s'efforce donc d'acquérir une visibilité dans ce secteur. Il lui suffit pour cela d'importer des concepts ayant fait leurs preuves à l'étranger[48].

---

46. Cegetel, Canal + et AOL France estiment alors la valeur d'un abonné et, pendant les trois années suivantes, on pourra suivre à travers les déclarations de Messier une sorte de « cours de l'abonné » déterminant dans les futurs « deals » de Vivendi.

47. Interview in *Les Échos*, 3/4/1998.

48. Des créateurs de start-up aux « business angels » comme Éric Archambaud en passant par les entrepreneurs comme Bernard Arnault ou Arnaud Lagardère, tous les Français qui se sont lancés dans l'Internet se sont le plus souvent contentés de copier les modèles américains.

Vivendi (2)

Après l'accord conclu avec AOL, Vivendi investit beaucoup dans Internet, notamment par le biais d'Havas qui dispose, à l'été 1999, de près de 90 sites qui sont soit la version web de journaux soit des sites originaux, comme le portail de jeux Won. Vivendi se lance en septembre 1998 dans le capital-risque avec Viventures, une société dont le but est de financer des start-up. Viventures parvient à lever 118,1 millions d'euros auprès de partenaires comme la CNP, Nokia, British Telecom ou la banque d'affaires DLJ, de sorte que, au début de l'an 2000, elle finance 37 start-up, dont I-France que Vivendi ira même jusqu'à racheter en mai 2000. Vivendi lance un vendeur de livres en ligne appelé BOL (Book on line) via Havas. Par un partenariat avec Bertelsmann, Vivendi, qui cherche toujours à concurrencer France Télécom, investit progressivement dans la société britannique Scoot.com qui propose un annuaire européen en ligne.

Au mois de mai 1999, *La Tribune* titre, citant Messier : « Nous allons coter les activités Internet du groupe », un choix d'autant plus significatif qu'Internet n'est pas le sujet principal de cette interview. Jean-Marie Messier cherche à gonfler l'importance du net dans sa stratégie globale – car les bases de la valorisation d'Internet obligent à en devenir un acteur « sous peine d'être marginalisé [49] ».

Durant l'été 1999, et à mesure que la bulle de l'Internet grossit, les investissements de Vivendi dans le secteur s'accélèrent, notamment grâce à l'alliance que Messier conclut en juillet avec Softbank, un holding d'investissement spécialisé dans Internet pour lequel Masayonshi Son, le président et premier actionnaire du groupe, cherchait des relais en Europe. Connu pour avoir déniché Geocities, E-trade et surtout Yahoo, Masayonshi Son est l'investisseur le plus courtisé du secteur et se vante d'une rentabilité des capitaux investis de 1 000 % sur les trois dernières années. Vivendi et Softbank créent ensemble @viso, une société commune chargée de jouer les incubateurs pour des sociétés américaines souhaitant s'implanter sur le marché européen. Cette alliance avec Softbank, dont le seul nom doit suffire à garantir la réussite, est très largement médiatisée. Vivendi

---

49. *La Tribune*, 10/5/1999.

injecte par ailleurs 200 millions de dollars dans un nouveau fonds de capital-risque doté de 1,2 milliard de dollars et créé en alliance avec Softbank et avec News Corp. Le groupe de Rupert Murdoch s'est en effet lui aussi allié à Softbank pour importer des concepts en Grande-Bretagne, en Australie, en Nouvelle-Zélande ou encore en Inde.

Jean-Marie Messier comprend alors qu'Internet est en passe de devenir «son» projet industriel. Soucieux de donner une cohérence à cette succession d'opérations, il annonce en septembre 1999 que Vivendi et Canal + vont bientôt donner naissance à Vivendi Plus, rapidement rebaptisé VivendiNet, une société qui rassemble toutes les activités Internet du groupe sous la même enseigne.

Une zone d'ombre demeure pourtant : empêtré dans son partenariat avec AOL-France dont le pacte d'actionnaires stipule qu'aucun d'entre eux n'a le «droit de fournir des services d'accès Internet pour PC hors d'AOL-France», Vivendi ne dispose pas de son propre fournisseur d'accès, alors que Wanadoo de France Télécom connaît un fort succès. Internet menace d'être la nouvelle impasse du groupe, au moment même où Messier a désespérément besoin de l'engouement des investisseurs pour valoriser le titre Vivendi.

Sortir des impasses successives : Vizzavi

Jean-Marie Messier a réussi à améliorer l'image de son entreprise, mais il ne l'a pas vraiment clarifiée. La Générale des eaux était une entreprise de services extrêmement diversifiée auquel s'ajoutait un pôle communication. Vivendi apparaît comme un géant de la communication aux activités extrêmement diversifiées auquel s'ajoute un pôle environnement qui ne représente plus, à la fin de l'année 1999, qu'entre 20 et 25 % de la «valorisation» du groupe – même s'il génère presque les trois quarts de son chiffre d'affaires. Après avoir développé les métiers de la communication, Messier doit donc de toute urgence les agréger afin de donner une cohérence à la stratégie de Vivendi. Or ces métiers de la communication sont eux-mêmes divisés en trois pôles : on est loin du colosse à deux pieds, l'environnement et la communication, que Messier avait vendu un premier temps aux investisseurs. Le groupe est en réalité un conglomérat investi à parts égales dans quatre métiers différents : les métiers historiques, les télécoms, l'édition et la télévision payante.

Si Jean-Marie Messier a longtemps profité de son « état de grâce » auprès des analystes qui lui laissaient le temps de mettre en place sa stratégie, il va connaître durant la deuxième partie de 1999 sa première crise de grande envergure.

Depuis la fusion avec Havas, certains analystes reprochaient déjà à Vivendi, malgré les bonnes performances de son titre dans le CAC 40, de n'être qu'un conglomérat hétéroclite. Le cours des choses ne s'infléchit véritablement qu'à partir du second semestre de l'année 1999. On assiste à cette période à une flambée des valeurs télécoms et Internet en Europe qui ne profite pas à Vivendi. Le groupe n'est pas considéré par les analystes comme une valeur purement télécoms et il est sous-coté par rapport à des groupes européens comme Mannesmann ou Vodafone. Si les différentes tentatives de Jean-Marie Messier vers l'édition, les télécoms ou la télévision payante lui avaient permis de se développer dans ces métiers, elles se sont toutes révélées à long terme inefficaces, et Vivendi n'est jamais parvenu à devenir un industriel spécialisé dans aucun de ces métiers.

Vivendi frôle la catastrophe. En quelques semaines, le groupe de Messier passe en Bourse du statut de valeur institutionnelle à celui de titre spéculatif, voire, pour les commentateurs les plus alarmistes, à celui de holding à la merci d'une OPA.

Depuis le mois de février, le titre Vivendi baisse lentement et cette tendance s'accélère à partir de juillet. Au début de septembre, il a perdu près de 20 % de sa valeur et, après l'assemblée générale du 10 septembre, il perd encore 8 % en une douzaine de jours. Les marchés s'interrogent sur les difficultés de Cegetel et sur une stratégie Internet encore dispersée. Même si Jean-Marie Messier veut jouer la transparence vis-à-vis des actionnaires, ceux-ci ont du mal à s'y retrouver dans tous ces métiers dont il veut faire « la » priorité du groupe : la communication, bien sûr, mais aussi, de temps à autre, l'énergie ou l'environnement. Si le pari consistant à substituer progressivement aux anciennes activités de la CGE de nouveaux métiers plus aptes à créer de la valeur était clairement défendu par le patron du groupe, il serait certainement compréhensible, mais Jean-Marie Messier continue à affirmer qu'il ne songe en aucun cas à se débarrasser des métiers de l'environnement et ne cesse de donner des gages de cette volonté.

En avril 1999, la création et la future mise en Bourse de Vivendi Environnement, qui doivent clarifier l'évolution des structures du groupe et surtout accréditer la thèse d'un groupe constitué de deux grands pôles, sont plutôt bien perçues par les analystes, mais Vivendi est toujours présenté comme un conglomérat, en particulier dans la presse étrangère [50]. Les divers métiers du pôle communication peuvent s'agréger dans une future et hypothétique convergence numérique, mais le pôle environnement demeure éclaté en diverses branches.

En septembre 1999, plusieurs analystes revoient à la baisse leur recommandation sur Vivendi ou maintiennent une recommandation négative : le titre replonge. Point culminant de cette crise : une rumeur – vite démentie – qui annonce le 13 octobre la démission de Jean-Marie Messier. Le titre double son volume de transactions et son cours connaît de brusques sauts. *Le Figaro* annonce l'imminence d'une attaque menée conjointement par News Corp et British Telecom sur Vivendi. L'agence de notation Standard and Poor's abaisse la note à long terme attribuée à la dette du groupe, et *Les Échos* commentent : « En un an Jean-Marie Messier est passé du statut de star à celui de vilain petit canard [51]. »

---

50. Comme le remarque alors le *Wall Street Journal,* si l'on s'en réfère au slogan publicitaire que Vivendi martèle à ce moment-là, le métier du groupe se résumerait à l'impératif du « *making whatever changes your life* » et cela peine à satisfaire les investisseurs.
51. *Les Échos,* 21/10/1999.

Dès cette crise d'octobre 1999 émergent tous les reproches qui seront faits à Jean-Marie Messier deux ans et demi plus tard, en mars 2002, lors de la crise qui conduira à son limogeage. Une légère chute du titre fait jaillir quelques interrogations sur les performances de certaines activités du groupe et une annonce, précipitée et mal comprise, les transforme en de lourdes interrogations sur la stratégie et le fonctionnement de Vivendi. Le groupe sort de cette petite crise à la faveur de sa croissance dans Internet et grâce à un coup de poker magistral de son P-DG. La situation financière et structurelle du groupe étant encore relativement équilibrée, les ambitions portées par l'alliance avec Vodafone et le portail Vizzavi vont faire taire toutes les critiques pendant plus de deux ans.

« Vizzavi : plus fort que tous les Yahoo! du monde »

Bloqué par son partenariat avec AOL et sans aucune stratégie en rapport avec Internet sur PC, Jean-Marie Messier décrète que seuls la télévision et le téléphone sont de « véritables écrans de masse ». Alors qu'AOL, qui offre déjà un accès Internet classique à 20 millions d'abonnés, mise sa stratégie sur le PC, le patron de Vivendi compte sur l'arrivée d'une troisième génération de mobiles – l'UMTS –, dans le courant de l'année 2002, pour combler cette lacune.

L'idée du multimédia mobile, qui n'est au début qu'un « cache-misère », fait son chemin et devient, dans le discours de Messier, « l'Internet de demain ». À l'automne 1999, alors que l'action Vivendi est au plus bas, Vivendi et Canal + commencent à élaborer un projet intitulé MAP (*Multi Access Portal*). Comme son nom l'indique, il s'agit d'un portail Internet – où l'on viendra se distraire, s'informer et consommer – qui doit être accessible non seulement grâce à l'ordinateur mais aussi – et c'est là sa seule originalité – grâce à un téléphone portable ou à une télévision. Aucune technologie ne permet encore cette prouesse, et Jean-Marie Messier s'ingénie à faire passer ce qui n'est pour le moment qu'un banal portail pour un concept révolutionnaire. Force est de constater que, à défaut d'être une activité industrielle viable, le MAP, bientôt baptisé Vizzavi, sera une belle aventure boursière.

Dans les premiers mois de l'an 2000, alors qu'il hésite encore entre une alliance avec Mannesmann ou Vodafone, Jean-Marie Messier trouve en Chris Gent, le patron de Vodafone, un allié de poids pour sa stratégie Internet puisque le Britannique accepte de se lancer dans l'aventure du MAP. L'alliance Vivendi-Vodafone sur Internet est annoncée le 31 janvier et le titre de Vivendi augmente alors de 5 % dans un marché par ailleurs en berne, avant de grimper à nouveau, deux jours plus tard, lorsque Messier évoque l'hypothèse d'un accord avec AOL Europe.

L'habileté tactique déployée à cette occasion par le P-DG de Vivendi explique en partie la réponse favorable du marché. Alors que, depuis plusieurs semaines, la presse pèse le pour et le contre d'une alliance avec Mannesmann, tout le monde s'accorde, au début de l'an 2000, à trouver le choix de Vodafone judicieux et bien meilleur que celui du groupe allemand. L'alliance avec Vodafone permet à Vivendi de devenir l'actionnaire majoritaire de Cegetel avec 51,5 %[52].

Toutefois Jean-Marie Messier ne fait pas exactement ce qu'il a en tête. Si Vivendi rachète, en mai 2000, le site I-France, pour l'utiliser comme base technique pour Vizzavi, Vodafone privilégie une autre approche et commence à construire le portail en partant de zéro. Or ce sont les Anglais qui l'emportent, faisant de la nouvelle acquisition de Messier un exclu qui ne sera jamais intégré au reste du groupe[53].

De l'annonce du projet au début du mois de janvier au lancement du portail le 21 juin, la communication sur le MAP puis sur Vizzavi porte la marque du style Messier : surenchères

---

52. Vodafone s'est en effet engagé à revendre les 7,5 % de Cegetel pris à Mannesmann à la suite de son OPA sur le groupe allemand. British Telecom, dont Vodafone est le principal concurrent, se retrouve alors dans une position fragile dans le tour de table de Cegetel, et ce d'autant plus que Vodafone possède 20 % de SFR en direct.

53. Laurent Mauriac, *Les Flingueurs du net : comment la finance a tué la nouvelle économie*, Paris, Calmann-Lévy, 2002. L'auteur cite un des fondateurs d'I-France, qui estime que ce choix a été une grossière erreur et que Vizzavi aurait pu gagner deux ans en s'appuyant sur I-France.

sur les visions d'avenir, objectifs démesurés – il lance son fameux « plus fort que tous les Yahoo! du monde » –, exagération du nombre d'abonnés « potentiels », investissements publicitaires : Jean-Marie Messier, qui a remarqué qu'une conférence de presse sur Vizzavi suffisait à faire grimper le titre Vivendi, ne lésine pas sur les effets d'annonces.

Le MAP doit donner une cohérence à toutes les activités du pôle communication ; Vivendi se met alors à multiplier les portails afin d'alimenter le futur Vizzavi. Sont ainsi disponibles sur le web les contenus de Canal + mais aussi ceux d'Havas, qui développe plusieurs sites d'informations en partenariat avec les grands noms de la presse professionnelle et lance des sites ludo-éducatifs avec Larousse.

Pour soutenir financièrement l'ensemble et profiter de la bulle, un nouveau fonds de capital-risque, Viventures 2, doté de 400 millions d'euros – dont un tiers est apporté par Vivendi – est lancé. VivendiNet annonce au total 2 milliards d'euros d'investissements pour les quatre prochaines années et évalue le nombre d'abonnés potentiels du nouveau portail à 70 millions, une estimation arithmétique hasardeuse qui additionne les abonnés de Vodafone, de SFR, de Canal + et de CanalSatellite. C'est ce nombre que Messier avance auprès de l'opinion, puis des analystes et des investisseurs, car il cherche alors à convaincre de la pérennité du projet en s'appuyant sur le principe de la « valorisation par abonné » commun à toutes les entreprises du secteur. L'idée est la suivante : ce que l'utilisateur d'un site peut lui rapporter directement est bien moindre que ce qui a été dépensé par ce site pour le conquérir, et chaque nouvel utilisateur augmente considérablement la « valeur » globale du site. Le but n'est pas de vendre un produit, mais avant tout de faire connaître une marque avant même que le produit n'existe, et c'est exactement ce qui va se passer avec Vizzavi[54].

Jean-Marie Messier espère, en plus des revenus publicitaires générés, gagner de l'argent avec des services spécifiques payants

---

54. On a coutume à l'époque de dire que pour gagner de l'argent dans l'Internet, mieux vaut ne rien vendre du tout, ou vendre à perte en compensant par des revenus publicitaires (Laurent Mauriac, *Les Flingueurs du net...*, *op. cit.*).

disponibles sur le site, comme des informations boursières, la géolocalisation, ou encore le téléchargement de films ou de musiques, ce que ne propose pas, par exemple, Yahoo. Sur la base de ce potentiel, les analystes financiers évaluent la valeur de Vizzavi à 25 milliards de dollars.

Sur le plan industriel, Messier croit avoir trouvé la cohérence stratégique tant recherchée[55]. Il mise sur le WAP (« wireless access portal »), une technologie qui permet de patienter en attendant la troisième génération de mobiles. Grâce au WAP, il est possible de se connecter à certains services en ligne depuis son téléphone, mais le système se révèle cependant trop lent, trop pauvre et peu fonctionnel : il ne comptera jamais plus de 50 000 utilisateurs.

Vizzavi est lancé et ne fonctionne pas. Comme une vulgaire start-up, le projet a coûté beaucoup trop et – en dehors de sa valeur estimée – n'a presque rien rapporté[56]. Vizzavi se résume finalement à un site Internet comptant peu d'utilisateurs, puisqu'il n'apparaît même pas dans les statistiques de Médiamétrie qui répertorient les cent premières audiences de la toile – Vizzavi oscille entre le 420e et le 180e rang.

Vivendi, qui avait tant communiqué sur cette filiale, tente de sauver les meubles en lançant de nouvelles prédictions : tout va s'arranger grâce à l'UMTS et à la télévision numérique. Mais à la fin de 2000, les valeurs Internet s'écroulent et les marchés n'y croient plus : Vizzavi ne sert plus qu'à transmettre des messages SMS pour les portables SFR. En 2001, les pertes de Vizzavi sont estimées à 386 millions d'euros et Vivendi finit, après le départ de Jean-Marie Messier, par céder à Vodafone la moitié du capital de Vizzavi qu'elle possédait.

Au final, les activités Internet se révèlent des gouffres financiers : Vivendi est l'entreprise française qui a perdu le plus d'argent dans le secteur. Selon des analystes de Crédit Lyonnais

---

55. « Notre ambition, déclare-t-il, est de construire le leader européen de la nouvelle ère Internet et de rivaliser dans ce domaine avec les plus grands groupes américains » (*La Tribune*, 13/3/2000).

56. La banque d'affaires Goldman Sachs, réputée pour ses deals dans la téléphonie mobile, n'était peut-être pas non plus la plus qualifiée pour mener à bien la création et la gestion d'une société Internet.

Securities, en mars 2002, chaque euro vendu par la division Internet génère plus de deux euros de pertes d'exploitation[57].

Plus qu'un échec industriel retentissant, Vizzavi reste une formidable réussite boursière. C'est ce projet qui transforme Vivendi en « valeur Internet » et permet à Jean-Marie Messier d'échapper aux contraintes qui pesaient jusqu'à présent sur le groupe, et de suivre la voie tracée par AOL et Time Warner. Il comprend assez rapidement que Vivendi a besoin d'autre chose que d'un portail Internet pour pérenniser sa stratégie fondée sur la convergence. Il est temps pour son groupe d'utiliser sa valeur théorique pour acquérir des actifs tangibles. Il saisit l'opportunité Seagram pour affirmer sa voie : avec Vivendi Universal, il espère devenir le leader de la convergence entre contenants et contenus.

Conclusion

Même avec le recul, on peine à suivre J2M dans sa refondation du groupe puisque, en moins de 5 ans, ce sont au moins cinq avenirs différents qu'il bâtit pour les abandonner aussitôt.

D'abord champion d'un modèle équilibré de développement reposant sur les besoins identifiés des consommateurs pour le nouveau siècle, c'est-à-dire l'environnement et la communication, il ne lance que des opérations sporadiques pour développer le pôle environnement.

Un moment il se voit champion de la télévision à péage, mais il y renonce non sans avoir mené à bien, avec Pierre Lescure, une acquisition ruineuse. Il y revient en tentant le pari fou de détrôner Murdoch au moyen de l'improbable fusion avec BSkyB.

Jean-Marie Messier se lance ensuite dans les télécommunications, après avoir échoué dans son projet d'être l'opérateur alternatif français, il se rêve coleader européen du secteur avec

---

57. Cité par Laurent Mauriac, *Les Flingueurs du net…, op. cit.*

Mannesmann avant de découvrir qu'il n'a pas grand-chose à offrir, son titre étant décoté.

L'Internet devient alors rapidement l'horizon indépassable. Mais Jean-Marie Messier n'a que de pauvres cartes en mains – un partenariat mineur avec AOL, quelques sites de contenu, le mince potentiel de Canal +. Il se projette alors dans la quatrième dimension en s'autoproclamant prophète des temps nouveaux du multimédia mobile.

D'échec en échec, le titre monte, le P-DG se hisse au niveau des célébrités et l'entreprise passe pour un symbole du réveil français.

Ce parcours météorique pose cependant nombre de questions. Comment parvient-on sur des marchés financiers sophistiqués à accréditer une nouvelle croyance industrielle, celle de la convergence numérique ? Comment peut-on, sur la base de données économiques ténues, parvenir à lever des capitaux, et à acheter des concurrents avec du papier action ? Enfin, comment peut-on concevoir la formation d'une bulle spéculative dans des marchés réputés efficients sur lesquels interviennent des opérateurs rationnels ?

En matière de stratégie et de management, deux éléments se dégagent avec force. Héritier d'une entreprise à la structure financière dégradée, Jean-Marie Messier cherche par un dialogue permanent avec les marchés financiers à contourner cette difficulté en faisant de la communication un vecteur majeur de la gestion du cours de Bourse. C'est la valorisation boursière qui fournit les armes de la conquête. Dans un groupe éclaté, peu structuré, avec une hiérarchie qui procède de la cour du Roi-Soleil, les à-coups stratégiques répétés ne peuvent qu'accroître la désorganisation et rendre plus difficiles les contrôles externes et internes. Les fragilités déjà identifiées à l'occasion de la bulle immobilière ne manqueront alors pas de resurgir avec la bulle Internet.

4

La convergence numérique

La notion de « convergence » – qui s'applique aussi bien aux industries numériques qu'aux réseaux, tant aux contenants et aux contenus qu'aux technologies – a été élevée, pendant les années Internet, au rang de mythe rationnel, de référent absolu et indiscuté à partir duquel tout devait être reconsidéré – la croissance économique comme le commerce, le modèle d'affaires des opérateurs de télécommunications comme celui de l'industrie du disque, la théorie du marché comme les règles de valorisation des entreprises. L'émergence et la fulgurante réussite d'activités nouvelles comme la téléphonie mobile, l'accélération des gains de productivité ainsi que la création de nouveaux modèles économiques extrêmement profitables, comme celui développé par Microsoft avec Windows, rendent en effet incontestable la portée de la révolution de l'information.

Et pourtant, la convergence numérique n'est rien de plus que la numérisation de la voix, des données, des sons, des images fixes et animées qui sont ensuite traités et transportés de manière indifférenciée sur des vecteurs aussi divers que la paire de cuivre du téléphone, le câble, la fibre optique, le satellite ou les réseaux radioélectriques. Les contenus sont en quelque sorte libérés de leurs contenants afin d'être distribués par un même réseau.

Si la convergence numérique n'a vu le jour que dans les années 1990, ce passage d'un monde de réseaux spécialisés en fonction du contenu diffusé[1] à un monde où les réseaux sont en concurrence pour transporter indifféremment de la voix, des données ou des images animées n'a pas été soudain. Des convergences partielles entre contenus ainsi que des substitutions de réseaux ont déjà existé. Bien que ces premières expériences de convergence numérique, qui remontent aux années 1970, n'aient pas rencontré pas de grands succès, la convergence fut à chaque fois présentée par les experts et par les industriels des secteurs concernés comme une révolution qui allait bouleverser les modes de consommation et de travail.

Pourquoi et comment ce discours sur la convergence a-t-il pu s'installer, prendre une telle ampleur et séduire tant d'esprits? Pourquoi ce discours s'impose-t-il comme une évidence à divers moments de l'histoire des technologies? Répondre à ces questions est primordial pour qui cherche à comprendre l'émergence du discours de la «nouvelle économie» dans le vocabulaire macroéconomique, ainsi que la légitimité acquise auprès des marchés par certaines stratégies industrielles qu'on peut, avec le recul, juger bien légères.

La notion de convergence doit avant tout son succès à sa puissance évocatrice. Elle véhicule nombre d'images très positives sur la révolution technologique et l'ouverture d'une nouvelle ère industrielle où l'esprit d'entreprise trouverait à nouveau à s'exprimer.

En réalité, la convergence numérique représente ce moment où une série discontinue d'innovations dans les champs de l'électronique, de l'informatique, de l'optique et du traitement du signal finit par faire système et provoquer un changement de paradigme technologique. Le propre de la révolution numérique

---

1. Ainsi, le «contenant» disque véhicule le «contenu» musique, le cinéma diffuse le film, et les réseaux hertziens la télévision.

est de contribuer autant à la création de nouvelles activités – ce qu'on appelle l'innovation produit – qu'à la transformation d'anciennes – l'« innovation procédé ». Elle remet en cause des modèles organisationnels en favorisant le réseau aux dépens de l'organisation hiérarchique. La convergence renouvelle ainsi autant l'offre technologique que les écosystèmes industriels ou les modèles d'affaires – elle contribue à l'abolition des frontières technologiques et sectorielles – et constitue pour les entrepreneurs la promesse d'un bouleversement des positions acquises. Avec la convergence, l'opérateur téléphonique peut devenir acteur de l'audiovisuel, le distributeur de chaînes câblées opérateur de télécommunications, l'éditeur de presse magazine éditeur de chaînes thématiques, le distributeur de programmes opérateur de réseaux câblés, le fabricant d'ordinateurs distributeur de musique en ligne. La convergence, et c'est là sa première vertu, déstabilise donc tout une cascade d'activités, sans qu'il s'agisse pour autant d'un jeu à somme nulle. L'industrie des biens et services numériques libère un formidable potentiel d'expansion car elle propose des biens nouveaux, abaisse le coût des biens existants et rend possible de nouveaux modèles d'affaires. Dans une économie de réseau, chaque nouveau client enrichit plus que proportionnellement les parties au réseau alors que le coût additionnel est nul. Si les technologies de l'information sont qualifiées de génériques, c'est parce qu'elles irriguent tous les secteurs d'activité et qu'elles stimulent la croissance économique.

L'histoire montre que les contemporains des révolutions technologiques en sous-estiment toujours la portée à long terme et en surestiment la portée à court terme. Les contemporains d'une révolution industrielle sont rarement les mieux placés pour en saisir l'ampleur, et l'ère de la convergence numérique n'échappe guère à ce constat.

S'il y eut, au cours des trente dernières années, nombre de réelles innovations et de révolutions manquées, ces précédents ne furent d'aucune aide au moment de la formation de la bulle Internet. La question classique des échelles de temps en matière d'innovation technologique ne fut pas sérieusement considérée. Soulever la question des horizons temporels, c'est-à-dire de l'écart entre le moment technologique et le moment économique, paraissait bien rétrograde aux tenants du développement rapide de l'innovation technologique. Et pourtant, chacun sait – ou devrait savoir – qu'il existe une marge dans l'activité productive entre l'innovation isolée et l'émergence d'une technologie générique, entre un prototype et un bien industriel, entre ce bien et l'émergence d'un marché de masse.

Mais avec l'arrivée d'Internet, technologie révolutionnaire qui permet à tous les contenus de se retrouver sur un média universel et rend tous les réseaux interchangeables, la théorie de la convergence revient au premier plan et les précautions de rigueur sont définitivement balayées. Internet suscite alors, de la part des gens les plus sérieux, des discours littéralement délirants. Jean-Marie Messier est ainsi l'un des promoteurs les plus convaincus de l'Internet mobile tandis que AOL devient le champion de l'Internet filaire et TCI de l'Internet sur le câble. Enron réussit le tour de force de s'inventer un avenir radieux en investissant le marché de la bande passante.

Internet représente la forme la plus aboutie de la convergence numérique, il se distingue des versions antérieures [2] et son retentissement sur l'ensemble de l'économie est sans précédent. Avant cette innovation technologique, l'enthousiasme se limitait aux milieux politiques et industriels, tandis que l'arrivée d'Internet propage l'engouement au sein des marchés financiers et des banques centrales. Sur fond d'euphorie boursière, on croit assister à un véritable renversement des anciennes valeurs, et on voit de nouveaux venus dans le secteur avaler des entreprises respectables [3].

Dans ce chapitre, nous tenterons de comprendre les mécanismes qui ont converti une exaltation technologique légitime en un discours sur la « nouvelle ère » ou le « nouveau

---

2. Comme le furent par exemple la convergence du câble et des téléservices, des télécoms et de l'informatique, ou encore le phénomène des « autoroutes de l'information ».

3. La fusion AOL-Time Warner offre un excellent modèle de ce retournement qui voit les vieilles entreprises de médias passer sous la coupe de start-up encore au stade des premiers babils et elle ouvre la voie – croit-on alors – à la captation de Wal-Mart par Amazon, de CBS par Yahoo! ou encore de Merrill Lynch par Schwab.

paradigme». Dans quelle mesure ce discours de rupture technologique a-t-il provoqué un réaménagement des conceptions économiques dominantes? Les modalités de la disqualification des précédents échecs constituent une clé majeure pour comprendre l'émergence et la prolifération de certaines visions sommaires de l'économie industrielle et de l'économie de la connaissance. Enfin, comment des modèles d'affaires imaginaires gagnent-ils en crédibilité et finissent-ils par séduire la majorité des acteurs économiques? L'analyse du fonctionnement des marchés financiers montre comment une grappe d'innovations technologiques est devenue un nouveau paradigme de développement économique puis un horizon boursier indépassable. C'est au moment où les marchés financiers se sont emparés de l'idée de la convergence pour en faire le vecteur des stratégies de croissance qu'elle est devenue le modèle unique vers lequel l'ensemble des entreprises devait tendre [4].

LA SOCIÉTÉ DE L'INFORMATION ET SES CONDITIONS DE POSSIBILITÉ

Il aura fallu 30 ans pour passer de la société industrielle à la société de l'information, du téléphone aux industries de la convergence numérique, des réseaux fixes à la communication nomade.

Pour que cette mutation s'accomplisse, il fallait une conjonction rare entre une rupture technologique – les innovations de la révolution numérique –, un effondrement rapide des prix des produits, des services innovants dans l'ordre de la production comme dans celui de la consommation – microprocesseurs, commutation

---

[4]. Le plébiscite d'un modèle d'affaire oblige en effet les entreprises à adopter ce modèle si elles ne veulent pas se voir abandonner par les marchés. Si elles ne le font pas, elles risquent de s'affaiblir et de devenir la proie d'autres entreprises plus soutenues financièrement, puisque ayant suivi le nouveau modèle dominant sur les marchés. Nous reviendrons de manière plus détaillée sur ce processus dans le chapitre 7.

électronique, méthodes de compression – et une profonde transformation du cadre réglementaire – la dérégulation.

Face à la croissance ininterrompue des années 1990 aux États-Unis, et après avoir épuisé toutes les explications macroéconomiques classiques, les économistes en sont venus à invoquer une « nouvelle croissance » qui serait due à la rapide diffusion des technologies de l'information. Tentons d'expliquer ce qui, dans la sphère des technologies de l'information telle qu'elle s'est développée ces trente dernières années, pourrait rendre compte de tels bouleversements.

La révolution numérique est le produit d'une longue gestation. Sans remonter jusqu'à l'invention du transistor, il faut néanmoins rappeler que l'industrie informatique, qui a exploité le fait que les données chiffrées et textuelles soient ramenées à des informations élémentaires codées 1 ou 0, est sans doute le premier jalon vers ladite révolution. Lorsque ces données ont commencé à être stockées, traitées, transportées, retraitées et réexpédiées, tous les ingrédients de la révolution numérique et plus encore de l'équation économique de la révolution de l'information ont alors été réunis. Certes les premiers ordinateurs étaient lourds, n'avaient que peu de mémoire, une capacité de traitement faible et obéissaient à des jeux d'instructions incompatibles[5]. Mais l'usage des transistors puis des circuits intégrés et enfin des microprocesseurs, joint à l'adoption de systèmes d'exploitation de plus en plus ouverts, allait élargir rapidement les capacités de l'informatique. Avec l'invention du microprocesseur et la montée en puissance de ses capacités de traitement, selon la loi de Moore[6], on commença à disposer d'un instrument performant

---

5. Chaque système avait sa propre norme (système propriétaire pour chaque fabricant) et les ordinateurs issus de fabricants différents n'étaient donc pas compatibles entre eux.

6. Loi de Moore, du nom de Gordon Moore, fondateur d'Intel, qui établit que la capacité de traitement d'une puce électronique doublait tous les 18 mois. Cette loi a été vérifiée depuis 40 ans. En 1960, le coût de traitement d'un million d'opérations sur un ordinateur était de 75 dollars, tandis qu'en 1990 ce coût avait chuté à un millième de cent (source : John Cassidy, *Dot.com, The Greatest Story Ever Sold,* Londres, Penguin, 2002).

pour une informatique décentralisée, c'est-à-dire accessible à tous et non plus confinée dans des ateliers spécialisés.

Mais cette industrie aurait pu rester prisonnière de ses spécificités si on n'avait franchi une étape décisive dans la numérisation des services de télécommunications. L'industrie des télécoms s'était développée pour transporter la voix – grâce au signal analogique – et pour la restituer sur de longues distances avec une parfaite fiabilité, grâce à la commutation de circuits. Le développement de l'informatique et les nécessités de la communication entre ordinateurs conduisent le ministère de la Défense américain, qui cherche à sécuriser ses réseaux, à mettre sur pied une méthode capable de les rendre plus résistants en cas de conflit. La commutation de paquets[7] naît de ce besoin. On cherche dès lors à faire subir à la voix humaine le même traitement qu'à la donnée chiffrée ou textuelle, ce qui constitue l'objet de la deuxième révolution numérique – celle des télécommunications.

À compter de 1977, le réseau français bascule dans cette révolution. L'adoption de commutateurs dits « électroniques temporels[8] » provoque la première convergence entre le secteur de l'informatique et celui des télécommunications. Transpac et le Minitel en sont les premiers-nés. Mais les commutateurs « temporels » permettent surtout le déploiement de réseaux intelligents ainsi qu'une réduction drastique des coûts de maintenance des réseaux. Il autorise alors une diversification des services. Or la montée parallèle des capacités de transport des artères de transmission numériques bouleverse l'économie des télécommunications : il devient possible de déprimer massivement les prix et d'élargir ainsi la base de la clientèle et les usages des télécommunications.

Les technologies de compression et de transport du signal disponibles butent toutefois sur une limite : celle de l'image

---

7. Technique de connexion et d'acheminement d'une communication dans laquelle les données numériques sont organisées en messages qui comportent, en plus des informations originales, des données de service et d'adressage.

8. Système de connexion et d'acheminement d'une communication portant sur les intervalles de temps de multiplex numériques.

118   *Le nouvel âge du capitalisme*

fixe et a fortiori animée. C'est l'objet de la troisième révolution numérique, celle que nous vivons aujourd'hui avec l'explosion du multimédia – une explosion symbolisée par la possibilité pour le consommateur de disposer de plusieurs centaines de chaînes de télévision diffusées par le satellite et le câble grâce aux technologies de compression numérique. La maîtrise d'algorithmes de compression de plus en plus complexes, la rupture introduite dans la commutation par l'adoption de l'ATM ou du *frame relay*[9], le développement exponentiel des capacités de transport de la fibre optique, les avancées dans l'intégration des composants, l'invention de langages universels tels que les protocoles IP (*Internet Protocol*) et le langage HTML : tout cela a favorisé la « convergence » des industries numériques de l'informatique, des télécommunications et de l'audiovisuel. Mais avant que cette industrie nouvelle ne donne ses pleins effets, notamment en matière de consommation grand public – vidéo à la demande, Internet haut débit ou encore services multimédia – il fallait trouver un nouveau langage, une ergonomie des réseaux plus intuitive et des instruments de navigation appropriés à ce nouveau monde. Ce furent, pour l'essentiel, l'invention du mode opératoire sur Internet par Vinton Cerf et Robert Khan en 1973, de l'architecture du *worldwide web* (www) en 1990 par Tim Berners Lee et du navigateur Mosaic en 1994[10].

L'IMPACT DE LA DÉRÉGLEMENTATION DES TÉLÉCOMMUNICATIONS

Le monopole naturel en matière de réseaux de télécommunications, la stabilité des technologies, l'homogénéité des services

---

9. L'ATM est une technique de transfert asynchrone pour des communications à haut débit d'informations numérisées organisées en paquets. Cette technique est particulièrement adaptée aux réseaux multiservices à haut débit. Le « frame relay » ou relais de trame est un mode de transfert de données à haut débit.
10. Nous reviendrons plus en détail sur ce point au chapitre 7.

et le protectionnisme généralisé en matière de marchés publics ont longtemps constitué de puissants facteurs en faveur de l'universalité du « modèle PTT ». En matière de réseaux, la politique de l'opérateur dominant a en effet été, à peu près partout dans le monde, de bâtir un grand réseau national hiérarchisé permettant d'accéder aux ressources informationnelles. L'économie des télécommunications s'est développée, notamment en Europe, dans le cadre de monopoles administratifs de service public, dont le modèle des PTT est l'archétype. Sa pratique tarifaire, fondée sur le principe de la péréquation, revient à faire subventionner la consommation des ménages résidentiels isolés par les gros utilisateurs industriels ou de services. Elle s'est par ailleurs développée sur les bases d'une politique qui instrumentalisait les services de télécommunications au profit des manufacturiers nationaux[11]. Le résultat fut, dans certains cas, l'arriération et la piètre qualité du service – comme au Royaume-Uni –, dans d'autres cas l'expansion colbertiste au service des producteurs – comme en France –, et dans d'autres, enfin, le retard et l'archaïsme de l'équipement – ce fut le cas en Italie et en Espagne.

C'est à partir de l'Angleterre que démarre, entre 1982 et 1984, la révolution réglementaire européenne qui donne lieu à la démonopolisation, la libéralisation, la déréglementation et la privatisation des télécommunications. Elle autorise l'introduction d'un raisonnement économique reposant sur les coûts dans ce secteur d'activité. En effet, dans le cas le plus abouti d'économie réglementée, à savoir la France, on est parvenu à offrir dans le cadre du service public un service téléphonique de qualité, mais la confiscation de la rente de monopole par l'État via les PTT a fait du téléphone un service cher et peu utilisé. Lorsque la Direction générale des télécoms, l'ancêtre de France Télécom, finance à coups d'emprunts le plan de rattrapage téléphonique, elle sait qu'elle dispose potentiellement, à structure tarifaire maintenue, d'une rente de monopole exorbitante. Elle pourrait donc en faire profiter le consommateur par la baisse des prix, en

---

11. L'équipementier national travaillait en effet de manière exclusive avec un fournisseur d'accès national.

faire bénéficier l'actionnaire en distribuant des dividendes ou, mieux encore, en créant de la valeur par la croissance et l'expansion internationale. Elle préférera, selon la tradition colbertiste nationale, lancer vainement de grands plans dans les satellites, le câble et la télévision haute définition, ou encore financer pour le compte de l'État le plan informatique pour tous dans les écoles et le renflouement de Bull. Les Français se retrouvent ainsi avec une industrie des technologies de l'information anémique, un niveau de consommation des services de télécoms exprimé en minutes, ainsi qu'un taux de pénétration des nouveaux services parmi les plus faibles d'Europe.

Ce système est balayé par la grande vague de dérégulation partie d'outre-Atlantique et du Royaume-Uni, qui déferle sur l'Europe continentale à partir de 1987. S'interroger sur les raisons et les modalités du « big bang » des télécoms n'est en ce sens pas sans intérêt pour qui cherche à comprendre la dynamique d'évolution du secteur et les formes contrastées que prend la concurrence en Europe continentale, aux États-Unis et au Royaume-Uni.

Si chaque percée technologique recèle un potentiel de déstabilisation des acteurs du système de la communication, on sait que le caractère fortement régulé de ce dernier, dû à l'existence de monopoles naturels, rend souvent nécessaire une intervention du régulateur afin qu'un potentiel technologique s'inscrive dans des produits et services nouveaux et atteigne le marché.

De fait, le monopole naturel en matière de télécommunications a d'abord été victime de la technologie avant que le régulateur n'entérine l'entrée sur le marché de nouveaux acteurs.

La domination sans partage d'ATT sur les télécoms américaines, et plus encore la légitimité acquise par l'entreprise du fait de la qualité de sa recherche dans les Bell Labs [12] ont eu pendant de longues années un double effet : inhiber le développement de technologies alternatives à la téléphonie fixe – notamment les mobiles – et favoriser les solutions techniques

---

12. Les « Bells Labs » sont les laboratoires de recherche d'ATT.

qui préservaient son monopole[13]. Il faut attendre qu'un nouvel entrant – MCI – investisse le marché interurbain grâce à la technologie des faisceaux hertziens, qui constituait la rente d'ATT et justifiait son monopole, pour que le régulateur réagisse et initie le processus de dérégulation aux États-Unis.

Le Bell system bâti par ATT reposait sur l'unicité, l'uniformité et l'homogénéité de matériels et de réseaux dont le bon fonctionnement était assuré par une entreprise qui, de fait, réalisait l'optimum de marché. La maîtrise des faisceaux hertziens a permis à MCI de faire, dans les années 1970, la preuve qu'une liaison longue distance non filaire était possible, et surtout qu'elle était bien moins coûteuse que la liaison filaire facturée par ATT. Le modèle d'intégration des services téléphoniques locaux interurbains et internationaux incarné par ATT devenait du même coup injustifié puisque le monopole local encore nécessaire pour la boucle locale[14] était compatible avec la concurrence sur l'interurbain. C'est sur cette base que le juge Greene lance en 1982 la déréglementation du marché américain. ATT avait en effet fait l'objet de poursuites par le ministère de la Justice pour abus de position dominante. Son quasi-monopole national verticalement intégré avait été l'objet de plaintes de concurrents potentiels dans « l'interurbain », les terminaux et les équipements. En 1982, l'entreprise accepte de négocier son démembrement plutôt que de prendre le risque d'une décision de justice. L'éclatement d'ATT accepté et négocié entre l'entreprise et le juge reste dans les annales comme la pire erreur stratégique qu'une entreprise puisse faire, puisque ATT s'est tout à la fois trompée sur ses atouts, sur les perspectives du marché et sur les sources futures de la profitabilité.

Mue par la volonté de s'affranchir du régulateur, ATT pense se diversifier dans les secteurs à fort potentiel de l'informatique et de l'international sans pour autant renoncer à ce qu'elle croit alors être ses points forts : son intégration indus-

---

13. ATT a ainsi développé tout un plaidoyer pour l'intégrité du Bell system et proposé un projet de réseau national en fibres optiques – réseau qui aurait eu l'immense avantage de ne pas remettre en cause son monopole naturel.

14. On appelle boucle locale la chevelure en cuivre qui relie le central téléphonique à l'utilisateur final (foyers d'habitation, locaux professionnels, etc.).

trielle – le contrôle de Western Electric – et son portefeuille de clients longue distance. ATT accepte de renoncer au contrôle des « baby bells », c'est-à-dire des sociétés locales de téléphone qui contrôlent le client final et la boucle locale, pour se concentrer sur les activités – qu'elle croit bien plus rentables – de l'interurbain, ce qui est à l'époque perçu comme un choix avisé. ATT troque donc un monopole perçu comme vieillot et peu rentable, puisque régulé, au profit d'activités en forte expansion mais soumises à une concurrence qui érode rapidement ses marges. Dans le très complexe montage juridique qui organise la séparation des « baby bells » d'ATT, on ne remarque pas une disposition qui va pourtant jouer un rôle majeur dans le développement d'Internet : la gratuité de charges d'accès pour les opérateurs de réseaux de données. En effet, si les opérateurs de l'interurbain (*long lines*) devaient payer une charge d'accès aux « baby bells » pour l'usage du réseau, on pense en revanche en 1984 que la transmission de données est marginale, qu'elle utilise des ressources sans valeur car sans usage alternatif, et qu'il n'est donc nul besoin de prévoir des charges d'accès spécifiques.

Deuxième temps de cette révolution mue par les avancées technologiques : la percée des réseaux locaux de données qui mine, elle aussi, la stratégie de monopole national et confirme le tournant de la dérégulation. Les premiers réseaux locaux de données, qui connectent les établissements de plusieurs sites en un réseau fermé d'utilisateurs permettant l'échange de messagerie, le travail coopératif, le partage de ressources – bref la création d'un espace de travail virtuel intégré à partir d'établissements qui peuvent se trouver aux quatre coins du monde et rassembler des travailleurs localisés dans des lieux multiples –, constituent la première brèche. L'interconnexion des réseaux avec l'Internet, l'invention d'une ergonomie de la communication, d'un langage commun ainsi que d'instruments de navigation opèrent la percée décisive. En rendant possible l'accès à de puissantes bases de données à partir d'un ordinateur portable, on abolit en effet la distance, ce qui permet l'allongement des chaînes de production et provoque, par contrecoup, la mise en cause des intermédiaires classiques.

La convergence numérique

Si un tel mouvement contribue au développement de l'usage des outils de communication produits par les opérateurs classiques – qu'il s'agisse des grands manufacturiers comme Alcatel, Siemens, Lucent ou Ericsson ou gérés par des exploitants classiques de réseaux comme ATT, France Télécom, British Telecom –, il entraîne également la croissance explosive de nouveaux entrants dans le secteur – Intel dans les composants, Microsoft dans les systèmes d'exploitation, Cisco dans les matériels pour réseaux IP, MCI et Worldcom dans l'interurbain, Netscape, Aol de Cisco ou 3 Com dans la gestion des réseaux, ou encore Microsoft et Netscape dans les logiciels.

Le monopole administratif assurant un service public de base à des usagers indifférenciés a, dans un second temps, été victime de la révolte des usagers professionnels contre une bureaucratie inefficace, coûteuse et paresseuse.

L'exemple de la déréglementation britannique est en ce sens frappant. Elle trouve son origine dans la constitution par des entreprises de la City de Londres d'un lobby réclamant des services avancés de télécommunications à un prix raisonnable – ce que British Telecom, héritier du Post Office, était incapable de faire.

La déréglementation britannique emprunte une voie bien particulière caractérisée par la privatisation de British Telecom et par l'organisation d'une concurrence partielle sur la clientèle professionnelle avec la création de Mercury. Si la déréglementation américaine contribue à casser le Bell system et le pouvoir hégémonique d'ATT, si par un accident de l'histoire le régulateur ouvre la voie de l'innovation et de l'Internet, le projet britannique est en effet tout autre : il s'agit d'assurer à la City de Londres des services de communication fiables et peu coûteux tout en cassant la forteresse syndicale d'un monopole public inefficace. Les leviers les plus décisifs de la révolution britannique sont d'une part la constitution d'une autorité de régulation forte pratiquant la régulation asymétrique de l'opérateur dominant, et d'autre part le soutien apporté aux opérateurs alternatifs afin de les rendre viables. Les opérateurs du câble investissent ainsi dans le téléphone, tandis que l'émergence de

Vodafone dans les mobiles et les limitations physiques et financières apportées au développement de BT forment un paysage concurrentiel dynamique.

La déréglementation européenne est lancée par le « Livre vert » de 1987[15] et entre vraiment en application à partir de 1992. Elle obéit à une troisième logique, celle de l'intégration du marché unique et de la libre prestation de services à l'intérieur de l'espace communautaire. Le problème n'est pas tant d'offrir un service téléphonique de qualité, ni même d'introduire de nouvelles technologies, puisqu'une entreprise comme France Télécom a su le faire dans le cadre d'une stratégie colbertiste, mais plutôt de lever les barrières intérieures dans le domaine des services et des marchés publics. La démarche adoptée consiste à ouvrir le marché pour les nouveaux usages et les nouvelles technologies, puis à ouvrir les réseaux en favorisant l'émergence d'une nouvelle offre sur les réseaux de l'opérateur historique. Le secteur est ensuite tout à fait libéralisé quand l'opérateur dominant se soumet au double contrôle du régulateur européen et du régulateur national.

Avec le recul, il est toutefois frappant de constater que la libéralisation et les stratégies déployées ont rarement eu les effets attendus, à tel point qu'au terme de la période, si la libéralisation a certes progressé et si les consommateurs jouissent d'une offre pléthorique et de prix fortement en baisse, le paysage industriel ne correspond guère à ce qui avait été anticipé. Pour mieux saisir ces bouleversements, il faut revenir sur les trois vagues successives de la libéralisation.

La première vague de déréglementation ne transforme pas fondamentalement le paysage concurrentiel aux États-Unis, pas plus qu'au Royaume-Uni ou qu'en Europe continentale. Certes, la libéralisation dans les services nouveaux provoque l'irruption des mobiles, le développement des systèmes privés de transmis-

---

15. Le « Livre vert sur le développement du marché commun des services et équipements de télécommunication » est un document commandé par la Commission européenne à l'attention du Conseil, présentant un diagnostic du secteur à libéraliser, synthétisant les demandes des acteurs et proposant une législation à mettre en œuvre.

sion de données, les stratégies de contournement de l'opérateur dominant et l'acclimatation d'une logique de la régulation, mais fondamentalement les opérateurs dominants sont préservés. L'évolution la plus décisive, tant aux États-Unis qu'en Europe, n'est guère anticipée. Grâce à la libéralisation de la téléphonie mobile, consécutive à un accord européen sur la norme GSM, l'Europe prend l'avantage, tant en matière de technologie que de couverture et de diversité de l'offre commerciale. Aux États-Unis, à l'inverse, si le démembrement d'ATT provoque un tremblement de terre, aucun des effets attendus n'a lieu sur le plan international ou en matière de diversification, et la rente dans l'interurbain s'érode rapidement. Seules les « baby bells » tirent leur épingle du jeu car elles ont hérité de la puissance et de l'entregent politique d'ATT.

La deuxième vague de déréglementation démarre au Royaume-Uni à partir d'un constat : le duopole organisé et protégé par la puissance publique et la régulation asymétrique de l'opérateur dominant par l'instance de régulation ne modifient pas en profondeur le paysage concurrentiel, même si, par rapport à l'ancien ordre monopoliste, les gains de productivité, les baisses continues de tarif et l'existence d'une ou de plusieurs alternatives à l'opérateur dominant représentent une réelle amélioration. La multiplication des licences, l'interdiction faite à British Telecom d'opérer simultanément sur des réseaux câblés et des réseaux de télécommunications, l'entrée d'opérateurs étrangers et le refus d'user de la politique de normes comme d'une barrière à l'entrée sont autant de mesures qui lancent la concurrence. Le secteur connaît alors un double processus de globalisation – avec les offres planétaires offertes par les grandes alliances du type de celle formée par BT et MCI – et de fragmentation – avec la multiplication infinie des sociétés opérant sur des « niches de marché » très ciblées.

Aux États-Unis, on prend conscience du déséquilibre entre « baby bells » et ATT, mais on croit encore que les alliances internationales de MCI, ATT et Sprint offrent un avenir radieux aux opérateurs longue distance tandis que les « baby bells », enrichies, cherchent leur avenir dans les nouveaux services, et notamment dans l'audiovisuel.

C'est l'invention de la *two wires policy* – c'est-à-dire l'introduction et l'organisation de la concurrence entre réseaux – qui bouleverse le paysage des télécommunications américain. On attendait des opérateurs du câble qu'ils apportent au client final une offre alternative en câblotéléphonie et en Internet, et on espérait que les opérateurs des bouquets satellite allaient remettre en cause les monopoles locaux des opérateurs du câble en télédistribution. Le nouveau Telecom Act qui se prépare doit rééquilibrer les relations entre opérateurs longue distance et « baby bells », organiser la convergence des services de communication sur réseaux alternatifs et favoriser la diffusion de l'Internet. Dans cette perspective le sénateur Al Gore fait parvenir, en juillet 1990, un appel aux autorités fédérales pour qu'elles lancent un programme d'« autoroutes de l'information ».

Au même moment, et toujours en vertu des principes du grand marché intérieur, la Commission européenne propose, sans succès, la déréglementation des communications transfrontières. Les opérateurs, qui craignent l'effondrement de leur structure tarifaire, négocient la libéralisation de l'ensemble des services à l'horizon de 1998. La Commission profite du débat sur les « autoroutes de l'information » pour inscrire sur l'agenda européen la déréglementation des infrastructures puis des services. Les opérations de fusion entre BT et MCI, la constitution de Global One ou d'Unisource lui permettent d'obtenir la déréglementation anticipée des infrastructures alternatives que sont les réseaux ferroviaires, autoroutiers ou bien électriques. Il n'est nullement question de grands réseaux européens, et encore moins d'incitations à la formation d'offres nouvelles à l'échelle européenne : la logique est uniquement à la limitation de la puissance des opérateurs historiques nationaux, la formation d'un ATT européen étant, pour le régulateur européen, un repoussoir absolu.

Au terme de cette deuxième phase tout paraît acquis. Pourtant, aux États-Unis et en Australie, la troisième vague de déréglementation a déjà démarré. Avec la loi du 8 février 1996, le Congrès américain autorise la guerre de tous contre tous : le patient édifice réglementaire qui séparait opérateurs du câble et exploitants téléphoniques, opérateurs du local et exploitants longue distance, fournisseurs de contenus et sociétés de réseau a été jeté à terre. La loi de 1992 qui encadre les prix des opérateurs du câble est ajournée en 1996. Malgré leur position dominante maintenue sur les marchés locaux, les « baby bells » sont autorisées à concurrencer ATT sur l'interurbain tandis que le réseau des réseaux – Internet –, opéré par un acteur public, est privatisé en 1993.

Si les opérateurs longue distance continuent à payer des charges d'accès aux réseaux locaux élevées, tel n'est pas le cas pour les opérateurs de l'Internet. La conjonction d'une régulation permissive et d'une technologie en mutation accélérée bouleverse l'économie du secteur. Des inconnus comme Sprint, MCI ou Worldcom[16] s'imposent rapidement comme des opérateurs longue distance performants : ils déploient des boucles optiques locales, nouent des alliances internationales et s'affirment comme les champions d'Internet. ATT, qui faisait jusque-là figure de leader mondial incontesté, décline et s'amenuise chaque jour davantage pour survivre (défusion de Lucent, ATT « long lines » et NCR[17]). Les « baby bells », enrichies par la croissance du marché et les charges d'accès qui leur sont versées, se diversifient alors tous azimuts et font une incursion dans les médias. Bell Atlantic tente même un moment d'absorber le grand opérateur du câble TCI. Bientôt de nouveaux acteurs apparaissent, alléchés par les perspectives de la croissance infinie de la demande de bande passante pour Internet. Worldcom et MCI subissent la concurrence nouvelle de purs opérateurs de réseau tels que Global Crossing ou encore Level 3, pendant que les « baby bells » voient naître un nouveau type d'opérateurs locaux, les CLEC's et les DLEC's[18].

---

16. Né de la fusion d'un opérateur classique, Worldcom, de UUNet, un réseau de transport pour Internet, et de MFS, une société spécialisée dans les boucles métropolitaines en fibre optique.
17. Ce désengagement de l'informatique signe l'échec majeur et ruineux d'une stratégie d'intégration télécoms-informatique.
18. Data Local Exchange Carriers et Competitive Local Exchange Carriers.
Les CLEC's et les DLEC's sont des opérateurs locaux qui entendent concurrencer les « baby bells » en offrant un service soit de téléphonie vocale, soit de transmission de données à prix cassés.

La fin provisoire de l'histoire vient d'Australie. Le 1ᵉʳ juillet 1997, Austel – l'organe de régulation des télécoms australiens – disparaît : les télécoms, à l'instar des autres secteurs d'activité, sont finalement considérées comme une activité où doit régner la concurrence. Quinze ans auront suffi pour passer d'un monopole administratif justifié par la théorie du monopole naturel au plein exercice de la concurrence. En Europe, les régulateurs, au nom de la « convergence », entament le pouvoir des opérateurs historiques de sorte que, quoique avec réticence, l'ensemble des agences de régulation nationales finit par pratiquer une régulation asymétrique.

Si, au total, la révolution des nouvelles technologies de l'information et de la communication (NTIC) a bien eu l'effet escompté en matière macroéconomique, notamment aux États-Unis, la problématique de la « convergence numérique » a cependant eu des effets industriels très contrastés.

Avant l'explosion du numérique, chaque activité de communication était organisée par réseau selon un mode et des règles spécifiques. Avec l'apparition de la fibre optique qui permet de distribuer aussi bien la télévision que le téléphone ou l'Internet, les frontières sectorielles entre les diverses formes de communication commencent à s'écrouler et l'on voit s'ouvrir à nouveau le jeu de la concurrence. Le câble coaxial était en effet un excellent outil de télédistribution, mais il n'avait pas de capacité de commutation ni donc d'interaction. À l'inverse, le réseau téléphonique traditionnel, avec sa fine chevelure en fils de cuivre irriguant tous les logements, avait une forte capacité interactive mais un très faible débit qui n'autorisait qu'une communication pauvre (voix et accessoirement données). On pouvait imaginer la combinaison du câble et de la paire de cuivre pour une offre jointe téléphone-télédistribution, mais si l'offre commerciale pouvait de la sorte devenir commune, il n'en restait pas moins que l'on superposait deux réseaux. Or, à partir du moment où les architectures techniques permettent l'intégration sur un même câble optique de services de données de voix et d'images, la « convergence numérique » s'installe, et c'est là qu'intervient le régulateur. La régulation par réseau devient obsolète et un même opérateur sur un même réseau dans une ère géographique donnée peut constituer un monopole multiservices. La convergence numérique aboutit potentiellement à la formation de supermonopoles de réseaux capables de dicter leur loi aux offreurs de services d'information, de communication et de divertissement. De ce point de vue, l'alliance de TCI et de Bell Atlantic, qui fut avantageusement présentée comme la première concrétisation de la convergence et des «autoroutes de l'information», fut immédiatement perçue par la Federal Communications Commission (FCC) comme un risque mortel pour la concurrence, car elle conférait des pouvoirs autocratiques sur les marchés locaux de deux monopoles [19].

Empêcher la formation d'un supermonopole disposant de la capacité d'inhiber la diffusion des nouvelles technologies était le minimum que l'on pouvait attendre d'un régulateur. Mais pour favoriser l'avènement de la convergence numérique le régulateur devait jouer un rôle plus actif encore. Dans un premier temps, de nombreux secteurs jadis protégés par le monopole verticalement intégré de l'opérateur dominant s'ouvrirent à la concurrence de nouveau opérateurs. C'est ainsi que Vodafone au Royaume-Uni ou Worldcom, AOL ou Direct TV aux États-Unis ont pu se constituer et se développer. Dans un deuxième temps, les nouveaux entrants s'attaquèrent au cœur de métier des opérateurs historiques : Mercury ou Cegetel en Europe, Global Crossing ou Qwest aux États-Unis. Enhardis par les perspectives de la libéralisation, par la croissance des besoins et par la régulation asymétrique, ces nouveaux entrants investissent massivement, baissent les prix et taillent des croupières aux opérateurs historiques.

Portés par un marché euphorique, ils surinvestissent car chacun entend devenir l'ATT ou le Microsoft de la nouvelle ère. Mais les opérateurs historiques, qui disposent de réserves financières importantes et de réseaux amortis et fiables, entrent dans la course. Ils accélèrent leur déploiement, cassent les prix et achètent certains de leurs concurrents. Ce passage d'une situation

---

19. *Cf.* le témoignage très éclairant de Reed Hunt, alors président de la FCC, dans son ouvrage *You Say You Want a Revolution*, New Haven and London, Yale University Press, 2000.

de monopole fermé avec des entreprises verticalement intégrées à une situation de concurrence aboutit alors à une prolifération des nouveaux entrants qui vont, comme Qwest, Global Crossing ou AOL, investir massivement en espérant sortir gagnants de l'affrontement concurrentiel.

L'anticipation d'une accélération de la libéralisation et de la mutation technologique, dans un contexte où les ressources financières abondent, débouche sur un foisonnement d'initiatives qui donnent cours chaque jour davantage à l'avènement de la société de l'information. Les entreprises en situation de concurrence multiplient naturellement les expériences afin d'être en avance sur la voie technologique la plus prometteuse. Des opérateurs téléphoniques annoncent qu'ils travaillent pour proposer de la télévision ou des opérateurs du câble se lancent dans les réseaux téléphoniques. Chaque opérateur élargit son champ d'action pour concurrencer les autres réseaux et tient, afin d'étayer cet élargissement, un nouveau discours selon lequel l'époque est, au choix, à l'universel, à la totalité ou à la convergence.

Une « révolution technologique » qui semble tout permettre, une demande apparemment exponentielle, un régulateur qui entend encadrer les puissants et favoriser ceux qui innovent : toutes les conditions sont réunies pour que la convergence numérique ne soit pas qu'une promesse et pour qu'elle débouche sur de nouveaux modèles d'affaires.

LES FORMES HISTORIQUES DE LA CONVERGENCE NUMÉRIQUE

Chaque rupture technologique en matière de communication, et plus encore chaque extension du champ de la numérisation, entraîne des effets majeurs dans la société. Toute révolution numérique suscite, chez les visionnaires et autres gourous, des discours hyperboliques sur les mutations induites par les nouvelles technologies dans l'ordre du travail, du loisir, voire de la vie politique.

La recherche de « l'interactivité » : du câble à l'Internet mobile

La première manifestation de la convergence est apparue au début des années 1970 au Québec, où l'on comptait faire du câble le vecteur de services interactifs. Le câble coaxial, qui avait jusqu'alors été perçu comme un substitut à la transmission hertzienne de chaînes de télévision, apparaît soudain comme le vecteur privilégié de communication et d'interactivité locale. Le câble relaie, outre les programmes nationaux, des programmes locaux qui requièrent la coopération des médias traditionnels comme la presse ou l'édition. Le câblage des principales institutions et d'une majorité de la population fait circuler l'information et, lorsqu'il est combiné avec l'usage du téléphone, suscite une forme d'interactivité. La diffusion de programmes communautaires, la délibération électronique sur les enjeux politiques locaux, les premiers téléservices, le télétravail : tout semble possible dès lors qu'un bassin de vie est câblé. Mais si la chaîne locale rencontre un certain succès, les expériences de téléservices ne connaîtront pas la diffusion escomptée par les thuriféraires de la première convergence. Même en matière de télévision, l'interactivité n'est guère recherchée par le public car la télévision est avant tout vécue comme une forme passive de divertissement.

La deuxième grande aventure de la convergence numérique intervient au début des années 1980 avec la révolution télématique, dont l'expérience française du Minitel est la figure emblématique.

Le Minitel est le résultat de la convergence entre l'informatique et les télécommunications. Dernier avatar du despotisme éclairé [20], il est issu d'un modèle hiérarchisé et centralisé d'organisation de la communication. L'objet technique « Minitel » est un terminal électronique dédié – c'est-à-dire limité à un seul type d'usage – aux spécifications assez pauvres.

Le Minitel est toutefois innovant dans l'usage social qu'il désigne, puisqu'il permet à tous les ménages d'avoir accès aux

---

20. Pour une histoire du projet vidéotext, devenu le Minitel, voir Élie Cohen, *Le Colbertisme high tech*, Paris, Hachette, 1991.

ressources de la télé-informatique. Dans un monde encore dominé par la grande informatique et les puissantes bases de données centralisées, il offre à chacun un accès à de considérables ressources documentaires et informationnelles. Il fallait cependant trouver une raison pour justifier sa mise en circulation – il sera donné gratuitement aux abonnés du téléphone –, une fois admise l'idée que le vidéotext était un prolongement du téléphone : ce sera le remplacement du Bottin téléphonique, outil de consultation présenté comme archaïque et peu fiable[21]. Rétrospectivement le prétexte fait sourire, surtout si l'on songe à la bataille d'ATT pour conserver le service fort lucratif des «yellow pages», et au succès en France des Pages Jaunes, mais la mauvaise gestion du bottin et du service des renseignements téléphoniques va venir au secours de la stratégie industrielle de la DGT.

Le Minitel est donc le triple produit des technologies de la télé-informatique, d'un dessein industriel national qui consistait à faire pièce à la domination d'IBM, et du statut public de la DGT, capable, en despote éclairé, d'ouvrir la voie à un nouvel âge de l'information en mettant gratuitement à la disposition des consommateurs un outil aux usages encore mal définis. En décidant que le trafic passerait non par le réseau commuté mais par Transpac[22] et en organisant, à travers la fonction «kiosque», l'accès et la tarification du service, la DGT contribue incontestablement au développement concurrentiel de l'offre de services. Une demande solvable peut se manifester avant que des services locaux ne soient créés. Le Minitel a finalement connu le succès que l'on sait grâce à des usages commerciaux (SNCF, banques, sociétés de vente par correspondance) ou de service public (grandes administrations), devenant ainsi le premier média interactif. Par la suite, des entreprises se sont emparées du Minitel pour gérer leurs commandes ou leurs services après-vente. Mais alors qu'il était à ses débuts considéré comme le vecteur d'une véritable révolution «télématique» qui allait bouleverser la vie, le travail, le mode de production, bref le mode de

---

21. L'annuaire téléphonique était obsolète pour partie avant de paraître.
22. La différence est insignifiante pour celui qui interroge un service installé dans sa zone de taxation, mais elle est très sensible sur longue distance.

vie des Français, le Minitel a surtout connu une publicité grâce à la multiplication des messageries « roses » : la croissance explosive attendue dans les téléservices n'a jamais été au rendez-vous.

Au début des années 1990, toutes les conditions paraissent réunies pour que la convergence numérique tant attendue advienne. Un concept est même trouvé pour donner corps à l'idée, celui des « autoroutes de l'information ».

Reprise par Al Gore, le candidat à la vice-présidence lors de la campagne électorale de Bill Clinton, cette expression connaît une immense fortune. Le concept se révèle en effet incroyablement porteur. Il dessine une perspective de croissance, voire une nouvelle frontière du développement, qui consisterait à bâtir les infrastructures de communication planétaires du nouveau siècle et à rendre par là même accessible au plus grand nombre la connaissance universelle. La force du projet proposé par Al Gore réside dans ce lien intime qu'il parvient à tisser entre technologie de pointe et usage de masse, libération des énergies entrepreneuriales et impératifs de service public, initiative américaine et vecteur de mondialisation.

Al Gore et la « National Information Infrastructure »

L'image des « autoroutes de l'information » ne serait pas devenue un programme si elle n'avait été investie de la thématique démocrate du regain industriel. Les « autoroutes de l'information » avaient ce mérite de rendre crédible la promesse d'une nouvelle croissance riche en emplois fortement qualifiés et rémunérés en conséquence, et donc de réunir une coalition d'industriels de la Silicon Valley, d'entrepreneurs politiques et d'entreprises du secteur de la communication.

La réunion de Little Rock (Arkansas) qui se tint à la veille de l'arrivée de l'Administration Clinton au pouvoir clarifia les enjeux. Pendant que le Président réaffirmait sa priorité pour l'emploi, un violent débat sur l'architecture et le financement des « autoroutes » opposait les représentants d'ATT aux entreprises de la Silicon Valley et aux « baby bells ». Les compagnies régionales du téléphone voyaient en effet dans les « autoroutes » le moyen d'aller chasser sur les territoires du voisin tandis qu'ATT pensait profiter de cette occasion pour reprendre pied dans le téléphone local. Les industriels californiens attendaient de l'État une architecture de réseau ouverte qui leur permît de développer leurs activités. L'État ayant en réalité décidé de limiter son intervention à la normalisation et à l'incitation dans le domaine éducatif et administratif, les «autoroutes» perdent rapidement de leur réalisme économique, à défaut de perdre de leur pouvoir évocateur. La baisse par la FCC des tarifs des câblo-opérateurs fait chuter leur cours en Bourse et les fusions annoncées se défont. La scène américaine se redéfinit de la façon suivante : des opérateurs du téléphone modernisent leurs réseaux, l'État finance des expérimentations dans l'éducation et l'administration, et des sociétés de logiciels, de programmes et de services foisonnent, créent et innovent sans «inforoutes».

Delors et le volet néokeynésien de la relance européenne

Au même moment, l'Europe est à la recherche de la formule perdue de la croissance. Le «Livre blanc sur la compétitivité, la croissance et l'emploi[23]», publié en 1993 comporte deux volets, l'un néoclassique, qui revient à déréglementer le social, l'autre néokeynésien, fondé sur des investissements massifs dans l'énergie, les transports et les télécommunications.

De sommet en sommet, la partie keynésienne est réduite et l'emprunt rejeté alors que l'insistance se fait plus lourde sur la déréglementation. On décrète par ailleurs qu'en ce qui concerne les transports ferroviaires et routiers les procédures traditionnelles de la BEI et des fonds structurels suffisent. Une seule infrastructure bénéficie alors d'une attention soutenue : les «autoroutes de l'information». Une fois encore, le miracle s'accomplit.

Comme aux États-Unis, le succès remporté par ces infrastructures réside principalement dans le fait qu'elles permettent

---

23. Commission des communautés européennes Croissance-Compétitivité-Emploi, *Les Défis et les pistes pour entrer dans le XXIe siècle*, «Livre blanc» BCE Supp, 6/93.

tout à la fois de tenir un grand discours sur l'économie et la société sans rien coûter aux États et de masquer des conflits violents entre acteurs industriels et administratifs.

Jacques Delors a abondamment usé, à propos de la société de l'information, des métaphores du « village mondial », du « rétrécissement de la planète » ou encore de « l'effacement des frontières ». Il a ainsi ouvert la voie à Martin Bangemann, le commissaire européen compétent dans ce domaine, qui fait des « autoroutes de l'information » un puissant outil de déréglementation accélérée du secteur des télécommunications. Le lien peut sembler ténu, mais c'est le propre des idées chatoyantes que de pouvoir être investies par des contenus contradictoires.

Martin Bangemann commence, à la demande du Conseil, par réunir une commission d'industriels choisis ès qualités pour débattre des enjeux de la société de l'information. Les représentants d'IBM et d'Olivetti, avocats de leurs groupes d'intérêt, font adopter par la Commission le principe suivant : la réalisation des « autoroutes de l'information » doit passer par la libéralisation intégrale du secteur des télécoms. Le rapport de la commission réunie par Bangemann aborde différents sujets, mais le message essentiel est affirmé avec force dès le début : il faut rompre avec le passé « en ouvrant à la concurrence les infrastructures et les services », « en adaptant les tarifs de toute urgence » et « en créant au niveau européen une autorité régulatrice »[24]. Si l'on met bout à bout les propositions de la Commission, à savoir la déréglementation des infrastructures, la libre utilisation des infrastructures des opérateurs historiques, et enfin l'alignement des tarifs sur les coûts dans le domaine de l'interurbain, des liaisons spécialisées et de l'international, on aboutit à une redéfinition radicale du paysage des télécommunications. Les opérateurs historiques se trouvent affaiblis puisqu'on leur demande d'investir massivement dans des « autoroutes de l'information » dont ils ne perçoivent pas les débouchés visibles.

---

24. *L'Europe et la société de l'information planétaire*, Recommandation au Comité européen, Bruxelles, le 26/5/1994, p. 12 et 13.

France : Les autoroutes de l'information

Gérard Théry, chargé par Édouard Balladur d'une mission exploratoire sur les «autoroutes de l'information», et notamment sur le rôle que peut y jouer le câble, se trouve pris dans cette contradiction. Gérard Théry est le prototype du haut fonctionnaire colbertiste. Cet ingénieur bâtisseur est hostile à la déréglementation, ne croit guère à la concurrence et, en bon despote éclairé, verrait bien France Télécom renouer avec les grandes heures du plan de rattrapage, tirer dans son sillage Alcatel et nourrir les sociétés de services informatiques et d'information (SSII). Il a par le passé bouté les Américains hors de France, pratiqué le protectionnisme offensif et tenté de battre les Japonais grâce au Minitel — bref, il incarne en tous points la volonté et la croyance en la supériorité de l'État sur le marché. Mais voilà : Gérard Longuet a milité à Bruxelles pour la déréglementation des services téléphoniques, a anticipé la libéralisation des infrastructures et a octroyé, dans les conditions que l'on sait, des licences à la Générale des eaux et à Bouygues. Gérard Théry doit donc composer en mariant ces idées antagonistes que sont le colbertisme et la déréglementation. Le rapport qu'il remet à Édouard Balladur est le produit de cette irréductible contradiction, qu'il résoudra rhétoriquement, à défaut de pouvoir le faire rationnellement.

Pendant que Gérard Théry développe sa vision, des groupes d'intérêt bien réels se découvrent, au nom du sauvetage du câble, une vocation d'investisseurs dans les «inforoutes».

Or on ne considère ni aux États-Unis, ni au Japon, ni en Allemagne et encore moins à Bruxelles que le fait de déployer les réseaux en fibre optique pour développer les téléservices ou le visiophone soit une hypothèse sérieuse de travail. L'enjeu majeur, c'est la régulation du secteur de la communication, et c'est précisément là que réside l'impasse du rapport Théry. Pensé par un colbertiste dans un cadre d'action libéral, ce rapport en vient à pratiquer l'injonction contradictoire. Les marchés dont il est question, incontestablement rentables, sont censés devenir solvables par eux-mêmes mais M. Théry veut obliger l'État à intervenir en poussant l'opérateur public à investir massivement.

Le rapport Théry souffre de fait de vices de construction typiques des techno-gourous et autres prophètes de la nouvelle ère. Au lieu de partir des demandes, des besoins et des services et de se poser la question des infrastructures, il veut en effet rééditer la stratégie aventureuse des contenants sans contenus.

Gérard Théry pense que les services d'information recèlent un potentiel de développement considérable et qu'ils vont rentabiliser les « autoroutes ». Le télédiagnostic, le télé-enseignement, la visite virtuelle d'un musée sont dans cette optique censés accroître la part du revenu que les ménages consacrent aux services de communication. Cela conduit l'auteur du rapport à affirmer que l'application leader – celle qui doit faire décoller le marché – est le visiophone.

Mais la technologie n'est pas mature. À la vérité, les réseaux expérimentaux déployés sont des hybrides de fibre et de cuivre. Or personne ne sait jusqu'où il faut aller en fibre et le coût unitaire du raccordement est, selon les Japonais, six fois supérieur à celui annoncé par Théry. Les études les plus sérieuses concernant les services multimédia montrent en 1994 qu'à l'horizon de 10 ans, et dans la meilleure hypothèse, le marché américain serait de 12 milliards de dollars sur 170 milliards de dollars de services de communication. L'essentiel de la croissance se fera donc uniquement dans les services de base du téléphone et du câble.

Mais si les bases économiques du projet sont aussi faibles, comment expliquer qu'Al Gore, Jacques Delors, le gouvernement japonais et même Wall Street se soient passionnés pour les « autoroutes de l'information » ?

La force d'une idée tient, on le sait, à ce qu'elle est investie d'attentes contradictoires. Si, pour couronner le tout, elle fait rêver, un mythe peut naître.

Les « autoroutes de l'information » font croire à une simplification drastique de l'histoire selon laquelle l'information et la microélectronique aujourd'hui[25], l'électricité et l'automobile hier, le charbon et le chemin de fer avant-hier détermineraient

---

25. À 15 ans de distance, Gérard Théry utilise la même phrase pour décrire le phénomène : en 1979, parlant de la télématique il déclarait : « La télématique est un phénomène d'une importance comparable à l'apparition du chemin de fer ou de l'aviation. » En 1994, parlant des « autoroutes de l'information » il déclare : « L'arrivée des autoroutes

un cycle du développement humain. Mais peut-être que la clé de l'engouement suscité par les « autoroutes » réside dans ce simple fait qu'elles constituent une utopie pour temps de crise. « Jobs, jobs, jobs [...] », a martelé le candidat Clinton : la *National Information Infrastructure* est avant tout la promesse de chantiers créateurs d'emplois par le câblage de l'Amérique et le vecteur d'un nouveau principe d'organisation du travail, les téléservices. Il n'est pas anodin qu'Al Gore ait proposé au G7 une *Global Information Infrastructure* pour relancer la croissance mondiale.

Cependant, et à la différence de tant de projets futuristes, les « autoroutes de l'information » ont rapidement pris sens et consistance avec les grandes manœuvres des opérateurs du téléphone et du câble aux États-Unis. La *broadband connectivity*, ou ultraconnectivité, résultat de l'infrastructure large bande, a très rapidement libéré les imaginations des stratèges. Les mégafusions annoncées, puis retirées, entre opérateurs du câble et du téléphone et sociétés de programmes ont été justifiées par les fabuleux marchés des « autoroutes de l'information ». Les opérateurs avaient d'autres motivations, notamment réglementaires, mais il a suffi que des industriels se disent prêts à investir des dizaines de milliards de dollars dans ces infrastructures pour qu'en Europe et en France le thème du « retard » ou de « la perte de compétitivité » soit à nouveau d'actualité.

Le mythe circule alors, puisqu'il se traduit dans chaque État en fonction de problèmes nationaux d'organisation du secteur de la communication : déréglementation accélérée des infrastructures en Europe, sauvetage du plan câble en France, préservation de l'intégrité de Nippon Telecom and Telecommunications (NTT) au Japon, ou encore légitimation du cartel audiovisuel en Allemagne.

Le débat était d'autant plus animé que la croissance annoncée fascinait et que les débats techniques restaient parfaitement ésotériques. Pendant que les technologues, les politiques et les

---

de l'information est un enjeu aussi important que la croissance des chemins de fer, de la voiture, de l'électricité ou de l'avion. » À l'évidence, les contemporains de l'invention du chemin de fer ne savaient pas que le chemin de fer ouvrait une nouvelle ère !

régulateurs débattaient du potentiel des autoroutes de l'information, de la fracture numérique et du renouveau de l'éducation, les industriels vivaient sur le terrain une nouvelle réalité.

Internet ou la convergence réalisée

Entre 1992 et 1997, les acteurs industriels se focalisent sur les infrastructures fixes large bande. Ils développent des réseaux câblés en fibre optique qui permettent d'aboutir aux maisons et aux bureaux et proposent une panoplie multimédia de services à haut débit – et donc une forte interactivité –, ou bien de nouveaux systèmes téléphoniques dont le débit est dopé et qui apportent à domicile, outre les services de téléphonie et de données traditionnels, des services audiovisuels. La convergence des deux réseaux avec des réseaux tout optique qui arriveraient directement chez le consommateur (réseaux FTTH)[26] est à terme envisagée. On espère alors développer une technologie unifiée qui tende vers l'installation d'une infrastructure unique de réseaux, sur le modèle des autoroutes, avec une capacité de transport à large bande, des services multimédia et une desserte la plus large possible. Dans cette perspective, des firmes prennent des initiatives pour accélérer la convergence entre le câble et le réseau téléphonique. SBC et Hauser, Nynex et Viacom créent ainsi une filiale commune tandis que US West, société spécialisée dans les télécoms, s'allie avec Time Warner, alors leader mondial dans le secteur des communications, pour mettre sur pied le premier réseau interactif accessible par câble. Les attentes sont immenses : on prévoit plus de 500 chaînes de télévision à domicile et les gourous technologiques se lancent dans des prévisions formidables[27]. Mais les investissements nécessaires au développement de ce type de services multimédia sur

---

26. Les FTTC et FTTH (*Fiber to the Curve, Fiber to the Home*) désignent un réseau local en fibre optique dont l'extrémité se trouve sur le trottoir ou dans l'appartement.

27. Ainsi Daniel J. Weitzner, de l'Electronic Frontier Foundation, déclare-t-il en 1997 : « Il ne fait aucun doute que [les autoroutes de l'information] vont avoir un impact aussi important que celui qu'a eu en son temps l'invention de Gutenberg ».

réseaux hybrides ou fibre optique sont colossaux, et on craint qu'ils ne trouvent pas de consommateurs. La musique, le cinéma ou l'information étant déjà disponibles à moindre coût, on se met alors à la recherche de la *killer application*, c'est-à-dire d'un service suffisamment alléchant pour justifier aux yeux des consommateurs l'acquisition de cette technologie coûteuse. Les premières solutions mises en place tant par US West que par Time Warner pour tester la rentabilité de cette nouvelle offre multimédia consistaient à proposer aux habitants d'Omaha et d'Orlando une panoplie infinie de jeux vidéo, de films, de services ou encore de télé-achat; elles se soldent par un échec cuisant. On commence alors à comprendre, à la fin des années 1990, que la technologie du futur ne sera sans doute pas le câble.

Parallèlement à ces recherches et à ces déploiements de réseaux, de nouveaux acteurs émergent à partir des développements de l'Internet. Pendant que les «telcos» (les opérateurs du réseau téléphonique) livraient bataille aux «câblos» (les opérateurs du câble) et que les régulateurs débattaient avec les lobbyistes des conditions de déploiement des autoroutes de l'information, Internet se développe et présente l'immense avantage de ne nécessiter qu'un investissement minimal.

Internet utilise en effet le réseau téléphonique et offre l'accès à toute une série de services, certes moins performants mais bien meilleur marché que ceux proposés par le câble numérique. On reporte alors sur lui les espoirs placés dans le câble. La percée de cette technologie se confirme lorsque apparaît l'ADSL[28], et avec elle la possibilité d'augmenter progressivement le débit de la paire de cuivre. Les Européens et la France commencent à rattraper leur retard.

L'engouement pour Internet bénéficie dans un premier temps aux fabricants de logiciels comme Microsoft ou Netscape, aux

---

28. L'ADSL (Asymmetrical Digital Subscriber Line) fait partie des technologies xDSL qui permettent d'améliorer les performances des réseaux d'accès et en particulier de la ligne d'abonné du réseau téléphonique classique, constituée de fils de cuivre. Le principe de l'ADSL consiste à réserver une partie de la bande passante au transport de la voix, une autre au transport des données circulant en direction du cœur du réseau, et une troisième, plus importante, au transport des données circulant vers l'abonné.

fabricants de composants électroniques comme Intel, d'équipements de réseaux locaux comme Cisco, et aux fabricants d'ordinateurs comme Dell. Il favorise également l'émergence de nouveaux modèles d'affaires.

Au fondement de tous ces modèles se trouve une même idée : le coût de la construction des nouveaux réseaux doit être amorti par la création et la vente de nouveaux services. Un problème central se pose alors : comment faire pour que le coût initialement élevé de ces services ne soit pas au départ supporté par le consommateur final – en clair, comment faire pour introduire en douceur sur le marché ces nouveaux services qui sont censés financer le développement d'Internet ?

Au départ, plusieurs stratégies sont imaginées par les différents acteurs en jeu (câble, satellite, téléphone, mobile), mais elles finissent par converger. Tous les acteurs se rendent compte qu'il est indispensable pour eux de proposer un maximum de services s'ils veulent rentabiliser leurs infrastructures. Ils remontent alors toute la chaîne de valeur, via une stratégie d'intégration. Le nombre de réseaux augmente de façon injustifiée, puisque cette stratégie nécessite, pour fonctionner, une croissance considérable du trafic – ce qui n'aura pas lieu.

Chacun lance pourtant les plus folles prévisions, et des projections délirantes anticipent une hausse de la consommation de 350 % par an ainsi qu'une rapide baisse du coût des composants. À l'époque, on croit assister à un moment historique de révolution technologique, à l'avènement d'un monde nouveau : Internet ne fait en ce sens que prendre le relais des « autoroutes de l'information ». Devant la faillite des explications rationnelles, on voit alors fleurir la thématique tellement plus séduisante de la troisième révolution industrielle. Jean-Marie Messier se fera, nous y reviendrons, un de ces hérauts des temps nouveaux qui exhortent les foules à abandonner les anciens repères au profit de nouveaux critères de gestion.

Au nom de cette nouvelle donne se développent des modèles d'affaires fondés sur des valorisations sans fondements, et des projets pharaoniques sans réelles assises technologiques.

Le modèle représenté par la fusion AOL-Time Warner, dont la constitution a été considérée comme le coup d'éclat fondateur de l'économie de l'an 2000, peut être considéré comme le parangon du genre.

Cette rapide histoire de la convergence numérique que nous avons choisi d'arrêter en l'an 2000 a plusieurs vertus[29]. Elle permet de comprendre les fondements technologiques et réglementaires des diverses phases de l'avènement toujours différé de la société de l'information. Lorsque Vidéotron émerge sur la scène des médias au Québec dans les années 1970, la société de l'information reposant sur le réseau et l'interactivité n'est encore qu'une utopie démocratique et culturelle. Quand IBM et ATT se projettent dans le futur au début des années 1980 et imaginent un monde global de l'information fondé sur des réseaux à haut débit et de puissantes banques de données gérées à partir de grands ordinateurs centraux, ils ne font qu'utiliser les données technologiques disponibles pour mieux asseoir leur domination conjointe. Mais lorsque le jeune sénateur Al Gore lance le concept d'«autoroutes de l'information», il renoue avec une double figure – celle de l'État bâtisseur et celle du grand homme visionnaire. D'une époque à l'autre, la convergence numérique gagne donc de nouveaux adeptes, mais le grand pas qui rend possible la convergence n'est franchi que lorsque les utopistes sociaux sont relayés par les industriels, avant que les politiques n'inventent une «nouvelle frontière». Avec l'Internet, les technologies de la société de l'information trouvent leurs entrepreneurs, leurs gourous, leurs financiers et leurs propagandistes.

Les virtualités de la technologie, les scénarios économiques futuristes, les programmes politiques constituent autant de matériaux pour comprendre la formation des mythes rationnels, mais il est nécessaire, si l'on veut véritablement saisir les ressorts des transformations industrielles, d'en passer par la compréhension de la formation et du déploiement des stratégies d'entreprises.

---

29. Dans le chapitre 7 on verra comment le mythe rationnel de la «convergence numérique» participe du mouvement plus large de la formation de la bulle de la nouvelle économie.

La convergence numérique correspond avant tout à la numérisation des contenus et des supports[30]. Mais une fois cette évolution majeure acquise, nombre de problèmes économiques et stratégiques majeurs surgissent.

Quels seront les bénéfices des économies d'échelle potentiellement réalisées grâce à la numérisation des contenus. Faut-il, par exemple, intégrer édition musicale et littéraire au motif qu'il s'agit dans les deux cas de produits numériques ? Doit-on, par ailleurs, accepter la réalisation d'une infrastructure unique en fibre optique sur laquelle transitent la voix, les données et des applications multimédia au motif que les réseaux FTTH sont supérieurs en capacité et en débit à tous les autres – ce qui conduirait à réintroduire le monopole à l'ère du multimédia ? À l'inverse, l'existence de multiples canaux de diffusion justifie-t-elle qu'un éditeur multimédia soit présent sur tous les canaux de distribution ?

Ces questions n'ont rien de théorique : elles ont été à l'origine des dilemmes stratégiques qui ont agité les opérateurs du câble, du satellite ou des télécoms aussi bien que les éditeurs de presse, de musique ou d'audiovisuel. Afin de penser la traduction industrielle donnée aux discours sur la convergence numérique, il faut s'intéresser aux scenarii technologiques potentiels de la convergence qui se sont développés pendant trois vagues de concentration successives, obéissant à trois formes de « convergence numérique » : la convergence réseau-centrique, la convergence PC-centrique et la convergence mobile-centrique.

SCENARII DE CONVERGENCE TECHNOLOGIQUE

Le câble a été considéré dans la première partie des années 1990 comme le réseau universel qui permettrait aussi bien le

---

30. La musique, la littérature, l'audiovisuel comme la voix humaine peuvent soit garder une forme spécifique sur des supports dédiés, soit être produits, stockés, transportés et distribués sous forme numérique sur des supports eux-mêmes numérisés.

développement des téléservices que l'explosion de la demande de multimédia ou l'effondrement des prix de la téléphonie fixe. Le câble torsadé d'une paire de cuivre, puis le câble à haut débit en fibre optique, devait ainsi favoriser ce qu'on appelait aux États-Unis l'émergence de la « broadband connectivity » : grâce au raccordement en fibre optique on pourrait offrir à faible coût tous les services d'information, de distraction et de travail imaginables grâce à de véritables autoroutes numériques de l'information auxquelles chacun aurait accès, chez lui, à partir d'un terminal unique aux fonctionnalités enrichies. Ces nouvelles possibilités offertes par la technologie optique et les décodeurs numériques de nouvelle génération suscitèrent plusieurs vagues de partenariats et quelques tentatives de fusion. Se sentant d'abord menacés dans leur cœur de métier – la téléphonie fixe – par les opérateurs du câble, les exploitants téléphoniques développèrent des partenariats avec des groupes qui avaient tous la caractéristique d'offrir du contenu audiovisuel. On assista dans un second temps à une tentative de fusion entre l'opérateur du câble le plus innovant aux États-Unis – TCI – et la « baby bell » la plus dynamique – Bell Atlantic. Ce mariage aurait, s'il avait abouti, donné une impulsion à la réalisation d'une « autoroute de l'information », mais il aurait avant tout donné naissance à une firme de réseau hégémonique tenant à sa merci les éditeurs et producteurs de contenus informationnels, musicaux et audiovisuels. Le coût de ces installations « tout optique » mais surtout l'hostilité du régulateur devant l'émergence d'un réseau unique ont donc constitué un frein majeur au développement du « tout câble ».

Parallèlement à cette stratégie de réseau fondée sur la numérisation du câble, les opérateurs du téléphone cherchèrent à étendre les capacités de transport du réseau commuté. La technologie de l'ADSL fournit la réponse. Dès qu'il devient techniquement possible de transmettre sur la paire de cuivre, outre la voix et les données, des services plus gourmands en bande passante comme la musique, le cinéma ou les programmes audiovisuels, on peut faire l'économie des gigantesques investissements nécessaires pour déployer de nouvelles infrastructures d'accès à large bande, par exemple en fibre optique, et éviter ainsi que les câblo-opérateurs ne dominent la toute nouvelle société de l'information.

L'ADSL consiste en l'utilisation du réseau téléphonique pour transporter un signal numérique comprimé et optimisé. Ce système permet d'accéder à Internet tout en maintenant la ligne téléphonique disponible.

Avec cette solution, on se contente d'ajouter en amont et en aval de l'ancien réseau des équipements terminaux qui en améliorent la vitesse et la capacité. À l'origine, et quoique présentant par rapport au câble le grand avantage d'utiliser le réseau existant, cette technologie ne permet que des débits assez bas qui, s'ils sont suffisants pour le développement du courrier électronique, du surf sur l'Internet et du chat, rendent très difficiles le téléchargement de musique ou de cinéma et les jeux en ligne[31]. Mais la montée dans les débits fut très rapide, si bien que les opérateurs de télécoms ont pu opposer aux acteurs du câble un réseau tout aussi performant pour les applications les plus communes que le réseau câblé, et qui présentait de surcroît l'avantage d'être déjà en place et très largement amorti.

En pratique, les opérateurs de télécoms ne pourront jouir complètement de l'avantage ainsi acquis, car l'abandon des « autoroutes de l'information » et l'explosion de l'Internet donnent bientôt naissance à de nouveaux acteurs – les fournisseurs d'accès à l'Internet (FAI) – et renforcent les atouts des industriels de la micro-informatique comme Intel dans les microprocesseurs ou Microsoft dans les logiciels. Une nouvelle configuration de l'économie de l'information se dessine alors autour d'Internet dans la deuxième moitié des années 1990 : elle est PC-centrique.

Le développement d'Internet à partir d'un terminal banalisé, le PC, aboutit à une transformation rapide du métier d'opérateur de réseau en celui de fournisseur d'une commodité au prix rapidement déclinant. C'est dans ce contexte qu'AOL invente le

---

31. Ce que les publicités pour l'ADSL ou le câble appellent par exemple le haut débit 512 kbps ou 1 054 kbps n'est pas à proprement parler du haut débit. La télévision nécessite au moins des débits de 3 Mbps.

métier de fournisseur d'accès à l'Internet en profitant d'une faille volontaire dans la régulation du transport de données informatiques. Les perspectives de croissance des besoins de bande passante et la croyance largement partagée que la paire de cuivre est sur le point d'atteindre ses limites conduisent nombre d'investisseurs à développer toujours plus de réseaux locaux, interurbains, voire intercontinentaux, ce qui provoque l'effondrement des prix du transport. Comme au même moment les progrès de la technologie ADSL permettent une montée dans les débits sur la paire de cuivre, on assiste très vite aux États-Unis à la naissance, à la montée en puissance puis à la crise et à la disparition de ces nouveaux opérateurs que sont les CLEC's et les DLEC's [32].

De même que le triomphe du câble mettait en péril les opérateurs de télécoms, leur monopole de la boucle locale fragilise les fournisseurs d'accès Internet. Cela justifie, encore une fois, l'intervention du régulateur. En France, grâce au dégroupage [33], des fournisseurs d'accès Internet, comme Free proposent des débits à 20 Mbps entrant, en vertu de l'obligation faite par le régulateur de mettre à disposition la paire de cuivre à prix régulé. En effet, si les FAI étaient à l'origine dépendants de France Télécom pour l'accès ainsi que pour la totalité de la collecte des données et du trafic [34], le dégroupage permet aux opérateurs concurrents de déployer leurs infrastructures et d'installer leurs équipements techniques au sein des répartiteurs de France Télécom [35].

---

32. Si le juge Greene a cassé, dès 1984, le monopole vertical historique d'ATT, de nouveaux entrants cherchent désormais à défaire le monopole local conservé par les « baby bells » en construisant de nouveaux réseaux parallèles qui les concurrencent. Grâce aux DLEC's, ces nouveaux entrants sont dans un premier temps en mesure d'offrir au client des services de données avant de leur fournir, avec les CLEC's, des réseaux locaux de téléphonie alternatifs à un prix défiant toute concurrence.

33. Le dégroupage consiste en la mise à disposition par France Télécom de la paire de cuivre, ou du moins de ses fréquences hautes, pour les opérateurs concurrents.

34. Le trafic de l'abonné ADSL était livré au FAI sur son centre serveur par France Télécom.

35. L'ART (Autorité de régulation des télécommunications) a en effet pris en juillet 2002 une série de mesures pour favoriser la concurrence et la baisse des prix sur le marché de l'ADSL, dont Wanadoo avait jusqu'à présent le quasi-monopole, les FAI concurrents ne pouvant intervenir dans des conditions économiquement viables. Voir *Internet en France, bilan et perspectives*, Publications de l'ART, mars 2003.

L'ADSL est aujourd'hui considéré comme la clé du développement du « haut débit » tandis que les offres *triple play* illustrent à nouveau la « convergence », puisque des opérateurs téléphoniques offrent pour un prix unique la connexion à Internet, le téléphone et la télévision.

Les opérateurs de téléphonie mobile, quant à eux, encouragent une nouvelle conception de la communication fondée sur de nouvelles technologies de radiocommunication. L'UMTS et le Wi-fi constituent les vecteurs de cette convergence « mobile-centrique »

L'UMTS (*Universal Mobile Telecommunications System*) est une nouvelle interface radio fonctionnant sur des bandes de fréquence inédites. Les premières recherches datent du début de l'année 1992, mais ce n'est qu'à la fin des années 1990 qu'elles évoluent vers un projet d'interface multimédia. En matière technologique, l'UMTS a introduit une rupture majeure avec le passage du mode circuit au mode paquet, équivalant à celle d'Internet par rapport à la téléphonie vocale. Il ouvre ainsi l'accès aux services haut débit à partir d'un mobile [36].

Les perspectives offertes par l'UMTS ont immédiatement suscité un engouement généralisé, notamment sur le vieux continent. En effet, l'Europe est forte sur le marché du GSM mais peine à rattraper son retard dans Internet. L'UMTS est alors présenté comme l'alternative européenne à l'Internet fixe, comme le vecteur du rattrapage européen, enfin comme la porte d'accès européenne à la « nouvelle économie ». Les opérateurs, obligés d'ouvrir leurs plates-formes à des fournisseurs de services extérieurs, devaient entièrement revoir le modèle éco-

---

[36]. L'UMTS, autrement dénommé téléphonie mobile de troisième génération, est la norme destinée à remplacer progressivement le GSM (Global System for Mobile Communications) encore utilisé aujourd'hui en Europe. Cette nouvelle technologie permet d'augmenter en quantité et en vitesse les informations transmises via les réseaux de téléphonie mobile. En effet, l'UMTS permettra d'atteindre une vitesse de 2 mégabits par seconde, contre 9,6 kilobytes par seconde pour le GSM. L'UMTS offre par ailleurs des services nouveaux comme de la messagerie multimédia, des jeux, de la navigation web, de la vidéo, de la visiophonie et des applications professionnelles.

nomique du mobile. Aux dépenses liées à l'acquisition des licences, au déploiement des réseaux et à la conquête de nouveaux clients, il fallait ajouter des investissements en logiciels, nécessaires à l'intégration des nouveaux principes de gestion et de facturation. À terme, on pensait que le mobile troisième génération permettrait non seulement de téléphoner avec une meilleure qualité de son et de réception, mais aussi d'envoyer des e-mails et des images, de surfer sur Internet, ou de télécharger de la musique et du contenu audiovisuel. L'UMTS promettait donc de devenir le réseau sans fil universel.

Aujourd'hui, des réseaux Wi-fi (*wireless fidelity*, c'est-à-dire qualité sans fil) offrent des services d'accès point-à-point ou point-à-multipoints et permettent des communications sans fil haut débit entre utilisateurs. Composés de microcellules, ces réseaux fournissent des accès Internet à haut débit dans des lieux publics[37] comme les gares, les aéroports, les hôtels ou les cafés. L'avenir de cette technologie passe donc par la multiplication de ces *hot spots*. Or les études récentes parient sur un développement rapide[38], à tel point que certains agitent déjà le spectre d'une éventuelle bulle du Wi-fi. Contrecarrant cet enthousiasme, des études soulignent déjà les failles techniques, les tarifs prohibitifs, l'absence de sécurisation du transfert de données et de modèle économique, ainsi qu'un trop grand nombre d'acteurs sur le marché. Pour l'instant, le juste équilibre entre la taille critique en matière d'utilisateurs, le nombre de zones Wi-Fi détenu par un même opérateur, les prix pratiqués et les services proposés n'a pas été trouvé, les « hot spots » se multiplient mais restent sous-utilisés, à cause des tarifs pratiqués par les opérateurs.

---

37. Appelés « hot spots »,
38. Une étude de Frost & Sullivan table sur une explosion des « hot spots » en Europe, passant de 1 000 en 2002 à plus de 36 000 en 2006. Forrester Research évalue quant à lui ce chiffre à 32 000 en 2007, tandis que Gartner en prévoit 39 000 fin 2005. Au plan mondial, ce chiffre atteindrait, selon Dataquest, les 300 000 en 2006. Selon l'institut In-Stat/MDR – et pour le seul marché nord-américain – on passerait de 338 000 connexions Wi-fi en 2001 à 3,1 millions en 2006 (toutes ces études ont paru entre mai et octobre 2003).

Les différentes politiques mises en place pour le déploiement des technologies numériques se réduisent à la mise en œuvre d'un même schéma invariablement répété. Dans chaque cas, on anticipe à l'extrême les potentialités des technologies. Des entreprises de communication se lancent dans des initiatives stratégiques qui accréditent l'idée de nouveaux modèles d'affaires. Naît ainsi un engouement souvent démesuré de la part des financiers pour tel ou tel modèle.

Les stratégies industrielles de la convergence

Si le mythe rationnel à l'œuvre est toujours le même, si la félicité est attendue du déploiement de stratégies de convergence, les stratégies industrielles mises en œuvre vont malgré tout différer. On peut en effet distinguer trois types de stratégies de convergence :
– une convergence horizontale ou technologique qui consiste essentiellement à numériser des contenus hétérogènes (musique, livres, presse, films…) pour faire jouer des économies d'échelle. Ce modèle est parfaitement compatible avec le maintien d'une diversité d'acteurs spécialisés dans le transport, l'agrégation de contenus et leur distribution ;
– une convergence verticale ou économique : il s'agit pour un acteur industriel de maîtriser l'ensemble de la chaîne allant de la conception et de la production d'un contenu éditorial à sa commercialisation auprès du client final par un ou plusieurs canaux de distribution. Dans ce modèle, la capture par un seul acteur de l'ensemble de la chaîne de valeur d'une ou de plusieurs industries de contenu est primordiale ;
– une convergence conglomérale ou financière : dans ce cas, un acteur économique contrôle l'ensemble des contenus et l'ensemble des vecteurs de diffusion au nom du « tout numérique ». Mais il manque toujours un maillon pour compléter l'intégration. La volonté de bâtir un groupe multicanaux, multiplates-formes et multicontenus exprime la forme ultime de ce projet.

Ces stratégies illustrent la diversité des modèles initiaux de convergence. On observe toutefois une lente dérive vers le modèle congloméral.

Dès l'origine, Time Warner est le fruit d'une première convergence horizontale, celle des contenus éditoriaux. La fusion du groupe d'édition Time et du groupe d'audiovisuel Warner se justifie par l'idée de synergie possible entre contenus éditoriaux et audiovisuels – comme l'adaptation de livres par exemple. Par ailleurs, si Time Warner était présent dans le câble, il n'avait pas été capable de prendre le tournant de l'Internet à un moment – les années 1999-2000 – où les sociétés Internet étaient fortement valorisées.

AOL est alors l'une des nouvelles sociétés qui fournissent des services Internet. À travers un marketing grand public agressif, le nombre de ses abonnés, à qui elle propose pourtant un service assez banal, s'est accru très rapidement. Alors que son cours de Bourse atteint des sommets, AOL rachète Netscape et tente de développer des contenus spécifiques. Fin 1999, Steve Case, le P-DG d'AOL, se rend compte que la valorisation de l'Internet approche du sommet. S'il veut passer à la vitesse supérieure, il a besoin de contenus capables de pouvoir faire la différence face à la concurrence. Il sait, par ailleurs, qu'il lui faut concrétiser l'incroyable flambée du titre d'AOL, qui ne montera jamais plus haut. Naît alors l'idée de la fusion AOL-Time Warner, qui est pour lui le moyen de pérenniser une entreprise qui n'a aucun actif réel. Il propose à Gerry Levin, son homologue de chez Time Warner, d'unir les contenus – l'ancien média représenté par Time Warner – et les contenants – le nouveau média représenté par l'Internet d'AOL. Pourtant, il n'est pas simplement question d'un mariage entre une ancienne entreprise de communication, qui apporterait ses films, ses séries, ses magazines, ses chaînes de TV et ses réseaux câblés, et une nouvelle star de la Bourse qui fournirait son navigateur et son activité de fournisseur d'accès et ses services. Le mariage d'AOL et de Time Warner est celui d'une entreprise – Time Warner – qui a réussi dans sa tentative d'agréger des contenus et de valoriser son infrastructure câble mais a échoué dans sa tentative de devenir un gros opérateur de services en ligne, et d'une autre – AOL – qui a certes réussi à créer un portail avec des services propriétaires et à fidéliser 20 millions de clients, mais qui n'a pas su négocier le passage au large bande[39]. La fusion AOL-Time Warner est motivée par une stratégie d'intégration verticale de contenus propriétaires, ce qui va différencier le nouveau groupe d'opérateurs comme Yahoo!, qui se contentent d'être des intégrateurs universels de contenus non propriétaires. Dès lors, cette fusion représente toutes les formes possibles de convergence : contenus-contenus, contenants-contenants. Elle apporte l'idée que l'on peut dans un même groupe disposer de plusieurs vecteurs contenant-contenu : à l'Internet s'ajoute le câble et des contenus sont disponibles pour toutes les autres formes de distribution.

L'expérience AOL-Time Warner permet de s'interroger sur ce type d'association. Quel sens y a-t-il, en effet, à posséder dans un même groupe un éditeur de presse, un éditeur littéraire, un publicitaire, et à vouloir qu'un média comme Internet intègre au sein d'un même groupe des contenus différents ?

Quoi qu'il en soit, la réponse des marchés sera enthousiaste et AOL-Time Warner fixera la nouvelle tendance stratégique, résumée par le journal *Le Monde* dans un titre : « La nouvelle économie absorbe l'ancienne ». Tous les acteurs du secteur devront alors se déterminer par rapport à cette initiative.

Pour Jean-Marie Messier, la fusion AOL-Time Warner ouvre une nouvelle ère. Fasciné par l'événement, il cherchera à reproduire ce processus en y apposant sa marque et en se lançant dans une convergence conglomérale.

Vivendi dans l'attente de Seagram. La convergence numérique représente alors le credo industriel de Jean-Marie Messier. Forgé à l'occasion d'un séjour aux États-Unis, il contribue à défi-

---

39. Allan Sloan, dans le *Washington Post* du 15 janvier 2001, résume ainsi le sens de cette fusion : « The 106 billion dollars merger of AOL and Time Warner was fueled by two things : 1) the fleeting frenzy for internet stocks; and 2) – the incredible prescience of the AOL people. Absent this deal, AOL stock would probably be trading at roughly the level of whale droppings. »

nir la « vision » du jeune patron. Au moment où Jean-Marie Messier hésite sur la marche à suivre pour développer Vivendi, la fusion AOL-TW produit une véritable illumination : l'avenir de Vivendi sera numérique et multimédia. Après avoir successivement tenté de faire de son groupe un opérateur alternatif de télécoms, un grand opérateur Internet et un leader de la télévision à péage, Jean-Marie Messier parvient à rationaliser ses réussites et ses échecs par une variété de discours sur la convergence. La tentative d'une convergence contenu-Internet reposant sur Havas échoue mais Jean-Marie Messier, lui, parvient à déployer une stratégie Internet qui devrait permettre à Vivendi de devenir, grâce à son alliance avec Vodafone, un des leaders mondiaux dans le domaine de l'Internet. Lorsque le concept même du portail multimédia Vizzavi s'avère être une fiction et que les applications concrètes de cette dernière restent encore floues ou lointaines, Messier tente de valoriser le principe de la convergence auprès des analystes financiers.

Son coup de génie sera le renversement de sa principale faiblesse en sa plus grande force. Vivendi ne disposant pas de son propre fournisseur d'accès puisqu'elle est empêtrée dans un partenariat mineur avec AOL-France, il décide alors d'adopter une stratégie mobile-centrique et TV-centrique et décrète que seuls la télévision et le téléphone sont de « véritables écrans de masse ». L'absence d'une stratégie PC pour un groupe voulant devenir un champion du net aurait pu apparaître comme un énorme handicap, mais Jean-Marie Messier compte sur l'arrivée de la troisième génération de mobiles UMTS, courant 2002 [40].

Dans la réalité, aucune technologie éprouvée ne permet encore de donner une quelconque chair au projet Vizzavi qui reste une fiction, mais pendant plusieurs mois cette fiction fait du groupe Vivendi une société qui pèse 100 milliards d'euros.

Au moment où la fusion AOL-TW est annoncée, Jean-Marie Messier se dit prêt à une acquisition majeure. Il veut constituer un grand groupe de communication multicanaux, multiplates-formes,

---

40. On comprend à quel point Messier a « anticipé » lorsqu'on sait que les services multimédia de l'UMTS peinent à décoller encore aujourd'hui.

multicontenus, et c'est alors que l'opportunité Seagram se présente. À l'étonnement général, il parvient à convaincre la famille Bronfman, quintessence d'un capitalisme traditionnel, que son portail imaginaire vaut une fortune[41]. Il réussit avec Seagram ce que AOL avait réussi avec Time Warner : payer en papier sur des promesses de revenus futurs des actifs très réels – nous y reviendrons lors du chapitre 6 du présent ouvrage.

Citons enfin brièvement l'exemple de **Bell Canada Enterprise** (BCE), qui représente un modèle de convergence à une échelle uniquement nationale, puisque 95 % de ses revenus sont réalisés au Canada. La stratégie de BCE est d'allier la connectivité avec le réseau de Bell – plus la filiale Bell Nexia pour le transport de données à haute vitesse –, l'acquisition d'entreprises d'informatique reliées à Internet comme BCE Emergis – e-commerce – et CGI – intégration des systèmes –, et l'intégration d'entreprises de contenus – Globe & Mail ou CTV. C'est là une application typique de la convergence des trois pôles : contenu, connectivité et informatique.

BCE est la plus grande entreprise de communications du Canada : elle possède des réseaux de télécommunications locaux et interurbains et gère l'intégration de systèmes. En 1997, elle lance un service de télévision par satellite – Bell Express Vu –, et crée en 1998 Bell Nexia, une filiale de services à large bande. Elle adopte un discours sur la convergence sous l'impulsion de Jean Monty, qui lorsqu'il est nommé P-DG en 1998 annonce «un monde de possibilités illimitées où toutes les formes d'information seront disponibles – pratiquement partout et en tout temps – grâce à la magie d'Internet, du sans-fil et de la fibre optique[42]». Plutôt que de rester un opérateur télécoms, Monty cherche à diversifier son entreprise. Il rachète successivement une chaîne de télévision – CTV – puis des sociétés liées à l'Internet, comme BCE Emergis, CGI et le portail Sympatico – bientôt partenaire de Lycos, le 4e grand portail américain –, et enfin un important

---

41. Edgar Bronfman Junior croit alors à la stratégie de la convergence et souhaite diffuser les contenus du groupe via l'Internet.
42. BCE, *Rapport annuel 1998*.

journal canadien, *The Globe and Mail*. Au même titre que Messier, Monty devient le grand prêtre de la convergence au Canada et présente sa stratégie basée sur les trois C, «*connectivity, content and commerce*». Bell Canada et Sympatico sont censés fournir le réseau, CTV les chaînes spécialisées, et *Globe and Mail* le «contenu». Sur la base de cette stratégie, le cours de l'action BCE s'envole puis retombe, comme pour AOL- Time Warner ou Vivendi Universal, : dès qu'il apparaît que les prévisions de revenus étaient largement surestimées, que l'entreprise est en état de surinvestissement et possède des excédents de capacité de production, l'action de BCE s'écroule [43].

Est-ce à dire que la convergence est un passage obligé? Non, puisque le groupe **Lagardère** a, par exemple, et alors même qu'il développait des activités Internet, refusé de suivre le mouvement général et s'est retiré à temps de toute une série d'activités. Historiquement, Matra est un groupe d'industrie de défense (missiles) et de communication (Europe 1 et Hachette). À partir de cette base, Jean-Luc Lagardère constitue un conglomérat en développant d'une part un pôle défense, qui absorbe Aérospatiale en 1998 puis fusionne avec CASA (Aeronauticas SA) et DASA, du groupe Daimler Chrysler, pour devenir EADS en 2000, et d'autre part, à partir d'Europe 1, un pôle média, presse, publicité et édition [44]. Parallèlement, Lagardère se diversifie : outre le lancement d'une écurie de courses, le rachat d'un club de football ou le développement Automobile de l'Espace, commercialisée par Renault, il devient producteur d'électronique grand public et lance une activité télécoms – construction d'équipements – après le rachat de LTT et CGCT, toutes deux filiales d'ITT. Il possède également une expérience dans le secteur de la télévision avec La Cinq et ne manque pas l'arrivée d'Internet, en créant un fournisseur d'accès, «Club Internet», filiale d'Hachette. Le groupe Lagardère dispose donc, à un certain moment, de tous les éléments pour devenir un «grand de la convergence».

---

43. Sur le cas BCE, *cf.* Centre d'études sur les médias, *La Convergence : des promesses folles aux espoirs déçus,* Actes du Colloque de Montréal, novembre 2002.
44. Il rachète notamment Hachette en 1992.

Et pourtant, il se retire d'une partie de son activité Internet au meilleur moment. Comment comprendre ce « refus » de la convergence, à un moment ou sa simple évocation suffisait à faire grimper le cours d'une action ?

Il apparaît en réalité que si son fils Arnaud, aujourd'hui à la tête du groupe et à l'époque responsable du pôle multimédia, est fasciné par l'Internet[45], Jean-Luc Lagardère se méfie de ce secteur.

Ce dernier a accepté un temps la stratégie Internet menée par son fils dans la mesure où cette thématique était bonne pour l'image et la valorisation de son groupe. En février 2000, c'est-à-dire au plus fort de la bulle, il vend en effet son fournisseur d'accès ainsi que quelques autres sites liés à Hachette Filipacchi à l'allemand T-Online – une filiale de Deutsche Telekom. Comme il peut difficilement clamer haut et fort que la convergence est vouée à l'échec ou qu'Internet n'est qu'une bulle au moment où AOL rachète Time Warner et où la valorisation des dotcoms est au plus haut, il développe alors un discours de circonstance. Pour justifier la vente de « Club Internet », Lagardère évoque un « partenariat stratégique » avec T-Online – dont il récupère en effet des actions – et indique que le groupe cherche toujours la convergence, mais autrement : « La convergence, pour nous, n'a rien à voir avec celles de nos concurrents. Nous ne cherchons pas l'intégration verticale, à savoir l'achat des contenus et des tuyaux. Nous ne croyons pas à cette stratégie. […] ce sont des métiers différents. On ne gère pas des tuyaux comme on gère des contenus. On ne maîtrise pas la technologie et les infrastructures comme on dirige des hommes […]. En revanche, nous nous sommes adossés à de grands distributeurs comme Canal + ou Deutsche Telekom. Nous avons besoin d'eux pour nous épauler, mais nous ne sommes pas les opérateurs. » Cela revient en réalité à adopter une stratégie exactement inverse de celle d'AOL ou de Vivendi

---

45. Arnaud Lagardère pousse dans le sens de l'adoption d'une stratégie Internet, par laquelle il est tenté : en janvier 2000, il pose même pour *Paris-Match* en compagnie de Bernard Arnault, Jean-Marie Messier et Pierre Lescure sous le titre « À la conquête du Net ».

Universal, et donc à enterrer la convergence. Lagardère souhaite « bénéficier de sa croissance sans prendre les risques extrêmes qu'elle recèle. On ne se laisse pas abuser par des cycles boursiers enivrants et très dangereux »[46].

L'expérience de Lagardère a le mérite de rappeler qu'il n'y avait finalement pas de raison industrielle particulière à se lancer dans la convergence verticale et a fortiori conglomérale. Un grand producteur de contenus a intérêt à les vendre à un maximum de distributeurs en faisant jouer la concurrence. Or, si la rhétorique de la convergence revient à dire qu'avec les nouvelles technologies les contenants et les contenus sont tellement liés qu'il est impossible de les séparer, il apparaît en réalité que, dans la nouvelle économie numérique, les contenus sont devenus des données numériques, décollées des contenants, et pouvant de ce fait être distribuées par différents vecteurs.

Conclusion

Les économistes vont débattre longtemps de la convergence numérique, qui sera tour à tour et selon chacun définie comme une grappe d'innovations à la base d'une véritable révolution industrielle, le facteur d'une accélération durable des gains de productivité, la source de l'émergence de nouvelles activités, ou une simple évolution participant d'un mouvement incrémental d'accumulation de connaissances et de gains de productivité « normaux ».

Il est toutefois frappant de constater que ces débats, qui resteront animés jusqu'au début des années 2000, n'empêcheront pourtant pas la formation d'une bulle numérique dans la deuxième moitié des années 90.

Ce chapitre nous apprend qu'il y eut assurément une percée dans les technologies numériques, que leur diffusion fut même facilitée par des initiatives prises par les régulateurs et qu'elles

---

46. Arnaud Lagardère, *L'Humanité*, 15/9/2000.

furent à l'origine de stratégies d'acteurs industriels. Les échecs répétés des « telcos » et des « câblos » dans leurs premières tentatives de bâtir des opérateurs intégrés de la convergence n'ont pourtant pas empêché un brusque décollage financier et boursier à partir de 1995.

Faut-il y voir une illustration classique des échelles de temps en matière d'innovation ou plutôt une relative autonomie de la sphère financière dans son appréhension des phénomènes industriels ?

Cette rapide histoire de la convergence nous livre en tout cas trois éléments de réflexion. L'innovation technologique en matière d'industries de la convergence numérique remonte au moins aux années 1960 et l'Internet ne représente donc pas une rupture décisive. Les grandes avancées de la dérégulation remontent quant à elles au début des années 1980. Enfin, au moment où Internet triomphe en Bourse, aucune application de l'Internet n'est décisive et pourtant l'engouement boursier est tel qu'on ne lui trouve qu'un seul précédent, celui des années 1920 – c'est-à-dire le moment où une véritable révolution industrielle avait lieu. Nous aurons à revenir plus longuement dans un chapitre ultérieur sur l'économie de la bulle numérique.

5

Enron (2)
Innovation financière et arbitrage réglementaire

Enron n'a pas seulement été cette entreprise à la pointe de la déréglementation des services publics en réseau qui a bouleversé l'économie du secteur de l'énergie. Elle n'a pas seulement tenté de passer pour une entreprise de la « nouvelle économie » en inventant un marché à terme de la bande passante et en faisant du commerce en ligne son credo. Elle a joué un rôle décisif dans la révolution financière des années 1990, en inventant un nouveau modèle d'entreprise, léger en actifs mais riche en produits dérivés.

Le succès comme la faillite d'Enron n'auraient pas été possibles sans le développement de sa branche financière qui, au cours de la décennie 90, est devenue sa principale source de revenus avant de l'entraîner vers l'abîme.

L'invention de l'*asset light strategy*[1], la multiplication incontrôlée des produits dérivés, l'habileté à tutoyer les principes comptables avec la multiplication de vraies-fausses filiales comme les « special purpose entities[2] », l'abus de stock options incitant les traders à la performance : Enron aura poussé à l'extrême les virtualités du capitalisme de marchés financiers.

Au faîte de sa puissance, Enron devient une institution financière qui échappe aux contraintes et régulations qui encadrent traditionnellement les professions financières. C'est paradoxalement l'évolution radicale de l'industrie financière qui permet le développement d'Enron dans la finance[3]. L'essor de l'industrie du risque, l'expansion irrépressible de la finance de marché et les hésitations de la régulation ont constitué à la fois le terreau sur lequel Enron s'est développée et le champ de manœuvres qu'elle a façonné, avec la complicité de ses alliés politiques, afin de croître en puissance financière et en influence politique.

L'histoire d'Enron fascine : expression achevée d'un nouveau capitalisme financier, elle réunit les deux figures de la finance maléfique – celle du négociant, commerçant parasite et intermédiaire rapace, et celle du financier aux semelles de vent qui capte à son profit la richesse durement produite par l'industriel. Elle incarne cette image du financier qui vide de sa substance l'industriel innovant et ne crée aucune valeur ajoutée. Cette vision est pourtant trompeuse car, comme l'ont montré dans des genres différents Pierre-Noël Giraud[4], Raghuram Rajan et Luigi Zingales[5], la finance de marché joue un rôle irremplaçable dans les économies modernes. Au rôle traditionnel de pont entre présent et avenir puis entre détenteur et utilisateur

---

1. Stratégie consistant à minimiser le poids des actifs tangibles dans une entreprise afin de réduire le besoin en capitaux, ce qui permet d'améliorer artificiellement le rendement du capital.
2. Les « special purpose entities » sont des véhicules de déconsolidation détenus par une entreprise, qui leur transfère des actifs tangibles à risque tout en les déconsolidant de ses comptes. Nous analyserons en détail leur fonctionnement dans le présent chapitre.
3. Comme l'écrit Frank Partnoy dans *Infectious greed,* Londres, Profile Books, 2003, « quinze ans plus tôt, Enron n'aurait tout simplement pas pu exister ».
4. *Le Commerce des promesses*, Paris, Le Seuil, 2001
5. *Saving Capitalism from the Capitalists*, New York, Crown Business, 2003.

d'épargne s'ajoute celui, plus moderne, de preneur et de redistributeur de risques. Les entreprises qui, au même titre qu'Enron, prennent la vague de la finance de marché aux limites de la légalité tiendront ce rôle de premier plan.

Quand Enron achète ou vend des options pour des contrats de livraison de gaz ou d'électricité, elle joue un rôle utile dans l'intégration du marché. Elle permet notamment, dans un contexte de déréglementation, que la gestion des besoins et des offres d'énergie puisse s'ajuster en temps réel entre pourvoyeurs et consommateurs potentiels. La tentation peut cependant être grande de créer des pénuries artificielles sur des marchés tendus, pour réaliser des bénéfices injustifiés.

Lorsque Enron débarrasse du risque climatique un vendeur de bière ou une chaîne de vêtements et le revend à un producteur d'énergie, elle contribue à un meilleur fonctionnement du système économique, puisqu'elle libère des acteurs de risques qu'ils ne voulaient pas assumer, et qui sans cela auraient bridé leurs investissements, et permet au total une croissance plus forte. Là aussi, pourtant, la tentation peut être grande, en l'absence d'une régulation efficace, d'être à soi-même sa propre contrepartie en faisant apparaître un transfert de risques qui n'en est pas un. Les SPE, dont Enron va abuser, obéissent à ce modèle.

La titrisation d'une créance par Enron, comme American Express le fait pour le crédit à la consommation ou Fannie Mae pour le crédit hypothécaire, représente un bon exemple des vertus de la finance de marché, puisque des créances commerciales classiques souvent regroupées en catégories homogènes sont transférées avec un meilleur rendement à des compagnies d'assurances ou à des fonds, ce qui améliore les conditions de financement des producteurs ou des consommateurs. Vendre à des publics non avertis des produits financiers offrant un profil de risque élevé, différent de l'obligation classique du Trésor, constitue ici, encore, une grande tentation.

Ces trois exemples illustrent les vertus et les risques de la finance de marché dont Enron a joué, en artiste inspiré puis en escroc, des possibilités qu'elle offrait.

TRADING ET INSTRUMENTS FINANCIERS

Le point de départ du secteur financier d'Enron est son activité de trading [6] de gaz naturel, qui débute en 1990 et prospérera rapidement. Pour diriger cette branche, Kenneth Lay engage Jeff Skilling qui deviendra le directeur général d'Enron en décembre 1996. Il promeut deux idées : le groupe doit développer ses actifs « intangibles » et donc s'alléger de ses actifs « tangibles », comme les gazoducs et les centrales, et doit par ailleurs étendre ces activités de trading à d'autres secteurs que celui du gaz.

En 1992, Enron devient le plus gros négociant de gaz d'Amérique du Nord et son pôle financier emploie 548 personnes contre seulement 144 deux ans plus tôt [7]. Enron développe donc ses activités de trading tout en poursuivant son expansion dans les secteurs dits « classiques ». Elle est à la fois en concurrence avec des entreprises de gazoducs et d'extraction de gaz comme Williams Cos. ou Coastal Corp. et des institutions financières comme Bankers Trust ou Morgan Stanley. Aux yeux de Kenneth Lay, ce double développement n'est pas contradictoire puisque l'une des forces d'Enron, dans sa compétition avec les institutions financières, réside dans la possession d'actifs tangibles.

Le trading électrique commence en juin 1994 et se développe de manière fulgurante. Ces succès vont donner des ailes aux dirigeants du groupe énergétique de Houston : « Nous sommes clairement une entreprise qui s'appuie sur la connaissance, et les compétences et les ressources que nous utilisons pour révolutionner le secteur de l'énergie sont également valables dans d'autres secteurs [8] », affirme-t-on dans le rapport annuel de l'entreprise. Enron étend en effet son modèle en entrant sur le marché des métaux et des minerais ainsi que sur

---

6. Il s'agit de négoce mais le terme trading est passé dans le vocabulaire courant.
7. Loren Fox, *Enron, the Rise and Fall*, op. cit.
8. Introduction du rapport annuel 1999. http://www.enron.com/corp/investors/annuals/annual99/letter.html

celui des matières plastiques, et vend bientôt du matériel chimique et industriel appliqué à la filière de l'eau. Elle crée aussi une filiale consacrée aux énergies renouvelables – Enron Renewable Energy Corp., qui acquiert, en janvier 1997, Zond Corp. –, qui se présente comme l'un des champions du développement durable. À Davos ou ailleurs, Kenneth Lay donne toujours de son entreprise une image écologiste et progressiste (elle fait même de larges dons à des campagnes caritatives). Pourtant, la défense du protocole de Kyoto, contre les gaz à effet de serre, est l'alibi d'une politique développant un trading de certificats de CO_2.

Au moment du rachat de Portland General en 1997, Enron découvre que cette société a bâti un petit réseau de fibres optiques le long de ses lignes électriques. À l'heure où les valeurs des télécoms et de l'Internet commencent une ascension vertigineuse, elle entre sur ce marché et s'associe avec Williams Cos. et Montana Power pour construire un réseau qui relie Los Angeles et Portland, et projette sa multiplication (notamment Miami-Salt Lake City et Miami-Houston). Si Enron envisage de posséder son propre réseau, c'est avec l'idée de faire du trading. Elle projette ainsi d'utiliser la capacité de ceux déjà existants. Un nouvel opérateur de téléphone, Global Crossing, possède une énorme capacité – non utilisée, et qui rend possible d'acheter ou de louer de la « bande passante » pour une année, un mois, voire un jour – par exemple le temps d'une visioconférence. De même qu'elle a transformé le marché du gaz puis celui de l'électricité, l'entreprise surfe sur la vague de l'Internet et se proclame par avance championne du trading de bande passante, une activité censée « révolutionner l'industrie d'Internet ».

Les analystes croient à l'époque au discours de Jeff Skilling et personne ne s'inquiète des débouchés possibles d'une telle activité. Enron Bandwidth, filiale du groupe dans le secteur de la bande passante, croit avoir trouvé la « killer application » pour l'industrie du divertissement : ce sera la distribution de films en ligne (*video on demand*). Elle s'allie avec Blockbuster, la chaîne de distribution de vidéocassettes et de DVD, pour accélérer l'essor de cette activité. Un projet similaire avait déjà été lancé par Warner sans succès, dix ans auparavant. Le trading de bande passante apparaît alors aux yeux des opérateurs de marché comme l'évolution attendue d'Enron. Même si le groupe va perdre de l'argent avec cette filiale, l'époque est aux croissances exponentielles des valeurs technologiques, et la bande passante est considérée par Kenneth Lay comme un marché d'avenir, concurrent potentiel, en termes de revenus attendus, de celui de l'électricité.

Enron investit des secteurs qui, auparavant, étaient plutôt peu ou pas concernés par le trading. Elle conforte ainsi son image d'entreprise innovante.

Enron poursuit d'une part des activités maîtrisées comme le commerce classique d'électricité, de gaz ou d'eau, qui rapportent peu mais régulièrement, et d'autre part des activités de trading d'une volatilité extrême mais capables de se révéler très profitables. Ces deux pôles ne s'équilibrent pas : Enron Capital & Trade Resources, la branche financière de Jeff Skilling, prend largement l'ascendant sur les autres activités du groupe. Dans un marché à très haut risque, Enron joue le rôle de teneur de marché tout en étant une entreprise cotée, sommée de produire des résultats trimestriels en progression constante. Tout le travail de Kenneth Lay revient alors à justifier, vis-à-vis de marchés financiers qui aiment les activités à rentabilité récurrente, son développement du trading.

Plus la cote d'Enron s'élève, plus les attentes des actionnaires et des analystes financiers sont importantes. La montée en puissance d'investisseurs professionnels exigeants et l'ascension vertigineuse des valeurs Internet, initiée par l'entrée en Bourse détonante de Netscape en 1995, transforment les 15 % de rentabilité des capitaux propres – ROE – en un objectif commun à toutes les entreprises. Or Enron a habitué les analystes à de très bons résultats : son ROE est passé de 6 % en 1985 à près de 17 % en 1995[9]. Elle est une des premières entreprises à indexer, dès 1989, les taux d'intérêt de ses emprunts sur sa notation par les agences Moody's et Standard and Poor's. Cette note a donc un poids crucial.

---

9. Loren Fox, *Enron, The Rise and Fall*, op. cit.

Kenneth Lay sait par ailleurs que, malgré l'ascension exponentielle de la capitalisation de son entreprise, la confiance des investisseurs reste fragile et que sa société n'est pas à l'abri d'un retournement rapide du marché. En effet, lorsque le 21 décembre 1995 la rumeur se répand à Wall Street qu'elle perd beaucoup d'argent avec son activité de trading, le cours de l'action chute brutalement de 8 %. Lay doit démentir officiellement la rumeur, et Enron se met à racheter ses propres actions pour soutenir le cours. Si la panique fut brève, l'épisode révèle la confiance toute relative de Wall Street dans une activité aussi risquée. Les marchés financiers savent que la nouvelle activité d'Enron peut lui causer autant de pertes que de profits.

Dans ce contexte, les produits dérivés vont jouer un rôle crucial et ambivalent. Ils permettent à Enron de générer les immenses bénéfices qui rassurent les investisseurs et simultanément vont conduire Enron à sa perte en l'incitant à accumuler les risques.

L'INNOVATION FINANCIÈRE

Dès 1990, Enron lance ses premiers produits dérivés. Elle élabore des contrats financiers fondés sur le prix du gaz, d'abord via un partenariat avec Bankers Trust de son propre chef. Le principe est le suivant : Enron vend du gaz à une entreprise basée à l'autre bout des États-Unis, tout en évitant des coûts de transport trop élevés. Pour ce faire, elle signe avec cette entreprise un contrat prévoyant que l'entreprise achète du gaz, localement, au prix du marché et paie à Enron un prix fixé à l'avance. En contrepartie, Enron rembourse à l'entreprise le prix forcément volatil du gaz que cette dernière a acheté, assumant ainsi le risque des fluctuations du prix de marché. Il s'agit donc d'un échange d'argent basé sur le prix du gaz, là où aucun gaz n'est réellement échangé entre Enron et l'entreprise.

Enron avait créé l'année précédente une *gas bank* au sein de laquelle s'alliaient exploitants, producteurs et transporteurs de gaz, regroupés à la manière d'un pool bancaire. La « gas bank » fonctionnait comme un guichet où s'échangeaient des contrats à long terme sur le gaz. C'est la multiplication des transactions au sein de la « gas bank », et les risques qu'impliquaient les contrats à long terme, qui ont incité Enron à lancer des produits dérivés sur le prix du gaz.

Si Enron est loin d'être la seule entreprise à proposer des dérivés sur le gaz, elle est cependant la seule qui, dès le début, n'hésite pas à prendre des risques que ne prennent pas ses concurrents. Elle propose, par exemple, des *futures*[10] sur le gaz, à beaucoup plus long terme que les autres acteurs du marché. Pourtant, ni la rentabilité de ces produits, difficile à évaluer, ni l'importance du risque, assumé par Enron, n'empêchent la firme de rencontrer un grand succès auprès des clients.

Naissance de l'industrie des produits dérivés

Les produits dérivés désignent un ensemble d'instruments financiers, négociés au comptant ou à terme, sur des marchés organisés ou privés. Il s'agit de « contrats portant sur l'avenir, dérivant de produits faisant l'objet de cotations au comptant[11] ». Ce type d'instrument ne date pas d'hier. Dès le XVIIe siècle on en trouve sur des marchés spécifiques, comme celui du bulbe de tulipe en Hollande ou du riz en Asie. Le XIXe siècle voit l'apparition dans les bourses de commerce de contrats standardisés qui visent une réduction de la variabilité des cours entre deux récoltes. Il en existe, par exemple, à Chicago pour le grain ou à Liverpool pour le coton. C'est à partir de cette époque que coexistent des marchés de gré à gré, qui traitent à la fois le comptant et le terme, et des marchés organisés qui offrent des contrats livrables à terme, mais qui peuvent

---

10. Produits dérivés, *cf.* glossaire.
11. Philippe Chalmin, « Les marchés dérivés », *Bulletin économique de la SFAC*, n° 988, mai 1995.

être dénoués grâce à une compensation financière. On trouve ici l'ancêtre des actuels produits dérivés qui sont traités soit sur des marchés de gré à gré [12], soit comme les « futures [13] » traités sur des marchés organisés. Ces pratiques restent cependant à l'état embryonnaire jusque dans les années 1980.

Les produits dérivés modernes naissent dans un contexte de crise, celle du système monétaire international du début des années 1970. L'éclatement des accords de Bretton Woods a eu pour conséquence principale de rendre les taux de change, particulièrement stables depuis 1945, plus volatils. Avec l'essor des marchés financiers, les produits dérivés se sont développés pour faire face à ces fluctuations des taux d'intérêt, du cours des monnaies, puis des actions. Tandis que les banques développaient leur activité de marché et voyaient leurs risques s'accroître, les produits dérivés servaient à limiter ces risques. Des marchés de futures sur les produits financiers – devises, actions, taux d'intérêt – se développent durant ces années 1970-1980. Le prix des métaux puis celui du pétrole se mettent à fluctuer, et on développe des dérivés sur ces produits aussi.

Les produits dérivés empruntent aux marchés de commodités leurs techniques de gestion et de couverture du risque mais une distinction doit être établie entre les produits dérivés échangés sur les marchés organisés et ceux qui s'échangent sur les marchés OTC.

Les marchés organisés, dans lesquels les transactions sont enregistrées et compensées par des organismes financiers, fonctionnent autour de deux principaux produits dérivés : les futures, qui sont des contrats à terme bien définis, cotés sur des échéances précises, et les options, qui sont des droits d'acheter (*call*) ou de vendre (*put*) un produit à une certaine échéance.

---

12. Encore appelés marchés *over the counter* (OTC), il s'agit alors de « forwards » (*cf.* Glossaire) au sens ou ils ne supposent pas de centralisation de la contrepartie et restent donc des contrats privés bilatéraux.

13. En français : contrats à terme. Il s'agit d'un produit financier qui permet à un acheteur et à un vendeur de s'engager l'un à acheter, l'autre à vendre, à une échéance fixée, un instrument financier à un prix décidé le jour de l'engagement.

Pour mieux gérer les risques spécifiques de certains produits, ils ont beaucoup évolué et se sont diversifiés.

Les marchés OTC comportent davantage de produits dérivés, mais deux d'entre eux partagent le haut du pavé : les *forwards* et les *swaps*, qui sont des échanges de contrats permettant de négocier les risques.

Pour Frank Partnoy[14], qui use de la métaphore de la contagion pour décrire le processus de contamination progressive des marchés par des montages de plus en plus spéculatifs conçus par des financiers aussi avides que sans scrupules, tout commence avec le développement des options et dérivés de change chez Bankers Trust au début des années 1980. Une option de change est un droit d'achat ou de vente de devises à des horizons et pour des prix déterminés. Peu de banquiers connaissent alors les formules de Black et de Sholes[15] pour tarifer ces options puisque, en 1984, cette activité vient tout juste d'être introduite au Chicago Mercantile Exchange. Avant l'arrivée de Krieger et l'usage massif qu'il en fait chez Bankers Trust, cette activité est confidentielle. Vingt ans plus tard, elle est totalement banale. L'intérêt de l'option de change se comprend aisément pour qui voyage, importe ou exporte. Son principe est de garantir, un peu à la manière d'une assurance, une couverture contre le risque d'évolution de la parité entre deux monnaies. Si je souhaite voyager au Japon dans 6 mois et que je cherche à me protéger contre le risque de change, il suffit que je trouve quelqu'un qui soit prêt à me livrer des yens dans 6 mois pour un prix convenu à l'avance. Bien évidemment, cette garantie a un coût et le prix de l'option est le montant qui permet cette couverture du risque. La valeur des options est en grande partie fonction de la volatilité du marché.

Cette assurance du change est particulièrement utile, puisqu'elle permet à l'industriel de sécuriser ses approvisionnements et ses débouchés. Pourtant, la spéculation sur les directions du marché des changes, afin d'en exploiter le potentiel haussier ou

---

14. Frank Partnoy, *Infectious Greed, op. cit.*
15. Prix Nobel d'économie qui ont mis à jour des formules permettant de calculer le prix des options.

baissier, est possible. Elle prend différentes formes. Elle peut combiner, dans des proportions variables, le brouillage, la désinformation et la prise de positions disproportionnées sur une monnaie à petit potentiel.

Le brouillage consiste à prendre des positions opposées d'un montant variable qui dissimulent aux yeux des opérateurs la direction de l'option. Krieger, en particulier, a une technique imparable pour réaliser de grosses opérations de vente pour lesquelles il n'a pas de contrepartie : il la fabrique. En affichant une position d'acheteur sur une monnaie à un prix inférieur au marché, il suscite les envies des traders qui se mettent à acheter pour profiter de la hausse à venir et l'empêcher de mettre en œuvre le plan qu'ils lui prêtent jusqu'au moment où, pour satisfaire leurs engagements, ils sont obligés de lui acheter plus cher que prévu. Ces opérations « over the counter » sont d'autant plus risquées que l'intervenant est puissant, la monnaie en cause peu diffusée – comme ce fut le cas du dollar néozélandais – ou le régulateur absent ou défaillant. Par ailleurs, personne ne sait comment comptabiliser correctement les options. Basées sur des modèles mathématiques que peu de gens comprennent et réalisées sur des marchés non centralisés par, et au profit, de jeunes financiers aventureux, ces opérations soulèvent d'emblée la question des limites de la régulation dans un univers d'innovation financière permanente.

En 1987, Bankers Trust franchit une nouvelle étape dans l'innovation financière en inventant une technique de couverture du risque pour les actions. On perçoit a priori tout l'intérêt qu'ont les investisseurs, détenteurs de paniers de valeurs, à se couvrir contre les risques de marché en achetant ou en vendant des dérivés actions sur indices. On peut ainsi acheter des actions sous-évaluées et vendre l'indice pour protéger l'ensemble d'un portefeuille, voire doser le niveau de risque en encadrant les variations du portefeuille par des produits dérivés. Mais, à nouveau, l'activité de couverture du risque peut favoriser les stratégies prohibées de prise excessive de risque. Un exemple nous est fourni par ce qui se passa à la fin des années 1980, avec les compagnies d'assurances japonaises. Celles-ci ne pouvaient, de par la loi, détenir d'actions, or elles souhaitaient le faire car elles croyaient à la croissance continue du Nikkei. Bankers Trust inventa alors la solution sous forme d'un ménage à trois entre Canadiens, Japonais et Européens, source de copieuses commissions. Dans le dispositif imaginé, les Canadiens empruntent des yens et, au lieu de payer un intérêt, ils consentent à donner au prêteur japonais une option sur le Nikkei. Afin d'anesthésier l'effet yen pour les Canadiens, Bankers accepte d'échanger des yens contre des dollars canadiens, en leur vendant une option miroir sur le Nikkei. Pour boucler l'opération, il faut malgré tout que quelqu'un accepte le risque actions Nikkei : ce seront les investisseurs européens qui jouent alors le Nikkei à la baisse.

La troisième étape dans le développement des produits dérivés intervient avec l'institution des «swaps» de taux. Il s'agit d'une opération d'échange d'un crédit à taux fixe contre un crédit à taux variable, plus faible mais plus risqué, car soumis aux aléas du marché. Les «swaps» de taux permettent à l'agent économique soit de profiter des baisses de taux et de s'assurer un financement dans de meilleures conditions, soit, et selon le processus inverse, de sécuriser un financement en passant aux taux fixes. Encore ne s'agit-il ici que des options les plus frustes. On peut en effet imaginer l'échange d'un taux fixe élevé contre un taux fixe plus bas pour 2 ans, couplé à un taux variable pour les trois années suivantes. Mais une fois encore, une innovation utile peut favoriser des manipulations dangereuses. La combinaison de «swaps» complexes destinés à tromper, comme par exemple l'échange d'un taux fixe de 5,5 % contre un taux variable (*libor*) au carré divisé par 6 %, et de stratégies agressives de vente conduit à des prises de risque excessives par des trésoriers d'entreprise non avertis.

Avec l'invention des bons de financement structuré, les produits financiers se complexifient au même titre que les degrés de liberté gagnés par les financiers pour aménager la dette au mieux des intérêts des preneurs de risque.

Crédit Suisse First Boston repère une opportunité d'affaire dans les notes attribuées par les agences de rating. Celles-ci distinguent classiquement les titres de dettes selon qu'elles sont *investment grade* ou bien *non-investment grade*, (*junk bonds* pour les plus risqués) [16]. Or pour les entreprises, le classement en « junk bonds » des titres de leur dette signe leur arrêt de mort et leur interdit l'accès aux marchés. Les produits structurés vont alors redonner vie à des titres déclassés.

Qu'est ce qu'un produit structuré ? Au lieu d'avoir une obligation avec un principal et un coupon standard, on dispose d'une infinité de bases sur lesquelles une obligation est indexée. C'est ainsi qu'on peut, par exemple, détenir des bons à très haut risque, rémunérés trois fois mieux que l'obligation standard, assis sur un panier de valeurs boursières thaïes, mais dont le principal risque est d'être non remboursable si le baht thaïlandais dévie de $n\%$. Ce type de montage permet d'investir dans une classe risquée d'actifs et de doper ainsi la performance de portefeuilles, traditionnellement ou légalement investis en obligations standard. À l'époque, ces bons structurés rencontrent un grand succès, notamment au Japon, où beaucoup d'entreprises locales pensent que les taux hors Japon vont baisser mais veulent que leurs investissements soient libellés en yens et cherchent donc une contrepartie. À l'inverse, les investisseurs américains cherchent des rendements supérieurs mais veulent être payés en dollars. Les bons structurés autorisent ce type d'échanges, comportant des options de taux de change et de crédit. Autre vertu de ces montages : ils permettent à des acteurs de spéculer sur des classes d'actifs auxquelles la réglementation ne leur donne pas accès. Les compagnies d'assurances américaines ou les fonds de pension n'ont pas les moyens de spéculer sur les devises.

Titrisation et finance structurée

La titrisation consiste, pour un opérateur financier, à vendre des titres gagés sur des crédits automobiles, des cré-

---

16. Il s'agit de mesurer le risque de solvabilité d'un emprunteur. Il existe des organismes spécialisés dans l'analyse du risque de défaut qui délivrent une note : le rating. Ainsi, au sein de l'échantillon suivi par Standard and Poor's et au bout de 20 ans 0,6 % des émetteurs notés AAA (« investment grade ») n'ont pas honoré une échéance sur un emprunt tandis que 43 % des émetteurs notés B ont fait défaut (« non-investment grade »).

dits de consommation ou des crédits hypothécaires. Le prêteur sépare ainsi octroi et gestion d'un crédit, ainsi qu'évaluation et portage du risque. L'objectif ainsi visé est la redistribution des risques et l'obtention de meilleures notes auprès des agences de rating. Il s'agit de créer un véhicule – une société ou un trust – qui émet des titres gagés sur des droits de paiement. L'intérêt de la formule est triple : elle permet de constituer des portefeuilles de crédits aux caractéristiques homogènes selon le profil de risque, de les offrir à des investisseurs qui veulent diversifier leurs placements et obtenir des rémunérations différenciées, et de les sortir des comptes de l'entreprise de crédit, ce qui améliore sa note et allège ses besoins en fonds propres.

La titrisation réussit car les sociétés émettrices ont initialement un très bon rating. À partir de 1985, on assiste à une course à la titrisation : n'importe quel actif devient titrisable. David Bowie, par exemple, titrise ses droits d'auteur pour financer de nouvelles productions.

L'une des réussites de la titrisation est incontestablement celle qui porte sur la dette hypothécaire. Dans un ouvrage remarquablement informé, Brender & Pisani[17] expliquent le rôle central du refinancement des créances hypothécaires, au sortir de la bulle Internet, dans le maintien de la consommation américaine. En permettant aux propriétaires américains de se re-financer, à des taux sans cesse abaissés par la réserve fédérale – la FED –, la monétisation des plus-values immobilières permet aux ménages américains de relancer la consommation. Cet effet de richesse n'aurait pu se manifester si une institution, Fannie Mae[18], ne centralisait les créances hypothécaires en les reconditionnant puis en les titrisant ; les preneurs de risques peuvent ainsi acheter massivement des titres gagés sur des créances immobilières.

---

17. Anton Brender & Florence Pisani, *La Nouvelle économie américaine*, Paris, Economica, 2004.
18. Organisme de crédit hypothécaire.

FANNIE MAE
Federal National Mortgage Association

Fannie Mae (créée en en 1938 par l'Administration Roosevelt et privatisée en 1968) et Freddie Mac (créée en 1970) sont deux *Government Sponsored Enterprises* (GSE) spécialisées dans les prêts au logement qui tiennent un rôle central dans la titrisation des emprunts hypothécaires. En émettant des titres obligataires gagés sur des crédits hypothécaires, elles contribuent à la liquidité du crédit immobilier.

En décembre 2004, l'autorité américaine des marchés financiers, la Securities & Exchange Commission (SEC), ayant établi que Fannie Mae avait depuis au moins trois ans violé les normes comptables en jouant sur ses réserves pour lisser ses résultats, a forcé ses dirigeants à démissionner. La pratique comptable dénoncée avait donné aux actionnaires l'impression que les profits de l'établissement progressaient régulièrement et que ses actifs étaient protégés des aléas du marché obligataire. Le cabinet KPMG, commissaire aux comptes de la société, était en outre écarté par le conseil d'administration.

Fannie Mae est une société privée cotée en Bourse. Son total de bilan dépasse mille milliards de dollars. Elle est mandatée par le Congrès pour assurer la liquidité du marché des prêts bancaires immobiliers résidentiels. À ce titre, elle bénéficie de la garantie implicite du gouvernement américain. Son activité consiste à acheter les prêts bancaires accordés aux particuliers qui accèdent à la propriété. Elle regroupe ces actifs en pool qu'elle revend ensuite sur le marché sous forme d'obligations.

L'explosion du marché immobilier résidentiel américain, liée à la chute des taux d'intérêt ces dernières années, a contribué au doublement des actifs de Fannie Mae depuis 1999. Le scandale va contraindre l'entreprise à renforcer son capital. Le mandat politique de Fannie Mae et la garantie implicite du Trésor américain sur ses obligations donnent un droit de regard au Congrès sur sa gestion. Or depuis des années certains élus républicains dénonçaient les risques présentés par le statut hybride de l'établissement. Ils réclamaient au minimum un renforcement des pouvoirs

de son autorité réglementaire, l'Office of Federal Housing Enterprise Oversight (OFHEO).
Source : Brender Pisani.

Fannie Mae et Freddie Mac sont ainsi devenues les usagers et les intervenants les plus importants sur le marché des dérivés. Voici donc la vertu première de l'industrie des dérivés : traiter des créances selon les profils de risque, et permettre à l'économie réelle de croître en étant réceptive aux incitations de la politique monétaire. La monétisation des actifs immobiliers est donc mise au service de la croissance grâce à l'outil constitué par les produits dérivés [19].

Une des grandes innovations de la période est l'agglomération des paquets de titres très risqués et leur reconditionnement, pour les séparer en titres d'intensité variable sur l'échelle du risque financier. Les *collateralized bond obligations*, ou CBO's, obéissent à ce principe. Une banque transfère un portefeuille de « junk bonds » à une entreprise appelée « special purpose entity » (SPE), qui est en réalité une société – ou un partnership – domiciliée dans un paradis fiscal. Cette entité émet alors des titres, d'un degré variable de risque, gagés sur le portefeuille. On émet essentiellement trois types de titres : un titre « senior » à faible risque (1 %) remboursé le premier, un titre « mezzanine » portant un taux d'intérêt de 3 % – c'est-à-dire supérieur à un titre d'État – remboursé en second, et une dette « junior » – la plus « contaminée », si on garde l'image du matériau fissile – remboursée en dernier en fonction de ce qui reste et qui, si elle porte un très haut taux d'intérêt, inclut cependant le principal risque de ne pas être remboursée du tout. Les deux premières pièces se vendent d'autant mieux qu'elles sont bien notées. Là aussi, la technique des CBO's permet de contourner les foudres de la régulation, puisque les fonds propres ne couvrent que les bons « juniors » alors que, normalement, c'est tout le portefeuille de « junk bonds » qui devrait l'être [20].

---

19. Anton Brender & Florence Pisani, *La Nouvelle Économie américaine*, op. cit.
20. C'est Fred Carr, de First Executive, qui est l'initiateur de la technique.

John Meriwether, créateur de l'*arbitrage group* chez Solomon en 1977 – année où Black et Sholes et Merton publient leurs formules de valorisation des options –, est l'architecte de ces produits financiers innovants.

C'est l'adhésion à la théorie des marchés efficients et donc la convergence, sur plusieurs marchés, des prix d'un même actif[21] qui provoquent le développement de ces nouveaux produits. Or le constat pratique sur lequel Meriwether bâtit ses stratégies est plutôt celui des inefficiences transitoires ou durables des marchés. Les secondes tiennent à des effets de réglementation ou à une sophistication asymétrique des outils mobilisés par les acheteurs et les vendeurs de produits structurés. Meriwether découvre des inefficiences sur le marché des options concernant les bons du Trésor de différentes maturités. Il lance les *collaterateralized mortgage obligations* en désossant des obligations classiques et en les réassemblant pour en faire des produits plus ou moins risqués ou des produits tout principal ou tout intérêt.

Ses interventions illicites sur le marché des bons du Trésor entraînent certains problèmes avec le régulateur, mais rien qui puisse l'empêcher de rebondir en créant LTCM, une entreprise portée au pinacle avant de déclencher une crise majeure en 1998[22].

Le cycle venture capital/private equity/ introductions en Bourse (IPO)

Dans leur ouvrage consacré à la finance directe, Rajan et Zingales[23] décrivent les raisons pour lesquelles la finance directe – ou finance de marché – est, à leurs yeux, l'avenir des systèmes économiques modernes et un facteur clé de croissance et de

---

21. La théorie des marchés efficients veut que la valeur d'un actif reflète à tout moment la totalité des informations disponibles sur cet actif, ce qui explique qu'un même actif soit censé bénéficier sur tous les marchés de la même cote. Nous reviendrons plus en détail sur cette théorie lors du chapitre 7.
22. *Cf.* Élie Cohen, *L'Ordre économique mondial*, Paris, Fayard, 2001, chapitre III.
23. *Saving Capitalism from the Capitalism, op. cit.*

développement[24]. Pour étayer leur thèse de finance progressiste, ils citent le microcrédit et la lutte contre la pauvreté dans le monde, le rôle du capital-risque dans le développement de l'innovation et, plus généralement, la vertu égalisatrice de la finance de marché anonyme, par rapport à une finance intermédiée prise dans les réseaux oligarchiques. Défendre la finance de marché en célébrant les vertus sociales du microcrédit fait sourire, mais l'argument devient convaincant lorsque les auteurs expliquent le rôle de la finance directe dans la création et le développement de nouvelles entreprises innovantes[25] : si l'épargnant investissait lui-même son épargne et si l'investisseur ne pouvait investir que son épargne, le moteur économique tomberait vite en panne. De même, si l'entreprise créée fractionnait son capital pour élargir les bases de son financement et attirer un actionnariat plus large, sans qu'en même temps une bourse assure la liquidité des titres, là aussi l'entreprise tournerait court. Ces exemples illustrent la transition possible entre l'argent de l'entrepreneur, celui des amis, celui des *business angels*[26], des fonds de capital-risque, pour déboucher sur le marché avec la cotation qui assure la liquidité du titre, la sortie des premiers investisseurs et l'arrivée des épargnants. Face aux voies alternatives, l'avantage de ce dispositif joue au mieux la finance des entreprises émergentes. L'innovation est financée soit par l'État ou les banques publiques, soit par la finance indirecte. La banque, c'est son métier, sélectionne le risque et prend des gages, mais elle doit disposer de fonds propres à hauteur de ses engagements et rentabiliser ces fonds propres en fonction de la norme attendue en termes de rentabilité du capital. La finance indirecte limite donc les capacités de croissance en raréfiant artificiellement les fonds disponibles pour la création d'entreprises et en contraignant l'investisseur à offrir des garanties – un *collateral* – dissuasives. Le travail de la finance de marché comprend au contraire la mobilisation, à tous les stades du développement

---

24. Anton Brender, dans *Face aux marchés, la politique* (Paris, La Découverte, 2002), défend une perspective très semblable.

25. On parle alors de start-up ou de jeunes pousses.

26. Financiers anges gardiens qui apportent à la start-up leur investissement, mais aussi une aide stratégique et manageriale.

de l'entreprise, de catégories spécifiques d'investisseurs prêts à prendre des risques d'ampleur variable, pour lesquels ils attendent légitimement des rendements supérieurs à ceux des bons du Trésor.

La reprise d'entreprises fonctionne de la même façon : la finance de marché rend possible la reprise d'actifs de valeur, et assure de plus un rôle de destruction créatrice. Lorsque, dans les années 1980, les raiders[27] s'attaquent aux conglomérats assoupis, en montant des fonds à très fort effet de levier pour acquérir des groupes comme Beatrice Foods qui finançaient indirectement leur propre acquisition et leur démantèlement, ils donnent d'eux l'image de « fonds vautours[28] ». Pourtant, le plus souvent, ils cassent des structures inefficaces et accordent aux entreprises l'acquisition d'une certaine autonomie, au prix d'un endettement fort et d'un enrichissement du « fonds vautour ».

C'est donc l'ensemble du cycle de vie de l'entreprise que la finance de marché prend en charge. Elle favorise à chaque étape la rencontre épargne-investissement, l'agglomération et la dispersion auprès d'investisseurs spécialisés des différentes classes de risques, soutenant, si l'on en croit Rajan et Zingales, les porteurs de projets créateurs de valeurs contre les rentiers des banques domestiques.

L'arbitrage réglementaire[29]

L'inventivité des banquiers de Wall Street était infinie et son moteur a toujours été à deux temps : faciliter la circulation et le placement de l'épargne en dissociant et en disséminant les risques de crédit, de taux et de change d'une part, contourner les réglementations nationales, et dans le cas des États-Unis celles issues de la grande crise de 1929 d'autre part. On l'a vu

---

27. Les raiders sont ces flibustiers de la finance qui organisent des raids boursiers.
28. Lorsqu'il est possible, le recours à l'endettement permet d'augmenter la rentabilité des capitaux propres de l'entreprise. L'effet de levier explique le taux de rentabilité comptable des capitaux propres en fonction de celui de l'actif économique et du coût de la dette.
29. L'expression est de Merton Miller.

plus haut, qu'il s'agisse des règles prudentielles interdisant aux assureurs américains de prendre des risques de change ou de celles défendant aux banquiers japonais de prendre des risques sur actions, la solution trouvée a toujours consisté à tourner la loi en inventant des titres hybrides difficilement appréhendables pour le régulateur. Avec le temps, l'industrie des dérivés s'est sentie suffisamment puissante pour remettre en cause la loi et en obtenir la révision. Le Glass-Steagall Act[30], qui confine les banques commerciales au strict exercice de leur spécialité, constitue alors la forteresse à prendre. Néanmoins, des banques comme la Bankers Trust, très active sur le marché des dérivés, ressemblent bien souvent à des *investment banks* alors qu'elles ne sont que des *commercial banks* qui outrepassent leurs prérogatives légales. Elles exerceront une pression, avec les grands de Wall Street, en vue d'une dérégulation. Un premier assouplissement est obtenu et les placements privés de titres auprès de *qualified institutional buyers* sont autorisés. Mais lorsque, en 1985, le FASB[31] veut comptabiliser les « swaps », la jeune industrie conteste cette publicité légitime au motif d'une divulgation des risques qui fragiliserait les banques : c'est la création de la « Swap Dealers's Association ». La double nature des « swaps » apparaît sous une lumière crue : outils de couverture de risques, ils font également figure d'instruments d'arbitrage entre régulations en permettant de faire fi de la loi sur la publicité des engagements. En 1989, la FED autorise des « commercial banks » à créer des filiales, banques d'affaires, pour s'engager dans l'activité de placement de titres. Un pas décisif est donc franchi vers la création de banques universelles, car de véritables groupes offrent à la fois des comptes de dépôts, des titres et des financements structurés. Cette première victoire du lobby des « swaps » est rééditée avec les « special purpose entities » qui ouvrent de folles perspectives à Enron. En permettant que ces SPE, créées par une entreprise pour se défaire d'actifs et censément contrôlées par des tiers, ne soient pas connues, le FASB ouvre la voie aussi bien à

---

30. *Cf.* glossaire ; nous y reviendrons au chapitre 9.
31. Financial Accounting Standards Board.

d'innocentes opérations de titrisation qu'à des opérations de sortie des comptes d'actifs risqués.

Parallèlement au développement de la déréglementation, la deuxième moitié des années 1990 voit l'apparition d'une foule de nouveaux produits comme les *basket options* (options sur panier de devises), les *floating rate notes* (options sur taux variables) ou encore les *swaptions* (swaps sur options). Les marchés OTC constituent, avant tout, des lieux d'innovation dans lesquels de nouveaux produits apparaissent chaque année, si bien que leur évolution et leur fiabilité sont difficiles à anticiper. Or les marchés OTC sont, par essence, exempts de tout contrôle et les institutions financières libres d'inventer les produits qu'elles croient utiles. Le risque de défaillance des acteurs des marchés OTC est réel : s'agissant d'un marché entre principaux, les défaillances peuvent passer rapidement d'une entreprise à une autre et provoquer des réactions en chaîne. Si le rôle des produits dérivés est normalement et avant tout de réduire les risques de volatilité des prix et des taux de change, leur accroissement a en réalité tendance à aggraver un peu plus la volatilité naturelle des marchés, puisqu'ils substituent aux fondamentaux des valeurs qui s'en éloignent de plus en plus. Les produits dérivés de «troisième génération» n'ont plus grand-chose à voir avec leur référent physique, car nous trouvons des «swaps d'option portant sur un futur représentant un actif financier[32]». Mais en cherchant à gérer l'incertitude, on équilibre les opérations risquées par d'autres opérations risquées, formant par là de nouveaux risques. Enron en est l'illustration, elle n'est bientôt plus qu'une architecture de contrats jonglant avec des risques divers.

Pourtant, pour une entreprise d'énergie comme Enron, les produits dérivés sont, à l'origine, incontestablement utiles à la bonne marche de son activité. Pour se protéger, mais aussi protéger ses clients des variations de prix, elle étend toute la gamme des produits dérivés sur le gaz et l'électricité (options, swaps,

---

32. Philippe Chalmin, «Les marchés dérivés», art. cité.

futures…). L'informatique et la statistique aident la création de dérivés de plus en plus complexes et « personnalisés ». Enron devient ainsi, à l'instar de certaines banques, le spécialiste des produits dérivés sur mesure et embauche une centaine de docteurs en mathématiques pour concevoir de nouvelles formules. À mesure qu'elle s'éloigne de son métier d'origine, le rôle de ces dérivés évolue. Il ne s'agit bientôt plus de couvrir des risques, mais de générer des profits. À partir de 1996, entre 80 et 90 % des revenus d'Enron Energy Service seront issus de sa branche « Finance & Investing »[33].

Dans un secteur qui échappe aux marchés organisés, Enron se comporte comme une institution financière et jouit d'un énorme avantage : elle ne subit pas la réglementation qui s'applique aux banques ou aux compagnies d'assurances. Elle conçoit des contrats dérivés de gré à gré qui – grâce aux lois de 1993 et 2000 défendues par Wendy et Phil Gramm, dont on se rappelle les liens étroits avec Enron – sont déréglementés. Les quatre dernières années d'existence d'Enron marquent la multiplication des produits dérivés. L'entreprise en lance sur tous les types de produits – pétrole, minerais, acier et autres métaux, plastique – et propose même des dérivés météorologiques. Elle profite aussi d'une certaine volatilité du prix du papier, dont la hausse affecte les grands journaux américains, pour introduire des dérivés sur le papier.

Enron lance tous ces dérivés alors qu'elle connaît un besoin cruel de rendement et peine à tenir le rythme de 15 % de ROE. Ces produits restent officiellement des opérations de couverture, mais font d'Enron un acteur majeur de l'industrie financière, dans un secteur où les rendements sont les plus élevés. Les revenus tirés de cette activité auraient été de 16 milliards de dollars pendant les trois années 1998, 1999 et 2000. Ce chiffre est comparable au revenu annuel d'une institution financière comme Goldman Sachs pour l'ensemble de ses activités de marché[34].

---

33. Mimi Swartz et Sherron Watkins, *Power Failure*, Londres, Aurum Press, 2003.
34. *Les Normes comptables et le monde post-Enron*, rapport du Conseil d'analyse économique, Paris, La Documentation française, 2003.

Certains produits dérivés servent de surcroît à garantir certaines filiales d'Enron, les « special purpose entities », spécialement conçues pour alléger le bilan de l'entreprise.

LES « SPECIAL PURPOSE ENTITIES »

La nature même de l'activité d'Enron suppose que cette entreprise accède à d'importantes lignes de crédit afin de s'assurer des fonds nécessaires pour honorer les contrats d'échanges qu'elle multiplie chaque jour. Mais la volatilité et les fluctuations de bénéfices qu'implique le trading risquent potentiellement de peser sur la notation de l'entreprise – notation qui influe, à son tour, sur la capacité d'Enron à obtenir des financements préférentiels et à attirer les investisseurs. Pour s'assurer une notation attractive, Enron doit donc trouver le moyen de réduire – au moins aux yeux des analystes et des investisseurs – son endettement et d'augmenter son cashflow, tout en satisfaisant aux critères imposés par les agences de notation.

Les « special purpose entities » sont apparues comme la meilleure solution à ce problème. Elles naissent en 1990, au moment où Enron commence à prêter de l'argent à de petits producteurs de gaz pour qu'ils financent la prospection et l'extraction de leur produit. Les prêts doivent être remboursés non pas en cash, mais en gaz. Ces financements, appelés *volumetric production payments*, sont réunis au sein d'un partenariat appelé les *Cactus Funds*, une structure créée par un jeune et ambitieux employé d'Enron, Andrew S. Fastow, et qui constitue la première « special purpose entitiy » d'Enron. Les SPE sont des holdings créés par Enron pour détenir certains de ses actifs. Leur principal intérêt est d'être déconsolidées des comptes d'Enron : ainsi, le poids de la dette et le risque éventuellement supporté par ces filiales n'affectent pas le bilan global de l'entreprise. Si elles constituent un risque financier pour Enron, les SPE sont parfaitement légales.

Le principe est le suivant : une SPE, dans le capital de laquelle Enron n'investit qu'une part minime, voit le jour. Les autres actionnaires sont des investisseurs intéressés par une rentabilité faible mais constante et sans risques, en particulier les fonds de pension[35]. Par ailleurs, Enron, conseillée par Andersen, joue sur les normes comptables de l'époque, qui indiquent qu'une SPE n'a besoin que de 3 % de capital tangible externe pour être déconsolidée. Il suffit donc à Enron de trouver un financement réel pour ces 3 %, les 97 % pouvant être financés par des emprunts, et donc par la dette du groupe. Enron garantit aux apporteurs de capitaux des clauses de sortie avantageuses et, comme elle a affaire à des investisseurs qui ne veulent pas assumer la gestion des actifs ni les risques de marché et cherchent des revenus garantis, elle prend à sa charge tous les risques.

Dans un second temps, Enron vend à ses SPE des actifs physiques à la rentabilité récurrente et, grâce à ces ventes, s'allège et se recentre sur le trading. Ce transfert d'activités aurait pu rendre de plus en plus volatils les résultats de l'entreprise mais, grâce à ces SPE, Enron est capable de réaliser régulièrement des bénéfices importants par cessions d'actifs ou grâce aux revenus récurrents qui découlent de ses relations privilégiées avec les sociétés qu'elle a externalisées.

En cédant fictivement ces actifs, elle réalise une triple affaire : sortir du bilan des immobilisations lourdes et donc du capital et des dettes, réaliser des plus-values, mais aussi des marges commerciales. Les ventes effectuées grâce aux SPE jouent un rôle important dans la mise en œuvre du projet imaginé par Jeff Skilling et Kenneth Lay : faire d'Enron une entreprise sans actifs.

---

35. Enron a, par exemple, lancé en 1993 un portefeuille d'investissements appelé «Joint Energy Developement Investors» (JEDI), auquel elle associe le plus gros fonds de pension des États-Unis, Calpers, connu pour ses investissements solides et innovants.

ENRON.COM : L'ENTREPRISE SANS ACTIFS

Toute la presse salue la réussite du modèle d'affaire d'Enron, considérée par *Fortune* comme la compagnie la plus innovante des États-Unis. À partir de 1997, sa notoriété dépasse largement le cercle des spécialistes. Elle accède bientôt à une plus grande notoriété, en rachetant les Astros, l'équipe de base-ball de Houston, et en rebaptisant son stade « Enron Field ». Dans les pages de *Business Week* ou celles du *New York Times*, la compagnie et ses dirigeants sont érigés en modèles à suivre : ils ont « révolutionné » le monde des affaires. Enron incarne alors l'entreprise du XXIe siècle. Avant même de prendre le tournant des nouvelles technologies, elle est perçue, du fait de sa stratégie « asset light », de sa créativité et de son management, comme l'un des plus beaux fleurons de la « nouvelle économie ». La présentation du rapport d'activité 1999 signale que l'entreprise de Houston n'a plus grand-chose à voir avec celle née de la fusion de Houston Natural Gas et de Internorth : « Nous participons à une nouvelle économie. Ce que vous possédez n'est pas aussi important que ce que vous savez. (...) C'est notre capital intellectuel et pas seulement nos actifs physiques qui font de nous Enron[36]. » L'immatérialité d'Enron est devenue la marque de son activité.

C'est par le biais de son marché de bande passante qu'Enron prend la vague de l'Internet. Entrer sur ce marché lui permet de s'allier avec Cisco, Sun Microsystem, Compaq ou encore Roadshow.com, et de prendre pied dans le monde bouillonnant des nouvelles technologies. Pour compléter cette stratégie, Enron investit l'année suivante 10 millions de dollars dans une petite start-up, Rhythms Net Connection, et gagne en un an 290 millions de bénéfice. Mais le trading de bande passante et le rachat de Rhythms Net Connection constituent les premières pierres de la stratégie Internet d'Enron. La prochaine étape sera le lancement du trading en ligne de matières premières.

---

36. Source : http://www.enron.com/corp/investors/annuals/annual99/letter.html

Organiser un marché en ligne de gaz et d'électricité grâce à Internet, voilà l'aboutissement de la stratégie « asset light ». En quelques années, les dirigeants d'Enron placent ainsi une entreprise de transport local de gaz au rang de leader mondial du trading énergétique : avec EnronOnline, elle entre dans le nouveau millénaire. EnronOnline vend d'abord du gaz et de l'électricité en ligne, et s'étoffe progressivement. On y vend bientôt du charbon, du papier, du plastique et de la bande passante. En juin 2000, c'est-à-dire huit mois à peine après son ouverture, près de 60 % du trading effectué par Enron passe par EnronOnline. Enron crée par ailleurs les sites Water2water.com pour ses ventes d'eau, WaterDesk.com pour les produits associés et Clickpaper.com pour les dérivés sur le papier. Enron est devenue une entreprise Internet.

Lorsque Enron ouvre EnronOnLine, elle n'entend pas créer un marché en ligne dans lequel tous les producteurs de gaz ou d'électricité vendraient librement leurs produits. C'est au contraire le « verrouillage » par Enron de toutes les transactions qui fait d'EnronOnline une innovation très lucrative. Une entreprise qui voudrait acheter ou vendre du gaz ou de l'électricité sur EnronOnline se voit dans l'obligation de traiter directement et exclusivement avec Enron.

Enron, à la fois acheteur, vendeur et organisateur du marché, a besoin d'augmenter sans cesse le volume des échanges. Pour la gestion de ses propres risques, de plus en plus importants avec le succès de son activité de trading en ligne, elle imagine EnronCredit.com, qui propose des dérivés sur le taux de crédit ou encore des swaps sur les faillites. Mais EnronCredit.com ne fait qu'ajouter de nouveaux risques à ceux déjà existant. Elle symbolise l'achèvement de la mue d'Enron en institution financière. Le groupe de Houston est désormais une banque ou un *hedge fund*[37] d'un nouveau genre, dont la réputation repose entièrement sur un fragile empilement de risques.

Jusqu'au milieu de l'année 2000, les résultats d'Enron connaissent une croissance perpétuelle. Elle est perçue comme

---

37. Fonds d'arbitrage : *cf.* glossaire.

l'entreprise de services du XXIᵉ siècle et non comme une entreprise spécialisée dans les produits dérivés qui superpose les risques. Cette année-là, elle déclare 100,8 milliards de dollars de chiffre d'affaires[38], ce qui fait d'elle la septième plus grosse entreprise des États-Unis, à la hauteur d'IBM ou de Wal-Mart. Personne ne semble alors remarquer non seulement que ces profits sont réalisés au prix de risques considérables, puisqu'ils découlent de montages financiers qui peuvent se retourner contre leur concepteur à tout moment, mais surtout qu'ils sont, pour une large part, totalement fictifs.

DE L'INNOVATION FINANCIÈRE À LA FRAUDE

Dans un premier temps, Enron « arrange » ses comptes par des méthodes similaires à nombre d'autres entreprises, mais à une échelle et dans des proportions inconnues jusqu'alors. Les montages d'Enron, complexes et opaques aux yeux mêmes des analystes financiers, servent longtemps d'écran de fumée pour masquer ses pertes, ses cessions fictives ou encore ses manipulations comptables. Enron franchit peu à peu la ligne rouge qui sépare l'innovation comptable de la fraude caractérisée.

Nous avons vu qu'une stratégie clé d'Enron a été de réduire ses actifs, c'est-à-dire de se désengager, au moins fictivement, des investissements lourds issus de ses anciennes activités, comme les gazoducs ou les centrales électriques. Un désengagement réel aurait pris du temps et n'aurait pas été rentable, Enron ayant largement surpayé une bonne partie de ses acquisitions. Kenneth Lay monte donc une stratégie qui consiste non pas à vendre véritablement ces actifs, mais simplement à les sortir de son bilan afin d'améliorer ses résultats financiers ; la rentabilité des capitaux investis s'accroît mécaniquement.

---

38. Loren Fox, Enron, *The Rise and Fall, op. cit.*

Toute la réussite, mais aussi l'échec et le scandale d'Enron, tient donc à la façon dont elle est parvenue à mettre en œuvre cette stratégie « asset light ». Les « special purpose entities », pierres angulaires du système d'Enron, constituent sa première forme de « dérive », ces SPE n'étant que les instruments de vente fictive d'actifs qu'Enron se contente de déconsolider en enregistrant comme bénéfices les revenus correspondants – ce que les dirigeants appellent « monétisation » ou « syndication » des actifs[39] – tout en gardant le risque.

Special Purpose Entities (SPE) :
les structures de déconsolidation

Dans les années 1980, les compagnies aériennes ont commencé à louer à long terme leurs avions de ligne plutôt que de les acheter. S'est alors posée la question du traitement fiscal de cette opération de crédit-bail : qui devait supporter le risque ? L'entreprise utilisatrice liée par un contrat de location de long terme, ou l'entreprise financière formellement propriétaire de l'avion ? Comme c'est la règle aux États-Unis, le régulateur comptable est saisi à travers l'« *Emerging Issues Task Force* » du Financial Accounting Standards Board et émet une nouvelle règle (EITF 90-15) : les entreprises peuvent sortir de leurs comptes l'immobilisation et la dette à la base d'une opération de crédit-bail pour peu que l'entreprise qui porte l'actif supporte au moins 3 % du risque. Ainsi suffit-il de créer une structure ad hoc, avec un financier partenaire dont le capital social est d'au moins 3 % du risque total lié à la détention d'un actif particulier, pour que l'entreprise utilisatrice de l'actif le sorte de son propre bilan. Encore faut-il que le partenaire extérieur soit véritablement extérieur et qu'il porte réellement une part du risque. Les SPE, car c'est ainsi qu'on les nomme, prolifèrent dans les années 1980 hors de leur

---

[39]. Voir « Le rôle du conseil d'administration d'Enron : Rapport de la sous-commission permanente d'enquête de la commission des Affaires gouvernementales du Sénat américain », juillet 2002, reproduit *in* Marie-Anne Frison-Roche, *Les Leçons d'Enron*, Paris, Autrement, 2003.

domaine initial – le crédit-bail – pour servir d'outil de déconsolidation[40]. D'où la nouvelle définition dans les années Enron de la SPE qui devient une structure financière permettant le camouflage d'investissements déficitaires par sortie des actifs du bilan de la société mère et déconsolidation.

Cette opération suppose que la société mère détienne moins de 50 % du capital de la SPE et dispose d'un capital social représentant au moins 3 % du bilan.

La SPE était rendue attractive pour les investisseurs grâce à la garantie d'actifs offerte par l'entreprise initiatrice de l'opération. Enron, par exemple, offrait ses propres titres en garantie sous forme d'options d'achat.

La SPE montée pour la reprise de la centrale de Dhabol en Inde permet de comprendre le mécanisme.

La SPE Whitewing est créée par apport de capitaux (3 % du bilan) des associés Enron pour 50 % et d'Andy Fastow, directeur financier d'Enron, pour 50 %.

Un trust Osprey fait appel au marché et une structure porte la garantie de valeur donnée par Enron Condor.

Enron apporte des actifs à Whitewing.

En cas de moins-values sur les actifs portés par Whitewing, Enron est contrainte de faire jouer sa garantie via Condor, soit sous forme de cessions d'actions, soit par apport de cash.

Le succès d'Enron auprès des investisseurs extérieurs encourage très rapidement la multiplication des SPE. Le partenariat JEDI, entre Enron et Calpers, contribue à accroître les bénéfices de l'entreprise de Houston et lui rapporte 68 millions de dollars en 1997 – sans alourdir sa dette. Quatre années plus tard, Andrew Fastow, directeur financier d'Enron depuis mars 1998, décide de lancer un nouveau partenariat avec Calpers et propose au fonds de pension d'investir dans Enron Energy Service. Calpers accepte à condition de sortir de JEDI. Enron doit lui racheter ses parts, ce qu'elle ne peut faire directement sous peine de voir les comptes et la dette de JEDI consolidés avec ses

---

40. Source : Frank Partnoy, *Infectious Greed*, *op. cit.*, p. 310.

propres comptes. Pour résoudre cette difficulté, Fastow crée une nouvelle SPE, Chewco Investement, enregistrée dans le Delaware, qui rachète les parts de Calpers dans JEDI. La nouvelle entité emprunte de l'argent pour racheter les parts de Calpers et contracte un prêt de 240 millions de dollars auprès de la Barclays – garanti par Enron. Elle touche, au passage, une commission pour avoir assuré le prêt, tandis qu'elle emprunte 132 millions au fonds JEDI lui-même et 11,5 millions – qui correspondent aux 3 % rendus obligatoires par la loi – à une troisième partie formée d'amis personnels de Fastow. Tout l'argent investi dans la Chewco est directement ou indirectement garanti par Enron qui ne détient pourtant qu'une part symbolique de la nouvelle entité.

Andrew Fastow, à l'origine des premières SPE, est le grand architecte des succès affichés dans les bilans d'Enron et le principal responsable de sa chute. Il s'attache à ce qu'Enron garde le maximum des avantages de la propriété, sans toutefois en subir les inconvénients.

Au fil du temps, les SPE se multiplient et prennent place au sein de transactions de plus en plus complexes et d'opérations tortueuses. Celles-ci impliquent de nombreuses entités créées pour l'occasion et comprennent des systèmes de compensation, des produits dérivés, des crédits croisés, des contrats à terme, des contrats de paiement anticipé, et toutes les formes possibles de financement. Le sommet est atteint avec les opérations baptisées *Raptors* qui, à travers sept ou huit filiales déconsolidées, qui se contrôlent et se financent les unes les autres, permettent à Enron d'augmenter ses revenus artificiellement, en vendant ses actions à des prix plus élevés que le marché.

Enron devient peu à peu un archipel de quelque 3 500 filiales, partnerships ou joint-ventures. Dès qu'un risque d'augmentation des dépenses ou de la dette du groupe apparaît, Fastow intervient et élabore un montage adéquat.

Prenons l'exemple du rachat de Portland Oregon, qui présente pour Enron un risque inédit puisqu'il fait du groupe une « utility » d'électricité. Pour des raisons de réglementation, cette acquisition peut avoir une incidence sur le statut de toutes les autres centrales électriques gérées par Enron. Elle risque par ailleurs d'obliger Enron à intégrer dans ses comptes, en vertu des réglementations fédérales et locales, les dettes de ces centrales. Pour éviter ces conséquences néfastes pour le bilan comptable d'Enron, Fastow choisit de créer une SPE, Alpine Investors Limited, qui rachète à Enron ses centrales encombrantes tout en s'arrangeant pour que, à travers un enchevêtrement de deals, Enron continue à en être le propriétaire.

Les SPE permettent également à Fastow d'effacer du bilan des investissements trop peu rentables. Le partenariat Whitewing rachète, en décembre 1997, des centrales électriques – dont certaines parts de Dabhol –, des gazoducs, des actions et toute une série d'actifs d'Enron, qui font mauvais effet sur son bilan.

Une autre manipulation consiste à réévaluer artificiellement certains actifs, comme le réseau en fibre optique d'Enron. Seule une partie est utilisée, le reste, appelé *dark fiber*, est «éteint». La valeur et les droits associés à l'usage de ces «dark fiber» sont donc très difficiles à évaluer. Fastow crée une SPE, appelée LJM2, qui achète pour 100 millions de dollars ces droits pourtant évalués dans les livres d'Enron à 33 millions[41] : 67 millions de dollars apparaissent ainsi dans la colonne des «profits», à un moment où la valeur des fibres optiques chute. La transaction valorise ce réseau «éteint» auprès d'autres investisseurs, pour leur part bien réels, et on peut supposer que d'autres gains fictifs ont été générés par ce même système à travers d'autres SPE.

Enron, dont le métier est de garantir les risques, dépasse les limites en excédant un ratio raisonnable entre sa prise de risque et son aptitude patrimoniale à répondre financièrement en cas de danger[42]. Les SPE correspondent à d'énormes emprunts, dissimulés dans des notes en bas de page du bilan de l'entreprise. Elles représentent donc de l'«argent gratuit[43]».

---

41. CAE, *Les Normes comptables et le monde post-Enron*, op. cit.
42. *Le Rôle du conseil d'administration d'Enron*, Rapport du Sénat américain, op. cit.
43. Mimi Swartz et Sherron Watkins, *Power Failure*, op. cit.

Les montages comptables d'Enron sont tellement complexes que personne – pas même les nombreux analystes qui scrutent chaque jour la vie de l'entreprise – ne s'est attaché à les déchiffrer, ou à demander des compléments d'informations : « Si vous parvenez à les comprendre, faites-moi signe », plaisantait, en 2001, Todd Shipman de Standard and Poor's dans le magazine *Fortune*. « Vous me donnez un an ? » ajoutait son collègue de chez Fitch's, Ralph Pellecchia, dans le même article [44].

Les auditeurs d'Andersen – dont Enron est le plus gros client – portent une grande part de responsabilité dans ce scandale. Tout en sachant pertinemment que ces montages ont pour but de masquer des pertes et sont à la limite de la légalité, ils ont choisi de les valider jusqu'au bout. L'affaire Enron montre donc comment des catastrophes peuvent survenir « malgré le respect du texte, voire grâce à cela [45] ».

Outre la création des « special purpose entities », Enron a recours à toute une série d'autres techniques comptables. Elle commence, dès 1993, à enregistrer dans ses comptes les profits prévus par ses contrats à long terme, au lieu de les étaler sur plusieurs années. Même les contrats sur 20 ans deviennent des sources de profits immédiats. Durant ses deux dernières années d'existence, au moment où les transactions effectuées sur EnronOnline se multiplient, les dirigeants d'Enron enregistrent un certain nombre d'entre elles comme « profits » alors que l'argent ne fait qu'y transiter. Il ne s'agit plus de choix comptable litigieux mais bien, comme dans le cas des cessions fictives, d'une technique consistant à faire apparaître frauduleusement de faux profits.

La fraude et la manipulation sont devenues chez Enron pratiques courantes. Si certains de ses dirigeants, comme Skilling ou Fastow, portent une responsabilité importante dans la faillite de leur entreprise, on trouve pendant toutes ces années des pratiques frauduleuses, à de très nombreux niveaux de celle-ci.

---

44. *Fortune*, 5 mars 2001.
45. Marie-Anne Frison-Roche, *Les Leçons d'Enron, op. cit.*

L'ambiance qui régnait au sein d'Enron incitait les traders à prendre le plus de risques possible. La complexité de la structure administrative reflétait la volonté des dirigeants d'en faire une entreprise décentralisée. Le cloisonnement entre les activités favorisait l'opacité dans les processus de gestion et de décision. Les métiers qui perdaient de l'argent étaient regroupés sous l'étiquette *non core*[46] tandis que seuls les métiers lucratifs étaient mis en avant. Mais Enron était sans cesse réorganisée afin de faciliter la tâche de ceux qui avaient pour mission de masquer les pertes et de faire apparaître, au moins dans les comptes, des profits.

Du fait de ces restructurations permanentes des divisions d'Enron, l'entreprise se développait de façon rapide et chaotique. De nombreux employés finissaient par ne plus savoir dans quelle division ils travaillaient. Les cadres dirigeants comme les traders changeaient souvent de poste, et beaucoup d'entre eux voyaient leur travail chez Enron comme une parenthèse rémunératrice, avant de partir pour des cieux plus cléments. Ces phénomènes de mobilité et de renouvellement rapide se répercutaient sur le mode de vie et d'implication des salariés. L'ambiance de travail était celle d'une compétition permanente dans laquelle le rapport masse de travail et de stress s'équilibrait avec un salaire élevé. La lutte par les traders pour les parts de marché était si forte que, au moment d'additionner le montant total des bénéfices déclarés par chacun tous les ans, celui-ci dépassait le montant total des bénéfices réalisés par l'entreprise[47].

Les traders étaient en effet encouragés à se concentrer non pas sur l'impact économique réel de leurs transactions, mais sur les effets comptables de celles-ci puisque le bilan de l'entreprise comptait davantage que sa santé réelle. Un bon bilan était nécessaire pour que la valorisation boursière du groupe continue à grimper. Or, comme une grande partie des employés du groupe possédait des stock options, ils étaient personnellement

---

46. Les activités ne relevant pas du cœur de métier de l'entreprise et qui peuvent donc être cédées sont qualifiées de « non core ».
47. Mimi Swartz et Sherron Watkins, *Power Failure, op. cit.*

impliqués dans cette valorisation boursière et avaient intérêt à voir la valeur des actions s'envoler. Tout semblait fait pour augmenter et cristalliser l'obsession de la Bourse. En 1998, 16 millions d'options ont été distribuées aux employés d'Enron. Ce nombre a doublé entre 1999 et 2000[48]. Dans le hall d'entrée du siège d'Enron à Houston, Kenneth Lay avait fait installer un gigantesque panneau lumineux avec le prix de l'action d'Enron à Wall Street. Dans les ascenseurs, des postes de télévision diffusaient la chaîne financière Bloomberg, afin que le trajet soit une occasion de surveiller le Dow Jones.

Par ces incitations, les bons traders n'hésitaient pas à dépasser la limite de leur *value at risk*[49], de même que personne ne se posait de question sur la façon dont Enron réalisait ses bénéfices, tant que sa valorisation boursière grimpait. Le contrôle du risque interne à l'entreprise était laxiste à l'endroit des traders qui gagnaient régulièrement de l'argent.

Et les traders d'Enron en gagnaient beaucoup. Sur la pénurie énergétique californienne, ils généraient d'immenses profits en jouant sur les défauts du marché. Ainsi, certains d'entre eux réalisèrent de tels bénéfices avec les produits dérivés qu'ils manipulèrent leurs comptes individuels afin d'atténuer certains profits embarrassants. Ils utilisaient des fonds de réserve appelés *prudency reserve*[50] qui leur permettaient de mettre de l'argent de côté lorsque leurs revenus étaient trop importants. Par exemple, sur 10 millions de dollars, ils en enregistraient 9 dans la case profits et gardaient le million restant dans leur fonds de réserve. Chaque trader était donc en mesure de répartir ses profits au cours de l'année. Lorsqu'ils connaissaient des périodes moins profitables, ils piochaient dans leur fonds de réserve pour annoncer un meilleur chiffre.

---

48. Du propre avis d'Enron, ces options auraient réduit ses bénéfices de 10 % si elles avaient figuré au bilan de l'entreprise. Enron pouvait offrir autant d'options car elle parvenait à les couvrir elle-même via un système complexe de futures qui pouvaient l'obliger à racheter ses propres actions (source : Partnoy).

49. VAR : nom de l'indice qui indique aux traders la limite d'argent qu'ils ont le droit de risquer, et donc potentiellement de perdre.

50. Réserve de profit permettant de lisser sur plusieurs années les bénéfices réalisés et d'en masquer l'origine.

Des moyens plus complexes permettaient de manipuler les profits. Selon une technique qui reste encore en partie mystérieuse, certains traders parvenaient à truquer les courbes prévisionnelles sur lesquelles étaient basés certains produits dérivés [51].

Le comble du cynisme est atteint lorsque apparaissent les premières difficultés. Alors que les dirigeants du groupe ont largement incité les salariés à investir en actions Enron, produits moins sûrs que ceux classiquement proposés par les fonds de pension, ils quittent le navire en cédant leurs titres pendant que les salariés piégés voient leur retraite partir en fumée. La cupidité s'est répandue à de nombreux niveaux de l'entreprise : outre les 29 dirigeants d'Enron, suspectés d'avoir revendu leurs titres peu avant l'annonce de la faillite, l'affaire met en scène des dirigeants déjà très fortunés qui n'hésitent pas à mettre en péril l'intérêt des petits actionnaires et des salariés pour s'assurer un train de vie exceptionnel, à commencer par celui de Kenneth Lay qui dispose d'une ligne de crédit personnelle de plusieurs millions de dollars, financée par la compagnie.

Enron révolutionne donc le monde des affaires en innovant en matière de produits dérivés, mais elle construit aussi son succès sur une accumulation de risques et de dettes qu'elle ne parvient à dissimuler que grâce à sa valorisation boursière stratosphérique. Toutes les opérations financières du groupe ont en commun d'être risquées et de reposer sur le cours en Bourse du groupe. Plus celui-ci grimpe, plus il autorise de nouveaux montages et de nouvelles opérations, le risque encouru augmentant proportionnellement.

Cependant, si les *triggers* [52] qu'Enron a programmés en constituant son réseau de SPE permettent à cette valorisation de s'envoler, ils sont comme des couperets suspendus au-dessus de la tête de l'entreprise. À partir du moment où cette valorisation s'effrite, ils se déclenchent un à un, provoquant ainsi l'effondrement rapide du groupe.

---

51. *Cf.* Frank Partnoy, *Infectious Greed*, *op. cit.*
52. Littéralement «gâchettes», en fait niveaux d'un indicateur – par exemple un cours de Bourse – à partir duquel une dette devient exigible.

Conclusion

L'industrie des produits dérivés, née dans le contexte de l'après-Bretton Woods, a prospéré dans les années 1980 et sa contribution a été décisive dans les années de restructuration du capitalisme américain. En permettant de séparer les risques de taux de crédit et de change et de disséminer les risques sur l'ensemble des acteurs économiques et financiers, elle a favorisé le développement de l'investissement et a donc contribué à la croissance. On sait que la transformation d'une épargne en investissement est un phénomène en principe risqué. En décomposant les risques, en les fractionnant et en les faisant circuler, l'industrie des dérivés a facilité l'investissement.

Comment comprendre que cette industrie reste associée à l'image négative de la spéculation? Il suffit de signaler à la fois les enrichissements sans cause des arbitragistes ainsi que les montages financiers conçus pour dissimuler l'état réel de l'entreprise et agir sur son cours de Bourse.

La réputation sulfureuse de l'industrie des dérivés se comprend également si l'on songe aux stratégies agressives de vente de produits, qu'il eût fallu ne pas mettre entre toutes les mains, ou encore au flou artistique qui entourait certaines zones de la législation.

Le krach obligataire de 1994 a révélé au grand jour les effets de la vente agressive de titres risqués à des trésoriers peu sophistiqués de collectivités locales ou d'entreprises. La hausse brutale des taux courts décidée par le président de la FED, Alan Greenspan, en février 1994, a généré des pertes colossales pour nombre d'entreprises et de collectivités locales habituées à jouer la baisse des taux et surprises par la brutalité du retournement. Robert Citron, le septuagénaire trésorier d'Orange County, qui avait secrètement misé des centaines de millions de dollars sur des produits de taux structurés en pariant sur une baisse des taux, a ruiné les contribuables de sa ville, qui subit une perte de 1,7 milliard de dollars, par naïveté, inexpérience et coupable faiblesse, face aux banquiers qui l'avaient démarché. Soros déclare : « There are so many of them [derivatives] and some of them are so esoteric, that the risks involved may not be properly understood even by the most sophisticated investors. » Cette affaire révèle une triple faille dans le dispositif de diffusion des dérivés : d'une part l'asymétrie de compétences entre innovateurs financiers de Wall Street et trésoriers classiques, d'autre part l'absence d'obligation de divulgation des positions prises, et enfin la faiblesse des mécanismes de gouvernance des fonds.

Ce naufrage donne lieu à deux lectures. La première vaut condamnation pour l'industrie des dérivés, considérés comme des produits dangereux mis entre des mains peu expertes par des banquiers intéressés financièrement à leur diffusion. La deuxième renvoie aux mécanismes classiques de l'apprentissage : des produits nouveaux et innovants sont manipulés par des mains non expertes mais appelées à se former progressivement.

Nous ne trancherons pas le débat à ce stade, si ce n'est pour indiquer que des acteurs comme Merrill Lynch, Bankers Trust ou Enron ont activement milité pour que ces produits, potentiellement toxiques, ne soient pas régulés.

Enron a anticipé les effets de la déréglementation de l'énergie et a travaillé activement pour influencer le cours de la libéralisation des secteurs régulés et en profiter. Elle a compris rapidement les vertus de multiplicateur de richesse des marchés de produits dérivés négociés de gré à gré et fut parmi les premières à mobiliser les talents des équipes de Bankers Trust, comme elle fut parmi les premières à s'aventurer dans les options de bande passante.

L'engagement d'Enron sur les marchés financiers reproduit et amplifie la démarche qui fut la sienne sur les marchés de l'énergie. L'entreprise a glissé insensiblement de l'innovation financière à la créativité comptable, puis à la fraude caractérisée. Appliquer les techniques du négoce pour diversifier les produits dérivés revient assurément à faire preuve d'innovation. Profiter du cadre favorable régissant les SPE pour sortir des classes d'actifs clairement identifiées en les apportant à des joint-ventures formés avec des investisseurs constitue, il est vrai, un moyen légal d'alléger la structure de son bilan. Mais inventer des échanges dans lesquels on est sa propre contrepartie pour faire apparaître de faux bénéfices conduit à franchir délibérément la ligne qui sépare la créativité comptable de la fraude.

Cependant, si Enron a milité pour la libéralisation financière et a exercé des actions de lobbying intenses, elle n'est pas coupable d'avoir été suivie par des autorités politiques qui ont préféré laisser faire en des matières potentiellement très dangereuses.

L'action d'Enron comme celle des opérateurs financiers plaide en effet pour une régulation sans cesse adaptée à l'innovation financière. Les idées complaisamment répandues par les «intégristes» du marché sur l'absence de régulation ou l'autorégulation par les professionnels ne tiennent pas. Quand l'une des fonctions des produits dérivés est de détourner les règlements, quand les contrôles par les administrateurs et les actionnaires se révèlent inopérants puisque les managers et les salariés ont une incitation monétaire forte à tester les limites du système, il faut, à l'évidence, remettre en chantier la régulation. Cela ne revient ni à méconnaître l'utilité de tels outils, ni à sous-estimer la difficulté à sortir d'un cadre désuet de régulation, issu des années 1930, ni à croire que l'on puisse améliorer significativement le design institutionnel actuel à faibles coûts. Il s'agit simplement de constater que la coexistence entre secteurs régulés et secteurs non régulés crée une incitation forte à transférer les opérations les plus risquées vers les secteurs non régulés. Les institutions qui supportent désormais les risques du marché ne sont ainsi plus les banques régulées mais les institutions non régulées. C'est en cela qu'Enron est un symbole de son époque : à la fois entreprise financière innovante, pratiquant l'arbitrage réglementaire, et révélatrice, par ses pratiques, des failles des systèmes de contrôle et de l'inadéquation des outils réglementaires disponibles.

6

Vivendi devient Universal

En janvier 2000, alors qu'ils discutent encore avec Rupert Murdoch de l'avenir de la télévision à péage, Jean-Marie Messier et Pierre Lescure apprennent qu'Edgar Bronfman Jr., patron de Seagram, cherche à vendre Universal. Des échanges stratégiques sur la convergence numérique entre celui-ci et Jean-Marie Messier avaient déjà eu lieu en octobre de l'année précédente. Mais la fusion AOL-Time Warner accélère le rapprochement entre les deux groupes.

Seagram, entreprise familiale originaire du Canada, est née de la vente d'alcool pendant la prohibition. Devenue le leader mondial des spiritueux, elle s'est diversifiée dans de nombreux domaines de l'industrie, dont la chimie. Nommé à la tête du groupe en 1994, Edgar Bronfman Jr., troisième du nom, multiplie les acquisitions, notamment dans le secteur de la musique[1]. En 1998 il rachète MCA, le propriétaire d'Universal, au groupe

---

1. Edgar Jr. est un passionné de musique et a composé des chansons pour Donna Summer et Céline Dion.

Matsushita, et se sépare des 24,2 % que son groupe détenait dans le groupe chimiste Du Pont de Nemours. La même année, il rachète Polygram. Avec USA Networks, le groupe possède également une participation non négligeable dans l'industrie du câble.

Cette stratégie nourrit cependant nombre de critiques de la part des actionnaires, y compris au sein de la famille de Bronfman Jr. Les risques pris paraissent parfois inconsidérés et certains de ses choix contestables[2]. De plus, même si le succès d'Universal dans la musique et le cinéma met au début de l'année 2000 le titre Seagram sur une pente ascendante (Universal Studios pèse alors 4 milliards de dollars et Universal Music 20 milliards), les problèmes de succession posés par l'existence d'une trentaine d'héritiers Bronfman de la quatrième génération conduisent finalement Edgar Jr. à envisager l'éventualité d'une cession d'Universal.

L'héritier des Bronfman commence à explorer le marché, contacte plusieurs patrons. Il évoque d'éventuels rapprochements avant d'être, comme tant d'autres, séduit par le charme du dirigeant de Vivendi, ainsi que par la stratégie Internet globale du groupe. Bronfman connaît par ailleurs Pierre Lescure qui tente depuis plus d'un an de négocier l'achat des sociétés de distribution appartenant à Polygram. C'est plutôt avec Canal + que Bronfman envisage au départ de fusionner Universal, pour tenter d'implanter le groupe américain de plain-pied en Europe.

Mais, alors que Bronfman envisage toutes les combinaisons possibles, la fusion AOL-Time Warner, qui intervient en janvier 2000, accélère le processus de cession. L'opération fait l'effet d'un tremblement de terre dans l'univers des médias : au moment même où tout le monde proclame que le contenu est roi, une entreprise de « tuyaux » dont personne n'avait entendu parler cinq ans auparavant réussit à avaler un géant des « contenus », l'une des cinq majors (avec Fox, Disney, Paramount et MGM). Le contexte est devenu favorable à Messier avec l'affaire

---

2. L'action Du Pont de Nemours a ainsi grimpé en flèche après la cession.

AOL-Time Warner : l'avenir appartient à ceux qui savent faire preuve d'audace, de rapidité et d'agilité. En ce début d'année 2000, la bulle de l'Internet est gonflée au maximum et Universal, que l'on range plutôt, avec Columbia et RKO, dans la catégorie des petits studios, semble bien à la merci du premier Yahoo ! venu.

Jean-Marie Messier s'envole le 20 janvier à New York pour envisager avec Bronfman la possibilité d'une fusion. Il découvre alors que le projet des Bronfman n'est plus de céder seulement Universal, mais l'intégralité de Seagram. Ce n'est plus Canal + qui est concerné, mais Vivendi tout entier. Cependant, il ne saurait être question pour Vivendi Environnement d'entrer dans la transaction. Mais sans ce pôle qui pèse toujours très lourd, Vivendi ne fait pas le poids face à Seagram. Une solution paraît envisageable : la fusion entre les trois entités Seagram, Vivendi, Canal +. Messier et Bronfman en discutent avec Lescure, et les trois hommes tracent les grandes lignes du projet. Reste à convaincre l'ensemble de la famille Bronfman, et notamment Edgar senior, le fils du fondateur de Seagram, dont l'avis est prépondérant.

Le 22 mars, Jean-Marie Messier passe une sorte de grand oral auprès de la famille Bronfman. Lorsqu'il raconte, non sans délectation, cet épisode dans son livre *J6m. com*, il ne donne pas l'impression d'avoir racheté une entreprise, mais d'être entré dans une famille. Jean-Marie Messier présente la fusion comme un mariage. On le voit demander la main de l'entreprise devant le conseil de famille et attendre avec anxiété l'approbation du patriarche, tandis que l'oncle Charles, réticent, fait figure d'opposant à circonvenir. Le temps de la mésentente entre Vivendi et Universal venu, il sera tenu par Messier pour le principal responsable américain de sa mise à l'écart. Pour l'heure, Messier parvient à convaincre le conseil de famille en démontrant que « Vivendi a besoin de la musique et des États-Unis [et que] Seagram a besoin de l'accès et de la diffusion[3] », comme il l'expliquera lors de l'annonce de la fusion, et propose une transaction particulièrement complexe dont le montant exact reste à négocier.

---

3. *La Tribune*, 21/6/2000.

Finalement, le patron de Vivendi propose, le 20 juin, 34 milliards de dollars pour le rachat de Seagram, soit une prime de 45 % sur le dernier cours de Bourse de l'entreprise[4]. Messier fait là une excellente affaire : comme les Bronfman veulent que l'opération se fasse uniquement par échange de titres, l'opération n'a pas d'impact sur l'endettement du groupe. Vivendi profite alors de son exceptionnelle valorisation boursière liée à Vizzavi pour obtenir une bonne parité d'échange des titres. Ainsi, non content d'acheter « en papier » Seagram, Messier compte tirer un bon prix de sa branche spiritueux, dont la vente est déjà programmée.

Entre l'annonce de l'imminence de la fusion dans la presse et son adoption lors de l'assemblée générale des actionnaires à la fin de l'année 2000, les négociations vont bon train. De nombreux paramètres doivent être pris en compte, parmi lesquels le problème de la réglementation française qui interdit le contrôle majoritaire d'une chaîne de télévision hertzienne, la question épineuse du statut respectif des dirigeants des trois entreprises au sein de la nouvelle entité, et enfin les réticences des salariés et obligés de Canal +, qui voient déjà la chaîne française croquée par un groupe nord-américain.

SAUT D'OBSTACLES

Alors qu'il s'apprête à déminer le terrain, à régler les mille et une difficultés d'une telle fusion, Jean-Marie Messier est cueilli à froid par la réticence des opérateurs de marché. Le nouveau groupe, futur numéro deux mondial de la communication, affronte une Bourse hostile. Le titre perd 14 % le jour où les rumeurs de fusion sont confirmées par les dirigeants des deux groupes : cette chute est trop importante pour être mise sur le compte des seules opérations d'arbitrage – opérations qui

---

[4]. La légende veut que Rupert Murdoch lui-même ait refusé de payer cette somme colossale.

entraînent généralement une baisse des actions de l'acquéreur et une hausse des actions de l'entreprise cible. L'agence Standard and Poor's place alors Vivendi sous surveillance. Le cours du groupe passe en octobre en dessous de 90 euros, soit une baisse de 25 % depuis l'annonce de la fusion en juin. Les obstacles qui se dressent encore sur la route de Jean-Marie Messier, ainsi que le souvenir de l'épisode BSkyB, entretiennent le scepticisme ambiant. Si nombre de dossiers restent en suspens, comme l'avenir de Cegetel, les relations avec AOL ou encore la cotation de Vivendi Environnement, c'est surtout le prix payé pour le groupe canadien qui inquiète. Il paraît disproportionné par rapport aux «pauvres recettes» qu'il est susceptible d'apporter[5], d'autant plus que la partie la plus solide du groupe, les spiritueux, doit être vendue. Les analystes ne remettent pas pour autant en cause la stratégie définie par Messier dans ses *road-shows*[6] de l'automne et ainsi résumée : «Notre vision consiste à devenir le premier créateur mondial d'information, de distraction et de services au consommateur, n'importe où n'importe quand, sur n'importe quelle plate-forme de distribution et n'importe quel terminal[7].» Cette vision est même plutôt bien accueillie, mais les observateurs économiques s'interrogent sur la capacité du patron de Vivendi à la mettre en œuvre et, surtout, à la traduire en résultats opérationnels et en profits.

Jean-Marie Messier et Pierre Lescure n'en poursuivent pas moins leur dessein. Ils ont bien retenu les leçons de l'épisode BSkyB : ils ont pris le temps de faire le tour des hommes politiques et de s'assurer que le Premier ministre Lionel Jospin, le ministre des Finances Laurent Fabius et le ministre de la Culture Catherine Tasca (une ancienne de Canal +) soutiennent la fusion. Messier a pris le soin d'inviter Hervé Bourges,

---

5. *Wall Street Journal Europe,* 21/6/2000. Malgré les bons résultats dans le domaine de la musique, on craint en effet que le piratage ne mette à mal ce secteur.

6. Toute opération financière d'envergure donne lieu à une tournée des grands investisseurs, des analystes et des journalistes spécialisés à Londres, New York, Édimbourg, Zurich, etc. Les dirigeants doivent convaincre leurs interlocuteurs des vertus de l'opération envisagée pour la croissance et la profitabilité future de l'entreprise.

7. Source presse.

président du CSA, afin de lui expliquer le détail du montage et de le rassurer quant à l'indépendance de Canal + : ce sont les Français qui s'implantent aux États-Unis, et non l'inverse. Après quelques concessions mineures, le CSA approuve donc la fusion.

Denis Olivennes et Marc-André Feffer, dirigeants de Canal +, élaborent un montage complexe pour contourner l'interdiction légale de posséder plus de la majorité des parts dans une chaîne hertzienne. La chaîne Canal + devient Canal + SA, société indépendante de Vivendi Universal. Elle détient la nue-propriété du fichier des abonnés de Canal +, dont l'usufruit est attribué à Canal + Distribution qui, comme CanalSatellite, StudioCanal, les activités Internet et toutes les filiales internationales du groupe, est filiale à 100 % du nouveau groupe.

Les salariés de Canal + ne comprennent pas le détail du montage, mais sentent bien que Canal est vidée de sa substance au profit de Vivendi Universal. Ils obtiennent néanmoins que le directoire et le conseil de surveillance soient désignés pour l'ensemble du groupe Canal, et non pour la seule Canal + SA, comme le souhaitait Messier. Ce dernier, fidèle à sa méthode, fait tout pour les rassurer et multiplie les interventions sur le canal interne de la chaîne. Le 23 novembre 2000, dans une intervention restée célèbre, il verse une larme en leur déclarant sa flamme : « Je vous aime [...]. Je vais vous donner des preuves de cet amour [8] », affirme-t-il en promettant qu'il n'y aura pas de plan social et que Pierre Lescure, « le meilleur manager pour Canal », restera à la tête de la chaîne.

Les obstacles réglementaires sont donc éliminés un à un. Le fait est que personne, en France, n'a envie de nuire à ce qui apparaît comme une véritable « conquête de l'Ouest ». Beaucoup souscrivent à cette vision énoncée par Jean-Marie Messier : « Jusqu'à présent, c'étaient les Américains qui faisaient leur shopping chez nous. Là, nous sommes allés planter notre drapeau sur leur

---

8. *La Tribune*, 23/11/2000.

sol[9]. » Seuls les professionnels de l'audiovisuel, soucieux du maintien de l'exception culturelle, et les salariés de Canal +, inquiets pour leurs emplois et leur indépendance, font un peu de résistance, et déposent notamment un recours devant le Conseil d'État. La Commission de Bruxelles, qui aurait pu – comme l'avait annoncé un peu vite *Le Monde* – bloquer toute l'opération, l'autorise après discussions : Jean-Marie Messier accepte de céder toutes ses parts dans BSkyB et s'engage à ne programmer sur Canal + que 50 % de films produits par Universal.

Jean-Marie Messier est le patron incontesté du nouvel ensemble. Les postes de Pierre Lescure et Edgar Jr. sont plus incertains. Il est décidé que Bronfman coiffera toutes les activités musique et Internet tandis que Lescure s'occupera du cinéma. Cependant, si Bronfman, nommé vice-président, apparaît en théorie comme le numéro deux du groupe, il n'en est rien dans les faits. Très vite, il se désintéresse de Vivendi Universal, laissant une entière liberté de manœuvre à Messier[10]. Ainsi, plus que la présence de Bronfman au-dessus de lui, c'est la question de son véritable statut au sein du groupe qui préoccupe Pierre Lescure. Éric Licoys, Guillaume Hannezo, Vincent Grimond ou Agnès Touraine constituent les véritables seconds de Messier. En n'étant plus le seul maître à bord de Canal +, Lescure perd l'indépendance dont il jouissait.

À mesure que se met en place la nouvelle organisation, il apparaît que Messier souhaite laisser une relative autonomie aux activités américaines, au moins dans un premier temps. Il a confiance dans les dirigeants américains, toujours à l'écoute des marchés. Il tient tout particulièrement à confirmer Ron Meyer et Stacey Snider à la tête des studios Universal, qu'ils sont en train de redresser de façon spectaculaire. En revanche, il souhaite que l'intégration de Canal + – et donc la restructuration de son équipe – se fasse plus rapidement.

---

9. *Paris-Match*, 29/6/2000. Ce journal étant bien sûr en première ligne lorsqu'il s'agit de valider la « belle histoire » de J6M. D'un point de vue général, moins la presse est spécialisée dans l'économie, plus elle se fait cocardière.

10. De toute façon, le véritable patron de la musique est Doug Morris, l'homme qui a fait d'Universal Music Group le leader mondial dans le secteur de la musique.

Les reproches qu'il adresse alors à Canal + et à son président ne sont pas injustifiés. La chaîne est globalement mal organisée : elle n'a jamais réussi à digérer Nethold. Certaines de ses filiales, comme la chaîne italienne Telepiù, connaissent une situation difficile et trop de personnes prennent des engagements sans que l'entreprise dispose d'une vision synthétique des risques pris. Jean-Marie Messier aimerait y mettre de l'ordre.

De plus, alors que Canal + avait connu un démarrage dans un contexte de quasi-monopole, avec un taux de désabonnement très faible (autour de 8 %), la chaîne subit depuis quelques années la concurrence farouche de TPS. Son modèle économique fondé sur le football et le cinéma est doublement mis à mal. L'inflation des droits sportifs l'a d'une part amenée à débourser des sommes très élevées pour garder, et finalement partager, les droits de retransmission de la première division de football, ainsi que pour acquérir les droits de tous les championnats européens. D'autre part, l'exception culturelle est cause de surcoûts : 20 % du chiffre d'affaires de Canal + est consacré au financement du cinéma français. Même ses programmes séduisent moins : ils ont perdu leur originalité car, un par un, les saltimbanques inventifs comme Les Nuls ou l'équipe de *Nulle Part ailleurs* qui avaient fait le succès de la chaîne sont partis. Pis encore, ils ont rejoint les concurrents dont ils renouvellent l'offre. Canal + semble être devenue une chaîne comme une autre.

Dans ce contexte, Pierre Lescure est de plus en plus fragilisé. Il cherche à conserver la présidence de Canal +, mais Jean-Marie Messier a des vues sur ce poste et ne compte lui laisser que le siège plus opérationnel de président du directoire. Ces discussions provoquent une courte brouille – la première – entre le patron de Canal et celui de Vivendi. On prête même à Jean-Marie Messier la volonté de se séparer de Pierre Lescure. Les rumeurs vont bon train[11], mais Messier a encore besoin de Lescure, qui connaît son métier et bénéficie du soutien des

---

11. La presse évoque la possibilité d'un remplacement de Pierre Lescure par Jean-Marie Cavada, qui aurait été contacté par Éric Licoys.

patrons américains des studios Universal. Il est par ailleurs devenu le dernier garant de « l'esprit Canal », il est une sorte d'icône : le temps n'est pas encore venu de déboulonner la statue. Messier ne s'y résout qu'en avril 2002 – trop tard, estime-t-il aujourd'hui – pour essayer de sauver sa propre tête.

C'est un Messier une fois de plus lacrymal qui remercie le 5 décembre 2000 les 5 000 actionnaires du groupe présents dans la Cour carrée du Louvre en lançant un désormais célèbre « vous êtes formidables ». 96 % des actionnaires avaient en effet plébiscité la fusion et semblaient partager l'enthousiasme de leur président devant le nouveau statut du groupe « à la fois français et mondial[12] ». Lors de cette assemblée, Jean-Marie Messier annonce son intention de supprimer les systèmes de limitation des droits de vote mis en place quelques mois auparavant pour verrouiller le capital du groupe.

Mais la famille Bronfman crée la surprise en vendant, en mai 2001, 20 % de sa participation – qui s'élevait à 7,5 % du total du groupe – dans Vivendi Universal. VU rachète alors ces 16,9 millions d'actions, portant son autocontrôle à 8,5 %, tandis qu'Edgar Jr., cantonné dans un rôle mineur depuis l'achèvement de la fusion, saisit la première occasion pour partir – ce sera le rachat de USA Networks par VU, nous y reviendrons. La version officielle justifie ce retrait par le fait qu'Edgar Jr. souhaite « prendre du recul », se consacrer à ses filles et à l'écriture de chansons. Mais sa démission confirme plutôt l'idée que le clan Bronfman se désengage progressivement du groupe, Messier demeurant seul maître à bord.

Or l'inverse se produit : les Bronfman restent les premiers actionnaires du groupe et gardent assez de pouvoir pour contribuer activement – en particulier l'oncle Charles – à la chute de Jean-Marie Messier moins d'un an plus tard.

---

12. Rapporté par la presse du 6 décembre. Voir également Pierre Briançon, *Messier Story, op. cit.*

LE SENS DE LA CONVERGENCE

Six mois après la fusion, Messier annonce que son groupe a déjà rempli « les trois quarts de [son] objectif d'amélioration de [son] résultat brut d'exploitation [13] ». Il estime que sur le plan opérationnel Vivendi Universal est le seul groupe de médias dans le monde à avoir dépassé ses prévisions, et il insiste sur les bons résultats d'Universal et de Cegetel.

Dans le même temps, les résultats des deux années précédentes se confirment dans le secteur du cinéma et surprennent même agréablement les dirigeants de Vivendi Universal. Activité en voie d'industrialisation, le secteur cinématographique génère en effet des résultats sur trois ou quatre ans grâce aux différentes fenêtres de diffusion – la télévision, la vidéo, le DVD, voire les produits dérivés – qui assurent plusieurs vies à un même film. La déclinaison sur DVD de films déjà diffusés en salle améliore ainsi sensiblement les résultats [14]. Universal renouvelle en avril son important contrat de distribution avec Dreamworks, le studio de Steven Spielberg, David Geffen et Jeffrey Katzenberg, dont les succès rapportent beaucoup au groupe [15].

Jean-Marie Messier se dit également satisfait des résultats du secteur de la musique qui connaît, dans un contexte morose, une augmentation de 3 % de son chiffre d'affaires, de sorte qu'Universal Music maintient sa position de leader mondial. Il omet bien évidemment de mentionner la menace grandissante du piratage qui plane sur ce secteur ainsi que l'ombre de la récession qui guette le marché de la musique, même si UMG est l'une des mieux armées pour y résister.

---

13. *Les Échos*, 24/7/2001.
14. Les studios Universal accumulaient en effet depuis deux ans les succès grâce aux films *American Beauty, Erin Brockovich, Gladiator, U-571* ou encore *Mon beau-père et moi*.
15. Ron Meyer et Stacey Snider peuvent alors poursuivre allégrement dans cette voie des *blockbusters*, ces films à succès qui, comme *Jurassic Park III* ou *Le Retour de la momie*, assurent des profits récurrents et confortables.

En septembre 2001, Jean-Marie Messier est donc radieux : il confirme ces bons résultats et dément formellement les rumeurs de désengagement du groupe dans Vizzavi. Il trouve même le moyen d'espérer une croissance rapide du portail. À cette occasion, il annonce la cession de l'intégralité des titres que Vivendi Universal possédait encore dans BSkyB – cession à laquelle il s'était engagé devant la commission de la Concurrence à Bruxelles. C'est la Deutsche Bank qui acquiert ces titres, pour environ 2,6 milliards d'euros. Grâce à une partie de cette somme Vivendi Universal annonce qu'il va racheter 33 millions de ses propres actions – c'est-à-dire environ 3 % du capital – afin d'en soutenir le cours.

Mais le groupe ne parvient pas à enrayer la baisse de son titre, et les analystes ne sont toujours pas convaincus par ces «bons» résultats. Certains résultats annoncés par Messier commencent même à être contestés, bien que les changements de normes comptables et les divers montages financiers compliquent leur appréciation.

Cependant, c'est surtout la stratégie générale de Messier qui soulève des interrogations. L'acquisition de Seagram avait eu le mérite de donner un sens à la convergence, mais l'intégration verticale prônée par Messier au moment de la fusion se trouve rapidement mise à mal. La stratégie de l'interactivité censée reposer sur Canal + est compromise car les fameux décodeurs numériques de nouvelle génération n'ont pas encore vu le jour. D'autre part, l'échec patent de Vizzavi fait apparaître le groupe franco-américain comme un poids plume de la distribution face aux concurrents que sont AOL-Time Warner et les câblo-opérateurs. Vivendi Universal est bien un géant des contenus, mais il ne dispose d'aucun vecteur de distribution pour toucher le marché américain.

En dépit des opérations de marketing sur la convergence que tente de lancer Jean-Marie Messier, un climat de franche déception s'installe. Le kit Universal mobile sort à la rentrée 2001. Il doit permettre aux abonnés de SFR d'acheter des places de concert ou de commander des disques du catalogue Universal depuis leurs mobiles. Pour des consommateurs qui espéraient télécharger – grâce à Vizzavi – des albums entiers, c'est un bien maigre lot de consolation.

Jean-Marie Messier « media mogul » : À la conquête des USA

Certains analystes suggèrent alors que Vivendi Universal doit se concentrer sur la production et l'édition de contenus, quitte à abandonner la distribution. D'autres estiment au contraire que la quasi-absence de VU sur le marché américain de la distribution constitue un handicap rédhibitoire qu'il faut pallier d'urgence quand ses concurrents, Warner ou Fox, possèdent, eux, de bons débouchés. C'est le point de vue que choisit de défendre Messier : en effet, sans ces débouchés, le cinéma est une activité risquée qui rapporte trop peu. Au lieu de se concentrer, comme le souhaiteraient une partie de ses actionnaires et de ses collaborateurs, sur la gestion opérationnelle de Vivendi Universal et de travailler aux synergies qu'il réclame pour un groupe franco-américain encore jeune, Messier poursuit sa fuite en avant. Il investit massivement dans la distribution en montant deux opérations d'envergure.

Avec le rachat des activités audiovisuelles d'USA Networks, alors dirigé par Barry Diller, et la prise de participation dans le bouquet satellite Echostar, il passe en effet de l'autre côté du miroir. Et troque son costume de patron français pour celui, plus imposant, de « media mogul [16] ».

Barry Diller est l'une des grandes figures de Hollywood, un autodidacte qui n'a plus rien à prouver à personne : parti du bas de l'échelle, il s'improvise agent d'artistes avant d'entrer chez ABC, dont il devient rapidement directeur des programmes, avant de diriger la Paramount. En 1984, il lance, pour le compte de Rupert Murdoch, Fox T.V., qu'il quitte huit

---

16. Nabab des médias.

ans plus tard pour fonder sa propre société. Il se trouve rapidement à la tête d'un ensemble de réseaux câblés – dont USA Networks –, d'activités Internet et de maisons de production de séries télévisées à succès, comme les célèbres *Simpsons*. À la suite d'un accord avec Edgar Bronfman Jr., et contre la cession de 45 % de USA Networks à Seagram, il obtient en 1997 le contrôle de l'intégralité de la distribution audiovisuelle des studios Universal.

Après la fusion Vivendi-Seagram, Barry Diller fait savoir à Messier qu'il voudrait bien clarifier la situation d'Universal dans leurs activités communes. Indépendant, il craint de se trouver isolé et cherche de nouveaux moyens financiers. Or, comme Messier souhaite lui aussi faire évoluer sa participation dans USA Networks, les deux hommes se rencontrent à plusieurs reprises. À partir de décembre, on commence à parler d'un possible rachat total d'USA Networks par Vivendi-Universal. Des sommes colossales sont annoncées dans la presse américaine. L'action Vivendi plonge une fois de plus et les spéculations vont bon train. Pour y mettre un terme, Jean-Marie Messier décide d'intervenir et confirme l'existence de discussions, tout en prenant soin de dénoncer l'absurdité des chiffres qui circulent dans la presse et d'indiquer clairement que les discussions pourraient ne pas aboutir.

Le titre Vivendi Universal continue pourtant de baisser. Alors que tout le monde attend un dénouement concernant USA Networks, VU annonce, le 15 décembre, qu'il va prendre une participation de 10 % dans le bouquet de télévision par satellite Echostar[17]. Comme le bouquet satellite est lui-même en train de discuter d'une fusion avec Direct TV, leader du marché, Messier espère se retrouver avec 5 % d'un ensemble comptant plus de 15 millions d'abonnés.

Deux jours plus tard, l'accord avec USA Networks est annoncé. Vivendi Universal rachète la branche audiovisuelle de la société américaine pour 10,5 milliards de dollars, dont 60 % par échange de titres, 25 % financés par l'emprunt (pour

---

17. Jean-Marie Messier est par ailleurs nommé administrateur d'Echostar.

2,62 milliards) et une sortie de cash (1,6 milliard). Les 15 % restants sont payés par un échange d'actions avec le groupe de John Malone, Liberty Media, qui détenait 21 % d'USA Networks et qui se retrouve avec 3,6 % du capital de Vivendi Universal.

Pour convaincre Barry Diller, Messier accepte de grouper les chaînes apportées par USA Networks avec Universal Studios, dans un nouvel ensemble baptisé Vivendi Universal Entertainment. Il accepte aussi de lui en confier la présidence.

Ces annonces financières signent donc de nouveaux bouleversements pour Vivendi Universal. Le capital a évolué, la stratégie s'accentue vers une convergence production-édition-distribution, et le rapport de force au sein du groupe est inversé. Barry Diller, qui possède, à la différence de Messier, une vraie compétence dans le secteur des médias, a en effet la haute main sur toutes les activités cinéma et télévision du groupe VU aux États-Unis. La presse souligne ainsi dès son entrée en jeu que Messier prend un risque important en s'associant à celui qui répond au surnom de « Killer Diller » et n'aime pas partager le pouvoir[18]. Mais Jean-Marie Messier, qui estime avoir besoin de la « valeur » que Diller peut apporter au groupe, craint avant tout de le voir s'éloigner de Vivendi Universal. Le risque est par ailleurs renforcé par l'entrée dans le capital de John Malone, qui entend bien faire valoir ses droits. D'autre part, si Diller promet de laisser Ron Meyer et Stacey Snider en place, Pierre Lescure se retrouve quant à lui complètement marginalisé, plus ou moins renvoyé au pré carré européen. Avec Diller, Messier n'a plus besoin de Lescure pour lui servir de relais à Hollywood. Ce dernier devra justifier les mauvais résultats de Canal + sans pouvoir s'appuyer sur les bons chiffres d'Universal aux États-Unis.

Le rachat d'USA Networks ne résout cependant pas tous les problèmes de distribution de Vivendi Universal : ses concurrents restent mieux armés. Disney possède ABC, Time Warner contrôle CNN et la Fox a créé Fox TV – autant de réseaux

---

18. On se souvient que l'héritier des Bronfman, Edgar Jr., refuse quant à lui de prendre ce risque et se retire de VU.

d'envergure nationale plus importants qu'USA Networks. Néanmoins, le rachat des chaînes de Barry Diller permet à Vivendi Universal d'avoir un accès, même limité, à la télévision américaine, et de pouvoir éventuellement traiter d'égal à égal avec de futurs partenaires. L'opération est saluée par la Bourse : malgré la morosité ambiante due aux attentats du 11 septembre et à l'évaporation de la bulle Internet, le titre remonte, pour atteindre le 28 décembre 61,50 euros, contre 41,32 euros le 14 septembre.

Avec les transactions USA Networks et Echostar, c'est donc plus de la moitié de la valeur de Vivendi Universal qui va se trouver aux États-Unis. Vivendi a alors changé de statut : il ne s'agit plus d'un groupe franco-français, mais d'un groupe franco-américain qui compte à sa tête celui que *Fortune* appelle le « moins français de tous les Français [19] ».

Jean-Marie Superstar

Dans le courant de l'année 2001, Jean-Marie Messier s'installe à New York et adopte un train de vie de milliardaire, qu'il justifie auprès de ses collaborateurs par la nécessité d'assurer le prestige du groupe et de se mettre au niveau des patrons américains. Il considère en effet cette installation comme indispensable pour que Vivendi Universal et son principal dirigeant deviennent familiers de la communauté financière américaine. Il fait tous les efforts possibles pour intégrer les cercles les plus influents du centre nerveux des affaires mondiales.

Au-delà de cette nécessité, il est à l'évidence fasciné par l'Amérique. Il rêve de s'imposer en tant que grand patron outre-Atlantique et d'obtenir une reconnaissance internationale. Le rachat de Seagram lui a permis d'acquérir une véritable visibilité aux États-Unis. La presse économique américaine lui consacre de nombreux articles, et *Fortune* lui offre sa couverture en titrant « Is this man America's next Media Mogul ? ». Deux ans

---

19. *Fortune*, 3/9/2001.

auparavant, Messier n'était pourtant pour le même magazine qu'un « moon-faced Frenchman named Jean-Marie Messier [20] » : c'est donc une grande victoire pour le patron de VU. Cette consécration concédée par le magazine économique fait écho à ce qu'Edgar Bronfman père avait lancé, à l'issue du grand oral où Messier avait convaincu la famille canadienne de l'opportunité d'une fusion avec Vivendi : « Il ne vous manque qu'un passeport américain [21]. » J6M veut en effet devenir un de ces « media moguls » qu'il admire, l'égal d'un Bill Gates ou d'un Steve Case. Il est pour cela prêt à se laisser aveugler par le « rêve américain », inauguré en grande pompe lors de la fête que donne Ron Meyer dans sa villa de Malibu pour l'entrée en Bourse de Vivendi Universal. Le Tout-Hollywood est présent lors de cette réception, de David Geffen à Pierce Brosnan en passant par Warren Beatty. Jean-Marie Messier commence à fréquenter des stars, c'est-à-dire à se faire prendre en photo, aux côtés de Steven Spielberg, de Jodie Foster, de Robert Redford, d'Eddie Murphy ou encore de Julia Roberts. Lors du forum de Davos, au début de 2002, il va même jusqu'à organiser un concert pour les victimes du 11 septembre et présenter la soirée avec Bono, le chanteur de U2. Juste après les attentats, le New-Yorkais Messier avait beaucoup pleuré, fait la queue plusieurs heures pour donner son sang pour les victimes, et offert cinq millions de dollars au « Fonds du 11 septembre ».

Ce miroir américain lui confère à l'évidence une nouvelle dimension en France. S'il était déjà un patron très médiatique, il devient alors un personnage de la presse people : figure récurrente des *Guignols* de Canal +, où il incarne J6M (Jean-Marie Messier Moi-Même Maître du Monde, un titre qui inspirera celui de son livre), il fait à présent régulièrement l'objet de reportages dans *Paris-Match*. Il joue les New-Yorkais devant l'objectif de l'hebdomadaire et pose, patinant dans Central Park comme un « vrai » New-Yorkais. On le voit sur les plateaux de Michel Drucker ou de Thierry Ardisson, il rend visite à Johnny

---

20. *Fortune*, 6/9/1999.
21. *Cf.* Jean-Marie Messier, *J6M.com*, Paris, Hachette Littératures, 2000.

Hallyday, débat avec les lecteurs du *Parisien,* dément dans *Paris-Match* les rumeurs d'une liaison avec Sophie Marceau – bref, il est partout, y compris là où on ne l'attend pas puisqu'on le retrouve discutant mondialisation avec José Bové dans l'émission de Michel Field, liberté de la presse avec Philippe Val dans *Charlie-Hebdo* ou encore art et culture avec Philippe Sollers dans l'*Infini*. Même le rachat de l'Olympia par Vivendi Universal en août 2001 – officiellement pour jouer la convergence verticale, mais c'est une goutte d'eau dans la mer agitée des opérations financières du groupe – lui fournit l'occasion d'une belle médiatisation personnelle. Son omniprésence déchaîne les passions, et ses proches collaborateurs, qui commencent à craindre le retour de bâton, pensent qu'il en fait peut-être un peu trop. Il reconnaîtra plus tard avoir eu tort de ne pas prendre en compte ces sages conseils.

Messier sur son nuage

La surmédiatisation de Jean-Marie Messier ne correspond en effet plus à une exposition médiatique stratégique savamment élaborée, comme ce fut le cas lors de son arrivée à la tête de la CGE ou du changement de nom du groupe. Il s'agissait alors d'annoncer en fanfare la nouvelle ère qui s'amorçait pour la vieille dame, et de convaincre par là même les investisseurs que les erreurs du passé étaient révolues. Mais ce qui apparaît désormais clairement aux collaborateurs de Jean-Marie Messier, c'est que l'entreprise n'est plus au centre de la communication : la personne de Messier a pris toute la place, et l'image s'est substituée à la stratégie.

Or, cette image pour laquelle Messier se démène, c'est celle d'un nouveau type d'entrepreneur. Lui que tout le monde considère avant tout comme un financier et qui, depuis ses débuts à la CGE, cherche une légitimité industrielle, croit pouvoir l'obtenir à travers le miroir déformant des médias.

Pourtant, il va se montrer incapable de contrôler cette nouvelle image. L'homme qui avait si bien su manipuler les médias en son temps donne à présent le sentiment de se laisser griser.

Lors de sa remise de la Légion d'honneur, il chante une chanson de Stevie Wonder à ses enfants : « I just call to say I love you », et « laisse [un jour] échapper » devant les médias, de façon absolument naturelle et spontanée : « Putain, que je suis heureux[22] ! » – son principal défaut étant, comme il l'écrit dans le livre qu'il fait paraître à ce moment, d'être « terriblement affectif ».

Jean-Marie Messier a toujours voulu aller contre son image d'homme des marchés financiers en jouant au patron sensible, social et sympa, mais son public se résumait jusqu'alors à la presse économique et à quelques quotidiens nationaux. Au cours de l'année 2000-2001, il se tourne vers le grand public, celui que personne n'ose encore appeler la « France d'en bas », et commence alors à donner l'impression de privilégier l'opinion du plus grand nombre sur celle des analystes financiers et de chercher les couvertures de *Paris-Match* – ou encore mieux, celles de *Vanity Fair* – plutôt que celle de *L'Expansion*. Cette démagogie éclate dans son livre où, s'il se garde bien de minimiser son pouvoir – il n'est pas donné à tout le monde de prendre le contrôle d'Universal –, il explique cependant que les affaires entre grands de ce monde se règlent comme les petits commerces, et qu'une entreprise se gère comme un modeste porte-monnaie. Il multiplie ainsi les comparaisons simplistes : entreprise et panier de la ménagère, conseil d'administration et équipe de football, Seagram et automobile de luxe…

Mais malgré cette attention marquée pour la « France d'en bas », Messier donne peu à peu l'impression de ne plus « sentir » son pays, et notamment de ne plus tenir compte, comme il l'avait toujours fait jusqu'alors, de sa « spécificité ». Il montre à deux reprises qu'il n'a plus du tout envie de s'embarrasser des avis de la classe politique et syndicale de ce « petit pays exotique » qu'est devenue la France à ses yeux. La première fois, l'affrontement tourne apparemment à son avantage et le renforce dans ses convictions. Mais la seconde fait de lui le vilain petit canard du milieu culturel français.

---

22. *Cf.* Jean-Marie Messier, *J6M.com*, *op. cit.*

Depuis que les discussions sur les licences UMTS ont commencé, Jean-Marie Messier a toujours été ferme, estimant les prix proposés exorbitants. Tous les opérateurs téléphoniques se sont déjà endettés pour financer le GSM, et peu d'entre eux sont disposés à remettre aussi vite de l'argent pour l'UMTS, de sorte que SFR et Orange sont, à l'été 2001, les seuls Français à continuer de négocier avec l'État. Alors que l'échéance pour le paiement du premier versement de 619 millions d'euros approche – le prix total d'une licence a été fixé par le gouvernement à 4,95 milliards d'euros –, Messier tente une dernière fois de faire baisser les prix. Le 25 septembre, au cours de la présentation des résultats du premier semestre de Vivendi Universal, il annonce avoir entamé avec Orange « un dialogue sur l'adaptation des modalités de l'UMTS à la réalité des marchés et au principe de l'équité[23] ». On sait pourtant que la division mobile de France Télécom a déjà provisionné la facture de l'UMTS. Jean-Marie Messier saisit dans le même temps l'Autorité de régulation des télécommunications (ART), qui s'était dès le départ opposée aux enchères pour l'attribution des fréquences et qui ne souhaitait pas pénaliser les opérateurs en leur imposant un coût d'usage des fréquences trop élevé. Le régulateur avait même suggéré au gouvernement « un niveau de redevance représentatif, sur une durée de quinze ans, de 15 millions de francs pour quatre opérateurs ». Puis, au mois de mai, l'ART avait proposé un échelonnement très large du paiement des licences, et notamment sa suspension jusqu'à 2006. Le jour limite du paiement pour le premier versement, alors qu'Orange s'était déjà acquitté des 619 millions d'euros demandés, SFR annonce qu'il va bloquer la somme sur un compte de la Caisse des dépôts et consignations. Le ministre de l'Économie, Laurent Fabius, est furieux et menace Vivendi Universal de sanctions. Le lendemain, on apprend à la surprise générale que la somme a été payée par SFR en fin de journée. Sur le moment, Bercy annonce n'avoir fait aucune concession et on pense que le président de VU a cédé. Mais, durant le mois d'octobre, il continue de négocier avec le gouvernement en s'appuyant sur

---

23. *Les Échos*, 26/9/2001.

l'ART. Il reprend avec Philippe Germond les propositions du régulateur et demande «la suspension des paiements entre 2002 et 2007, l'allongement du calendrier des licences de quinze à vingt ans, la modification des termes du paiement[24]». Un mois plus tard, sous la pression conjuguée de l'ART, de France Télécom et de Vivendi Universal, le ministère des Finances fait volte-face. Le prix de la licence passe alors de 4,9 milliards d'euros à 619 millions d'euros, si bien que le premier chèque de 619 millions d'euros versé par Vivendi Universal et France Télécom suffit au titre du droit d'entrée. L'État a donc divisé par huit le prix de la licence, contre un certain pourcentage du chiffre d'affaires des compagnies au titre de l'UMTS. La durée des licences passe par ailleurs de quinze à vingt ans et Jean-Marie Messier se félicite de cette décision, que la presse considère alors comme une victoire personnelle du patron de Vivendi Universal[25].

Il en est tout autrement lors du second affrontement que Jean-Marie Messier déclenche sans l'avoir voulu. Le 17 décembre 2001, alors qu'il présente à la presse américaine le rachat d'USA Networks, il lâche, en anglais, que «l'exception culturelle franco-française est morte[26]». La phrase est reprise en une de *Libération* le lendemain. Chez Canal +, tout le monde est atterré. Cela fait des mois que Pierre Lescure et Denis Olivennes négocient avec les syndicats, les producteurs et le gouvernement pour tenter de trouver des amendements aux règles de financement du cinéma français en répartissant plus équitablement la charge entre les diverses chaînes de télévision. Or pour obtenir ces amendements, Jean-Marie Messier souhaite passer en force, bien que les dirigeants de Canal + lui aient pourtant rappelé que l'exception culturelle était un sujet sensible qui déchaînait plus de passions que le prix des licences UMTS. La polémique sur la phrase de Messier enfle rapidement : de Marin Karmitz à David Lynch en passant par Daniel

---

24. Entretien de Philippe Germond dans *Le Figaro* du 1/10/2001.
25. Martin Bouygues conteste pourtant cette version des faits qu'il considère comme une réécriture de l'histoire, et conseille même à Jean-Marie Messier d'aller consulter un psychiatre.
26. *Libération*, 18/12/2001.

Toscan du Plantier, tout le monde crie au scandale. On décrit un Messier converti à l'ultralibéralisme, prêt à brader le patrimoine français à Hollywood. Le ministre de la Culture, Catherine Tasca, suit ce mouvement, et Jacques Chirac déclare lors de ses vœux à la presse que « considérer les œuvres d'art, les biens culturels comme des marchandises ordinaires est une profonde aberration mentale que rien ne peut justifier ».

Pour la première fois, l'instinct politique de Messier lui a fait défaut : lui qui avait retenu les leçons de l'épisode BSkyB et réussi avec maestria à faire passer la fusion Seagram vient de commettre une gaffe de débutant. Elle va le poursuivre longtemps et lui sera sans cesse rappelée. Cette erreur confirme les craintes de ceux qui pensent alors que Jean-Marie Messier ne comprend plus la France. Certains lui reprochent même de chercher à provoquer les élites culturelles et politiques de son pays, dont il croit pouvoir désormais se passer.

Force est de constater qu'à ce moment, Jean-Marie Messier n'est plus véritablement en prise avec la réalité. Alors que les marchés boudent le titre Vivendi Universal, il paraît moins touché que d'habitude par les réactions négatives des analystes et va mettre du temps à prendre conscience de leur défiance, et donc du sérieux de la situation. Au printemps 2001, alors qu'il vante les bons résultats opérationnels de Vivendi Universal, il parle d'une « profonde frustration » et d'un « sentiment d'injustice »[27] vis-à-vis de l'évolution du cours de la Bourse. Le credo « le marché a toujours raison » qu'il avait fait sien s'est donc amendé d'un « sauf quand il a tort »[28] : étonnant de la part de l'homme qui vivait jusqu'à présent pour et par les marchés.

En quittant Paris pour New York, Messier s'est par ailleurs quelque peu éloigné de ses plus proches collaborateurs, à l'exception de Guillaume Hannezo et de Catherine Gros, sa directrice en communication, qui l'ont accompagné. Bien que Hannezo et Licoys aimeraient qu'il délègue une partie ses pouvoirs et qu'il laisse de côté la représentation médiatique afin de

---

27. *Les Échos*, 21/6/2001.
28. Jean-Marie Messier, *J6M.com, op. cit.*

se recentrer sur la gestion du groupe, Jean-Marie Messier veut être partout à la fois. Il refuse de nommer un véritable directeur général à la tête du groupe. Il apparaît en réalité que, en partant aux États-Unis et en courtisant des gens comme Barry Diller, Messier s'est coupé de la fameuse « dream team de Vivendi » présentée dans *J6M.com* comme son remède antimégalomanie [29]. On peut alors se demander si cette séparation, concomitante de la consécration américaine de Messier, ne serait pas responsable d'un certain éloignement de la communauté financière, qui lui réclame des chiffres, des résultats et surtout de la clarté comptable.

Si Messier peaufine sa nouvelle image, les contours du groupe restent en effet très flous : les opérations d'USA Networks et d'Echostar s'inscrivent de manière cohérente dans le schéma de convergence de Jean-Marie Messier, mais pendant les années 2000-2002 de nombreuses opérations financières paraissent difficiles à justifier. Incapable de résister à la moindre opportunité, Messier fait pourtant preuve de beaucoup de réticences à se séparer des activités « non stratégiques » du groupe, ce qui complique davantage la tâche des analystes chargés de valoriser l'entreprise.

Vivendi Universal ou AOL-« Time Water » ?

Si le pôle environnement avait, dans les années qui précèdent la fusion avec Seagram, pris une ampleur considérable dans le métier d'origine de Vivendi – notamment grâce au rachat d'US Filter –, il est désormais plus ou moins mis de côté au profit de Vivendi Universal. Et pourtant, les activités traditionnelles de Vivendi constituent en 2000 près de la moitié de l'excédent

---

29. Évidemment contredit par tout le reste du livre – Messier prend toutes les décisions et ne tolère d'être contredit que par Hannezo –, le chapitre sur la « dream team » participe de l'autocélébration dont Messier fait alors preuve dans ses multiples interventions publiques. Sous la plume d'un J6M subitement adolescent, l'équipe dirigeante de Vivendi n'apparaît plus comme un comité exécutif qui participe à l'élaboration des stratégies de son président, mais comme un cénacle de privilégiés bénéficiant de l'honneur d'être avertis avant les autres des plans bâtis par le leader.

brut d'exploitation du groupe : Vivendi Environnement est le leader mondial de l'eau, le premier opérateur privé de transport et le premier gestionnaire d'installations de chauffage en Europe. Il occupe par ailleurs la troisième place mondiale pour le traitement des déchets. Après la fusion, ces activités ne représentent plus qu'entre 10 et 20 % de la valeur d'actifs du groupe (contre environ 25 % avant), mais elles jouent encore un rôle d'amortisseur conjoncturel de premier plan. Un éditorialiste des *Échos* va jusqu'à présenter Vivendi Environnement comme la « bouée de sauvetage de Vivendi Universal[30] ».

En effet, si Vivendi Environnement mobilise beaucoup de capitaux – ce qui peut être considéré comme un handicap pour les investisseurs –, elle présente néanmoins l'avantage de dégager un cash-flow récurrent (2,2 milliards en 2000) avec un facteur de risque faible comparé aux métiers du cinéma ou de la musique.

Sous la houlette d'Henri Proglio, Vivendi Water a cherché à s'internationaliser et à se diversifier, notamment en explorant le marché des services industriels externalisés. Elle rompt ainsi la relation exclusive qu'elle entretenait avec les collectivités locales. En mars 2000, les Sud-Coréens de Hyundai Petrochemical lui confient l'exploitation de la production d'eau du complexe de Daesan, pour un chiffre d'affaires attendu d'un milliard d'euros sur vingt ans. Les métiers de l'environnement obligent en effet, et c'est là leur principal inconvénient, à se projeter sur le moyen et le long terme. Mais le secteur offre une certaine stabilité.

Henri Proglio souhaite recentrer Vivendi Environnement sur un petit nombre d'activités choisies, en se dégageant notamment de celles qui nécessitent d'importants capitaux, comme les activités gazières et électriques. Nous avons vu au chapitre 2 comment Vivendi avait échappé à la tentation Enron. Or, c'est à partir de cet épisode dont elle tire les leçons que Vivendi Environnement décide de se retirer de ce marché à faible croissance.

---

30. *Les Échos,* 21/6/2001 : « Ne dites pas à J2M que Vivendi a été sauvé par son pôle environnement, il croit avoir construit un géant de la communication. »

La guerre des prix y fait rage et les risques y sont trop élevés. Les centrales électriques achetées en 1998 à GPU sont alors revendues début 2000 à Peco Energy, qui rachète également au moins d'août de la même année 49 % de la participation de Vivendi dans Sithe, pour un montant de 680 millions de dollars. Cette cession est bouclée relativement tardivement : Messier l'a annoncée un peu prématurément afin de faire remonter le cours du titre Vivendi lors de la minicrise de confiance de l'automne 1999, alors qu'aucun acheteur n'était en vue. Mais elle permet à Vivendi de réduire son endettement de 3,5 milliards d'euros[31].

La stabilité du secteur de l'eau et la position de leader de Vivendi Environnement intéressent le groupe électrique allemand RWE, qui cherche à diversifier son portefeuille d'activités[32]. Au début de l'an 2000, RWE entame des discussions avec Jean-Marie Messier. Dans un premier temps, celui-ci n'écarte pas un rapprochement entre les deux groupes, car RWE dispose de beaucoup de liquidités tandis que Vivendi Environnement est fortement endetté. Un tel rapprochement permettrait donc à Messier d'adosser le pôle environnement, tout en se redéployant dans les médias.

Il est alors question d'un mariage entre égaux RWE-Vivendi Environnement. RWE doit pour cela se dégager de ses activités non stratégiques. Les deux groupes s'engagent à diminuer leurs parts à mesure que les collectivités locales allemandes reculent dans le capital. L'idée est de faire de l'ensemble RWE-VE une entreprise publique au sens américain du terme, c'est-à-dire non contrôlée. Cependant, comme les collectivités locales françaises auraient certainement vu d'un mauvais œil que la gestion de l'eau ou la collecte de déchets de leurs communes soient assurées par une entreprise allemande, Jean-Marie Messier est obligé de nier l'existence de négociations. Il ne les admet qu'après leur échec. Lorsque, après plusieurs semaines de discussions, RWE

---

31. William Emmanuel, *Le Maître des illusions, op. cit.*, p. 44.
32. Les groupes électriques allemands comme RWE ou EON, confrontés à la perspective de la déréglementation en Europe et à l'entrée sur le marché électrique allemand de nouveaux concurrents, comme EDF, entendent diversifier leurs activités et internationaliser leur présence. Le secteur de l'eau va retenir leur attention.

propose finalement la somme de 30 milliards d'euros pour racheter la totalité de Vivendi Environnement, Jean-Marie Messier et Guillaume Hannezo refusent. Outre la sensibilité politique du dossier, le prix proposé paraît en effet trop faible[33].

Mais la grande affaire de Vivendi Environnement en cette année 2000 est l'introduction en Bourse d'un tiers de son capital. Annoncée par Jean-Marie Messier en avril 1999 en même temps que la création de «Vivendi Environnement», elle intervient le 20 juillet, alors que le groupe est focalisé sur la prochaine fusion avec Seagram. Celle-ci est retardée à deux reprises en raison de l'appétit insuffisant d'un marché déjà asséché par plusieurs importantes introductions, comme celles de Wanadoo et d'EADS[34]. La structure initiale de l'offre – 10 % pour les particuliers et 90 % pour les investisseurs – est profondément modifiée et se mue en une offre à 50/50. L'appel au marché se réduit de 3 à 2,5 milliards d'euros et le prix de l'action, prévu au départ dans une fourchette de 36 à 41 euros, est finalement fixé à 34 euros pour les investisseurs institutionnels et 32,5 pour les particuliers. Jean-Marie Messier justifie ces hésitations en soulignant les mauvaises conditions du marché. De fait, et malgré la révision du prix du titre, l'accueil de la Bourse est très médiocre : la séance d'introduction clôture même sur une baisse de 0,35 %. L'introduction à la Bourse de Paris sera suivie en octobre d'une introduction au New York Stock Exchange, elle aussi retardée en raison de l'introduction de Vivendi Universal sur le même marché.

La situation financière de Vivendi Environnement, et notamment l'endettement qui pèse sur la filiale, constitue à l'évidence un frein majeur à sa valorisation[35]. Or Messier est le principal responsable de cette situation, puisque juste avant l'entrée en Bourse de la filiale le groupe a vu cet endettement tripler. En effet, si l'endettement de Vivendi Environnement,

---

33. C'est pourtant la valeur qu'atteint finalement le groupe en Bourse.
34. Le groupe européen d'aéronautique et de défense.
35. En juillet 2000, Vivendi Environnement vaut seulement 12,4 milliards d'euros alors que son principal concurrent vaut presque trois fois plus.

qui tourne alors autour de 17 milliards d'euros, s'explique en partie par les difficultés rencontrées dans ce secteur, il résulte aussi pour une bonne part d'une décision de Jean-Marie Messier intervenue avant la fusion Seagram. Il a en effet voulu faire porter la totalité des dettes du groupe, dont celles générées par le téléphone, par la filiale environnement. Messier considère que le caractère prévisible des métiers de l'environnement justifie un endettement plus élevé que pour ceux de la communication. Mais le patron de Vivendi ne s'est pas contenté de faire porter à la filiale le poids de dettes qui n'étaient pas les siennes, il l'a également privée d'une partie de ses bénéfices en opérant des reclassements d'opérations entre la société mère et la filiale.

Cette logique de dévalorisation du pôle environnement au profit de Vivendi Universal est ancienne : au moment de la scission de la CGE en deux pôles, Messier avait déjà pris soin de placer Sithe au niveau de Vivendi et non de Vivendi Environnement. L'argent récupéré grâce au démantèlement de Sithe en août 2000, qui aurait normalement dû profiter à l'environnement, bénéficie ainsi à Vivendi Universal qui, deux ans plus tard, possède toujours 320 millions d'euros de titres Sithe.

Au moment de l'introduction en Bourse de Vivendi Environnement, Jean-Marie Messier promet de ne pas céder de titres de sa filiale. En effet, même si tout le monde s'attend à voir la maison mère céder l'héritière des métiers traditionnels, Jean-Marie Messier n'ose pas liquider cette branche historique. Le désengagement de l'environnement se fait donc à doses homéopathiques, notamment en retirant de la filiale environnement le secteur de l'énergie, puis en cédant à EDF 35 % de Dalkia (l'ex-Compagnie générale de chauffe), ou encore en se séparant de Kinetics, filiale d'USFilter, pour 450 millions d'euros.

Mais le véritable désengagement de la maison mère dans sa filiale commence, bien que timidement, en décembre 2001, avec une cession sur le marché boursier d'une fraction du capital (de 9,3 %) pour environ 1,2 milliard d'euros.

Jean-Marie Messier entend faire de son groupe un leader mondial de la communication, mais il donne l'impression de ne pas assumer complètement les risques qu'entraîne un tel pari. Il a en quelque sorte instrumentalisé l'environnement au profit de la croissance dans les médias, mais n'ose pas céder ce pôle. Les investisseurs réclament une clarification car, malgré les ambitions de son président, il semble bien que Vivendi ne parvienne pas à être autre chose qu'un conglomérat. Ce que montre telle moquerie de Steve Case, président du conseil d'administration d'AOL-Time Warner, qui a, lors d'une réunion avec ses collaborateurs, brandi en riant une bouteille d'eau portant le logo de sa société en disant : « Voici notre nouvelle stratégie : AOL Water... Si Vivendi peut le faire [36]. »

Or, tandis que sa situation financière commence à inquiéter les analystes et que le titre est boudé par les marchés, Vivendi peine à se désengager de ses activités non stratégiques. Le groupe gaspille ses moyens en multipliant les opérations dont l'opportunité est loin d'être évidente.

L'addiction au « deal » : l'entreprise gaspille ses moyens

En juillet 1999, Vivendi annonce qu'elle va investir en Pologne dans une nouvelle société de téléphone, Elektrim Telekomunika (ET), filiale à 70 % d'Elektrim, conglomérat énergétique faisant figure de «CGE polonaise». La société a de beaux actifs et la mise de fonds est chiffrée à environ 700 millions de dollars. Dans le courant de l'an 2000, Deutsche Telekom décide de prendre le contrôle de la filiale mobile d'ET, dont il détient déjà 49 %. La présidente d'Elektrim, Barbara Lundberg, penche alors pour la cession de cette filiale aux Allemands. Vivendi, qui est en train de préparer sa fusion avec Seagram et de recentrer sa stratégie, aurait pu saisir là l'opportunité de se désengager à bon compte. À l'inverse le groupe français monte à 49 % dans le capital d'ET et à 51 % dans celui de PTC[37] pour 450 millions de dollars, auxquels s'ajoute une somme non dévoilée, pour

---

36. *Fortune*, 13/5/2002.
37. Polska Telefonia Cyfrowa (PTC).

4,88 % du capital de la maison mère Elektrim. Le groupe VU renforce sa position via un montage avec la Société générale, qui possède 2 % d'ET[38]. Ce sont en définitive plus d'un milliard et demi d'euros qui sont investis dans l'opération.

Le 21 décembre 2000, quelques jours après la fusion avec Seagram, Vivendi Universal rachète 35 % de Maroc Télécom, pour 2,5 milliards d'euros. Annoncée deux mois plus tard par Jean-Marie Messier, l'opération a tout l'air d'une bonne affaire : Maroc Télécom, qui a généré près de 250 millions d'euros de bénéfices net l'année précédente, est un opérateur historique rentable. Sa privatisation avait attiré beaucoup de candidats, dont France Télécom et Telecom Italia. Cependant, si Jean-Marie Messier a déclaré au roi du Maroc son intention d'ouvrir une filiale à Casablanca afin de venir en aide aux artistes marocains, on a du mal à percevoir les synergies qui peuvent réellement être dégagées entre Maroc Télécom et les studios Universal. De plus, l'accord n'a pas été réalisé via Cegetel, mais grâce à une nouvelle structure, Vivendi Telecom International, déjà à la manœuvre en Pologne ou à Monaco, qui éloigne de fait Maroc Télécom des autres activités de la branche télécommunications du groupe. Une fois encore, la stratégie de VU paraît opaque aux yeux des analystes.

En réalité, Vivendi Universal s'est engagé à mettre sur pied un partenariat stratégique avec Maroc Télécom pour investir dans le monde arabe et en Afrique. Vivendi Environnement a par ailleurs, et ce n'est pas un hasard, obtenu au même moment un contrat d'eau et d'énergie pour les villes de Tanger et Tétouan, tandis qu'elle investit 39 millions de dollars dans Rédal, une société de service à l'environnement de Rabat. Tout cela manifeste la capacité de VU à nouer des accords politiques qui, juste après la fusion Seagram, prennent une dimension symbolique. Même après la conquête des États-Unis et la mue de Jean-Marie Messier en « media mogul », Vivendi reste l'héritier de la France coloniale qui avait vu naître la Compagnie générale des eaux.

---

38. Ce montage sera d'ailleurs dénoncé plus tard par Deutsche Telekom.

Les questions soulevées par l'accord marocain et les déboires polonais s'inscrivent dans le contexte plus large de la place des télécommunications dans la stratégie du groupe. Avec la fusion Seagram, ces activités apparaissent soudainement très locales en comparaison des ambitions de Messier pour Vivendi Universal, le téléphone cessant à l'évidence d'être le fleuron du groupe. Le pacte d'actionnaires de Cegetel limite la marge de manœuvre de Messier et, quoiqu'il s'en défende, nombreux sont les commentateurs qui prévoient un désengagement progressif. Messier a encore besoin de cette activité qui assure une partie substantielle des revenus du groupe : Cegetel-SFR apporte à elle seule 1,4 milliard d'euros de résultat d'exploitation.

Cela justifiait-il l'acquisition marocaine? Messier lui-même la considère dans son second livre comme une erreur. Rétrospectivement, on peut se demander si le seul but de cette acquisition n'a pas été d'envoyer un signal fort à ceux qui prétendaient que le groupe était sur le point de se désengager des télécoms. Mais qui Messier cherchait-il véritablement à convaincre? Il n'est pas certain que ce soit les analystes car – et Messier ne peut manquer de le savoir – une sortie des télécoms aurait été plutôt bien perçue. Elle aurait clarifié la stratégie du groupe. Le signal est plutôt à destination interne : il est adressé à Philippe Germond, directeur du pôle télécommunications et «favori» de Messier. Financer la croissance externe des activités périphériques constitue en effet une marque d'affection venue du centre. Messier considère qu'il ne faut pas décourager les jeunes entrepreneurs qui iront un jour voler de leurs propres ailes, surtout si l'on ne veut pas qu'ils s'envolent trop tôt. C'est ce que Guillaume Hannezo, parodiant le Messier de la «dream team», appelle le «syndrome du loft». En effet, la réalité du fonctionnement de l'équipe dirigeante de Vivendi Universal, où une forte intimité existe, est tout à la fois confortée par les gages d'attention distribués par le Maître et périodiquement rompue par la sortie du groupe de certaines activités.

Agnès Touraine, directrice générale de Vivendi Universal Publishing (VUP), que Messier a rencontrée, comme Philippe

Germond, au Club 40[39], appartient, elle aussi, au premier cercle de Jean-Marie Messier. Elle va également avoir droit à son « deal » de compensation.

Quelques mois après la fusion Seagram, et alors que Messier cherche à se rapprocher de Barry Diller, Vivendi lance une opération d'envergure en rachetant Houghton Mifflin. Cet achat de 2,2 milliards de dollars – qui fait de Vivendi le nouveau numéro deux mondial de l'édition scolaire, derrière Pearson – n'est pas compris par les investisseurs. Pour Messier, dont l'objectif proclamé à cette occasion a toujours été de devenir leader mondial dans le secteur des loisirs et de l'éducation, c'est pourtant « la pièce manquant à l'édifice[40] ».

Jean-Marie Messier et Agnès Touraine tentent de jeter quelques ponts entre les activités de Vivendi Universal et celles de Houghton Mifflin, expliquant que « la numérisation permet de diffuser des contenus sur supports multiples [...] et d'adapter à la carte en fonction des besoins[41] ». L'invocation de synergies, pour un montant de 75 millions de dollars à réaliser dans les dix-huit mois, notamment grâce à Internet, parachève la justification de cette acquisition.

Cependant, si Messier veut regrouper édition, communication et médias, il a tendance à confondre éducation et divertissement. Disney, qui constitue pourtant un modèle de synergie et de déclinaison des produits, soutient des clubs de vacances, mais n'imprime pas des livres de mathématiques. Or le lien entre *Le Retour de la momie* – film que Messier cite dès que l'occasion s'en présente, et même lorsqu'elle ne se présente pas – et le marché de l'éducation – la vraie, qui représente 90 % de l'activité de Houghton Mifflin – semble plutôt ténu.

Peu justifiable sur le plan stratégique, cette acquisition est de surcroît un fiasco financier. Elle s'inscrit dans la stratégie de recentrage d'Havas, puisque Messier annonce qu'il va céder son pôle de presse professionnelle ainsi que les 9 %, valorisés à

---

39. Le Club 40, fondé par Éric Besson, regroupait des dirigeants d'entreprise âgés de moins de 40 ans et pleins de promesses, pour leur permettre de s'épanouir, loin des cercles traditionnels et poussiéreux du patronat français.
40. *Les Échos*, 5/6/2001.
41. *Ibidem*.

453 millions d'euros, qui lui restent dans Havas Advertising pour financer l'opération. Mais, comme chaque fois qu'il compte sur la cession d'une activité, Messier met plus de temps à vendre qu'à acheter. Il attend ainsi le mois d'avril 2002 pour finaliser, en pleine tourmente, la cession de la presse professionnelle au fonds Cinven, associé à Carlyle et à Advent. Il n'obtient que 1,2 milliard, au lieu des 2 milliards attendus.

Conscient que cette frénésie de deals dans des secteurs périphériques à l'activité principale de Vivendi Universal perturbe les marchés, Jean-Marie Messier annonce lors du rachat de Houghton Mifflin qu'il va mettre un frein aux acquisitions : « N'attendez plus d'acquisitions majeures dans les mois qui viennent, la priorité est maintenant à l'exécution [42]. »

Un mois avant ce rachat de Houghton Mifflin, Vivendi Universal avait déjà racheté MP3.com, site musical américain, pour 372 millions de dollars – une opération de moindre envergure qui pouvait s'expliquer au titre du développement dans la musique, mais était loin d'être indispensable. Dans son second livre, Messier la range d'ailleurs avec l'opération marocaine au chapitre de ses erreurs.

Les acquisitions à contretemps – puisque le crédit de l'Internet est déjà largement entamé – de I-France et de plusieurs sites d'Europ@web participent elles aussi à cette impression de dispersion coûteuse sans véritable plan d'action et aggravent les pertes.

Au total, Vivendi s'engage fortement et ne se désengage presque jamais. À chaque fois que Messier s'amourache d'un nouveau secteur d'activité – télévision à péage, téléphone, Internet, jeux vidéo, édition, éducation, cinéma – et qu'il infléchit sa stratégie en conséquence, il n'ose pas se débarrasser de ses anciennes conquêtes, même lorsqu'il les délaisse. Outre le « syndrome du loft » (les compensations offertes à la périphérie), il donne en effet l'impression d'être incapable – à quelques exceptions près – de s'alléger. On peut du reste se demander si Jean-Marie Messier était capable d'exister en dehors de la conquête, si l'empire Vivendi Universal, tel qu'il le concevait, n'était pas,

---

42. *Les Échos*, 5/6/2001.

comme l'Empire romain, voué à s'effondrer le jour où il ne pourrait plus avancer.

Le président de VU pense avoir le temps de régler les problèmes de liquidités qui commencent à poindre. Mais la chute est rapide : six mois seulement après les acquisitions qui devaient faire de lui un des maîtres de Hollywood, il est démis par son conseil d'administration et rapidement coiffé d'un bonnet de mégalomane déchu dans ce qui reste sans doute le « licenciement » le plus médiatisé de France.

Conclusion

À s'en tenir à la seule dimension stratégique des choix opérés par Jean-Marie Messier, on a à l'évidence du mal, avec le recul, à en percevoir la logique, la cohérence et plus encore la viabilité sur le long terme. Et pourtant, l'homme fut en son temps célébré pour sa vision, son audace et son rayonnement. Chantre de la convergence, il a voulu bâtir le modèle de l'entreprise de son temps, intégrée verticalement, fondée sur une infrastructure technique de numérisation et articulant contenants et contenus, distribuant ses produits sur tous les canaux disponibles et sur les deux rives de l'Atlantique. Si l'on prête crédit un instant à cette vision et en faisant abstraction des difficultés de sa réalisation, on reste frappé par les contradictions révélées par l'exécution de ce dessein.

Pourquoi investir dans Elektrim ou dans Maroc Télécom si l'on place la convergence numérique au centre de ses priorités ? Pourquoi acquérir Houghton Mifflin lorsque l'on possède déjà Echostar ou USA Networks ? La réponse, on l'a vu, est double.

Tout en poursuivant sa stratégie, Jean-Marie Messier est soumis aux impératifs de la politique domestique et subit les calendriers de ses partenaires. Il est ainsi conduit à réaliser des acquisitions non stratégiques et à tenir compte des ambitions de ses collaborateurs.

Si l'on admet que la vision stratégique est ferme et qu'il faut passer des compromis pour bâtir l'entreprise de l'avenir, pourquoi maintenir les métiers du passé et compromettre la réussite du pari fait dans le secteur de la communication ? Si la valse-hésitation sur la branche « environnement » s'explique sans doute par la difficulté à rompre avec les métiers historiques, comment prendre au sérieux la stratégie de recentrage ? Car non seulement le redéploiement des moyens se fait de manière incomplète et hypocrite, mais de surcroît sur le mode permanent de la dénégation. Les raisons de l'indécision de Messier concernant l'avenir de Vivendi Environnement résident en réalité dans l'absence d'adhésion du conseil d'administration à la vision stratégique du patron de Vivendi. À ce stade contentons-nous de noter qu'une stratégie audacieuse qui doit être négociée à chaque phase de son exécution, en interne et en externe, est de toute évidence très fragile.

Considérons à présent cette stratégie pour elle-même. Son principe organisateur est la distribution multicanaux de contenus numérisés sur les deux rives de l'Atlantique. Mais quelle est l'adéquation de cette stratégie avec le portefeuille d'activités de VU ? Après les opérations Seagram et Canal +, le groupe dispose aux États-Unis de studios de cinéma et de chaînes de TV, mais il ne contrôle aucun canal de diffusion ni dans le câble, ni dans le téléphone, ni sur les satellites. La situation est sensiblement la même en Europe. Jean-Marie Messier dispose d'un canal national de diffusion avec SFR dans la téléphonie mobile et d'un canal européen en télévision payante avec Canal +, mais ses moyens sont là aussi d'une insigne faiblesse. D'une part parce que Canal + ne constitue pas un groupe intégré, et d'autre part en raison du retard accumulé dans la téléphonie mobile, le téléphone portable étant loin d'être véritablement opérationnel en tant que vecteur de diffusion.

On comprend dès lors la fuite en avant technologique et le décrochage par rapport au monde réel – et l'aggravation de la crise de gestion. L'insistance que met Jean-Marie Messier à promouvoir le portail Vizzavi ainsi que le nouveau décodeur issu des laboratoires de Canal + Technologies n'a en ce sens qu'un seul objectif : montrer qu'on peut compenser des faiblesses réelles de positionnement de l'offre par les merveilles virtuelles des nouvelles technologies de l'interactivité. Mais à vouloir faire du nouveau décodeur et du portail mobile les clés de la stratégie, Messier prend le risque de révéler au public que le roi est nu. La crise de gestion à Canal + est née de cette pression exercée sur une entreprise engluée dans des problèmes de gestion et qui ne peut fournir ce qu'on attend d'elle.

La stratégie de Jean-Marie Messier, telle qu'on la relit ici, éclaire le fonctionnement du mythe de la convergence numérique. Celle-ci est pour lui un opérateur symbolique qui présente le double avantage de donner une cohérence à des choix qui relèvent parfois de l'opportunité, parfois du rapport de force et parfois de la contrainte, et de conférer les vertus d'une « vision » à ce qui n'est tout au plus qu'un modèle économique discutable.

Le mythe de la convergence a par ailleurs cette immense vertu de libérer des contingences, des adhérences et des difficultés du monde réel. Les économistes de l'innovation ont abondamment traité de la question des échelles de temps et ont montré ce qu'il y avait de contingent dans l'adoption d'un nouvel objet technique par les consommateurs. La convergence serait alors un discours d'intimidation : en se présentant comme un visionnaire et en entraînant à sa suite les commentateurs pressés, Messier disqualifie l'expertise et emporte l'adhésion des consommateurs.

Enfin, le mythe de la convergence a une qualité ultime : c'est un discours de banquier d'affaires très pratique pour justifier les « deals ». On sait que ces financiers ne sont guère concernés par la connaissance intime des processus industriels ni par le souci managerial de la mise en œuvre de leurs stratégies de papier[43]. On comprend dès lors en quoi le mythe de la convergence contribue aux phénomènes de bulle spéculative : il virtualise et

---

43. On reste interloqué par la superficialité des analyses économiques et industrielles des banquiers d'affaires virtuoses. Pour un aperçu sur cette littérature, on peut consulter *Big Deal* de Bruce Wasserstein, New York, Warner Business Books, 1998, 2000.

déréalise l'industrie afin de la rendre comestible par la finance de marché.

L'addiction au «deal» est peut-être la vérité ultime de la logique d'action de Jean-Marie Messier. Comme dans une pyramide de Ponzi, c'est à chaque fois l'acquisition suivante qui enrichit le groupe, ce qui empêche d'interrompre le processus[44]. On comprend dès lors l'importance de l'appréciation continue du cours, puisque la totalité de l'édifice – le paiement en titres comme les garanties données pour les levées de capitaux – en dépend. Il en va de même pour l'importance de la relation aux analystes, aux investisseurs et aux médias, auxquels il est fondamental de fournir un grand récit – celui de la stratégie, voire de la vision du dirigeant inspiré. Cette logique se répercute à tous les étages de l'entreprise, chaque baron se trouvant aux prises avec la même «addiction» : comme la stratégie industrielle n'a pas de réelle consistance et qu'en tout cas sa mise en œuvre est sans cesse remise en cause, seul un flux continu d'acquisitions peut donner l'impression de mouvement. Toute acquisition nouvelle, le plus souvent surpayée, étant à court terme source de sorties financières, un fossé se creuse entre la promesse de résultats futurs et le caractère immédiat des coûts occasionnés. Il suffit alors d'un décalage dans le temps entre la réalisation d'un actif ou le montage d'une opération de refinancement pour que l'entreprise vive un état de stress financier : la logique financière inspire de part en part l'entreprise.

Lorsque des accidents conjoncturels ou, pis encore, une crise économique viennent perturber la séquence imaginée par les stratèges financiers du groupe, il devient difficile de résister aux tentations de la créativité comptable.

---

44. Dans une pyramide de Ponzi, l'initiateur promet à ceux qui investissent avec lui de réaliser de larges profits. Mais il n'y a en réalité pas d'investissement réel, ou seulement de façon marginale. L'argent sert en fait à recruter de nouveaux investisseurs. En pratique, l'initiateur rémunère largement les premiers investisseurs avec l'argent dégagé par le recrutement du deuxième groupe d'investisseurs, ces investisseurs comblés étant bien sûr les meilleurs avocats auprès de ceux du second tour.

7

La bulle numérique

Le 9 août 1995, l'introduction en Bourse de Netscape laisse sans voix les analystes, banquiers d'affaires et autres brokers. L'action, qui avait été évaluée initialement sur la base de multiples très généreux à 12 dollars, atteint en effet 71 dollars pour sa première cotation. Sa valeur avait certes été portée avant cotation à 28 dollars par les banquiers responsables de l'introduction en Bourse, tant l'intérêt révélé pendant les « roadshows » était grand, mais la demande en provenance des fonds comme des particuliers fut telle[1] que, après de multiples tentatives infructueuses de cotation, l'action finit par afficher 71 dollars comme premier cours. Au terme de la première journée, pas moins de 14 millions d'actions ont été échangées et le cours de clôture est de 58,50 dollars. Cela représente une augmentation de 108 % par rapport au cours d'émission révisé et valorise cette jeune entreprise à hauteur de 2,2 milliards de dollars.

---

1. 50 millions de titres sont demandés alors que seulement 5 millions sont disponibles.

La situation est inédite : 18 mois à peine après sa création, cette société dont le dernier chiffre d'affaires connu est de 12 millions de dollars[2] et dont l'unique produit est un navigateur gratuit qui permet de surfer sur le net dépasse la valorisation boursière de General Dynamics, le fameux conglomérat de technologies de la défense. La cotation de Netscape marque un moment fondateur pour qui cherche à comprendre la formation et le développement de la bulle numérique. Toutes les caractéristiques du phénomène d'« exubérance irrationnelle des marchés », décrit par Alan Greenspan[3], sont réunies dès ce 9 août 1995. La bulle de l'Internet grossit et se mue en bulle des TMT[4], puis en bulle de la nouvelle économie. Dans la brèche ouverte par Netscape s'engouffrent Yahoo!, Amazon puis, par cohortes successives, les entreprises de B2C[5], de B2B[6], de « peer to peer[7] », les entreprises technologiques, les entreprises de médias et enfin les entreprises de télécommunications. Pour comprendre la formation de bulles spéculatives, évoquer le comportement grégaire des agents ne suffit pas.

En revanche, cette bulle ne fut pas, contrairement à ce que l'on a pu prétendre, irrésistible. En trois occasions au moins, le phénomène spéculatif est identifié et son caractère irrationnel dénoncé. Immédiatement après la mise sur le marché de Netscape, la presse financière – qui fera pourtant preuve d'une grande myopie par la suite – dénonce, par la voix de Jeffrey Vinik[8], la valorisation excessive des sociétés d'Internet. À la fin de l'année 1996, Alan Greenspan tance les marchés en prononçant les mots devenus célèbres d'« *irrational exuberance* » : deuxième avertissement. Le troisième vient à la veille du retournement, lorsque Warren Buffett, le sage des marchés, rappelle

---

2. Ce chiffre date du deuxième trimestre 1995 ; l'entreprise est alors en perte.
3. Expression que le président de la FED prononça le 5 décembre 1996.
4. Valeurs Technologiques-Médias-Télécoms.
5. *Business to consumers,* sites Internet de commerce électronique à destination des consommateurs finaux.
6. *Business to business,* sites Internet de commerce électronique à destination des entreprises.
7. *Peer to peer,* sites d'échanges gratuits de fichiers musicaux puis vidéo.
8. Le gestionnaire du fonds mutuel le plus important du pays, le Fidelity's Magellan Fund.

qu'il n'achète pas ce qu'il ne comprend pas. Et pourtant, aucune de ces mises en garde n'aura d'impact significatif sur les marchés, qui sont à l'évidence travaillés par d'autres forces.

Comment expliquer un tel emballement spéculatif ? Comment « Internet » s'est-il constitué en investissement ? De phénomène limité, à l'origine, au milieu des *venture capitalists*[9] de la Silicon Valley, Internet s'est en effet rapidement étendu au marché. L'industrie financière s'est emparée de ce thème pour en faire un puissant moteur de son activité : quels mécanismes a-t-elle alors mis en jeu ?

On ne saisit pas la diffusion rapide de titres à très haut risque – ainsi désignés car dépourvus d'historique d'activités et de résultats – si l'on ne tient pas compte du rôle central des banquiers d'affaires qui les introduisent sur le marché, les prescrivent à travers leurs bureaux d'analyse, les gèrent à travers leurs fonds, animent le secteur à travers les fusions-acquisitions – en somme, initient des tendances et construisent de nouvelles « conventions financières ».

Phénomène spéculatif dénoncé comme tel par Alan Greenspan, l'investissement en valeurs Internet change de nature le jour où ce même Greenspan le présente, en 1997, comme le vecteur de la « nouvelle économie ». En accédant à la dignité de facteur de croissance, d'agent de productivité et de nouvelle frontière de l'économie mondialisée, Internet largue les dernières amarres avec le monde réel et libère un fantastique potentiel spéculatif. Les valeurs technologiques cessent à ce moment d'être un simple phénomène boursier pour accéder au statut de variable clé des politiques macroéconomiques et structurelles.

Une dernière étape, décisive, scelle la transformation d'Internet en thème incontournable d'investissement : l'intervention de l'État fiscal. Lorsqu'un boursicoteur en ligne un peu adroit parvient très rapidement à faire fortune, l'État peut lui aussi être saisi d'un brusque vertige et réclamer sa part du gâteau. L'invention d'un mécanisme de prélèvement sur les revenus hypothétiques d'une technologie non maîtrisée par les fiscs européens – le *multimedia mobile* – marque le début de la

---

9. Financiers spécialisés dans le capital-risque.

fin. On n'attend pas de l'État qu'il se comporte en spéculateur mais en éclaireur du long terme et en agent du développement. Or, en taxant fortement une technologie émergente, l'État accrédite à la fois l'idée de son potentiel économique et prive des bénéfices futurs les industriels qui y investissent. L'intervention de l'État fiscal accélère la fin de la séquence par l'éclatement définitif de la bulle spéculative la plus marquante depuis les années 1920.

La bulle numérique prend deux formes, celle de l'Internet fixe et des technologies de l'information aux États-Unis, et celle de l'Internet mobile et des télécommunications en Europe. Phénomène de marché aux États-Unis, la bulle de la téléphonie mobile gagne du terrain en Europe avec la politique de l'UMTS de l'Union européenne et les stratégies fiscales des États. Il s'agit pourtant bien de deux expressions d'un même phénomène.

Pour comprendre la logique de la formation et du développement d'une bulle spéculative, il faut distinguer les facteurs structurels, culturels, psychologiques et économiques, et suivre rigoureusement leur articulation dans le temps. C'est ainsi qu'on pourra mettre au jour les dynamiques à l'œuvre sur les marchés, les incitations créées aux restructurations industrielles, et la force destructrice qu'elles prennent sous certaines conditions. C'est du reste la perspective adoptée par Robert Shiller dans son remarquable ouvrage *Irrational Exuberance*[10].

IRRATIONAL EXUBERANCE (1)

Si l'entrée en Bourse de Netscape constitue notre point de départ, c'est parce que tout ce qu'est « Internet » – une opportunité de croissance, un tremplin pour une nouvelle génération d'entrepreneurs, un révélateur de nouveaux marchés –, mais

---

10. Robert J. Shiller, *Irrational Exuberance*, Princeton (NJ), Princeton University Press, 2000.

aussi tout ce qu'il entraîne comme dérèglements financiers, comportements grégaires et dévoiements éthiques, se trouve déjà en germe en ce mois d'août 1995.

Le moment Netscape

Avec la cotation de Netscape émerge la figure de l'entrepreneur, ce champion du XXIe siècle. Lorsque au terme de la première journée de cotation on évalue les fortunes faites, on trouve en bonne place le créateur de l'entreprise, Jim Clark, puis les « venture capitalists » et les managers professionnels, et enfin, loin derrière eux, le concepteur, à l'origine de la richesse de tous. L'imagerie schumpetérienne qui s'imposera par la suite fera de l'investisseur-entrepreneur le héros moderne. Dans le cas de Netscape, la palme et la fortune ne reviennent ni aux bâtisseurs de l'Internet, ni aux concepteurs des langages et des protocoles IP, ni à l'inventeur du www, mais à ceux qui ont réussi la mise sur le marché des produits [11].

Le moment Netscape révèle le rôle prépondérant du « capital-risque ». L'homme qui lance Netscape, Jim Clark, est un entrepreneur-investisseur audacieux. Il crée, développe puis revend Silicon Graphics et aspire à rééditer ce succès. Il apprend qu'un jeune homme de 21 ans, Marc Andreessen, développe, pendant ses moments d'oisiveté au NCSA de l'université de l'Illinois, le premier navigateur Internet, Mosaic, qui reste la propriété de l'université. Il le recrute avec toute son équipe, pour concevoir une version commerciale du même produit. Les 3 millions de dollars d'investissement personnel de Clark étant rapidement consommés, le relais du financement est pris par des fonds de capital-risque. Leur arrivée

---

11. Joseph Schumpeter est l'économiste qui a le plus tôt formalisé la contribution de l'innovation à la croissance. L'innovation peut porter sur de nouveaux produits, de nouveaux procédés, voire de nouveaux modèles organisationnels. La figure de l'entrepreneur devient dès lors centrale, il est l'agent de la destruction créatrice, celui qui opère une mise en relation inédite entre un objet technique et un usage social, il est celui qui par rapport à un état de la concurrence invente un nouveau modèle économique.

professionnalise la gestion et donne une meilleure visibilité aux produits développés [12].

Autre fait nouveau : Jim Clark conçoit le mécanisme de l'introduction en Bourse, communément désigné sous le vocable IPO [13], comme une course contre la montre et un événement marketing, non comme une source de financement. Pour la banque d'affaires, qui en fait un de ses produits les plus en vue, l'IPO constitue au contraire une très lucrative source de revenus, puisqu'une commission de 7 % est prélevée sur les capitaux placés. Aiguillonné par la cotation de Spyglass – un concurrent licencié de Mosaic – ainsi que par la formidable publicité qu'offre déjà la cotation d'une start-up dans l'Internet, Clark fait alors appel en juin 1995 au financier vedette de Morgan Stanley, Franck Quattrone, pour tester l'idée d'une mise sur le marché.

L'analyse de l'entrée en Bourse de Netscape montre combien le système repose sur un principe inédit de valorisation des titres. L'entreprise n'ayant pas d'historique d'activités et de résultats, une valeur conventionnelle est donnée à chaque client réel ou potentiel alors même que le produit phare de la firme est distribué gratuitement. La valorisation n'est cependant pas totalement artificielle, puisque les premières évaluations d'entreprises Internet sont établies sur la base d'une estimation du potentiel de chaque client acquis et que la valeur de celui-ci est dérivée du câble – le modèle implicite étant que chaque client Internet est un abonné régulier à des services d'information ou de loisirs. La cotation de Netcom, première entreprise à recourir à cette formule de valorisation du client sur la base de l'abonnement qu'il paie, valorise le client Internet deux fois plus cher que celui du câble alors que la recette unitaire est nettement plus faible. Ainsi, dès le départ, les multiples de valorisation d'Internet, tout en cherchant à s'appuyer sur une référence de marché, relèvent davantage d'une illusion que d'un raisonnement fondé sur les réalités économiques.

---

12. Pour un récit plus détaillé, *cf.* John Cassidy, *Dot.com, The Greatest Story Ever Sold*, Londres, Penguin, 2002.
13. Il s'agit de l'« initial public offering ».

La bulle numérique

Le choix d'un mode de valorisation qui rompt avec l'approche en termes de flux actualisés de revenus libère ainsi les marchés de toute référence aux fondamentaux de l'activité : les agents financiers opposent valeurs de rendement et valeurs de croissance, mais ne parviennent en réalité, avec Netscape, qu'à promouvoir une valeur de promesses.

Enfin, le succès de la cotation en Bourse de Netscape révolutionne les fondements des modèles d'affaires conventionnels. Netscape présente cette particularité d'être une entreprise dont l'unique produit est un navigateur. Elle mise sur le fait que les entreprises accepteront de payer des licences pour leurs usagers. Ce pari est doublement périlleux. D'un côté, les fournisseurs d'accès Internet, comme AOL, ont un intérêt vital à disposer d'un navigateur. Leur modèle, fondé sur une offre fermée de services, est ainsi subverti par l'usage d'un navigateur qui permet d'explorer librement les espaces infinis du web. De l'autre, il est évident que Microsoft voit d'un très mauvais œil l'avènement d'un outil permettant d'accéder en ligne à des applications et à des logiciels gratuits.

L'accueil plus qu'enthousiaste réservé à l'introduction de Netscape sur les marchés provoque des commentaires mitigés : pour le *Financial Times,* il ne s'agit que d'une bouffée spéculative sans avenir, pour l'étoile montante qu'est George Gilder dans le milieu de la Bourse, « un nouveau Microsoft est né [14] ». Le scepticisme des acteurs classiques de marché est contrebalancé par une nouvelle vague de commentateurs issus de la contre-culture qui font d'Internet une nouvelle utopie, réussissant à fondre dans un même objet les idéaux libertaires, la figure de l'entrepreneur schumpetérien et celle, plus classique, du banquier de Wall Street.

La cotation de Netscape réunit donc, dans un moment fondateur, tous les éléments qui nourrissent les débats sur la montée irrésistible de la « nouvelle économie ». Tout a déjà été

---

14. Nouveau techno-gourou, George Gilder avait accédé à la notoriété en se faisant le chantre de la *supply side economics* avant de se convertir dans le prophétisme technologique avec son ouvrage *Life after Television*, New York, Norton, 1992.

dit sur les valorisations excessives, sur les discours hyperboliques, sur les comportements pousse-au-crime des banquiers de Wall Street, et pourtant rien ne sera évité. Tout ce qui point en août 1995 va croître et embellir jusqu'à la chute finale, en mars 2000.

À compter de l'introduction de Netscape, les événements s'accélèrent et l'Internet s'impose dans le paysage financier. Par vagues successives, les fournisseurs d'accès comme AOL, les portails comme Yahoo!, les entreprises d'e-commerce comme Amazon, ainsi que des entreprises réellement novatrices comme le site d'enchères e-bay, défraient tour à tour la chronique. Alors que dès les premières manifestations du phénomène des acteurs de marché et des commentateurs dénoncent l'irréalisme des valorisations, la vague ne cesse d'enfler, jusqu'à ce jour de décembre 1996 où le président de la FED dénonce l'« exubérance irrationnelle » des marchés.

Les facteurs structurels

Pourquoi un tel emballement? Comment une bulle d'emblée désignée comme telle se forme-t-elle et surtout se développe-t-elle jusqu'à prendre des proportions colossales avant d'éclater?

Notre hypothèse est qu'il serait vain d'évoquer la seule irrationalité des marchés, des comportements grégaires et autres excès bénins inévitables dans la mise en place d'une révolution industrielle[15]. Si ces éléments ont tenu un rôle non négligeable, ils ne rendent absolument pas compte du processus et de sa dynamique.

---

15. La défense d'un Jean-Marie Messier après le krach, expliquant qu'il avait eu raison mais trop tôt sur la convergence numérique, ou celle d'un Michel Bon justifiant les sommes astronomiques payées par les succès postérieurs d'Orange, ou encore celle des chantres académiques et journalistiques de la « nouvelle économie », voyant dans les gains de productivité postérieurs à l'an 2000 la preuve d'une nouvelle révolution industrielle, n'ont qu'un défaut : elles méconnaissent les échelles de temps et précipitent des décisions qui, dans les deux premiers cas, aboutissent à la quasi-faillite, et dans le dernier à une incitation à l'irrationalité financière.

La convergence numérique

Après un cheminement silencieux, les innovations majeures de l'industrie numérique atteignent le grand public, façonnent de nouveaux discours politiques et suscitent l'engagement intéressé des banquiers d'affaires.

Avec le «worldwide web» – www –, le navigateur Netscape et l'accès AOL, Internet cesse d'être l'affaire des scientifiques, des grands prêtres de l'informatique, des bricoleurs de génie ou des utopistes d'une technoscience gratuite, pour devenir un phénomène de marché, vecteur de marketing et de travail à distance, et symboliser à lui seul l'avenir du commerce.

Quatre traits principaux font d'Internet la technologie longtemps attendue par les industries numériques et le relais de croissance que les économies développées appellent de leurs vœux depuis le choc pétrolier de 1974.

Le premier tient à l'ubiquité technologique d'Internet : la numérisation et la transmission à faible coût et à longue distance de masses de données ouvrent la voie à de nouveaux produits et services, tout en révolutionnant des industries aussi traditionnelles que celles de l'électronique, des télécommunications ou du câble. Le travail, le divertissement, la vie quotidienne en sont bouleversés et l'Internet prend l'ampleur d'une technologie générique, diffusant dans tous les secteurs d'activité, à travers tous les processus de création, de production et de distribution.

Le deuxième trait réside dans le potentiel de croissance économique que doit libérer la diffusion des technologies de la révolution numérique. La promesse du numérique tenue, la croissance économique doit se trouver stimulée par les gains de productivité du travail et par l'émergence de nouveaux biens et services numériques. Or, les gains de productivité permettent d'accroître les richesses disponibles : redistribués aux salariés, ils en accroissent le pouvoir d'achat et donc la consommation ; captés par l'entreprise, ils en améliorent la rentabilité et l'attractivité financière.

Si les nouveaux biens et services numériques passent dans un premier temps pour marginaux, la croissance exponentielle de la téléphonie mobile et de l'audiovisuel numérique révèle leur rapide diffusion. Le troisième trait est la « destruction créatrice » que rend possible Internet. Les monopoles paresseux du câble, de la télévision hertzienne ou du téléphone, les industries vieillissantes de l'électronique grand public ou de la micro-informatique, les rentiers des industries de contenu musical, éditorial, cinématographique ou audiovisuel sont tous contestés dans le nouvel ordre numérique. Internet est, en ce sens, subversif car il déstabilise les protections sectorielles fondées sur les systèmes propriétaires, les terminaux dédiés et les réseaux spécifiques. Les batailles telcos-câblos, éditeurs-câblos, opérateurs satellites-câblos en témoignent.

Enfin, en matière boursière, la logique dominante qu'introduit la révolution numérique est celle de l'anticipation. Avec Internet, nul besoin que les faits soient avérés ou que les plans d'affaires produisent des résultats pour que l'investissement se réalise : ce qui compte, c'est dorénavant la qualité de l'histoire (*story*) que l'on vend aux marchés et la capacité à en illustrer périodiquement le sérieux par un flux continu de nouvelles (*newsflow*).

Lorsque Netscape est introduit en Bourse, Internet est une réalité en devenir. On peut projeter la croissance en termes d'internautes – ce qui intéresse les fournisseurs d'accès et les commerçants électroniques –, de débits ou de capacité de fibres à installer – et cela mobilise les opérateurs de télécommunications et leurs équipementiers –, de capacités de traitement – au grand intérêt des fabricants de composants et de terminaux –, voire d'heures de programmation – donnée décisive pour les éditeurs de contenus.

L'industrie financière transformera ces promesses en financements, en introductions boursières et en opérations de fusion-acquisition.

Un marché à la hausse depuis 1982

Le décollage boursier d'Internet est d'autant plus rapide que le terrain est favorable. Malgré le minikrach rapidement oublié de 1987, les marchés d'actions connaissent une croissance continue depuis 1982. Cette croissance ne se justifie ni par le dynamisme général de l'économie, ni par l'amélioration de la rentabilité, ni par la seule baisse des taux d'intérêt, ni bien évidemment, à ce stade, par un éventuel effet économique de la révolution Internet. Les marchés sont, en réalité, travaillés par deux tendances de fond. D'une part, l'émergence d'une grappe d'innovations technologiques qui stimule le renouvellement du tissu économique après des années de restructurations, de recentrages et de délocalisations, d'autre part, le développement de l'épargne-retraite dans une société vieillissante qui donne naissance à une industrie financière particulièrement active. La conjonction de ces tendances structurelles avec des politiques monétaires accommodantes et des politiques budgétaires restrictives libère, dès 1994, les marchés et permet l'envol boursier d'Internet.

Comme la plupart des pays développés, les États-Unis ont connu, à la fin de la Seconde Guerre mondiale, une vague de naissances dont les effets se sont épuisés au début des années 1960. Or le dynamisme démographique joue de deux manières sur le cycle économique. Dans un premier temps, des générations d'adultes de plus en plus nombreuses stimulent la consommation à travers la construction et l'équipement des logements. Dans un second temps, et à mesure que ces mêmes générations vieillissent, elles prospèrent et songent à préparer, par leur épargne, leur retraite.

Bien entendu, l'attitude à l'égard du risque n'est pas la même selon la classe d'âge. Plus les jeunes actifs sont en phase de constitution de leur patrimoine et plus ils prennent de risques. À l'inverse, plus l'échéance de la retraite se rapproche et plus l'investissement sans risque, c'est-à-dire en obligations, est privilégié. Harry Dent connaît ainsi une gloire médiatique prolongée en expliquant par des raisons purement démographiques la hausse continue des cours de Bourse et la prolongation du marché haussier – ce qu'on appelle le *bull market*[16].

---

16. Harry S. Dent, *The Great Boom Ahead*, New York, Hyperion, 1993.

En 1982, le gouvernement américain choisit de favoriser le passage d'un système de retraites du type « defined benefits » à un système à « defined contributions », une transition décisive dans l'évolution du marché des actions[17]. Toutefois il ne s'agit pas d'une grande réforme, débattue publiquement et visant à faire du salarié américain le principal responsable de sa retraite, ni davantage d'une volonté délibérée de stimuler la Bourse, mais du résultat d'une succession de décisions d'acteurs décentralisés dans un contexte de restructuration industrielle.

Dans le modèle du « defined benefits », les cotisations ouvrent droit à des pensions garanties par l'employeur. Les syndicats de la grande industrie ont longtemps défendu un système qui faisait porter par l'entreprise le risque financier, garantissait le niveau des pensions et faisait des syndicats des partenaires obligés. Ce système a transformé les entreprises industrielles vieillissantes du « rust belt » en entreprises attractives par leurs liquidités accumulées alors que leurs débouchés commerciaux déclinaient. Elles deviennent des cibles pour raiders tout en fragilisant les retraites de leurs salariés vieillissants.

Dans un système à « defined contributions », le niveau des pensions repose sur le volume des contributions, la qualité des placements et la performance boursière. La création en 1981 du premier plan à contributions définies, dit 401k, et sa reconnaissance par les services fiscaux comme véhicule de constitution d'une retraite[18] ont un double effet.

Le salarié devient le responsable de l'allocation de ces fonds entre supports monétaires, obligataires et actions. L'épargnant se mue en stratège financier et en porteur du risque ultime de marché. Ce faisant, le salarié-épargnant se trouve exposé à la pression commerciale de l'industrie financière tout en s'initiant à l'investissement. Comme le montre Shiller[19], le meilleur vec-

---

17. Les *defined benefits* sont des pensions garanties calculées sur la base des cotisations versées dont le risque est porté par le gestionnaire du fonds de retraite. Les régimes à *defined contributions* ne sont à l'inverse pas garantis. Leur montant est fonction de la performance boursière des fonds d'investissement choisis, le risque est porté par l'épargnant.
18. Les services fiscaux lui octroyèrent la taxation différée.
19. Robert J. Shiller, *Irrational Exuberance, op. cit.*

teur de la diffusion de l'investissement en actions réside dans la familiarisation des investisseurs potentiels avec la Bourse ; le choix des fonds investis en différentes catégories d'actifs financiers relève souvent de mécanismes psychologiques élémentaires qui tiennent au fait que les acteurs préfèrent répartir leurs investissements entre différentes catégories de placements. Sur la base de travaux de psychologie expérimentale et de recherches statistiques, Shlomo Benartzi et Richard Thaler[20] ont établi que les gens ont tendance à répartir leurs placements entre catégories proposées sans se préoccuper du contenu réel des catégories de placement. Il en résulte que si l'on propose, dans le cadre d'un plan 401k, deux fonds – obligations et actions –, nombre d'épargnants auront tendance à mettre 50 % de leurs avoirs sur chaque support. Si l'on propose à ces mêmes épargnants un fonds actions et un fonds équilibré (50 % actions, 50 % obligations), ils feront un choix d'équirépartition entre catégories, ce qui revient à investir 75 % en actions et 25 % en obligations. Ainsi, la simple curiosité pour l'action contribue à exercer une pression à la hausse.

Cet accroissement continu coïncide avec l'invention et la diffusion des plans 401k et la multiplication des « mutual funds[21] ». Ces derniers, qui sont des paquets de titres obéissant à un thème de placement particulier – les technologiques, la zone euro ou encore les petites capitalisations – reconditionnés en parts individuelles, se développent rapidement à partir de 1974 avec la création, par la loi Erisa, des plans individuels d'épargne-retraite, et plus encore avec la diffusion des plans 401k.

Par la diffusion de comptes de retraite individuels et le marketing très actif déployé par les entreprises financières, les *mutual funds* connaissent un développement rapide porté par le mouvement haussier de la Bourse depuis 1982. En 1998, il y aura davantage de « mutual funds » que d'entreprises cotées à la Bourse de New York. Entre 1982 et 1998, on passe de 6,2 mil-

---

20. « Myopic loss aversion and the equity premium puzzle », *Quaterly Journal of Economics,* 110(1) 1995 et « Naive Diversification Strategies in Defined Contributions Plans », *Unpublished papers,* University of Chicago, 1998. Ces deux contributions sont citées par Shiller in *Irrational Exuberance, op. cit.*
21. Les « mutual funds » sont les équivalents de nos Sicav.

lions de titulaires de comptes titres placés en « mutual funds » à 119,8 millions, soit près de deux comptes par famille[22].

Ainsi soumis à une intense pression publicitaire de même qu'à des campagnes répétées dans les médias populaires, soutenus par une croissance ininterrompue des performances depuis 1982, sommés de faire des choix dans le cadre de leurs plans individuels de retraite, les épargnants américains s'engagent massivement dans l'achat d'actions, persuadés qu'ils font là le meilleur placement possible sur le très long terme.

Un contexte macroéconomique favorable

Lorsqu'il accède au pouvoir en 1992, le président Clinton entend relancer l'économie, réformer la sécurité sociale et lancer les fameuses « autoroutes de l'information ». Mais l'élection en 1994 d'un Congrès républicain modifie le calendrier de ces réformes. La maîtrise de la dépense publique et la baisse de l'impôt sur le capital deviennent les nouvelles priorités. La remise en cause des programmes sociaux, les coupes nettes faites dans les budgets et la volonté du Congrès de paralyser l'Administration Clinton bloquent l'appareil administratif.

Encouragées par des entreprises largement restructurées sous Reagan, les mesures prises par les républicains revanchards de 1994 stimulent l'économie et créent un environnement boursier favorable. Le nouveau Congrès inscrit en effet à son programme la baisse de la taxation sur les gains en capital et, quoique la mesure n'ait été véritablement prise qu'en 1997, son annonce a comme conséquence le gel partiel des cessions de titres, ce qui contribue à leur hausse. Les hasards du calendrier électoral et les principes de la Constitution américaine favorisent, en 1995, un contexte éminemment favorable au développement des marchés. Clinton, élu sur un programme « néodémocrate », soutient les dynamiques de création d'entreprises. Il soutient Al Gore, partisan de la libéralisation du marché des télécommunications et promoteur des sociétés Internet.

---

22. Robert J. Shiller, *Irrational Exuberance*, op. cit.

Or le républicain Newt Gingrich, qui domine le Congrès et défend un programme ultraconservateur, célèbre lui aussi les « autoroutes de l'information », tout en souhaitant alléger la taxation du capital, une mesure favorable aux plus fortunés. Ces deux politiques se rejoignent et font émerger le meilleur environnement envisageable pour l'économie de l'information alors naissante. Monopoles bridés d'un côté, législation favorable à la création de richesses, abstinence de l'État et rareté des titres nets émis de l'autre : tout encourage la croissance et la hausse continue des cours.

96-99, IRRATIONAL EXUBERANCE (2)

Le 5 décembre 1996, Alan Greenspan parle pour la première fois d'« exubérance irrationnelle des marchés » pour décrire le comportement des acteurs financiers sur une Bourse en hausse continue.

Les résistances premières de la FED

À peine prononcée, l'expression d'Alan Greenspan semble libérer les peurs refoulées par la hausse continue[23], car les marchés décrochent les uns après les autres. Sur le moment, l'intervention de Greenspan passe pour un avertissement précédant un resserrement de la politique monétaire, mais son interrogation sur les comportements des acteurs de marché suscite un très vif débat.

D'un côté les « traditionalistes » qui, comme Barton Biggs et Byron Wien de Morgan Stanley, annoncent un retournement du marché, recommandent un allégement des portefeuilles d'actions, et font savoir que les valorisations des valeurs Internet

---

23. Entre le début de l'année 1995 et la fin du mois de mai 1996, le Dow Jones avait gagné 45 % et le Nasdaq 65 %.

sont à leurs yeux excessives et que rien ne justifie la contamination des autres compartiments de la cote par des valorisations en rupture avec les fondamentaux. De l'autre, des financiers comme Franck Quattrone et Mary Meeker, eux aussi membres de Morgan Stanley, se font les hérauts du nouveau paradigme de valorisation des entreprises. Si l'expression « nouvelle économie » n'est pas encore répandue, l'idée a déjà fait du chemin. Selon Franck Quattrone, la révolution des technologies de l'information bouleverse tant l'économie que les principes de valorisation des entreprises doivent évoluer. Abbie Cohen, de Goldman Sachs, surenchérit : pour elle, le mouvement haussier ne peut que perdurer car il est alimenté par un moteur à trois temps – l'inflation qui recule, la population qui vieillit et les entreprises restructurées qui améliorent leurs marges.

Dans les années 1995 et 1996, le débat va bon train alors que la hausse s'accélère. Deux figures marquantes du monde des actions font entendre leurs voix. Warren Buffett, le sage d'Omaha, fait savoir en avril 1996 qu'il arrête d'acheter des actions tandis que Jeffrey Vinik annonce sa démission. Le cas de Vinik est exemplaire : le gestionnaire le plus talentueux de l'industrie – celui qui avait bâti sur la moyenne durée la meilleure performance dans l'industrie des fonds mutuels – se retire par mesure de prudence.

Ces cris d'alarme ne seront pas entendus. En juillet 1997, Alan Greenspan lui-même rend les armes, en propageant la formule « nouvelle économie » pour rendre compte d'une croissance continue et non inflationniste tirée par les nouvelles technologies et leur impact sur la productivité.

Les facteurs structurels

La « nouvelle économie », comme la « nouvelle vague » ou le « nouveau roman », est d'abord une trouvaille de journaliste – en l'occurrence du magazine *Business Week*[24]. Au milieu des années 1990, la croissance américaine est difficile à analyser. Le

---

24. Même s'ils en attribuent la paternité à Greenspan.

déclin annoncé à la fin des années 1980 ne s'est pas matérialisé[25] et un regain entrepreneurial nourri par les technologies de l'information et le capital-risque est sur le point de bouleverser à nouveau le paysage économique du pays.

*La nouvelle économie entre prophétisme
et regain de la productivité du travail*

Dans un premier temps, seuls les gourous de la Silicon Valley et quelques sociétés de « capital-risque » croient à la nouvelle économie et aux promesses de l'Internet. Ils annoncent l'avènement d'un monde des réseaux où l'information, transformée en connaissance et en intelligence, initiera une nouvelle vague de croissance. Cependant, lorsque Alan Greenspan dénonce l'« exubérance irrationnelle des marchés », il n'est pas encore convaincu, et il n'est pas le seul, qu'il faille intégrer un effet « progrès technique » dans l'analyse de la croissance. Certes, il sent bien que la mondialisation et l'innovation changent la donne et il est bien placé pour mesurer l'immense effort d'adaptation et de restructuration mené par les entreprises américaines. Il sait aussi que la modération de la dépense publique ainsi que la forte reprise de l'investissement et de la consommation mettent l'économie américaine sur un sentier de croissance non inflationniste. Mais Alan Greenspan ne dispose pas d'éléments qui lui permettent de croire à un changement structurel des paramètres de la croissance.

C'est dire si, en 1997, le ralliement présumé du patron de la FED à la nouvelle économie contribue de manière décisive à la formation de la bulle d'Internet.

---

25. On s'en souvient, les États-Unis avaient subi l'assaut japonais et avaient dû ériger des barrières douanières afin de protéger leur industrie à la dérive. Ils s'étaient alors livrés à une introspection douloureuse mettant en cause la médiocrité de leur système de formation, la ruine des infrastructures urbaines et routières, la désertion des écoles d'ingénieurs par des étudiants avides au profit du droit, l'érosion de la capacité scientifique ou encore les gaspillages dans l'industrie de défense (*cf.* le fameux rapport du MIT *Made in America*, rédigé par Michael Dertouzos, Richard Lester et Robert Solow, paru aux États-Unis en 1989 chez MIT Press et en français chez InterÉditions en 1990).

Ce ralliement trouve sa source dans l'évolution des données sur la productivité du travail. À compter de 1995 il est difficile de ne pas tenir compte de l'accélération des gains en la matière. Après un débat intense entre économistes pour apprécier les effets des nouvelles technologies de l'information et de la communication – les NTIC –, un consensus assez large apparaît : la croissance américaine au cours des années 1995-2000 est bien tirée par l'accroissement des gains de productivité du travail, dus à l'investissement et au progrès technique. Ce constat donne une onction académique aux analystes financiers et à leurs «modèles économiques». Partant de l'idée que, dans une économie de réseaux, les coûts variables sont faibles ou nuls, que le marché visé est d'emblée mondial, que l'abonnement génère des flux financiers récurrents et que toute start-up est un Microsoft en puissance, les spécialistes de l'économie d'Internet bâtissent des scénarios de croissance continue sans cycle et sans récession qu'ils déclinent dans tous les secteurs et dans toutes les activités.

De fait, quelques entreprises paraissent illustrer le modèle : Cisco dans les équipements de réseau, Oracle dans les progiciels, Yahoo! dans les portails, AOL dans les fournisseurs d'accès Internet (FAI ou ISP en anglais), Amazon dans le B2C, Ebay dans les enchères ou encore Ariba dans le B2B. Là aussi le modèle Microsoft aurait dû conduire à une conclusion inverse de celle qui a été tirée, à savoir qu'il ne pouvait y avoir qu'un seul AOL et qu'un seul Ebay, au lieu de quoi les investisseurs financèrent mille ISP, en les valorisant tous comme AOL.

La démocratisation du capital-risque

Si Alan Greenspan donne à la bulle numérique sa légitimité macroéconomique, il revient aux analystes et à leurs employeurs, les banquiers d'affaires, de répandre la bonne nouvelle.

Les analystes financiers vedettes des valeurs d'Internet – Henry Blodget, Mary Meeker ou encore Jack Grubman – se transform en télé-évangélistes de l'Internet[26]. Ils accèdent à la célébrité en validant et en popularisant les prévisions les plus folles des jeunes pousses de l'Internet, en mal de cotation. Travaillant dans les mêmes banques d'affaires que leurs collègues chargés des introductions en Bourse très lucratives, ils mélangent les rôles et soutiennent de leurs analyses les firmes que leurs collègues mettent sur le marché. Sollicités par les médias, ils propagent auprès du grand public l'évangile de la « nouvelle économie » et du « nouveau paradigme ». Les analystes vedettes des grandes banques d'affaires jouent un triple rôle. Ils agissent sur l'offre en favorisant les introductions en Bourse, influent sur la demande en popularisant ces valeurs et en prescrivant l'achat de fonds technologiques gérés par leur propre employeur, et déterminent également les prix en raréfiant l'offre de titres et en pesant sur la fixation du prix des introductions. Si Henry Blodget, Mary Meeker et Jack Grubman connaîtront, après l'éclatement de la bulle, les affres de la justice de leurs pays, il est toutefois surprenant de constater que des comportements contrevenant aussi gravement et de manière tellement manifeste à l'éthique des affaires aient, sur le moment, suscité si peu de réactions.

Au plus haut de la bulle d'Internet, Yahoo! valait plus que General Motors, Cisco davantage qu'IBM, AOL plus que Pfizer, Coca-Cola ou Procter. Mais les fragiles constructions du « nouveau paradigme » vont immanquablement finir par se lézarder. Trois exemples, tous trois empruntés au commerce électronique, illustrent jusqu'à la caricature l'inconsistance du nouveau paradigme.

Le premier a trait au commerce de détail de livres et de disques. Lorsque Amazon crée la première librairie électronique, il soulève l'enthousiasme des analystes qui vont s'empresser de vanter un modèle d'affaires permettant de faire l'économie d'un immobilier urbain coûteux, de stocks importants et de coûts de

---

26. En toute rigueur, c'est Henry Blodget qui commit les pires excès, là où Mary Meeker résista à la pression ambiante et maintint longtemps des critères de sélection dans le choix des entreprises à faire coter. Jack Grubman, moins médiatisé, n'en était pas moins très actif auprès de la communauté des télécoms.

main-d'œuvre prohibitifs. Amazon mettra pourtant sept ans avant de faire le premier bénéfice, et aucune autre entreprise bâtie sur le même modèle ne gagnera un centime. La raison en est simple : le commerce en ligne n'est qu'accessoirement une activité de traitement de l'information alors qu'elle demeure massivement une activité de logistique, et Amazon ne s'en tirera qu'en offrant un service enrichi.

Le second exemple a trait au commerce alimentaire, et là aussi l'idée initiale enflamme les esprits. Avec Peapod, les yuppies des grandes métropoles urbaines, aspirant légitimement à se défaire des tâches ménagères, peuvent désormais faire leurs courses dans un supermarché virtuel. Peapod et les dizaines d'entreprises créées sur ce modèle disparaissent après avoir consommé en abondance l'argent des actionnaires. La raison est sensiblement la même que dans le cas d'Amazon : ce sont ici aussi les encombrements urbains et les coûts de préparation et de livraison des commandes qui sont décisifs, et non pas les fonctions d'information et de commande.

Le dernier exemple est celui de Pets.com. Le commerce en ligne de produits à fort contenu informationnel ou celui d'objets utiles à toute heure s'essoufflent, et on décide de se tourner vers les croquettes pour chiens, laisses et autres objets vitaux pour nos plus fidèles compagnons. Le flop est intégral et immédiat.

Lorsqu'on découvre qu'il est possible de substituer, dans l'acte commercial, des réseaux électroniques d'information aux réseaux physiques mais que, pour toutes les autres fonctions – *clearing*, logistique, conseil, sécurité, confiance –, l'intermédiation commerciale reste centrale, le consensus se fissure[27]. On apprend ensuite que le B2B, appelé à croître fortement, subit la rude concurrence des entreprises traditionnelles, bien placées pour rafler la mise. Les start-up de B2B cherchent rapidement à se fondre dans les sociétés de services informatiques. Enfin, les grandes plates-formes électroniques d'échange comme Covisint, censées révolutionner l'industrie et le service en rendant

---

27. Et cela malgré l'apparition d'une nouvelle catégorie de marchands, celle des *infomédiaires*.

possibles la *mass customisation*[28] et le *build to order*[29], affrontent les vrais problèmes de modernisation, de standardisation et de cartellisation : il est alors clair que les NTIC ne peuvent transformer l'économie en une nuit. Dès lors, les anticipations hyperboliques cessent, et on passe à autre chose. Car, fort heureusement pour l'industrie financière, avant que n'éclate la bulle de l'Internet fixe, les Européens fabriquent leur bulle — celle de l'Internet mobile.

«*New era thinking*», «*new valuation paradigms*», «*integrated financial powerhouses*»[30] : si l'on comprend comment la machine à IPO a fonctionné, si l'on perçoit mieux les mécanismes de diffusion de la culture actionnariale et si l'on mesure le poids de la parole greenspanienne dans le rebond des marchés, il reste cependant à comprendre pourquoi les professionnels de la gestion de fonds ont validé les valeurs Internet, puis les valeurs Technologies-Médias-Télécommunications, alors même qu'ils doutaient de la durabilité du mouvement et que les figures les plus respectées du marché avaient tiré toutes les sonnettes d'alarme.

La réponse est, semble-t-il, à chercher dans les logiques d'action des professionnels de l'industrie financière, pour qui il vaut mieux se tromper avec les autres qu'avoir raison tout seul.

L'économie industrielle de la finance

Rappelons ces quelques chiffres : entre 1994 et 1999, le Dow Jones triple quand la richesse nationale n'augmente que de 30 % et les profits des entreprises de 60 %.

Le vieillissement des populations occidentales et la privatisation partielle des retraites donnent ainsi naissance à une industrie puissante de gestion d'actifs. Cette activité longtemps

---

28. Littéralement sur mesure de masse.
29. Le «build to order» est un processus intégré de commande et de fabrication qui réduit à néant les stocks.
30. Littéralement «pensée de la nouvelle ère», «nouveaux paradigmes de valorisation» et «institutions financières intégrées» (ce terme suggère en fait l'idée de puissance que permet l'offre intégrée de services financiers).

artisanale s'industrialise et se concentre. Sous la pression du pouvoir judiciaire, elle est forcée d'édicter des codes de bonne pratique des entreprises et de multiplier les outils d'évaluation de ses performances. Depuis 1974, date de la loi Erisa, chaque grande entreprise américaine gère une caisse de retraite pour le compte de ses salariés. Parallèlement à ces fonds privés, les fonds de pension publics plus anciens comme Calpers ou TIAA-Cref ont investi des centaines de milliards de dollars en Bourse. Ces fonds publics ou privés ont cependant une gestion traditionnellement conservatrice qui les conduit à ne pas intervenir en AG d'actionnaires, négligeant ainsi le pouvoir que leur confèrent potentiellement leurs droits de vote pour ne rechercher que le rapport financier de leur placement – c'est-à-dire les dividendes ainsi que la valorisation du titre.

Or, le 23 février 1988, le Labor Department, l'autorité de régulation des fonds de pension, rend obligatoire pour les gérants de ceux-ci, le vote aux AG des sociétés dont ils sont actionnaires. Le défaut de vote sur les résolutions est considéré comme une faute. Les trustees [31] et les gérants voient augmenter considérablement leurs responsabilités et leurs devoirs à l'égard de cotisants qui peuvent désormais se plaindre de leurs performances et les poursuivre en justice [32]. Cette mutation essentielle mérite d'être examinée en détail.

Un fonds de pension d'entreprise ou de branche collecte les cotisations des employeurs et des salariés. Ce fonds est dirigé par les représentants de l'entreprise ou de la profession concernée qui élisent un *Board of Trustees* ou un *Board of Administration*. Les dirigeants du fonds définissent la stratégie de placement en fonction de la population couverte et du niveau de risque accepté. Pour cela, le fonds s'adresse à un actuaire qui élabore la stratégie d'allocation d'actifs en fonction de la démographie de la profession concernée. Forts de ces informations,

---

31. Les trustees sont les représentants des salariés-cotisants chargés d'orienter, de superviser et de contrôler la gestion de l'argent que leur ont confié les salariés.
32. François Morin, *Le Modèle français de détention et de gestion du capital. Rapport au ministre de l'Économie, des Finances et de l'Industrie*, Paris, Les Éditions de Bercy, juin 1998, et Sophie L'Hélias, *Le Retour de l'actionnaire*, Paris, Gualino éditeur, 1997.

les dirigeants du fonds se tournent ensuite vers des consultants experts dans l'évaluation des performances des gestionnaires. Leur fonction principale est de noter de manière continue la performance des gestionnaires de fonds en fonction de la super-performance réalisée par rapport à un étalon, encore appelé *benchmark*, corrigé d'un indice de risque accepté. Les dirigeants du fonds disposent par ailleurs d'études et de classements concernant les analystes, les gestionnaires de fonds – bref tous ceux qui sont appelés à intervenir à un moment ou à un autre de l'opération.

Une fois sa stratégie de placement définie, le «Board» lance un appel d'offres, et, au terme de la procédure, délègue la gestion des fonds dont il a la charge à plusieurs sociétés de gestion d'actifs. Certaines sont spécialisées dans les fonds «valeurs technologiques», d'autres dans des fonds obligataires, d'autres encore dans des fonds d'actions américaines, et parfois même dans des fonds de dérivés.

Quelles sont les différences entre les *mutual funds*, les *pension funds* et les *hedge funds*?

Les «mutual funds» font rapidement tourner leur portefeuille afin d'obtenir la meilleure performance instantanée, les «pension funds» visent un horizon plus long et sont davantage intéressés par une valorisation régulière que par des allers-retours fréquents sur les titres. Les «hedge funds» sont, quant à eux, des fonds d'arbitrage qui cherchent à exploiter les décalages de valorisation entre différents marchés pour trouver une performance absolue élevée.

L'objectif pour les gestionnaires de «mutual funds», de loin les plus importants, est de battre l'indice de référence, ou en tout cas de ne pas faire un plus mauvais score que leurs collègues. Or ce type de critère de gestion induit des comportements conformistes et explique l'effet amplificateur à la hausse ou à la baisse des décisions des gestionnaires. Un seul précepte a cours dans le milieu : il vaut mieux perdre avec tout le monde qu'avoir raison contre la tendance. Si la performance est saluée en cas de victoire, un échec entraîne automatiquement la perte du mandat de gestion et, dans le pire des cas, une confrontation avec les tribunaux. La publication obligatoire d'états trimestriels et l'existence d'un palmarès créent une obligation supplémentaire d'alignement sur la performance des collègues : on comprend que les opérations de fin de trimestre puissent amplifier les déséquilibres apparus pour une raison exogène. Enfin, les gestionnaires ne pouvant garder des liquidités et n'étant pas maîtres de la stratégie d'allocation des capitaux entre fonds, tout mouvement de défiance à l'égard d'un pays ou d'un compartiment peut se traduire par de brusques à-coups sur les marchés, voire par des retraits purs et simples.

Les motivations sous-jacentes des programmes automatiques de vente qui sont lancés dès qu'une tendance change de direction, l'universalisation du modèle de raisonnement par compartiment (les valeurs technologiques, les énergétiques, ou encore les pays émergents), et surtout l'hyperréactivité des gestionnaires qui ne veulent pas être pris à rebours deviennent alors évidentes. On comprend l'extrême volatilité qui peut résulter de tels comportements.

La tendance récente consistant à doper les performances d'un portefeuille en y incorporant un fonds de produits dérivés ou un fonds d'arbitrage a encore aggravé la volatilité des marchés, car elle a contribué à développer un secteur de l'industrie particulièrement engagé dans la gestion du risque. Ces fonds utilisent des leviers d'endettement puissants pour des marges qui n'atteignent parfois que quelques points de base[33]. Ces fonds se répartissent en quatre catégories : les fonds macro, les fonds d'arbitrage obligataires, les fonds d'arbitrage en fusions-acquisitions et les fonds d'options.

Les fonds macro recherchent la performance absolue. Les fonds d'arbitrage en fusion-acquisition sont spécialisés dans la correction profitable des écarts de prix entre les titres du prédateur et ceux de la cible en cas d'échange d'actions ou entre obligations convertibles et actions. Les fonds d'arbitrage obligataires suivent une stratégie plus prudente qui consiste à jouer des écarts de taux sur des titres de dettes de maturités différentes

---

33. Plus la mise en capital est faible, plus le niveau d'endettement est élevé et plus les opérations effectuées sur le marché comportent un effet de levier important. En effet la rentabilité des opérations réalisées rapportée au capital engagé est d'autant plus élevée que la dette qui a permis de financer ces opérations est importante.

pour des emprunteurs variés. Le dernier type de fonds, les fonds d'options, se fonde sur des modèles mathématiques qui permettent de suivre la tendance, et donc d'amplifier les mouvements à la hausse comme à la baisse. Les effets de levier y sont très importants, et toute la subtilité consiste à se tromper un peu moins que les autres en moyenne sur l'évolution de la tendance.

Le vieillissement des populations, le désengagement de l'État et des entreprises des régimes de retraite par répartition ou à contribution définie, la diversification des portefeuilles ont augmenté de façon considérable les masses financières à gérer : il n'en faut pas plus pour qu'une industrie financière instable et volatile se développe. Les processus de certification et d'évaluation de plus en plus fins des performances de cette industrie ont fait naître de nouveaux métiers. Une industrie du risque est apparue, qui porte bien son nom car, si elle constitue l'intervenant majeur sur les marchés, elle ne contribue pas nécessairement à leur équilibre.

Psychoéconomie et analyse des bulles spéculatives

La bulle numérique se forme progressivement : limitée un moment aux investisseurs en capital-risque de la Silicon Valley, elle gagne les banquiers d'affaires initiateurs d'IPO, puis les gestionnaires de fonds avant de toucher enfin le grand public. À chaque étape, le mirage de l'Internet l'emporte en crédibilité et les techno-gourous font école en traduisant les virtualités techniques en promesses de croissance illimitée. Les analystes popularisent dans la foulée un nouveau modèle d'évaluation des firmes fondé sur ces promesses. Alan Greenspan légitime enfin ce qui n'était qu'une construction intellectuelle et promeut la théorie de la « nouvelle économie ». D'abord partagés, les médias finissent par rallier le phénomène qu'ils amplifient.

Dès lors que le principe de valorisation des entreprises n'est plus ancré dans les fondamentaux de la rentabilité (*value*) et emprunte aux hypothèses invérifiables de la croissance potentielle (*growth*), ces valorisations peuvent monter indéfiniment sur la base de croyances partagées. Par ailleurs, la logique industrielle de la finance et notamment celle des « mutual funds » contribue mécaniquement à gonfler toujours davantage la bulle numérique, puisque les gestionnaires de fonds sont en quelque sorte obligés d'accompagner le mouvement – un comportement logique de gestion indicielle, où ce qui est demandé est une performance relative et non pas absolue.

Reste à comprendre comment une bulle spéculative finit par se transformer en manie.

On ne peut saisir le gonflement de la bulle numérique sans évoquer des phénomènes aussi divers que la psychologie des foules ou les biais cognitifs des investisseurs. Pourquoi et comment le gonflement de la bulle suscite-t-il des flux nouveaux d'investisseurs qui entretiennent la hausse jusqu'au retournement ? Pourquoi est-il si difficile d'aller contre la tendance, même lorsque les valorisations rompent toutes les amarres avec les fondamentaux ? L'explication est, selon nous, d'abord à chercher dans la croyance largement partagée dans l'efficience des marchés. Des générations d'économistes financiers nourris des travaux de Harry Markowitz, William Sharpe et Merton Miller, prix Nobel en 1990[34], ont raffiné à l'infini cette thèse de l'efficience des marchés qui heurte pourtant le sens commun et ne cesse d'être démentie par les faits.

Résumée brièvement, elle se formule ainsi : il est impossible, même pour les investisseurs les plus avisés, de battre le marché en sélectionnant quelques valeurs parce que des millions d'investisseurs intègrent dans les prix en temps réel toutes les informations disponibles sur les titres. La valeur d'une entreprise est déterminée par les fondamentaux de son activité et de sa profitabilité ; toute information ayant une quelconque influence sur la valorisation du titre est immédiatement intégrée dans son cours. La valeur

---

34. Markowitz est l'auteur de la « Théorie du portefeuille » (1952) qui souligne l'intérêt de la diversification car elle réduit le risque pour une même rentabilité. Sharpe est quant à lui le théoricien du *Capital Asset Pricing Model* ou modèle d'évaluation des actifs financiers, selon lequel aucun portefeuille ne peut battre le marché. Enfin, Merton Miller a théorisé l'absence de structure financière optimale : la valeur d'un actif économique serait la même quelle que soit la structure qui la finance. *Business Week* classe ce trio de professeurs de finance parmi les « grands innovateurs » du XXe siècle (*cf.* « The Great Innovators : Three Wise Men of Finance », 11 octobre 2004).

fondamentale de l'entreprise est davantage déterminée par ses profits futurs que par la valeur établie par son bilan. Une entreprise vaut en réalité la somme des flux actualisés de revenus qu'elle peut générer et le prix d'un titre est, dans un marché efficient, un bon estimateur de la valeur intrinsèque d'une entreprise.

La force de la théorie tient à sa simplicité : il existe une valeur objective de l'entreprise et le cours de Bourse en est un reflet instantané. Elle tient aussi à sa robustesse : nul besoin d'avoir des investisseurs rationnels pour que le cours de Bourse converge vers la valeur fondamentale, la loi des grands nombres y pourvoit. Elle tient à sa complétude : les « arbitragistes » ramèneraient à sa valeur fondamentale le marché d'un titre déviant. Un tel modèle n'admet donc ni crise ni bulle – sauf de manière très temporaire, dans des moments d'égarement collectif. Cette thèse de l'efficience a été battue en brèche par Grossman et Stiglitz[35]. Selon eux, si le prix est efficient alors que la collecte de l'information est coûteuse, il est plus rationnel de fonder ses anticipations sur les prix que sur la valeur fondamentale, mais alors personne n'a intérêt à s'informer et le marché ne saurait donc être véritablement efficient.

Ainsi, dès lors qu'on introduit les phénomènes d'anticipation, de coûts de l'information, d'observation des comportements et d'interactions, il devient possible d'imaginer des états durables de déséquilibre et donc de formation de bulles.

Que se passe-t-il si l'on renonce à l'hypothèse d'investisseurs rationnels et que l'on intègre dans la théorie des marchés efficients les comportements des « boursicoteurs », qui achètent à la hausse et vendent à la baisse, ou qui suivent des règles imaginaires fondées sur une approche graphique ou encore l'existence supposée de cycles intra-annuels ?

Dans un ouvrage lumineux, Andrei Shleifer[36] détaille ces comportements qui sont tous le fait d'investisseurs ignorants davantage déterminés par des « bruits » que par des informations[37].

---

35. S. Grossman et J. Stiglitz, « On the impossibility of informationnally efficient markets », *American Economic Review*, 1980, pp. 393-408.
36. Andrei Shleifer, *Inefficient markets*, Oxford University Press, 2000.
37. On parle à ce propos de « *noise trader approach* ».

Il explique que l'arbitrage, qui joue dans la théorie de l'efficience des marchés un rôle équilibrant par rapport aux investisseurs irrationnels, est un exercice risqué et coûteux. Prenons l'exemple d'un arbitragiste qui, au cœur de la bulle spéculative de l'Internet en 1999, en viendrait à conclure que les profits anticipés comme les primes de risques qui justifieraient les valorisations alors pratiquées sont totalement irréalistes et que l'attitude logique consisterait à vendre à découvert de tels titres. Une telle attitude, à première vue avisée, méconnaît pourtant un double risque : non seulement les valeurs Internet peuvent tenir leurs promesses – ce qui est du reste la croyance commune –, mais il est également possible que l'ajustement ait lieu, plus tardivement que prévu.

Ce coût indéniable de l'arbitrage, conjugué à la relative ignorance de certains investisseurs, explique que le prix d'un titre puisse s'écarter durablement de sa valeur fondamentale.

Le modèle se complique alors singulièrement : l'investisseur « rationnel » est celui qui, pour anticiper sur le cours d'un titre, doit à la fois déterminer la valeur fondamentale, prévoir le jugement moyen des marchés sur cette valeur, et enfin forger un modèle mesurant l'impact d'une information sur la valorisation prévalente.

Après avoir mis à mal l'hypothèse de l'arbitrage sans coûts ni risques, qui est pourtant la seule possibilité de ramener à son équilibre fondamental le prix d'un titre, Andrei Shleifer s'en prend au deuxième pilier de la théorie des marchés efficients, à savoir l'annulation des erreurs en sens contraire des investisseurs irrationnels. Selon lui, l'erreur n'est pas aléatoire, mais les démarches irrationnelles, loin de s'annuler, se cumulent. En s'appuyant sur les travaux de Daniel Kahneman et d'Amos Tversky[38], Andrei Shleifer montre que « […] les gens ne dévient pas de la rationalité d'une manière aléatoire, mais que la plupart dévient de manière identique[39] ».

---

38. *Cf.* en particulier « On the psychology of prediction », *Psychological Review*, n° 80, 1973, pp. 237-251 et « Prospect Theory : an Analysis of decision under risk », *Econemetrica*, n° 47, 1979, pp. 236-291.

39. R. Shiller, *Stock prices and social dynamics*, Brookings Papers on Economic Activity, n° 2, 1984, pp. 457-498.

Pour étayer sa théorie, il en appelle à des travaux de psychologie comportementale qui montrent que les décisions humaines sont, dans les situations ambiguës, influencées par un certain nombre de références qui se trouvent à portée de la main, les *anchors* ou ancres. Andrei Shleifer a constaté que lorsque l'investisseur profane émet un jugement sur la valeur d'un titre, il a tendance à prendre comme repère le cours le plus récent ou l'arrondi le plus proche.

Cela n'explique pas pourquoi l'investisseur chanceux, celui dont les titres ne cessent de monter, se contente d'être potentiellement riche en continuant à détenir ses titres, au lieu de les céder. Là aussi, des expériences psychologiques montrent que la détention d'un titre et sa conservation ont plus à voir avec un récit de justification qu'avec une valorisation rationnelle. Les récits qu'on raconte à l'occasion d'une mise en Bourse prennent donc une importance majeure. Le boursicoteur adhère à une histoire qui doit être confortée par un flux de nouvelles congruentes, ce qui donne un sens à des événements qui relèvent en réalité du pur hasard. Si les récits des boursicoteurs font appel à des notions comme l'intuition, la conviction intime, le savoir propre ou encore l'expérience des variations du marché, ils témoignent en fait le plus souvent d'une confiance en soi illimitée – ce qu'Andrei Shleifer appelle un « bias [40] ».

Daniel Kahneman et Amos Tversky ont beaucoup travaillé sur les anomalies du jugement humain, qu'ils appellent « *representativeness heuristic* [41] », et notamment sur la tendance qui consiste à sous-évaluer systématiquement les probabilités objectives, par exemple lorsqu'il s'agit de deviner l'occupation professionnelle d'individus pris au hasard à partir de la description de traits de leur personnalité. Cette approche a été transposée dans l'analyse du comportement des boursicoteurs sur les marchés financiers par Barberis, Shleifer et Vishny. Ils montrent que lorsque les investisseurs constatent une évolution continue des titres dans la même direction, ils se disent que cette tendance est congruente avec d'autres tendances économiques observées.

---

40. Propension à la confiance excessive.
41. Heuristique de la représentativité.

« Conformément à un principe psychologique conservateur selon lequel les gens mettent du temps à changer d'opinion [...] il s'ensuit que l'interaction entre l'heuristique de la représentativité et le principe de conservatisme détermine la rapidité avec laquelle la dynamique spéculative progresse[42]. » En d'autres termes, et en vertu du principe de conservation, il faut du temps pour qu'une croyance dans une nouvelle dynamique de marché s'installe, comme il en faut pour que, une fois installée, elle s'effondre. Même dans les moments majeurs de retournement, les investisseurs interrogés témoignent d'une remarquable confiance en leur jugement alors qu'aucune donnée objective ou d'expérience ne peut étayer leurs thèses.

Pour comprendre les bulles spéculatives, ajoute Andrei Shleifer, il faut donc intégrer le fait que la confiance aveugle en ses propres jugements intuitifs joue un rôle fondamental. Shafir et Amos Tversky bouclent l'analyse des comportements spéculatifs en démontrant, toujours à travers des dispositifs expérimentaux, que les gens ne changent le sens de leurs décisions que lorsqu'ils sont confrontés à des faits adverses – c'est ce qu'ils nomment le « *nonconsequentialist reasoning*[43] ». Les gens ne décident pas sur la base des faits ou de l'information disponible mais en se fondant sur des composantes émotionnelles projetées : les nouvelles sont davantage interprétées à travers une grille personnelle, une lecture spécifique, voire des dispositions émotives, qu'à partir des données disponibles. Il est difficile de renoncer aux ancrages psychologiques que sont les récits personnels forgés pour acheter un titre ou plus généralement pour entrer sur le marché boursier.

Un investisseur non averti observe et interprète le comportement des autres avec des biais cognitifs identifiés, mais comment se forme une pensée commune ? Si l'on en croit les travaux des psychologues, plusieurs mécanismes sont à l'œuvre.

Lorsqu'il est confronté, dans une situation d'interaction, à une opinion largement dominante, un individu a tendance à s'aligner sur celle-ci ; en outre, des phénomènes de cascade

---

42. Robert Shiller, *op. cit.*, p. 144.
43. Raisonnement non conséquentialiste.

informationnelle interviennent également. L'idée que le prix d'un titre, résultat d'un quasi-vote des investisseurs sur le prix réel, puisse être absurde, semble pourtant présenter pour les investisseurs un caractère d'évidence. Si l'on ajoute, enfin, que l'essentiel de l'information s'échange en face à face ou par des moyens de quasi-relation interpersonnelle, comme le téléphone, on comprend comment les engouements naissent et les rumeurs se diffusent.

Ces phénomènes de contagion épidémique de brèves boursières, situés à la base des phénomènes de bulles, ont été modélisés : les schémas établis montrent que tant que le taux d'infection – c'est-à-dire le taux de contagion des gens contaminés vers les gens sains – est supérieur au taux de rémission – c'est-à-dire au taux d'innocuité des gens qui ne sont plus contagieux, à travers la guérison ou la disparition – la bulle continue à gonfler.

Ces études identifient également les facteurs qui accélèrent ou ralentissent la diffusion du flux continu d'informations que subissent les boursicoteurs. L'avis d'un expert nuancé fera moins l'objet d'un bouche-à-oreille favorable que l'histoire manichéenne d'un enrichissement subit consécutif à un choix boursier.

C'est donc au confluent de ces données économiques, culturelles et psychologiques que naît l'« exubérance irrationnelle des marchés ». Dans les développements qui suivent, nous éclairerons les phénomènes clés de la bulle Internet dans sa double version américaine et européenne.

IRRATIONAL EXUBERANCE (3) :
LA NOUVELLE ÉCONOMIE S'EMPARE DE LA VIEILLE

La fusion d'AOL et de Time Warner, que nous avons évoquée au chapitre 4, constitue l'acmé de la bulle Internet : toutes les tendances à l'œuvre sur les marchés sont portées à incandescence même si chacun pressent une fin proche, sans oser aller contre la tendance dominante.

AOL-Time Warner : « la grenouille gonflée par la bulle spéculative absorbe le bœuf »

Cette fusion a montré l'absurdité de l'évaluation des valeurs d'Internet. Alors qu'AOL avait un chiffre d'affaires cinq fois inférieur à Time Warner, les deux groupes ont réalisé une fusion à parité quasiment égale [44] alors qu'AOL avait une capitalisation boursière deux fois supérieure à Time Warner. AOL a réalisé la fusion au moment où sa valorisation avait sans doute atteint un sommet et l'a fait en payant avec du papier un groupe aux actifs tangibles mais à la profitabilité médiocre. Le pari n'était donc pas seulement industriel, il était aussi financier. Ce dernier – une entreprise sans actifs qui achète une entreprise riche en actifs grâce à des actions gonflées par la bulle spéculative – réussit dans un premier temps, mais le pari industriel – stratégie de l'intégration verticale des contenus propriétaires – aboutit à un fiasco.

Au moment de la fusion, tout le monde confond la réussite du coup financier et la viabilité du projet [45]. La bulle spéculative de l'Internet est alors à son apogée [46], mais le retournement commence dès mars 2000. En Europe, on joue les prolongations, comme si le fait d'avoir été saisi plus tardivement par la frénésie des nouvelles technologies autorisait quelques excès locaux.

C'est sur le terrain de la téléphonie mobile, ou plus exactement du multimédia mobile, que l'Europe connaît son heure d'« exubérance irrationnelle des marchés ».

Il ne s'agit pas ici d'esquisser une histoire des marchés financiers européens. Rappelons seulement que dans un pays comme

---

44. Ce qui signifie qu'AOL a payé une prime de près de 70 %.

45. La fusion AOL-Time Warner est mondialement célébrée et inaugure, croit-on, une nouvelle ère : fasciné par l'événement, Jean-Marie Messier va par exemple vouloir reproduire le processus avec les moyens du moment en bâtissant sa stratégie de la convergence. *Cf.* chapitre précédent.

46. Depuis 1999, la cadence de renouvellement des modes s'est accélérée : le B2C vient-il à faiblir que le B2B prend le relais, avant que le « peer to peer » n'entre dans la danse. Au moment où l'Internet voit son étoile pâlir dans son ensemble, les valeurs télécoms prennent le relais. Le débat contenu-contenant est alors relancé et les valeurs éditoriales montent au firmament des valorisations.

la France, où les Sicav sont anciennes et drainent une part notable des placements boursiers des particuliers, l'emballement de la «nouvelle économie» opère, avec un temps de retard, sur le même mode qu'aux États-Unis. L'économie industrielle de la finance étant globalisée, des acteurs comme Axa ou BNP Paribas joueront sous la pression des boursicoteurs et des contraintes de la gestion indicielle le même rôle d'amplification boursière dans la bulle de la téléphonie mobile que lors de la bulle de l'Internet.

La bulle européenne présente toutefois une spécificité notoire : les États vont y jouer un rôle majeur.

L'Internet mobile ou la version européenne de la «nouvelle économie»

Pour les chantres européens de la «nouvelle économie», l'UMTS est la promesse d'un rattrapage rapide du retard pris dans l'Internet fixe. Dans une économie de réseau, le contrôle des voies d'accès est crucial – le commerce devenant électronique et les individus de plus en plus nomades – et l'Internet mobile apparaît dès lors comme l'avenir de l'humanité. En juin 2000, le consensus est à l'avènement rapide du multimédia mobile, au déploiement accéléré de réseaux 3G dits UMTS ainsi qu'à l'explosion des services nomades. Seuls ceux qui ignorent les échelles de temps en industrie et qui confondent innovation et industrialisation, usage par des clients sophistiqués et marché de masse, peuvent voir l'UMTS comme une solution d'avenir. Et de fait, tout s'est passé au départ comme si la prédiction devait se réaliser sans risques ni délais. Les équipementiers ont très sensiblement accru leurs capacités de production, les exploitants se sont lancés dans une course à la consolidation au niveau européen, les analystes en ont déduit des «ARPU[47]» qui justifiaient chaque jour davantage les valorisations stratosphériques des opérateurs mobiles. Et surtout les États, séduits par les immenses gisements fiscaux qui s'offraient à eux, entre-

---

47. ARPU : *average revenue per user* ou revenu moyen par usager.

tenaient le mouvement. Les dinosaures du service public des télécommunications se muent en une nuit en acteurs conquérants et voient en quelques mois leurs valorisations multipliées par 10 avant que la bulle n'éclate. Deux ans plus tard, le secteur des télécommunications mobiles est en ruine. Les principaux opérateurs ont consenti un investissement de l'ordre de 250 milliards d'euros, réparti en parts égales entre les licences et l'équipement, afin de déployer l'UMTS, alors que l'apport réel de cette technologie pour le développement de nouveaux services paraît encore aujourd'hui incertain. Au plus fort de la vague, le titre France Télécom dépasse ainsi les 200 euros avant de retomber, après la découverte des erreurs stratégiques de Michel Bon, en dessous de 10 euros. L'histoire de l'UMTS nous apprend comment les acteurs économiques et politiques sont parvenus à gâcher l'un des rares avantages compétitifs de l'Europe en matière de technologies de l'information.

La chronologie de l'affaire UMTS révèle la part de responsabilité des autorités européennes dans la formation et l'éclatement de la bulle. Dès l'origine, les industriels des télécoms, les régulateurs des fréquences et quelques gouvernements entrevoient le potentiel de la 3G, mais personne n'a d'idées très précises sur la technologie ni sur son potentiel de marché.

Depuis 1997, les Anglais réfléchissent à l'attribution des licences par enchères, et font appel pour cela à des économistes spécialisés. Lorsque le Conseil européen définit sa position sur l'UMTS, une délégation du DTI[48] fait le tour des capitales européennes pour vendre l'idée aux gouvernements et aux opérateurs. Le but est de maximiser le nombre de candidats à la première enchère britannique, afin qu'elle rapporte le plus possible. Cette technologie émergente, loin d'être promue par des dispositifs fiscaux incitatifs, est d'emblée perçue par un des acteurs institutionnels comme une source majeure de revenus fiscaux.

Parallèlement, un grand équipementier du secteur, Ericsson, décide de fonder sa stratégie de développement sur l'UMTS et d'évincer ses concurrents. Les marchés du GSM s'épuisent et il

---

48. Ministère de l'Industrie britannique (Department of Trade and Industry).

est urgent de disposer d'un relais de croissance. Ericsson noue un partenariat avec des industriels japonais qui, ayant raté le coche du GSM, veulent éviter une nouvelle marginalisation. Cette alliance doit lui permettre d'être leader dans les équipements UMTS avec la norme WCDMA[49]. Pendant qu'Ericsson met au point sa stratégie japonaise, il entreprend de convaincre les services de la Commission du caractère crucial d'un passage rapide à l'Internet mobile qui conforterait la base industrielle européenne et répondrait au défi américain.

Les États européens s'engagent à choisir une procédure d'attribution des licences avant le 1er janvier 2000 et à déployer le réseau à partir du 1er janvier 2002, et cela dans un contexte d'incertitude radicale sur la technologie et son marché. L'inflexion décisive se produit lorsque la Commission décide de maintenir le projet et le calendrier initiaux malgré l'opposition du Conseil sur un point majeur, l'unicité de la procédure d'attribution. L'affaire se déroule sans vraie bataille : on se préoccupe davantage d'unité des normes que d'unité des procédures. L'enjeu du « design institutionnel » dans la réussite d'un projet industriel volontariste n'est pas perçu. La Commission européenne voulait initialement favoriser une procédure coordonnée et un calendrier serré, et piloter ainsi une grande politique industrielle européenne dans ce secteur. Mais le Conseil européen, divisé sur la question, se défausse au nom de la compétence fiscale qui reste l'apanage, sauf décision unanime, des gouvernements nationaux. La Commission aurait pu faire valoir qu'une attribution non coordonnée des licences, étalée sur 18 mois, provoquerait des transferts fiscaux des pays de basse pression – où les licences seront gratuites ou à faible prix – vers les pays à haute pression fiscale – où elles feront l'objet d'enchères –, c'est-à-dire des pays retardataires vers les pays pionniers.

La bulle spéculative de l'Internet qui se développe aux États-Unis gagne l'Europe au mitan de l'année 1999. Opérateurs et équipementiers des télécoms deviennent les vecteurs de la spéculation européenne. La concentration dans la téléphonie

---

49. « Wideband Code-Division Multiple Access ».

mobile s'accélère, à l'initiative de Vodafone, bientôt suivie par les opérateurs historiques : c'est le grand moment inflationniste. La valeur estimée du client de téléphonie mobile est multipliée par 10. L'avenir de la « nouvelle économie », selon le raisonnement consternant qui préside alors, réside dans l'Internet, celui du web devra tout au commerce électronique. Celui-ci suppose pour se développer des consommateurs nomades, donc un portail mobile, et un téléphone mobile. Des titres Vodafone, incroyablement inflatés, s'échangent contre des titres Mannesmann qui ne le sont pas moins. La bulle spéculative enfle, enfle... dans l'euphorie générale.

C'est dans ce contexte qu'a lieu, en mars 2000, la première enchère en Grande-Bretagne. L'enjeu est triple et porte sur la réussite des enchères, la valeur de l'accès aux fréquences et les conséquences de ces enchères sur le marché de la téléphonie. Si les candidats se bousculent, l'extravagance des prix surprend tout le monde ; on prend conscience que c'est en réalité l'accès au premier marché ouvert plus que la valeur de la ressource hertzienne qui est valorisé. Pour les nouveaux entrants, comme pour l'opérateur historique, l'enjeu est d'être sur la ligne d'arrivée au terme du marathon des attributions de licence.

L'Allemagne suit bientôt, sur la même lancée. Là encore, les acteurs cherchent à barrer la voie aux nouveaux entrants, au mépris du prix d'acquisition de la ressource. Vient ensuite la découverte émerveillée du résultat des enchères par les ministres des Finances européens, dont Laurent Fabius en France. Le problème se déplace : il ne s'agit plus, pour les fiscs nationaux, de valoriser une bande de fréquences sur la base des revenus actualisés que son usage permet, mais de maximiser le rendement de l'allocation des fréquences, ce qui conduit à une surenchère fiscale. C'est la répartition de la manne qui fait l'objet de discussions, et non pas l'opportunité de la collecte.

Quand, après la bataille, la Commission européenne découvre les effets de la politique menée, elle ne peut ni revenir sur l'appropriation par les deux États des deux tiers de la matière fiscale collectée sur des entreprises en difficulté et indirectement sur d'autres États européens, ni remettre en cause les résultats des attributions, car elle irait contre la crédibilité de ces mêmes États. Elle ne peut pas non plus assouplir vraiment les règles de mutualisation des équipements, car les autorités de la concurrence feraient alors barrage. Finalement, la conception de la procédure a été sommaire, voire inadaptée, et l'expérience de l'UMTS a été contre-productive. Ce ne sont pas les institutions européennes qui ont fabriqué de toutes pièces la bulle de l'Internet mobile, mais elles ont largement contribué à sa formation, en ne se donnant pas les moyens de leurs ambitions industrielles dans ce nouveau secteur.

La procédure suivie par les institutions européennes était particulièrement inadaptée au regard des doutes planant sur la technologie et ses perspectives de marché. Elle a permis aux États membres de privilégier leur profit fiscal au lieu d'agir en réducteurs d'incertitudes, en régulateurs des marchés et en agents de long terme. Les États ont ainsi accru la crise du secteur.

Après l'éclatement de la bulle, il faut choisir entre décrédibiliser les États, victimes d'une procédure mal conçue au niveau européen, ou s'enfoncer dans une spirale récessive et dépressive du secteur moteur des nouvelles technologies de l'information et de la communication.

Menacés de faillite, très fortement endettés ou repliés sur leur pré carré national, les opérateurs de télécoms européens tentent à partir de 2001 de remonter la pente après avoir frôlé la crise d'insolvabilité. Au 31 décembre 2000, France Télécom annonce une dette de 60 milliards d'euros, mais le coût des licences UMTS n'explique son endettement qu'à hauteur de 15 milliards d'euros. Quant à British Telecom, sa dette de 50 milliards d'euros le conduit à renoncer à son implantation au Japon et en Espagne ainsi qu'à sa collaboration avec ATT. L'opérateur britannique décide également d'autonomiser son activité concert (services aux firmes transnationales), de mettre sur le marché sa filiale mobiles (BTCellnet) et de vendre son activité « pages jaunes ». Une entreprise comme Telecom Italia est sauvée par sa faiblesse financière et la défiance des actionnaires, qui lui interdisent de trop s'aventurer dans le champ de l'UMTS.

Sommés de financer les opérateurs ou de voir leurs activités se contracter brutalement, les équipementiers jouent leur avenir sur le déploiement rapide de l'UMTS. Les difficultés rencontrées par Nortel, Ericsson et Alcatel traduisent l'échec de ce pari. En effet, les équipementiers ont survendu l'UMTS, accordé des crédits fournisseurs allant jusqu'à 200 % à des opérateurs fragilisés par le coût des licences UMTS. Ils finissent par être touchés à leur tour par la défiance des marchés et revoient leurs prévisions à la baisse. Même Lucent et Cisco, pourtant plus spécialisés – l'un dans l'optronique et l'autre dans les équipements de réseau Internet – connaissent la crise. Les pertes accumulées se chiffrent en dizaines de milliards de dollars, les licenciements massifs portent sur les deux tiers des effectifs chez Lucent[50] comme chez Nortel, tandis qu'Alcatel s'est découvert une vocation de *fabless fab*, c'est-à-dire d'entreprise sans usines.

Loin d'ouvrir le marché et d'intensifier la concurrence, l'introduction de l'UMTS et notamment le processus d'octroi des licences provoque donc une organisation de marchés moins concurrentielle. Lors de l'ouverture des services UMTS, on ne trouve, en France, que deux acteurs présents contre les quatre prévus initialement. En Allemagne, à l'inverse, l'échec de la tentative menée par Deutsche Telekom et Vodafone afin de fermer le marché aboutit à l'octroi de six licences. Les objectifs de concurrence et de rendement fiscal dans le cadre d'une procédure d'enchères paraissent atteints, mais il est probable que seuls quatre réseaux survivront.

Nul n'échappe à cette débâcle, ni les États actionnaires, fortement appauvris, ni les régulateurs, affaiblis par un mauvais usage des techniques d'enchères ou de soumission comparative pour l'octroi de licences, ni les industriels et exploitants téléphoniques. Au total, en fixant un calendrier irréaliste de déploiement, sans harmonisation des procédures d'attribution, sans accepter qu'une concurrence fiscale s'installe et en se montrant incapables de corriger le tir une fois les premiers dégâts constatés, les institutions européennes ont aggravé un problème

---

50. Lucent est d'ailleurs au bord de la faillite : après avoir cédé son activité optronique, il a démarré puis rompu des négociations en vue d'une fusion avec Alcatel.

qu'elles étaient censées résoudre. Elles ont donc ajouté leurs dysfonctionnements à l'imprévisibilité des marchés.

Conclusion :
La nouvelle économie

La bulle numérique ne suffit pas à résumer la nouvelle économie, et son éclatement a mis au jour l'apport réel des NTIC.

On peut donc estimer que les trois vagues de la révolution numérique des quarante dernières années ont contribué indéniablement à la croissance et aux gains d'efficacité productive. Mais avec Internet, peut-on pour autant parler d'une troisième révolution industrielle ?

Quelle est la contribution des NTIC à la croissance et au modèle économique qui s'est imposé au cours des 25 dernières années ? Depuis le mitan 2000, le paysage a radicalement changé : la croissance illimitée sans cycles tirée par les gains de productivité rendus possibles par Internet a cédé la place à un retournement classique consécutif à un surinvestissement manifeste, ce qui nous amène à nous poser la question suivante : que reste-t-il de la « nouvelle Économie » ?

Les NTIC constituent aujourd'hui un secteur d'activité à forte croissance. Ainsi, pendant une décennie, l'investissement massif dans ces technologies a contribué à accroître significativement le poids du secteur dans le PIB des pays développés (8 % aux États-Unis, 7,3 % au Royaume-Uni, 5,1 % en France[51]).

Elles contribuent à une accélération des gains de productivité du travail[52] ainsi qu'au développement d'un nouveau canal de distribution. Si le commerce électronique n'a pas balayé le commerce physique, la disparition de nombreuses firmes de

---

51. Selon les méthodes de calcul, la contribution additionnelle à la croissance du PIB des NTIC a varié de 0,1 à 1 %, et elle serait de 0,4 % en France d'après l'INSEE.

52. Les gains des dernières années (1995-2000) ont été dus à l'intensité de l'investissement, à la substitution capital / travail, à la tension sur le marché du travail, à un effet haut de cycle – ce que confirme du reste le plongeon après les crises.

B2C ne signifie pas son épuisement : Internet fournit un canal supplémentaire de distribution comme la vente par correspondance en son temps.

Ces nouvelles technologies révolutionnent le secteur des médias. La musique et la vidéo en ligne, le temps passé sur le web, le développement des SMS indiquent l'apparition d'un média.

Les NTIC contribuent à une nouvelle vague de réformes organisationnelles, essentiellement dans les activités liées à la fourniture et à la vente. Si la fonction achat semble rebelle à toute standardisation ainsi qu'à toute automatisation des procédures, le Web-EDI[53] appliqué à la distribution révèle un grand potentiel. En outre, coupler vente et approvisionnement en ligne revient à optimiser l'ensemble de la chaîne de production.

L'Internet agit sur la dynamique sectorielle et sur l'enveloppe de l'entreprise, déplace les maillons de la chaîne de valeur et contribue à l'avènement de l'entreprise en réseau. Point n'est besoin d'évoquer une troisième révolution industrielle ou un « *new paradigm* » pour qualifier des évolutions qui, sans être révolutionnaires, restent déterminantes pour la croissance.

---

53. Electronic Data Interchange. Le Web-EDI est une chaîne d'approvisionnement électronique empruntant le web et générant automatiquement commandes, facturation et tenue de stocks.

8

La crise : un changement de référentiel

Entre décembre 2001 et juillet 2002, trois entreprises phares de la « nouvelle économie », Enron, Worldcom et Vivendi Universal, s'effondrent brusquement[1].

Ces entreprises, qui paraissaient pourtant bâties pour affronter la mondialisation, pousser les limites de la financiarisation et transformer en marchés lucratifs les virtualités des technologies de l'information, ont toutes sombré en moins de six mois. Sur l'instant, personne ne put dire si elles étaient victimes d'un retournement de marché, de leurs propres turpitudes ou d'acteurs financiers d'autant plus acharnés à leur perte qu'ils avaient longtemps été dupes de leurs glorieux attraits. La chute de ces entreprises fut si rapide, la destruction de leur valeur boursière si large, le démantèlement de leurs actifs si radical qu'elles laissèrent la communauté économique pantoise devant la soudaine révélation que ces colosses reposaient sur de bien fragiles fonda-

---

[1]. Les deux premières entreprises sont en faillite, la dernière congédie son président et déclenche un plan de sauvetage financier.

tions. Ceux qui, dans l'industrie financière, avaient loué ce modèle de croissance original et adopté de nouvelles « métriques » pour juger de performances d'entreprises hors du commun conspuèrent en quelques semaines ce qu'ils avaient porté aux nues.

Malversations, retournement conjoncturel, fragilité financière, inconsistance stratégique ou incompétence des managements ? L'analyse des derniers mois d'Enron et de Vivendi Universal éclaire les raisons de ces effondrements et leurs conséquences sur l'économie occidentale. Deux champs d'investigations nous semblent fondamentaux : la validité stratégique des choix faits par ces deux entreprises, qui se sont littéralement réinventées dans un contexte marqué par la libéralisation et la déréglementation de pans entiers de l'activité économique, d'une part, la relation intime qu'elles ont développée avec les marchés financiers, d'autre part.

L'IMPLOSION D'ENRON

C'est le dégonflement de la bulle Internet qui sonne le glas d'Enron. L'entreprise se voit dans l'obligation soudaine d'honorer des engagements considérables dans les télécoms (ses contrats de bande passante) alors qu'elle connaît de nombreux échecs par ailleurs (notamment avec Dabhol et Azurix). À ces difficultés s'ajoute la résolution de la crise électrique californienne qui, si elle a en son temps fait la fortune d'Enron, se retourne progressivement contre elle, puisqu'en mai 2001 la Californie engage des poursuites contre le groupe pour manipulation du marché. La contraction de l'activité de trading et l'échec d'une tentative de fusion avec Dynergy vont encore précipiter la faillite d'Enron.

Jeff Skilling parvient dans un premier temps à donner le change en déclarant que la chute des valeurs Internet et télécoms, qui a débuté au printemps 2000, est une très bonne chose pour sa compagnie puisqu'elle lui permet de racheter à bas prix des entreprises au bord de la faillite[2]. Mais bientôt, à partir de janvier 2001, l'action Enron commence à baisser dangereusement. La valeur des SPE « Raptors »[3] déclinant elle aussi – puisque ces véhicules de déconsolidation étaient capitalisés grâce à des actions d'Enron –, l'entreprise se voit dans l'obligation d'apporter des millions de dollars en actions pour les maintenir à flot.

La baisse du cours de l'action Enron entraîne alors une réaction en chaîne où l'ensemble des montages financiers s'écroule comme dans un jeu de dominos, tandis que les garanties généreusement accordées aux entreprises porteuses d'actifs déconsolidés deviennent soudain exigibles.

L'action Enron qui vaut 84 dollars en janvier 2001 tombe à 58 dollars en mars. Les analystes financiers et la presse révisent subitement leur jugement sur la société. Une journaliste de *Fortune* fait ainsi grand bruit en titrant : « Enron est-elle surévaluée[4] ? » Les observateurs décident de retirer leurs œillères et de se pencher sur les comptes de l'entreprise. Les révélations et les enquêtes se succèdent tandis que les agences de notation dégradent progressivement la note de l'entreprise. Le 15 août, alors qu'est annoncé le départ inopiné pour « raisons personnelles » de Jeff Skilling, 30 millions d'actions changent de mains, leur cours tombant en un jour de 40 à 36 dollars.

Le coup de grâce survient le 19 novembre : la presse révèle que Fastow, directeur financier d'Enron et architecte des structures de déconsolidation, s'est enrichi au détriment de son entreprise grâce à plusieurs opérations faites sur des SPE comme LJM[5]. L'action d'Enron chute alors à 9 dollars. Deux jours plus tard, la Securities and Exchange Commission ordonne une enquête sur les filiales du groupe, tandis que les employés d'Arthur

---

2. La valorisation d'Enron atteint son maximum en août 2000, avec 90,56 dollars par action.
3. Ces fameuses structures de déconsolidation dont Enron use sans modération pour améliorer artificiellement la rentabilité des capitaux investis.
4. *Fortune*, mars 2001.
5. À la fois directeur financier d'Enron et partenaire extérieur de l'entreprise, Fastow accordait des garanties au nom d'Enron dont il bénéficiait en retour.

Andersen commencent à détruire des documents. La note Standard and Poor's d'Enron n'est plus que BBB et la dette de l'entreprise perd son statut «investment grade[6]». Fin novembre, les trois principales agences de notation dégradent à leur tour Enron au statut de «junk bond» avant que Kenneth Lay ne déclare, le 2 décembre 2001, l'entreprise en faillite.

Quels enseignements tirer de cette faillite spectaculaire? Dans l'affaire Enron, tous les protagonistes sont en conflits d'intérêts. Andersen, à la fois auditeur et conseil de l'entreprise, valide les montages qu'il a contribué à imaginer. Les dirigeants font de l'enrichissement personnel contre les intérêts des actionnaires. Les membres du conseil d'administration, qui auraient pu refuser des opérations aussi risquées, ont préféré ne pas mettre en péril l'image idyllique de l'entreprise auprès des actionnaires. Le lissage des comptes et les montages qui flirtent avec l'illégalité sont alors considérés par toute entreprise comme un péché véniel. Devenus les piliers de la valorisation du groupe, c'est pourtant par eux que vient le désastre lors de la phase d'ajustement brutal.

Fait remarquable : la faillite d'Enron a très peu perturbé le marché de l'électricité. En raffinant sans cesse les instruments financiers, et les outils juridiques et comptables mobilisés pour agir sur le commerce de l'énergie, Enron est devenue presque étrangère à ce commerce lui-même. Les pertes vertigineuses annoncées après la faillite ne sont finalement que des pertes fictives, puisque la société n'a été rentable que dans ses propres comptes et que ses gains sont devenus de plus en plus immatériels. Ceux qui pâtirent véritablement de sa faillite furent en réalité ses actionnaires et ses salariés, qui avaient eu le malheur de faire confiance à ses dirigeants.

Trois conclusions peuvent être tirées de cette faillite. Enron a fait l'expérience de la cyclicité des activités : on ne peut bâtir la prospérité d'une entreprise sur les dysfonctionnements provi-

---

6. *Cf.* glossaire.

soires d'un marché. Cette affaire a eu le mérite de montrer que le métier de trader ne peut s'exercer lorsque le bien commercialisé est destiné à une virtualité de marché (par exemple la bande passante), non pas qu'il existe une incompatibilité légale entre des activités productrices et des activités de trading, mais simplement parce qu'il y a une forte contradiction entre la prévisibilité financière d'un service public en réseau et la volatilité inhérente à l'activité de trading. En somme, Enron ne s'est pas effondrée parce qu'elle n'a plus gagné d'argent, ni même parce qu'elle a connu des échecs à l'étranger, mais parce que les analystes et les investisseurs ne l'ont soudain plus crue capable d'honorer ses engagements de résultats.

La faillite d'Enron met d'autre part au jour les imperfections de la régulation financière. L'asymétrie de l'information entre l'entreprise innovante et le régulateur est très difficile à combler. Les SPE – pourtant légales et régulées – permettent des ventes fictives, via la constitution de sociétés tampons, ce qui libère la cupidité des dirigeants et crée une « addiction » aux paradis artificiels de la créativité comptable.

Cette crise a enfin eu le mérite de montrer que la frontière entre l'usage créatif de la loi et la quasi-délinquance financière est très ténue. Un enchaînement de comportements formellement autorisés peut, par touches successives, conduire une entreprise à sombrer dans l'illégalité financière. Notamment en raison de la trop grande habileté de dirigeants qui rendent leurs comptes littéralement invérifiables à cause de l'importance du hors bilan, de la complexité des cessions internes et de la dissimulation des garanties offertes aux investisseurs.

Vivendi Universal :
une gestion financière devenue chaotique

Au cours de l'année 2001, les montages financiers les plus complexes accompagnent la croissance frénétique de VU. Chantre de la vitesse et de l'extension à tout prix, Jean-Marie

Messier multiplie les acquisitions grâce à une action Vivendi que la bulle de l'Internet et la valorisation fabuleuse de Vizzavi ont changée en un « capital papier » qui permet tout. « Aujourd'hui, écrit Jean-Marie Messier dans *J6M.com*, le nerf de la guerre pour une entreprise, c'est sa capitalisation boursière [...], c'est le carnet de chèques sur lequel [les P-DG] peuvent tirer : leurs vrais banquiers sont leurs actionnaires. » Mais avec l'éclatement de la bulle, le système du « capital papier » ne fonctionne plus. Jean-Marie Messier continue pourtant sur le même rythme, prenant des engagements inconsidérés qui conduisent son groupe au bord de la faillite.

Avec les années, la gestion financière de Vivendi est en effet devenue de plus en plus chaotique. Le financement de la maison mère s'est fait au détriment des filiales, et notamment, nous l'avons vu, de Vivendi Environnement. Les nouvelles acquisitions restent à financer et les cessions – comme la vente des alcools de Seagram et celle de la presse professionnelle – tardent dangereusement. Les nombreux rachats d'actions au titre de l'autocontrôle détériorent encore la situation.

Ce faisceau d'éléments conduit à une crise financière majeure. À l'automne 2001, l'équipe financière de Vivendi s'inquiète et tente d'alarmer son président. Ce dernier est concentré sur les opérations Echostar et USA Networks qu'il estime cruciales pour la croissance du groupe. Et la remontée du cours de Bourse consécutif à ces opérations lui fait croire qu'il a encore de la marge.

Mais bientôt, la faillite de Worldcom fait fuir investisseurs et banquiers. Lorsqu'en décembre 2001 la crise de liquidités s'aggrave, Jean-Marie Messier et Guillaume Hannezo décident finalement de « mettre en pension » des actions à la Deutsche Bank. L'opération se solde par un échec : quelques mois plus tard, BNPP et SG coupent les vivres à Vivendi et provoquent la chute de Jean-Marie Messier.

Revenons sur la séquence des événements. Après l'effondrement des valeurs médias et les attentats du 11 septembre 2001, le titre Vivendi tombe à 41,32 euros. Le groupe en est réduit à racheter ses propres actions pour en faire remonter le cours. Si l'acquisition d'USA Networks, bien accueillie par la Bourse, permet au titre Vivendi Universal de remonter à 61,50 euros à la fin du mois de décembre 2001, le mois de janvier marque cependant une rupture définitive entre Jean-Marie Messier et les marchés. Vivendi Universal, qui cherche à réduire son endettement, met en vente 55 millions d'actions issues de l'autocontrôle, soit environ 5 % du capital. Elle les confie à la Deutsche Bank et à Goldman Sachs, avec charge de les écouler auprès d'investisseurs institutionnels, dans une fourchette comprise entre 60 et 61 euros. À ce prix, le marché n'en veut pas, et l'opération, effectuée dans la précipitation, est un fiasco, les deux banques se retrouvant «collées», c'est-à-dire obligées de conserver une grande partie des titres. Certes Vivendi Universal récolte 3,3 milliards d'euros, mais les investisseurs sanctionnent cette pression vendeuse comme ils vont sanctionner le fait que Messier utilise 32 millions d'actions pour racheter USA Networks alors qu'il s'était engagé en septembre 2001 à annuler 3 % du capital du groupe, soit 33 millions d'actions.

Au début de l'année 2002, la Bourse ne croit plus Jean-Marie Messier. Le titre chute toute la fin du mois de janvier, tombant à 49,72 euros, et rien – pas même l'intervention de Messier le 6 février, en pleine *quiet period*[7], afin d'influencer le marché en lançant une communication interne à Vivendi Universal pour contrer les rumeurs – ne semble pouvoir inverser la tendance.

La constante évolution du périmètre de Vivendi ainsi que ses fréquents changements de normes comptables ont toujours perturbé les analystes dans leur appréciation de la santé de l'entreprise. Les montages effectués par les virtuoses de la finance que sont Jean-Marie Messier et Guillaume Hannezo, devenus au fil du temps de plus en plus complexes, leur sont de moins en moins compréhensibles. Tout le monde laissait faire tant que la conjoncture était bonne, mais l'éclatement de la bulle Internet suscite des inquiétudes et la méfiance des investisseurs.

Simultanément, à la fin de 2001, l'affaire Enron alerte la communauté financière sur les risques d'une gestion trop

---

7. Période pendant laquelle l'entreprise ne peut théoriquement s'exprimer dans l'attente de la publication de ses résultats.

opaque. On redoute les engagements hors bilan et on cherche à s'assurer de l'honnêteté des dirigeants. Désormais, outre la seule rentabilité, la solidité des structures financières est prise en considération. L'excédent brut d'exploitation[8], indicateur de référence des analystes – et donc de Messier – depuis plusieurs années, est progressivement abandonné au profit d'un nouvel indice, plus sûr, le cash-flow. Or Jean-Marie Messier tarde à prendre la mesure de cette évolution, qui s'opère au moment même où le groupe traverse une crise financière de liquidités. Au début de 2002, la transparence est de mise, et le président de VU réagit trop tard. Dans ces conditions, l'exercice de présentation des comptes pour l'année 2001, fort périlleux, enclenche l'engrenage fatal : la crise interne devient publique et les jours de Jean-Marie Messier sont comptés.

La divulgation des comptes 2001 a lieu au mois de mars 2002 : elle débute par la présentation aux journalistes le 5, suivie le lendemain par la rencontre avec les analystes financiers. Jean-Marie Messier y annonce que le groupe vient de passer aux normes comptables américaines *US Gaap*[9], la référence des investisseurs américains, habitués aux présentations de comptes d'AOL ou de Viacom, qu'il veut séduire. Pour cette occasion, la responsable de la communication financière est remplacée par l'analyste américaine Laura Martin, une ancienne du Crédit Suisse First Boston.

Les observateurs sont en proie en doute : pourquoi Messier est-il si pressé de parler des normes US Gaap alors que les comptes 2001 ne sont pas concernés par ce changement ? De plus, il dit vouloir anticiper pour une meilleure « visibilité », mais aucun document n'est donné aux journalistes, le service de presse avouant que la COB[10] n'a pas fini d'examiner le com-

---

8. Solde entre produits d'exploitation et charges d'exploitation engagées pour obtenir ces produits. Notion proche de l'Ebitda américain : *Earnings Before Interest, Tax, Depreciation and Amortization*.

9. US Gaap est le référentiel comptable américain. Gaap signifie *Generally Accepted Accounting Principles*.

10. Commission des opérations de Bourse, l'organe de régulation financière de la place de Paris.

muniqué. L'impression est désastreuse et ce retard ne manque pas d'éveiller les soupçons : tout porte à croire que Vivendi a quelque chose à cacher.

C'est dans ce contexte que Jean-Marie Messier annonce des résultats « conformes à ses prévisions » : l'Ebitda, en croissance de 34 %, atteint 5,04 milliards d'euros pour les activités médias et communication, et le résultat du pôle communication affiche une progression de 89 % à 1,84 milliard d'euros. Les télécoms restent le grand moteur de la croissance du groupe, puisque Cegetel apporte à lui seul 1,4 milliard d'euros de résultat d'exploitation. Même si Canal + (qui a perdu la moitié de sa valeur) et les activités Internet dégradent les comptes, Messier assure que « le groupe va mieux que bien ».

Dans la foulée, le patron de Vivendi annonce pourtant 13,6 milliards d'euros de pertes comptables, soit la plus importante perte enregistrée par une entreprise française. Elles proviennent en grande partie d'une dépréciation d'actifs, c'est-à-dire de la diminution du *goodwill*[11] sur différentes acquisitions pour une somme de 15,7 milliards d'euros. Cette dépréciation est unanimement considérée comme un aveu d'échec : Messier avoue qu'il a payé trop cher ses acquisitions (Canal +, les activités Internet, mais aussi UMG, Universal Studios, les télécoms étrangères, et même Vivendi Environnement) et qu'elles ont perdu de la valeur.

Si Jean-Marie Messier joue la transparence en annonçant la dette du groupe, c'est qu'il y est plus ou moins contraint par la nouvelle règle édictée par le FASB à l'été 2001, la FAS 142, qui préconise une nouvelle façon de traiter les survaleurs en les amortissant non plus sur plusieurs années – certaines entreprises amortissaient sur 20 ou 30 ans – mais sur une seule. Les entreprises sont invitées à lancer une sorte d'opération « vérité sur le goodwill », nouvelle obsession des investisseurs depuis l'éclatement de la bulle Internet. Or cette nouvelle règle vient au mauvais

---

11. Survaleur : lorsqu'une entreprise en acquiert une autre, un écart apparaît entre le prix d'acquisition et la part des capitaux propres revenant à la nouvelle société mère. Cet écart est ensuite ventilé entre les plus-values latentes sur actifs de la société consolidée et une partie résiduelle nommée « goodwill ».

moment pour Messier, qui a beaucoup acheté, souvent très cher, en 2001. Il annonce ces 15,7 milliards d'euros, mais il tente d'expliquer que ce « *write off non cash goodwill* » n'a pas d'incidence réelle et invoque différentes justifications fallacieuses : « L'amortissement en une seule fois des survaleurs dues aux acquisitions de Seagram et de Canal + n'est qu'une écriture comptable[12]. » Ces « jeux d'écritures » n'ont selon lui « pas d'impact sur la situation opérationnelle du groupe » puisque les opérations sont effectuées en titres : « Ce n'est pas du cash, ce n'est pas de la destruction de valeur. » Mais si la montée dans Canal + et la fusion Seagram n'ont pas coûté cher du fait de la bulle, on se rappelle cependant que Messier affirme à l'époque payer le juste prix pour ces acquisitions et qu'il estime la valorisation de Vizzavi justifiée au regard des possibilités phénoménales qu'il lui prête.

Jean-Marie Messier reste par ailleurs flou sur les détails de la dette du groupe, qui intéressent pourtant au plus haut point les analystes. Il a, un an auparavant, affirmé dans l'introduction du rapport abrégé 2000 du groupe que « Vivendi Universal [était], dans la communication, une entreprise pratiquement sans dette. » Cette fois, il annonce un chiffre de 14,6 milliards d'euros de dettes en normes françaises et de 19,1 milliards en normes US Gaap. Mais ce chiffre, qui n'inclut pas les dettes du pôle environnement, est immédiatement minimisé puisqu'il annonce un ratio dettes sur fonds propres de 33 %, chiffre obtenu en réalité en rapportant la seule dette du pôle communication aux fonds propres totaux du groupe. Or, si l'on tient compte de la dette globale du groupe, le ratio dettes sur fonds propres passe alors à 61 %, ce qui est nettement plus préoccupant.

Ce 5 mars, le spectacle d'un Messier se débattant pour prouver que la perte annoncée n'en est pas une décide très certainement les analystes à mettre sous surveillance les comptes de l'entreprise.

Le bilan complet n'est en effet pas encore disponible et le nombre d'éléments exceptionnels qui truffent, comme tous les ans, le compte de résultats – notamment un profit exceptionnel de 2,36 milliards d'euros affiché par le groupe pour la cession

---

12. Conférence de presse de présentation de résultats.

de titres BSkyB, Havas Advertising, AOL France, Eurosport et Vivendi Environnement – ne contribue pas à clarifier la situation du groupe à leurs yeux.

La circulation des flux de trésorerie au sein de Vivendi joue également en sa défaveur : certaines filiales conservent leur trésorerie et d'autres non, tandis que la dette du groupe est prise en charge par la maison mère. La consolidation des résultats de Cegetel par intégration globale à l'ensemble du groupe pose elle aussi problème, car 46 % de la société appartient à ses trois autres actionnaires, British Telecom, Vodafone et SBC Communication. Or, si Vivendi Universal ne consolide les résultats de Cegetel qu'à hauteur de sa quote-part, c'est-à-dire 44 %, son Ebitda est amputé de 1,5 milliard d'euros. Le même procédé est utilisé pour Maroc Télécom, consolidé à 100 % alors que Vivendi Universal n'en possède que 35 %.

La COB ayant retardé la publication du communiqué qui devait être distribué aux journalistes, des rumeurs circulent entre analystes sur de possibles désaccords entre elle et Vivendi Universal, notamment à propos du montant de la provision pour dépréciation d'actif. On suppose qu'il aurait été calculé sur une base trop faible et que les auditeurs et la COB souhaiteraient le voir rehaussé.

Au cours de cette même présentation, Messier rend hommage aux auditeurs d'Andersen, ce qui est très rare dans ce type d'exercice. Personne ne comprend l'allusion, d'autant plus que l'autre auditeur, Salustro-Reydel, est ignoré, ce qui contribue nettement à alourdir le climat. On apprendra après la démission de Messier qu'un désaccord entre les auditeurs d'Andersen et de Salustro-Reydel était à l'origine de cet « hommage ». S'interrogeant au sujet du traitement comptable qui avait permis de loger les titres BSkyB à la Deutsche Bank en décembre, la COB avait en effet demandé leur position aux auditeurs des deux cabinets. Ceux d'Andersen avaient considéré qu'il fallait lire cette opération comme une cession tandis que Xavier Paper, de Salustro-Reydel, avait estimé qu'il s'agissait plutôt d'un montage de prêt. Or la COB avait suivi ce dernier et finalement opté pour le traitement le plus rigoureux qui condamnait Vivendi Universal à afficher ses pertes.

Dans les jours suivants, la presse multiplie les titres alarmistes sur Vivendi Universal : on y apprend que le groupe – décrit comme conquérant six mois plus tôt – va mal, qu'il a dépensé des sommes colossales pour des achats qui ne le valent pas et que Canal + est au bord de la faillite. Pour la première fois Jean-Marie Messier ne réussit pas à inverser la tendance. Le groupe se défend comme il peut et met en ligne les comptes 2001 avant même d'avoir l'approbation de la COB. Mais cette publication ne fait que confirmer les doutes. Le titre poursuit sa chute, atteignant 37,32 euros le 12 avril 2002, soit son niveau de 1997, alors que Vivendi Universal n'était encore que la Générale des eaux.

Jean-Marie Messier continue de crier au complot. Il est vrai que, lors de certaines séances boursières, le titre décroche brusquement de 4 % ou 6 % à la suite de fausses rumeurs sur les ventes de gros actionnaires comme Philips. Le patron de Vivendi se met alors à évoquer une série d'actifs en voie d'être cédés – la presse professionnelle – ou qui vont être mis sur le marché – comme les participations dans les télécoms en Pologne ou en Hongrie. Il sait par ailleurs que les investisseurs attendent un désengagement de Vivendi Environnement et lance l'idée à demi-mot devant les analystes, en parlant de « déconsolidation ». Mais ces tentatives pour redresser la barre restent vaines. Si tout le monde considère que le groupe doit trouver des liquidités, les analystes estiment que vendre dans la précipitation n'est pas le meilleur moyen de négocier les prix, ce que confirme la vente de la presse professionnelle au mois d'avril. Cette précipitation se retourne donc contre le groupe et l'entraîne davantage dans la tourmente.

Dans la perspective d'un désengagement de Vivendi Environnement, Messier propose à Henri Proglio, patron de la filiale, de la réorganiser. Dans les faits, il s'agit de lui adjoindre Éric Licoys, son confident, comme tuteur. Proglio sait que Messier ne lui fait pas confiance mais il a mobilisé ses soutiens : Jacques Chirac a même déclaré publiquement que l'approvisionnement en eau des villes françaises ne sera pas confié « à n'importe qui ». La marge de manœuvre de Messier se réduit chaque jour et la décision à prendre est rendue d'autant plus périlleuse que la sensibilité politique du sujet est à vif, tandis que les Bronfman (actionnaires ex-propriétaires de Seagram), qui souhaitent vivement un désengagement de l'environnement, sont ulcérés par ce nouveau revirement.

Un autre dossier sensible – la restructuration de Canal + – va accroître les difficultés de Jean-Marie Messier. Le 15 avril 2002, Denis Olivennes, directeur général, annonce sa démission et l'on apprend deux jours plus tard l'éviction de Pierre Lescure, qui a refusé le «placard» que lui offrait Messier. Entre ces deux annonces, *Le Monde* titre «Qui veut la peau de Jean-Marie Messier?». Le licenciement de Lescure, souhaité par plusieurs administrateurs et actionnaires du groupe, précède ce qui doit être une reprise en main du groupe. Comme l'on pouvait s'y attendre, ce départ prend une tournure politique. En cette période de campagne électorale, Lionel Jospin, Premier ministre candidat, intervient en demandant le respect par Vivendi Universal de l'ensemble de ses engagements et en appelle au CSA. D'autres candidats, de François Bayrou à Robert Hue et Jean-Pierre Chevènement, sont hostiles à cette éviction tandis que Jacques Chirac, après avoir hésité, s'abstient. Les syndicats s'insurgent quant à eux contre cette décision et prennent l'antenne de Canal +. Des Guignols aux journaux télévisés, la chaîne est entièrement consacrée à une défense acharnée de Pierre Lescure qui rappelle la «grande époque» de «l'esprit Canal». Certains invitent Jean-Marie Messier à partir, d'autres incitent les abonnés à renvoyer leurs décodeurs : jamais le patron de Vivendi n'avait eu affaire à un tel conflit social.

Dans ce contexte, Jean-Marie Messier sait que le conseil d'administration du 24 avril constitue un tournant très risqué. Les précédents conseils avaient en effet fait naître des interrogations chez certains administrateurs, comme Henri Lachmann, Jean-Louis Beffa ou Jean-Marc Espalioux, car l'endettement que leur annonçait Messier s'était révélé de plus en plus important : si en juin 2001 le groupe était censé ne pas avoir de dettes, elles s'élevaient en septembre à 8,5 milliards d'euros et passaient en décembre à 14 puis à 19 milliards.

La crise est désormais devenue publique et Messier compte de moins en moins d'alliés. Il sait que certains administrateurs sont décidés à le faire tomber et le nom d'un potentiel remplaçant, Thierry Breton, circule même dans la presse. Messier pense pouvoir encore redresser la situation en s'appuyant sur ses amis, Marc Viénot en tête, et sur son sens de la négociation pour emporter les suffrages, notamment en jouant sur les divergences et en agitant la menace du démantèlement et le risque de voir les Américains dévorer le groupe français.

Marc Viénot tente, sans succès, de faire voter aux administrateurs un texte de confiance pour que Jean-Marie Messier puisse faire valoir le ferme soutien du conseil devant l'assemblée générale des actionnaires. Mais René Thomas, ex-P-DG de la BNP, et Jean-Louis Beffa, le président de Saint-Gobain, préfèrent démissionner.

L'assemblée générale qui suit se déroule dans une ambiance houleuse : des sifflets et des insultes fusent, notamment en provenance des petits actionnaires qui se plaignent de la création de nouvelles stock options représentant 5 % du capital. Messier ne se démonte pas et adopte la tactique du mea-culpa : il avoue ainsi que la provision de 15,7 milliards d'euros annoncée en mars constitue bien une « perte de valeur » pour les actionnaires et reconnaît le lourd endettement du groupe, les changements trop rapides ainsi que ses erreurs de communication (sur des opérations non finalisées ou sur l'exception culturelle).

Il énonce par ailleurs une liste d'engagements pris auprès du conseil d'administration qui ressemblent étrangement aux promesses déjà entendues depuis quelques mois : priorité à la gestion quotidienne, fin de la politique d'acquisitions, augmentation des synergies du groupe. La baisse de l'endettement devient l'objectif majeur, le groupe promet de s'attaquer aux sources de pertes que représentent les activités Internet et Canal +.

Toutes les motions ne sont pas votées, pourtant Messier sort de l'assemblée générale réconforté. Il profite de cette embellie passagère pour annoncer deux jours plus tard, lors de l'assemblée générale de Vivendi Environnement, que la cession des métiers traditionnels de la CGE n'est plus qu'un « fantasme ».

Messier pense avoir sauvé sa tête et accompli le plus dur : « reprendre en main » l'entreprise. La presse parle même d'un nouveau départ pour le patron de Vivendi Universal – impression immédiatement démentie car la Bourse continue de chuter tandis que Messier commet de nouvelles erreurs.

Le 26 avril, il annonce une nouvelle assemblée générale pour faire voter les motions qui n'avaient pas été adoptées le 24, prétextant un piratage informatique. Il n'arrive pas à obtenir un nouveau vote, mais sa tentative alimente l'impression d'un président aux abois et légèrement paranoïaque. Le 3 mai, Moody's dégrade la note qui concerne la dette du groupe et le titre approche dangereusement la barre des 30 euros. Le lendemain, *Le Monde* publie, sous le titre « Les mystères de Vivendi », un article détaillé et dévastateur : « Selon nos informations, le groupe aurait carrément frôlé la cessation de paiement à la fin 2001 [...] et les difficultés financières du groupe ne sont pas près de se dissiper. » Messier annonce qu'il va attaquer le journal en justice. Il se permet également d'exiger une mise au point de Crédit Lyonnais Securities parce qu'un de ses analystes a envoyé un e-mail soutenant que la probabilité d'une démission de Messier avait grimpé de 10 à 20 %. Le 6 mai, Standard and Poor's baisse à son tour sa note de crédit.

Lors d'une interview sur Radio Classique le 22 mai, Claude Bébéar, président du conseil de surveillance d'Axa, affirme au sujet de la crise chez Vivendi Universal : « Le cas échéant – ce qui se passe souvent aux États-Unis – [on peut] modifier le management en fonction de la modification de la stratégie, s'il y a modification de la stratégie. » Venant d'un homme aussi puissant que Claude Bébéar au sein de l'establishment français, cette déclaration est lourde de conséquences. Le patron d'Axa modère ses propos devant les réactions de la presse, mais il ne croit à l'évidence plus à la stratégie de Messier. Il craint, selon ses propres dires, un « Enron à la française ». Il agit en coulisse pour trouver un remplaçant à Messier, à tel point que les divers récits de la « chute de Messier » n'hésiteront pas à faire de lui l'instigateur d'un complot de « parrains » de l'industrie française visant à faire tomber le patron de Vivendi. En réalité, Claude Bébéar et les autres n'ont fait qu'influencer le choix du successeur de Jean-Marie Messier et accélérer un processus déjà largement entamé.

Les choses basculent lorsque Edgar Bronfman senior retire définitivement son soutien à Messier. Depuis longtemps, Charles Bronfman et Samuel Minzberg, l'avocat canadien qui le représente au conseil d'administration de Vivendi Universal, ne croient plus au nouveau groupe ; Edgar senior, le « chef de famille », se range à leur avis à partir de mars-avril. Ils font pression sur Messier en déposant en mai une déclaration de franchissement de seuil dans le capital de Vivendi Universal auprès de la SEC (l'équivalent américain de la COB) et en affirmant leur intention « d'examiner de près la performance de leur investissement dans Vivendi Universal ». À la fin de ce même mois de mai le CSA critique officiellement la nouvelle configuration des organes de direction de Canal + et demande que les comptes de Canal + SA lui soient communiqués.

Lors du conseil d'administration suivant, le 29 mai à New York, Samuel Minzberg et Richard H. Brown, P-DG d'Electronic Data System, désavouent Messier publiquement. Si ce dernier parvient à sauver sa tête, c'est uniquement grâce au soutien des administrateurs français qui ne souhaitent pas laisser l'initiative aux Américains. Le conseil lui adjoint toutefois un « groupe de travail sur le gouvernement d'entreprise », sorte de comité de surveillance que les Américains réclamaient à grands cris.

Messier annonce par ailleurs la prochaine mise sur le marché de 15 % de Vivendi Environnement ainsi que le désengagement de l'Italie dans le secteur de la télévision : Telepiù sera bientôt vendu à News Corp, ce qui rassurera – très provisoirement – les marchés.

Le 30 mai, les choses semblent aller mieux pour Jean-Marie Messier. Vivendi Universal annonce 3,5 milliards d'euros de lignes de crédit après le rachat d'USA Networks et le paiement du dividende versé au titre de l'exercice 2001. La communauté financière applaudit cette bonne surprise et Standard and Poor's retire Vivendi Universal de sa *trigger list*, cette liste noire des groupes dont l'endettement est considéré comme risqué. Le cours de l'action remonte alors de 5 % et clôture à 33,60 €. Dès le 20 juin pourtant, les investisseurs apprennent que la

Deutsche Bank a apporté 1,4 milliard sur les 3,5 milliards que Vivendi Universal prétend avoir à sa disposition. Huit jours auparavant, le groupe avait confié à la Deutsche Bank 12,6 % du capital de Vivendi Environnement dans le cadre d'un accord de « pension livrée ». Même si la direction du groupe parle d'un accord de financement classique, l'opération revient en fait à accorder à Vivendi Universal un prêt garanti par les titres de sa filiale. Les investisseurs ne comprennent pas la raison de ce montage. Alors que Messier avait promis la transparence, ils flairent un nouveau tour de passe-passe. Ce qu'ils ne savent pas encore, c'est que cette mise en pension a été négociée fin mai par Jean-Marie Messier, juste avant l'annonce des 3,5 milliards d'euros de lignes de crédit disponibles.

Au mois de juin, les mouvements sur le titre Vivendi Universal s'amplifient ; l'action tombe sous la barre des 30 puis des 20 euros. Le 24, à la veille du nouveau conseil d'administration, le titre perd 23,8 % et tombe à 18,75 euros. Le 25 au matin, Jean-Marie Messier apprend dans la presse la démission de Bernard Arnault du conseil d'administration de Vivendi : le P-DG de LVMH, pourtant ami de Messier, craint pour sa propre situation et préfère se retirer. Cette démission a valeur de signal et il devient alors évident pour l'ensemble de la communauté financière que Messier ne sortira pas indemne du conseil.

Cette fois, Edgar Bronfman Jr. et Marie-Josée Kravis, pourtant l'un des plus fermes soutiens de Messier, se rangent aux côtés des autres administrateurs américains. Edgar Jr., dont la famille a perdu plus des deux tiers de sa fortune depuis la fusion de son groupe avec Vivendi, demande d'emblée un vote de défiance à l'égard de Jean-Marie Messier. Depuis quelques jours, la famille a ramassé un gros bloc de titres en Bourse ; tout le monde craint alors une mainmise américaine sur le groupe français.

Si la majorité des administrateurs s'accorde pour limoger Messier, on ne lui trouve cependant pas de remplaçant et le patron de Vivendi reste en place. Le « danger » américain est sur toutes les lèvres. En deux jours, près de 50 millions de titres ont changé de mains et l'on craint que les mains acheteuses ne soient américaines. Les Bronfman pourraient convoquer une assemblée générale et prendre le pouvoir ; l'establishment français doit donc de toute urgence trouver une alternative.

Les choses se compliquent lorsque Michel Pébereau, le P-DG de BNP-Paribas, seconde banque créditrice du groupe, demande des éclaircissements sur la situation de Vivendi et décide, le 26 juin, de retirer son soutien à Jean-Marie Messier. Daniel Bouton, patron de la Société générale, la banque la plus engagée auprès de Vivendi, coupe à son tour ses crédits tandis que les deux derniers soutiens de Messier, Viénot et Friedmann, basculent à leur tour. Les administrateurs, qui se sont mis d'accord sur le nom de Jean-René Fourtou pour assurer l'intérim, demandent à Messier de démissionner. Devant la menace de poursuites judiciaires, celui-ci accepte, non sans avoir négocié ses indemnités de départ, lui qui se disait contre les *golden parachutes*.

Depuis son départ, Messier s'est exprimé. Il considère qu'il aurait pu sauver la situation du groupe s'il n'avait pas été victime d'un «complot» des Américains, de Claude Bébéar et d'autres industriels à l'ancienne, jaloux de sa réussite. Il regrette quelques acquisitions, quelques erreurs de communication et un retard à financer la dette, mais il défend toujours sa stratégie de «convergence» – jamais réalisée dans la pratique.

Fin de partie

De quoi sont morts Vivendi Universal et Enron ? Comment comprendre qu'une dynamique de croissance longtemps vertueuse se soit brutalement inversée en 2001 ?

Au moment où Enron amorce sa descente aux enfers – cours de Bourse en chute libre, révision des notations, soupçons de manipulation, dénonciations dans la presse –, l'entreprise continue à avoir des liquidités abondantes. Étrange paradoxe d'un groupe qui paraît prospère du fait de ses activités de trading et qui va néanmoins être obligé de cesser son activité.

De la même manière, la situation de trésorerie de Vivendi Universal est tendue quand la crise du groupe devient publique, mais l'entreprise aurait été certainement capable de régler ce problème sans difficulté quelques mois plus tôt. La mobilisation de l'establishment des affaires pour «sauver» Vivendi Universal, entreprise française, et préserver la réputation de la place de Paris a joué en réalité un rôle plus décisif que la sévérité de la crise de trésorerie.

Enron comme Vivendi Universal sont morts d'un changement d'opinion de la communauté financière sur leur modèle d'affaires.

Quelques mois avant la chute, l'ensemble des acteurs de l'industrie financière communiaient dans la célébration d'un modèle innovant, créateur de valeur et appelé à faire école. Comment les représentations ont-elles si fondamentalement changé en moins d'un an? Pourquoi les analystes, les financiers, les journalistes et les agences de notation ont-ils brûlé ce qu'ils avaient adoré la veille?

Une première explication est sans doute à chercher dans le séisme provoqué par le krach de mars 2000, l'éclatement de la bulle spéculative d'Internet.

Avant cette date, les marchés plébiscitaient les stratégies de croissance, applaudissaient aux montages financiers audacieux et usaient d'une métrique propre à la nouvelle économie – le *cash burn*[13] remplaçait les critères traditionnels de rentabilité. Après mars 2000, les opérateurs de marché prennent peur : ils découvrent la dette et ses contraintes, s'impatientent soudain devant les lointaines perspectives de profitabilité et commencent à scruter la trésorerie et le *free cash-flow*[14].

Mais l'éclatement de la bulle spéculative n'a pas d'effet immédiat sur ces deux entreprises, de telle sorte qu'elles se croient dans un premier temps à l'abri de ses retombées. Enron fait du profit avec ses activités de négoce énergétique tandis que Vivendi Universal achève de déployer une stratégie ambitieuse

---

13. Littéralement : rythme de consommation des liquidités de l'entreprise.
14. Liquidités dégagées par l'activité de l'entreprise et dont la disposition est libre.

en s'intégrant vers l'aval avec les opérations USA Networks et Echostar.

L'annonce de la faillite d'Enron, bientôt suivie par celle de Worldcom, donne le coup de grâce à Vivendi. Le groupe subit de plein fouet la méfiance nouvellement installée au sein de la communauté financière. Du jour au lendemain, la dette n'est plus regardée avec les mêmes yeux : quelques propos d'analystes sur un éventuel scénario de crise, un article de presse ou encore une controverse avec les auditeurs sur le mode de comptabilisation de l'opération BSkyB suffisent à menacer un édifice soudain devenu fragile.

Peut-on périr d'un changement de regard ? Dans une économie financiarisée où les grands groupes ont le pouvoir de battre monnaie à l'occasion d'acquisitions grâce à la valorisation de leurs titres, le jugement des acteurs financiers est décisif – qu'il s'agisse des auditeurs qui certifient les comptes et donnent un cachet de vérité à la communication financière de l'entreprise, des analystes qui recommandent un titre à l'achat sur la base d'un récit stratégique scénarisé par l'entreprise et illustré de nouvelles évocatrices et de chiffres flatteurs, ou des agences de rating qui crédibilisent une stratégie financière, le niveau de risque et d'endettement.

Aussi, lorsque les acteurs financiers changent de référentiel et reviennent à des indicateurs plus basiques – comme la capacité à générer du cash –, l'appréciation d'une même réalité change soudainement. Si l'agence de rating dégrade une dette, l'entreprise a non seulement plus de difficultés à se refinancer, mais elle doit le faire à un taux plus élevé et se voit même dans certains cas dans l'obligation de rembourser par avance certaines dettes.

De la même façon, si les analystes déclassent un titre et passent d'une recommandation d'achat à une recommandation neutre, l'effet sur le titre peut également être immédiat et décisif. Comme le titre est souvent apporté en guise de garantie dans un montage financier déconsolidant, son affaiblissement aggrave la crise, surtout s'il intervient en même temps qu'une baisse de notation.

Enron et Vivendi Universal ont fait rêver les marchés en annonçant, trimestre après trimestre, des chiffres en croissance continue. La presse, séduite, a relayé ces *success stories*.

Or cette opération de séduction des marchés, des tiers de confiance et des investisseurs a un triple effet : lever des financements dans de bonnes conditions, enrichir les dirigeants dotés en stock options, accroître le pouvoir d'achat de l'entreprise à travers la valorisation du titre. Lorsque tout l'effort économique de l'entreprise est tendu vers la performance boursière, lorsque sa structure financière est elle-même conditionnée par le jugement des marchés et que l'enrichissement des cadres et dirigeants est lui aussi indexé sur cette même performance, on comprend que le sort de l'entreprise soit lié à celle-ci pour le meilleur comme pour le pire. En cela, Enron et Vivendi Universal sont des entreprises emblématiques du capitalisme au tournant du siècle.

Il nous faut, à ce stade de notre analyse, écarter une objection. On a fait valoir que les deux entreprises auraient été victimes non de leurs impasses stratégiques et financières mais du krach des marchés. Pourtant nombre d'entreprises exerçant les mêmes métiers ont su se maintenir. Si Suez a beaucoup souffert d'une stratégie mal inspirée d'acquisitions et de diversifications, elle n'a jamais adopté l'« asset light strategy » et n'a pas cherché à se réinventer en entreprise multimédia. Les grandes entreprises électriques ou gazières européennes n'ont quant à elles jamais considéré, même lorsqu'elles se sont engagées dans le trading, que leur cœur de métier était là.

Vivendi Universal et Enron ont en fait servi de laboratoires au nouveau capitalisme. Ces deux entreprises sont chacune à leur manière l'histoire d'une réinvention. Mais on sait que la culture d'entreprise d'un service public urbain français n'a rien à voir avec celle d'une major hollywoodienne, de même que les compétences requises pour être une entreprise performante de trading ne sont pas les mêmes que pour la bonne gestion d'un réseau de gazoducs.

En externalisant ses usines et en se désengageant progressivement de ses filiales d'exploitation, Enron s'est peu à peu métamorphosée en pur financier, même si l'on pouvait trouver la trace, dans les profondeurs des bilans et du hors bilan, de l'Enron initiale. Une pure entreprise de trading sait qu'elle connaît des phases hautes et basses dans ses résultats, c'est pourquoi la forme juridique appropriée est celle du partenariat et non celle de l'entreprise cotée. Or – et il faut y voir un héritage de son passé d'énergéticien gérant des actifs tangibles – Enron a malgré sa reconversion gardé un statut de société cotée. Lorsque ses résultats devinrent peu flatteurs, l'entreprise fut tentée de recourir à des méthodes comptables créatives pour maintenir des résultats en progression constante, comme la sortie des actifs tangibles au profit de structures ad hoc – les « special purpose entities ». La société cotée fut amenée à flatter les analystes qui la recommandaient et à s'insensibiliser aux retournements conjoncturels afin de pérenniser ses résultats. Enron a longtemps tenu cet impossible pari, notamment en portant jusqu'à des limites peu connues les techniques du trading de produits financiers et en manipulant les marchés.

Vivendi Universal n'a pas a priori le même type de problème, puisque ses activités offrent des profils de résultats plus prévisibles. Elle a pourtant recours, elle aussi, à des techniques financières et comptables pour présenter sur la durée des résultats avenants. Elle doit gérer la transition entre les résultats récurrents de l'activité environnement dont elle entend se retirer, les résultats émergents mais en forte croissance de l'activité téléphonie et ceux plus risqués des médias, pour ne rien dire des résultats hautement hypothétiques d'Internet. La technique utilisée consiste alors à consolider le revenu brut d'exploitation et les résultats d'entreprises rentables, même lorsqu'elles ne sont pas majoritairement contrôlées par Vivendi Universal, à gonfler les résultats de court terme par des cessions, et au contraire à sortir progressivement les activités anciennes.

Le problème que pose cette démarche est double. Si financièrement les résultats brillants affichés ne se traduisent pas en cash disponible, les activités de diversification ont en revanche un impact cash immédiat, tandis que la sortie des métiers traditionnels est en fait inavouable. La difficulté comptable révèle en fait un problème plus sérieux de management et de gouvernance de l'entreprise : Vivendi Universal n'a pas la structure financière et manageriale de ses ambitions.

Comme nous l'avons vu, il y eut toujours un écart entre la réalité industrielle et capitalistique et la réalité organisationnelle de Vivendi, cet écart étant pour une bonne part voulu par une équipe dirigeante qui pensait pouvoir réaliser les ajustements nécessaires avec le temps. Jean-Marie Messier a donc hérité d'un groupe de services publics urbains qui avait amorcé sa diversification, mais dont l'essentiel des revenus et des profits venait de ces activités fondatrices. L'organisation interne reflète cette situation : un groupe constitué de près de 2 500 filiales et ayant à sa tête un seigneur féodal plus qu'un manager ne peut pas adopter une structure intégrée de groupe industriel. Il en est de même du conseil d'administration. En effet, un groupe français dont l'actif principal est la qualité de son réseau politique local et dont le financement est essentiellement assuré grâce à la gestion dynamique des concessions n'a pas de vrais actionnaires : le conseil d'administration est davantage formé de fidèles que de représentants intransigeants des intérêts des actionnaires. Formé autour de Guy Dejouany, il rassemble les grandes figures de l'establishment des affaires françaises ; Messier hérite d'un conseil d'Ancien Régime.

Après avoir tiré d'affaire la CGE en la débarrassant de ses actifs immobiliers et en la redéployant dans les télécoms et les médias, Jean-Marie Messier vend à ses administrateurs l'idée d'un groupe évoluant dans deux univers également importants et porteurs de croissance : les services environnementaux et la communication. Cette présentation est habile à plusieurs titres : elle permet de rebaptiser les services à la réputation ternie de distribution d'eau et de légitimer les nouveaux axes de développement. Enfin, en maintenant un équilibre apparent entre les activités historiques et les activités nouvelles, Jean-Marie Messier peut différer les adaptations nécessaires dans son modèle organisationnel comme dans son modèle de gouvernance.

Et de fait, dans un premier temps, il ne modifie pas fondamentalement l'architecture de l'entreprise. Vivendi reste un groupe décentralisé dont les fonctions centrales sont réduites et dont la direction reste personnelle. On découvrira par la suite que l'entreprise n'a ni comité stratégique ni direction financière intégrée et qu'elle reste organisée autour de baronnies dont les vassaux continuent à rendre compte au suzerain. Messier a profité des départs naturels du conseil d'administration pour substituer aux amis de Guy Dejouany ses propres amis. Ainsi, même s'il a introduit la religion de la création de valeur pour l'actionnaire et si les conseils d'administration commencent non plus par la traditionnelle revue des contrats mais par un commentaire sur le cours de la Bourse, les pratiques du gouvernement d'entreprise ne rompent en réalité guère en substance avec l'ancien régime : les administrateurs qui comptent sont personnellement dévoués à Messier. S'il y a bien un comité d'audit, il est présidé par Marc Viénot qui avouera être dépassé par les virtuosités financières de Guillaume Hannezo, et s'il y a certes un comité de rémunération et de sélection, il est présidé par Serge Tchuruk qui est lui-même l'obligé de Jean-Marie Messier au sein de son entreprise, Alcatel, pour la même fonction.

Si Jean-Marie Messier multiplie, pendant les premières années de son règne, des opérations de croissance externe comme l'acquisition de USFilter, c'est en vertu d'une logique très politique qui vise à convaincre l'ensemble des observateurs de sa détermination à faire croître de concert les activités des deux pôles. Après l'acquisition de Seagram, il devient plus difficile de maintenir cette fiction.

Puis, en créant Vivendi Environnement et en la faisant coter tout en cédant sur le marché une partie des titres, Jean-Marie Messier marque symboliquement un début de prise de distance avec les activités historiques de la Compagnie générale des eaux. En chargeant l'entreprise de l'ensemble de la dette du groupe, il signifie clairement aux marchés que le développement se fera à partir de Vivendi Universal et pour l'essentiel dans la communication, dans le même temps qu'il envoie au management et aux personnels de Vivendi Environnement le signal qu'ils doivent trouver par eux-mêmes les ressources de leur croissance.

Cette réalité industrielle a bien sûr sa traduction capitalistique. Si au sein de Vivendi Universal la famille Bronfman apparaît comme un actionnaire significatif qui entend exercer ses droits, le chef de Vivendi Environnement, Henri Proglio, compte bien prendre son autonomie et bâtir un nouvel actionnariat. Si Vivendi Universal avait pu négocier ses évolutions en des temps moins agités, il est probable que les deux entreprises auraient pris leurs distances – Vivendi Environnement restant ancré sur le territoire national et Vivendi Universal regardant vers les États-Unis.

Mais la boulimie d'acquisitions non digérées dans un contexte de crise des marchés financiers précipite la chute en révélant des contradictions longtemps tues. Contradiction entre un management dans les étoiles de la convergence numérique et de Hollywood et un conseil d'administration hostile au désengagement des activités historiques. Contradiction au sein du conseil entre des Américains qui entendent défendre leurs intérêts d'actionnaires et des administrateurs français qui paraissent plus préoccupés d'enjeux de pouvoir. Contradiction enfin au sein même du management de Vivendi Universal entre Jean-Marie Messier et Henri Proglio.

Ces antagonismes – auxquels il faudrait ajouter celui, majeur, des discours tenus à partir des États-Unis sur la fin de l'exception française et la perception parisienne d'un Vivendi Universal champion de l'exception culturelle – contribuent à la crise finale. Jean-Marie Messier, affaibli financièrement par l'éclatement de la bulle et plus encore par le retournement des critères de jugement de la communauté financière, va se trouver piégé. Les choix d'acquisition faits au cours de la dernière année, comme Houghton Mifflin, Echostar et USA Networks, sont éminemment critiquables, mais ils n'auraient cependant pas provoqué l'effondrement de l'empire Vivendi Universal si Jean-Marie Messier avait pu obtenir une sortie ordonnée et précoce de Vivendi Environnement. Vivendi Universal aurait également pu mieux négocier son refinancement si son P-DG aux abois n'avait pas été conduit à faire des opérations brouillonnes sur les titres ou à distribuer des dividendes que l'entreprise ne pouvait se permettre, et ce du fait d'une opposition grandissante des administrateurs américains et du doute qu'ils exprimaient de manière transparente sur le sérieux des prévisions financières. Enfin, Jean-Marie Messier n'aurait pas été lâché par l'establishment des affaires s'il n'avait multiplié les provocations volontaires ou involontaires avec son style de communication et ses déclarations à l'emporte-pièce.

Conclusion

Enron et Vivendi Universal ont voulu inventer un nouveau modèle d'entreprise et offrir au monde leur succès en exemple. Elles ont pour cela joué en artistes de la finance ; les marchés le leur ont bien rendu. On a cru un moment que les règles de la gravité universelle ne s'appliquaient plus à ces groupes : l'acquisition d'activités en perte ou peu profitables n'avait guère d'impact sur des résultats toujours brillants, les valorisations stratosphériques d'actifs étaient sans importance dès lors que l'entreprise battait monnaie avec ses titres, l'enrichissement rapide des dirigeants ne coûtait rien à l'entreprise ou si peu. Mais la chute, que ces entreprises attribuent à l'évidence à des forces extérieures, révèle des systèmes qui ont pu se développer en toute impunité malgré des pratiques délictueuses ou à tout le moins discutables.

L'histoire de ces groupes fournit en un raccourci saisissant la vérité du nouveau capitalisme : la stratégie de la firme devient un « récit » plus ou moins bien vendu aux marchés, confirmé ou non sur la durée par les « nouvelles » quasi quotidiennes sur les résultats, les marchés, les acquisitions. Cette stratégie a d'autant plus de chances de séduire qu'elle est fondée sur des « concepts » originaux ou des « modèles d'affaires » novateurs. Le chef d'entreprise doit consacrer un temps considérable à séduire les investisseurs, les prescripteurs et les intermédiaires en tous genres qui permettent d'atteindre l'épargnant. Lorsque le récit est « acheté » par les marchés, l'entreprise voit son cours s'apprécier car la Bourse vit d'abord de promesses. Les marchés fournissent à l'entreprise les moyens de financer les acquisitions et les développements. En retour, la logique financière de valorisation du titre entre dans l'entreprise et s'infiltre jusqu'à l'activité la plus ténue. Si l'on veut fournir aux marchés des résultats en croissance continue, si on veut entretenir la croyance dans le grand récit, il faut faire la chasse quotidienne aux actifs dormants et aux activités moins rentables que les autres. La rationalisation interne devient permanente, tout autant que l'interrogation sur les mérites de l'intégration ou de l'externalisation.

On comprend ainsi comment la financiarisation a partie liée avec la mondialisation et la mobilisation des nouvelles technologies de l'information : la finance donne les moyens de la stratégie globale et la contraint tandis que les technologies de l'information permettent à l'entreprise de se désintégrer et de se réarticuler en fonction de critères de rentabilité. Enron, Worldcom et Vivendi ont été les plaques sensibles d'une transformation économique, technique et financière globale.

9

Brebis galeuses ou failles systémiques ?

En 1933, après une crise économique et financière majeure, les États-Unis votaient le Glass-Steagall Act afin de restaurer la confiance des salariés et des épargnants américains dans les institutions du capitalisme. La ruine des épargnants victimes des mirages de la « nouvelle économie » d'alors et la révélation des pratiques délinquantes de ceux qu'on surnommait les *banksters* ou banquiers-gangsters avaient mis à mal le système, il était temps d'entreprendre une réforme majeure de la régulation financière.

Dans le concert des critiques stigmatisant les « banksters », une voix se fit entendre, celle d'un jeune comptable qui entendait défendre l'actionnaire et l'épargnant en leur offrant des repères comptables fiables. Cet homme, Arthur Andersen, créa alors ce qui allait devenir l'entreprise de référence en matière d'audit[1].

---

1. Nicolas Veron et *alii*, *L'Information financière en crise*, Paris, Odile Jacob, 2004.

70 ans plus tard, dans la tourmente provoquée par la faillite d'Enron, une nouvelle loi de régulation financière est votée à la hâte. De même que le Glass-Steagall Act constituait la réponse du régulateur à la crise de 1929, le Sarbanes-Oxley Act tire les conséquences du krach de mars 2000 et tente de résoudre la pire crise de confiance que le capitalisme ait connue depuis les années 1930. La chute des marchés fut à la hauteur des espoirs placés dans la « nouvelle économie » : entre mars 2000 et mars 2003, le Nasdaq a perdu 72 %, le S&P 500 43 % et l'Euro Stoxx 50 61 %. À partir de 2002, les faillites d'Enron et de Worldcom, suivies par la révélation des trafics d'Adelphia, d'Ahold ou encore de Tyco, provoquent l'appauvrissement des retraités et des épargnants et révèlent l'absence d'éthique professionnelle de nombreux acteurs financiers, la corruption de certains intermédiaires et surtout l'ampleur des manipulations comptables. Arthur Andersen, l'entreprise phare de l'audit, succombe à cette crise, victime de sa collusion avec les manœuvres comptables frauduleuses d'Enron.

Ces faillites, scandales et autres pratiques délictueuses soulèvent de redoutables problèmes. Une entreprise comme Enron, la 7e des États-Unis par la capitalisation boursière en 2001, qui faisant appel à l'épargne était donc censée constituer le socle de retraites futures pour les ménages américains, a pu inventer chiffre d'affaires et résultats, masquer des dettes et gonfler artificiellement sa rentabilité – et cela sans que les auditeurs comptables, les analystes financiers, les agences de notation, la presse spécialisée et les autorités de régulation y aient fait obstacle. Pis encore : si la faillite du contrôle externe fut manifeste, les organes internes de l'entreprise chargés d'évaluer le risque, le management et le conseil d'administration n'ont à l'évidence pas tenu le rôle qui leur incombait.

Comment expliquer une faillite si flagrante des dispositifs de contrôle ? S'agit-il de dérèglements inévitables dans une économie ouverte et décentralisée, ou bien d'une crise profonde du capitalisme qui devrait aboutir à un nouveau modèle de régulation ?

Pour comprendre ces dérèglements, on a mis en avant les faiblesses des acteurs, blâmables certes, mais assez isolés pour ne pas remettre en question l'ensemble du système. Ainsi, Claude Bébéar[2], dans un ouvrage paru en 2003, fustige avec férocité ceux qui sont à l'origine de ces scandales majeurs, et plaide pour qu'on ne remédie pas à cette crise en multipliant les régulations. À l'inverse, nombre d'auteurs ont évoqué les « *rotten roots*[3] » du capitalisme américain – qualifié même de « crony capitalism[4] » – pour désigner le caractère structurel de malversations rendues possibles par le seul système financier.

La thèse de la faille systémique est d'autant plus séduisante que le conflit d'intérêts est au cœur de ces scandales, ainsi que les insuffisances manifestes du régulateur. L'analyste financier a sa rémunération indexée sur le placement de titres effectué par la banque qui l'emploie : rien d'étonnant donc dans le manque récurrent d'objectivité de son jugement. De la même manière l'audit comptable rapporte nettement moins que le conseil : on saisit mieux pourquoi les auditeurs ont parfois fait preuve de complaisance à l'égard de leurs clients. Ces conflits d'intérêts concernent aussi les agences de notation, qui conseillent autant qu'elles notent, et les banques, peu à peu autorisées à cumuler les activités naguère cloisonnées de banque commerciale, de banque d'affaires et de société de gestion de titres. Quelle est la part de la complexité comptable, de la fraude caractérisée et de l'innovation mal maîtrisée dans les affaires Enron et VU ?

Mais surtout comment l'évolution de la grande entreprise a-t-elle rendu possible cette contagion de la cupidité ? Enfin, quelles solutions ont été trouvées pour remédier aux insuffisances de la régulation et pour enrayer la crise de confiance dans le système ? Nous considérerons les différents fronts sur lesquels s'est déployée cette réponse à la crise : législatif avec la loi Sarbanes-Oxley, judiciaire avec la mobilisation d'Eliot Spitzer, comptable avec l'adoption de nouvelles normes, et enfin comportemental avec la transformation des pratiques des conseils d'administration.

---

2. Claude Bébéar et Philippe Manière, *Ils vont tuer le capitalisme*, Paris, Plon, 2003.
3. Littéralement « racines pourries ».
4. Capitalisme de connivence.

Enron, Vivendi Universal et Parmalat :
innovation, fraude ou complexité comptable ?

Après avoir été portée aux nues, Enron, en faillite, s'impose comme le symbole des manipulations comptables, de la cupidité des dirigeants et de la vanité des règles du gouvernement d'entreprise.

Le groupe de Ken Lay devient l'aune à laquelle on compare les grands sinistres financiers aux États-Unis comme en Europe. On parle ainsi d'« Enron des télécoms » lors de la faillite de Worldcom, d'« Enron familial » à propos des déconvenues rencontrées par les frères Rigas d'Adelphia, d'« Enron français » avec l'affaire Vivendi, d'« Enron de la distribution » avec Ahold ou bien encore d'« Enron italien » avec Parmalat.

La formule, tôt galvaudée, confine à l'absurde. La fraude caractérisée, le détournement de fonds, l'abus de biens sociaux et les faux en écriture n'ont pas été inventés par la firme texane, pas plus que la créativité comptable. Certes, Enron a multiplié les montages déconsolidants avec les SPE, joué avec le prix de certains actifs et gonflé son chiffre d'affaires, mais ces manipulations étaient déjà connues.

D'autre part, la faillite d'Enron révèle les failles de la régulation, mais elle ne condamne pas pour autant l'innovation financière dont elle fut certes la championne en matière de trading.

Toutes ces affaires ont pour caractéristique commune de souligner les limites entre l'innovation financière et la créativité comptable d'un côté, le contournement des règles et la fraude de l'autre.

Le « cas » Parmalat, entreprise familiale italienne dirigée par son fondateur, Calisto Tanzi, est avant tout une affaire d'escroquerie et de faux en écritures. Un compte est prétendument ouvert à la Bank of America à New York et inscrit à l'actif de l'entreprise pour un montant de 3,95 milliards de dollars. Il se révèle soudainement inexistant, bien que de faux documents aient attesté sa réalité auprès des auditeurs comptables. C'est aux îles Caïmans, dans les comptes de Bonlat, filiale de Parmalat, que les 3,95 milliards de dollars sont finalement localisés. Parmalat s'apparente alors à une association de malfaiteurs dont les différents membres – le fondateur, sa famille, ses comptables et avocats – sont arrêtés aux motifs de détournement de fonds et de participation à une action de falsification des comptes. Si les faux en écriture et les abus de biens sociaux relèvent de la classique délinquance en col blanc, l'affaire Parmalat s'inscrit dans une problématique résolument moderne : elle illustre à la fois la faillite des filières de contrôle et l'existence de conflits d'intérêts dans l'industrie financière.

L'incompétence si flagrante des différents organes de contrôle semble reposer, dans cette affaire, sur des conflits d'intérêts ; ainsi la Bank of America, le leader du syndicat de placement des titres Parmalat, était-elle également un partenaire financier de l'entreprise.

Le cas de Vivendi diffère : le groupe français n'est pas une entreprise délinquante mais il a usé et abusé des facilités de l'ingénierie financière pour financer sa boulimie d'acquisitions avant d'être victime d'un accident de trésorerie anticipé lors du retournement des marchés. Les procédures engagées contre Jean-Marie Messier et Vivendi Universal relèvent de deux problématiques distinctes : les unes portent sur les salaires, indemnités de départ et conditions de cession de titres, tandis que les autres concernent la diffusion par Vivendi Universal d'informations fausses ou trompeuses sur les perspectives 2001 et 2002 ainsi que sur la publication de faux bilans pour les exercices de 2000 et 2001.

La comptabilisation de l'opération BSkyB, qui divise VU et la COB, apparaît comme un conflit de normes comptables dû au caractère hybride de cette entreprise française en voie d'américanisation ; ce différend révèle pourtant, comme dans le cas d'Enron, des conflits d'intérêts entre conseil et audit.

Ainsi, si Parmalat relève de la fraude caractérisée, Vivendi Universal pose le problème de la complexité comptable tandis qu'Enron incarne les dangers de l'innovation financière et de l'arbitrage entre régulations.

Le cycle de la cupidité

Enron et Vivendi se sont très vite définies comme des entreprises créatrices de valeur pour l'actionnaire. La communication insistante sur le cours boursier, l'attention portée aux résultats trimestriels et la progression d'indicateurs ésotériques comme l'Ebitda[5] en témoignent. Placer la dynamique boursière au cœur de sa communication est a priori compréhensible : l'entreprise doit légitimement rendre des comptes aussi souvent que possible et dans la plus grande transparence aux actionnaires investisseurs. Mais les données boursières sont progressivement devenues des indicateurs majeurs de performance interne, des incitations à la performance des managers via les stock options, et donc des éléments déterminants pour la rémunération des dirigeants. Comment fait-on d'un indicateur de résultat une variable manipulable ?

Les difficultés du gouvernement d'entreprise (ou « corporate governance ») naissent de la dissociation du contrôle juridique et du contrôle économique, conséquence de la séparation de la fonction de propriétaire et de celle de dirigeant. Cette délégation entraîne une possible asymétrie entre le dirigeant, au fait de la réalité quotidienne de l'entreprise, et le propriétaire qui doit s'en remettre à des données comptables. Afin d'éviter ce risque, un contrat, implicite ou explicite, est passé en théorie entre ces deux parties, afin de fixer les objectifs et le mode d'organisation de l'entreprise. Ce lien est très délicat à formaliser et fit l'objet de travaux des premiers théoriciens de la « corporate governance », qui sont apparus aux États-Unis dans les années 1930.

Berle et Means[6] ont été les premiers à s'interroger sur la dissociation entre propriétés juridique et économique du capital et

---

5. Earnings before interest, tax, depreciation and amortization : solde financier censé refléter la capacité de génération de trésorerie.
6. A. Berle et G. Means, *The Modern Corporation and Private Property*, New York, Harcourt Brace and World Inc, 1967. On trouvera dans Michel Bauer et Elie Cohen, *Qui gouverne les groupes industriels ?*, Paris, Le Seuil, 1981, une présentation de cette école de pensée et des débats qu'elle suscita.

sur les techniques[7] permettant à des actionnaires minoritaires, voire à des dirigeants salariés, de concentrer l'essentiel du pouvoir économique alors que les détenteurs du pouvoir juridique – l'actionnariat diffus et fragmenté – en étaient réduits à un statut de quasi-obligataires.

Les travaux d'Alfred Chandler confortent les premiers écrits d'Alfred Berle et établissent la nécessité, pour les entreprises complexes, d'être gouvernées par la « main visible » des managers plutôt que par la « main invisible » du marché. Le capitalisme managerial devient l'horizon indépassable d'économies continentales intégrées, ouvertes sur le monde et organisées autour de grandes firmes multinationales et multiactivités. Galbraith élabore, dans les années 1960, une théorie de la convergence des systèmes économiques fondée sur la substitution de l'intelligence organisée au capital comme variable cruciale du développement[8].

La concentration économique, l'importance de l'innovation comme facteur de croissance, le rôle grandissant du marketing dans la formation de la demande, la nécessité d'organiser la coopération entre professionnels au sein de vastes organisations : tout milite à l'époque en faveur de la prise de pouvoir par la technostructure et de la relégation de l'actionnaire au rang d'obligataire. Dans la grande firme telle qu'elle se construit dans ces années-là, les actionnaires sont écartés progressivement de la désignation des conseils d'administration et, a fortiori, de la sélection des dirigeants. Galbraith affirme même que la technostructure poursuit des intérêts qui diffèrent de ceux des actionnaires, certains managers pouvant par exemple multiplier les opérations de fusion et d'acquisition non pas pour servir l'intérêt des actionnaires mais simplement pour satisfaire leur propre appétit de puissance.

À la fin des années 1960, et en réaction au développement de l'entreprise manageriale célébrée par Galbraith, émerge une nouvelle théorie du contrôle, au confluent de travaux portant

---

7. Ces dispositifs, appelés les *legal devices*, se traduisaient notamment par la mise en place de structures pyramidales de contrôle ou encore de systèmes de contrôle croisé.
8. *Cf.* Michel Bauer et Élie Cohen, *Qui gouverne les groupes industriels ?*, *op. cit.*

sur les droits de propriété, les coûts de transaction et les problèmes de « l'agence ». Michael Jensen[9], qui s'inscrit dans la lignée des travaux pionniers de Ronald Coase[10] sur la théorie de la firme, en est la figure centrale. Il conteste le modèle de l'entreprise manageriale capturée par ses dirigeants et entend restaurer les droits de la propriété. Pour Jensen, la distance qui s'est installée entre les intérêts des actionnaires et ceux des managers a conduit à une perte de rentabilité ainsi qu'à la sous-optimisation de la stratégie des entreprises, voire à des impasses économiques à l'origine d'une paralysie entrepreneuriale. La volonté de certains dirigeants d'élargir le périmètre d'activité de leur entreprise peut réduire l'efficacité du capital employé, tant il est évident qu'une entreprise qui se disperse entre plusieurs activités ne peut réussir de façon optimale dans chacune d'entre elles. C'est sur ce constat que se fonde le plaidoyer de Jensen, pour qui l'entreprise ne connaît qu'un seul propriétaire légitime – l'actionnaire – dont le manager est le simple commis.

L'analyse de Jensen conduit donc à réinterroger la théorie de la firme, de son financement et de son intégration interne, et à imaginer des dispositifs qui permettraient d'« aligner » les intérêts des managers sur ceux des actionnaires. C'est sur cette base que vont être pensés les systèmes de stock options.

Dans un premier temps, les théories de Jensen et de ses disciples ne font guère école : à l'heure des conglomérats, de la grande entreprise multibranches et des technostructures, l'idée que l'entreprise serait la propriété de l'actionnaire est considérée comme réactionnaire, pour ne rien dire de son irréalisme dans un monde où l'intelligence organisée et le capital humain passent pour les variables clés du nouveau capitalisme. Le retournement s'opère lorsque, au milieu des années 1970, les start-up décident d'appliquer ces schémas d'alignement des intérêts en conférant à leurs fondateurs et à leurs premiers sala-

---

9. M. C. Jensen et W. H. Meckling, « Theory of the firm, managerial behaviour, agency costs and ownership structure », *Journal of Financial Economics,* octobre 1976, pp. 305-360.
10. « The nature of the firm », *Econemetrica,* n° 4, novembre 1937, pp. 386-405.

Brebis galeuses ou failles systémiques ?

riés une part parfois significative du capital sous forme de stocks options. Il est cependant difficile de voir dans ces pratiques l'effet de la doctrine Jensen car les start-up n'ont pas d'autres solutions, si elles veulent attirer des talents, que d'offrir des options sur une valorisation future de l'entreprise. Comme ce fut le cas des thèses de Friedman en matière d'économie monétaire ou de Stigler en matière d'économie de la régulation [11], la nouvelle théorie de la firme de Coase et de Jensen, longtemps minoritaire, s'impose à la faveur de la sévère crise des entreprises américaines du début des années 1980.

Sous les coups de boutoir de la concurrence japonaise, de l'inflation et de la hausse des taux d'intérêt, les entreprises américaines peinent à se restructurer. L'apparition des raiders va alors révéler le problème.

En pratiquant à grande échelle le *greenmail*[12] et les OPA hostiles, puis en dépeçant leurs victimes, les raiders prouvent que l'on peut créer de la richesse pour l'actionnaire à condition de démanteler les grands conglomérats, alors en crise, chers à la technostructure. Mais le principal mérite de ces « fonds vautours », initiateurs de la destruction créatrice qui va remodeler de proche en proche l'appareil industriel américain, est de pousser à l'innovation les managers et les banquiers d'affaires. À la faveur des raids lancés par ces flibustiers de la finance, les managers voient le profit qu'il peut y avoir à démanteler les grandes entreprises, ces « belles endormies » où coexistent actifs rentables et actifs non rentables, activités sous-dimensionnées et champions sectoriels, et décident de faire de ce travail si lucratif l'ordinaire du management.

Après une première vague de raids où s'illustrent des aventuriers pittoresques comme Carl Icahn ou T. Boone Pickens[13], les techniques du raid s'industrialisent dans une deuxième vague avec la première irruption de fonds spécialisés comme KKR. La troisième vague sera le fait d'entreprises qui s'appliquent à elles-

---

11. *Cf.* chapitre 2.
12. Littéralement « chantage au dollar ».
13. Pour un récit vivant de l'action de ces flibustiers, voir Connie Bruck, *The Predators' Ball*, Londres, Penguin, 1989.

mêmes ces techniques afin d'échapper aux OPA hostiles et aux démantèlements décidés de l'extérieur. C'est ainsi que, dans la deuxième moitié des années 1980, de grandes entreprises américaines procèdent à des cessions d'actifs périphériques et privilégient leur cœur de métier[14] afin d'accroître leur valeur pour l'actionnaire, et au passage pour les dirigeants, via les systèmes de stock options.

Le principe des montages inventés par les raiders et reconduits dans les fonds type KKR est toujours le même : céder des actifs mal valorisés, récupérer le capital en excès, user du levier de la dette et donc, au final, améliorer le rendement du capital. Transposé dans l'univers de la grande entreprise, le principe de création de valeur pour l'actionnaire par la restructuration reste donc valable, même s'il est nécessaire, pour motiver le management, d'aligner l'intérêt de l'actionnaire et celui des managers grâce aux stock options.

Le mouvement de la *shareholder value*[15] est donc né aux États-Unis en réaction aux opérations des raiders et consiste à adopter leurs techniques.

Avec l'affaire Enron, on découvre que l'alignement des intérêts des dirigeants sur ceux des actionnaires ne peut se résumer au seul intéressement à la valorisation du capital. En effet, si le véritable intérêt de l'actionnaire est a priori de maximiser la valeur boursière de l'entreprise, un dirigeant peut déployer des techniques qui gonflent artificiellement cette valeur boursière au moment même où il doit exercer ses stock options, et ce pour s'enrichir personnellement. Les affaires Enron et Worldcom illustrent la faille majeure des thèses de Jensen.

Si le contrôle managerial peut conduire les dirigeants salariés à s'éloigner progressivement de l'objectif de maximisation de la valeur pour l'actionnaire, le système de l'alignement des intérêts peut les conduire à gérer l'entreprise en fonction du cours de

---

14. Le «core business».
15. La «shareholder value» renvoie aux mécanismes du capitalisme actionnarial qui cherche avant tout à créer de la valeur pour l'actionnaire. Elle s'oppose à la «stakeholder value» qui renvoie quant à elle au capitalisme de parties prenantes, lequel concilie les intérêts des salariés, des actionnaires et des consommateurs.

Bourse et des échéances de levée de leurs plans d'options – ce qui les rend excessivement sensibles aux pressions des opérateurs de marché et peut les inciter à différer des annonces ou à masquer des résultats. D'autre part, l'usage immodéré des stock options et le laxisme des normes comptables ont faussé l'image des résultats de l'entreprise, puisque ces options ne sont pas considérées comme des charges alors qu'elles représentent bien un coût pour l'actionnaire. On comprend alors comment l'alignement des intérêts peut aboutir à une autre forme de capture de l'entreprise par ses dirigeants.

Il existe pourtant des règles de « corporate governance » fondées sur des exigences de transparence et de publicité des résultats. Ces règles sont d'autant plus efficaces que le contrôle interne fonctionne, que les auditeurs comptables sont indépendants et que le conseil d'administration fait son travail. L'expérience enseigne toutefois que des entreprises perçues comme exemplaires en termes de « corporate governance » se sont révélées corrompues sans qu'aucun contrôle ait opéré conformément à la règle.

Si l'asymétrie entre managers producteurs de l'information et investisseurs utilisateurs de cette information pose problème, cet équilibre peut être rétabli par un contrat d'agence stipulant les objectifs poursuivis par le management et par l'actionnaire. Mais cette question en apparence simple se complexifie dès lors que le principal actionnaire et l'agent ne sont pas uniques.

En effet, si l'actionnaire ne parle à l'évidence pas nécessairement d'une seule voix, l'entreprise est elle-même une hiérarchie complexe. À ces freins s'ajoute la difficulté d'établir un mandat explicite. Que faire figurer dans le mandat que l'actionnaire – à supposer qu'il ait une expression unique – passe avec le management – à supposer qu'il soit unifié ? Dès qu'un mandat est approximatif, il devient difficilement applicable. La réponse qui a été historiquement trouvée à ce problème est triple : légale, économique et professionnelle.

La solution légale consiste à multiplier, sous la supervision du régulateur, les obligations faites à l'entreprise en matière d'information financière. Elle a pour but non seulement de promouvoir une information fiable et véritable qui prévienne le délit d'initié, mais aussi d'assurer un flux régulier d'informations normées dispensées de manière transparente et égalitaire.

La réponse économique s'est progressivement affirmée avec l'émergence d'une industrie de la gestion collective et d'une industrie de la collecte, du traitement et de la certification des informations comptables et financières.

La réponse professionnelle, enfin, a été double et a consisté d'un côté à s'assurer que les ordres professionnels exerçaient sur leurs membres des contrôles, notamment en matière comptable, et de l'autre à soumettre les nouveaux métiers de l'analyse financière ou de la gestion à une évaluation par leurs pairs.

Conflit d'intérêts

Si la situation de Vivendi Universal n'était pas fondamentalement différente entre la mi-2001 et la mi-2002, la crise de confiance provoquée par les faillites d'Enron et de Worldcom a entraîné le retournement de toute une série de dispositifs vertueux qui a précipité une spirale dont personne n'est ressorti indemne. Dans tous ces « scandales », c'est l'ensemble de l'industrie financière qui a failli.

L'industrie financière a en effet beaucoup évolué ces dix dernières années et Vivendi a été, comme les autres, victime – après en avoir été le bénéficiaire – du dérèglement progressif des différents maillons de la chaîne. Le krach de mars 2000 a révélé que les agents financiers censés fournir des informations fiables étaient pris dans un conflit d'intérêts qui pouvait les inciter à masquer la vérité pour mieux atteindre leurs objectifs propres[16].

---

16. Le conflit d'intérêts survient lorsqu'un fournisseur d'information financière poursuit de multiples intérêts partiellement contradictoires qui l'incitent à faire un usage orienté de l'information ou à la dissimuler.

Ces scandales financiers conduisent à identifier quatre domaines où les conflits d'intérêts ont débouché sur des manipulations ou des malversations.

Le premier oppose les analystes financiers et leurs collègues qui, au sein des mêmes banques d'affaires, font du placement primaire de titres. La banque d'affaires qui travaille pour l'émetteur de titres désire à l'évidence présenter des analyses optimistes qui crédibilisent la stratégie de l'entreprise émettrice, mais les souscripteurs auxquels les analystes s'adressent préfèrent quant à eux disposer d'une recherche objective pour faire leurs choix d'investissement. Si la rémunération de l'analyste dépend du succès de l'activité de placement, celui-ci n'est pas incité à fournir une information objective.

Le deuxième conflit d'intérêts, qui est à la source de la révélation du scandale d'Enron, concerne les modalités de la relation entre les auditeurs comptables d'une firme et leurs collègues qui, au sein des mêmes entreprises, développent des activités de conseil. Le conseil étant nettement plus rémunérateur que l'audit, la pression pour la complaisance comptable qu'exercent les entreprises sur leurs auditeurs est très efficace : l'auditeur est amené à valider des montages financiers ou fiscaux « créatifs » inventés par ses collègues consultants. La fonction d'audit se trouve ainsi détournée, au mépris des intérêts des investisseurs qui en attendent une information sincère.

Le troisième conflit d'intérêts oppose, au sein des agences de notation, ceux qui se livrent à l'activité de notation stricto sensu et ceux qui conseillent l'entreprise sur les voies et moyens d'amélioration de sa note. Le conflit potentiel est double, puisque l'agence de notation est rémunérée par l'entreprise émettrice – ce qui peut biaiser l'objectivité du jugement sur la qualité de la dette – et qu'elle livre les clés d'une bonne notation à l'entreprise – ce qui peut conduire celle-ci à piloter sa note.

Enfin, un dernier conflit potentiel est susceptible d'émerger au sein d'une banque universelle entre ses différentes activités de prêteur, d'architecte financier et de placeur de titres. Une banque commerciale peut, grâce aux Sicav qu'elle contrôle, favoriser les entreprises dont elle place par ailleurs les titres.

L'idée commune selon laquelle ces conflits ne peuvent avoir lieu puisque les marchés disposent de toutes les informations et peuvent sanctionner le conflit d'intérêts potentiel a fait long feu, tout comme a été remise en cause la bonne volonté des banques censées s'organiser pour rendre étanches les activités potentiellement antagonistes.

Si la bonne information est cruciale pour l'orientation des flux d'investissement, son acquisition et son traitement sont très coûteux : rapprocher les activités permet donc aux institutions financières de réaliser des économies d'échelle informationnelles [17].

L'existence du conflit n'implique pas nécessairement des effets négatifs, voire un délit. L'institution financière doit s'imposer une déontologie afin de préserver sa réputation. Trois formes de séparation entre activités potentiellement sources de conflits d'intérêts ont ainsi été expérimentées, avec des succès inégaux, au sein des institutions financières : la construction de « murailles de Chine [18] » au sein d'une même institution, la constitution d'entités capitalistiques autonomes, ou encore l'interdiction d'exercice de deux métiers en conflit potentiel d'intérêts.

Les analystes financiers

Les analystes financiers sont chargés d'étudier l'état financier des entreprises. À partir des documents comptables et des informations qu'ils peuvent glaner lors de visites dans les entreprises ou auprès de leurs dirigeants, ils rédigent des fiches de recommandation où ils estiment la valeur à venir de telle ou telle entreprise. En la comparant avec sa valeur actuelle, ils émettent alors une recommandation d'achat, d'abstention ou de vente.

---

17. Plus une banque universelle accumule des informations sur une entreprise, plus elle en fait profiter ses différents départements et plus elle réalise des économies d'envergure. Voir sur ce sujet la très stimulante étude réalisée dans le cadre du CEPR par Andrew Crockett, Trevor Harris, Frederic Mishkin et Eugene White, « Conflict of Interest in the Financial Services Industry : What should we do about them ? », *Geneva reports on the world economy*, n° 5.

18. On appelle « Chinese walls » la constitution de séparations étanches entre les différents secteurs d'activité d'une même banque.

S'ils sont le plus souvent des analystes *sell side*, c'est-à-dire des salariés de banques et de courtiers chargés de placer des actions, les sociétés de gestion et les sociétés d'assurances – bref tous ceux dont le métier est d'investir – disposent également de leurs propres analystes, que l'on appelle des analystes *buy side*.

Les analystes financiers jouent un rôle de tout premier plan au sein de la communauté financière, puisqu'ils prescrivent des comportements d'investissement. Les gestionnaires d'entreprise cherchent donc à se concilier leurs bonnes grâces afin d'obtenir des recommandations favorables.

L'importance des analystes au sein de la chaîne financière tient avant tout à l'asymétrie d'information fondamentale entre les entreprises et les petits actionnaires, lesquels ne disposent pas des compétences nécessaires pour comprendre les enjeux économiques industriels, financiers et techniques d'une entreprise et se forger un jugement. Même les plus éclairés d'entre eux ne peuvent, faute de temps, suivre au jour le jour chacune des décisions prises par l'entreprise ni en évaluer l'impact sur la valeur du titre. Spécialisés par secteur, les analystes financiers connaissent les équipes dirigeantes des entreprises et n'hésitent pas à leur réclamer – souvent avec succès – des explications sur telle opération ou tel résultat : sans eux, les investisseurs seraient sous-informés.

Et pourtant, quelques semaines avant la faillite d'Enron, des analystes financiers très en vue recommandaient encore l'entreprise à l'achat. Un analyste de Goldman Sachs estimait même que le trader d'énergie était « *still the best of the best*[19] ».

Pour comprendre un tel aveuglement, il faut saisir dans le détail le rôle très particulier de l'analyste financier au sein des départements « recherche » des banques d'affaires.

Les banques d'affaires occupent traditionnellement une place centrale dans l'animation des marchés, qu'il s'agisse du marché primaire avec les introductions des nouvelles valeurs, du marché secondaire avec la gestion de fonds d'investissement ou même des transactions, puisqu'elles jouent un rôle de teneur de

---

19. Enron représentait toujours pour cette institution ce qu'il y avait de mieux dans les opportunités d'investissement.

marché ou de gestionnaire de plates-formes. Comme elles dirigent de surcroît les syndicats de placement à l'occasion d'introductions de titres, d'augmentations de capital ou d'échanges de titres, on comprend que le recueil, le traitement et la diffusion de l'information constituent pour ces banques des activités cruciales. Chargées de conseiller les entreprises, d'enrôler les épargnants et de fournir de l'information à tous les publics, les banques d'affaires ont intérêt à disposer de l'information la plus fiable, la plus reconnue et la plus recherchée. Contrairement à l'idée commune, le rôle de l'analyste n'est donc pas tant de jouer l'intermédiaire informationnel de confiance entre l'émetteur et l'épargnant que de gagner des mandats d'introduction ou de placement pour la banque d'affaires, et des clients pour les activités de courtage et pour les plates-formes électroniques.

La qualité de ses relations avec les équipes dirigeantes des entreprises étudiées est donc décisive.

Or, si l'analyste «vend» sa recommandation à l'entreprise émettrice afin de gagner des mandats, il la «vend» également à ses pairs en cherchant à faire valoir son département de recherche, afin d'obtenir des activités de courtage ou de transaction, ainsi qu'au public, c'est-à-dire aux épargnants qui votent avec leur portefeuille.

L'analyste vit donc en permanence un conflit d'intérêts, ce qui implique que l'exigence élémentaire de l'épargnant, disposer d'une information non biaisée, ne puisse être satisfaite.

Le jugement des pairs, la peur d'acquérir une mauvaise réputation ou d'être sanctionné par le marché en cas de dérive devraient être à même de constituer des garde-fous suffisants à ces dérives. Or il n'en est rien.

La dynamique microéconomique de l'industrie financière a homogénéisé les pratiques professionnelles, et, lors des dix dernières années, les méthodologies de la recherche financière ont connu une évolution similaire.

Les analystes financiers ont développé des modèles mathématiques afin de déterminer la valorisation d'une entreprise à partir d'un certain nombre d'indicateurs invariables : somme des parties, somme des flux actualisés des revenus futurs, ou encore dernières transactions sur des firmes comparables. Quelle que soit la complexité de ces modèles, ils se fondent toujours sur des paris sur l'avenir, le plus souvent sur le court terme.

Les modèles qui s'appuient sur les flux de revenus ont tendance à privilégier la profitabilité rapide. Les entreprises publient donc des résultats trimestriels pour répondre au besoin de « transparence » sur le court terme des analystes, même lorsque la logique de leurs métiers ne rend pas nécessaire un tel rythme de publication. Cette primauté accordée au court terme incite les dirigeants d'entreprise à orienter leur comptabilité en ce sens, ce qui fausse pendant un temps les projections des analystes.

Ceux-ci procèdent par ailleurs le plus souvent à des estimations par secteur, dans le but raisonnable d'évaluer les entreprises les unes par rapport aux autres et de comparer ce qui est comparable. Mais cela les conduit à évaluer les perspectives de croissance d'un secteur plutôt que la santé de telle ou telle entreprise et à commettre des erreurs d'appréciation lourdes de conséquences. Dans le cas de la nouvelle économie, les analystes ont ainsi évalué la croissance des entreprises à 20 ou 30 % par an car ils se fondaient sur des hypothèses tirées d'une lecture fantasmée de l'évolution du secteur.

Les analystes ont du mal à penser les avenirs industriels spécifiques, d'où leur prédilection pour les discours stratégiques qu'on leur vend et pour les résultats financiers à court terme. Ils ont également tendance à n'imaginer l'avenir qu'en fonction du passé récent : s'ils doivent envisager les résultats d'une entreprise pour les cinq années à venir, leur premier réflexe est de regarder ses résultats lors des cinq dernières années. Il leur est donc très difficile de prévoir qu'une quelconque évolution de la conjoncture, voire une crise économique, puisse perturber l'évolution du secteur.

Les analystes n'échappent donc en aucune manière aux erreurs collectives et aux comportements moutonniers qui affectent l'industrie financière.

À la contradiction intrinsèque au métier d'analyste – entre l'exigence d'une information non biaisée et le service de l'employeur banquier d'affaires –, à l'uniformisation des techniques d'analyse dans un contexte où un thème d'investissement prédomine et rend ténue la différenciation des prestations, viennent s'ajouter les effets des incitations salariales[20].

Pendant les dix dernières années les bonus des analystes ont été progressivement indexés sur la performance de l'activité courtage, voire sur les résultats de l'activité de placement primaire d'une banque d'affaires. Une pratique qui a eu un effet très pervers. Si la rémunération de l'analyste dépend en dernière instance des mandats glanés par sa firme et du volume d'activité dans le courtage, l'exigence d'une information sincère et non biaisée risque de devenir à ses yeux secondaire. Certes, le jugement des pairs, le classement par les professionnels et les performances des titres recommandés pourraient servir de contre-feux. Mais comme les marchés sont conformistes, que la proximité avec les émetteurs permet d'être producteur d'information et qu'en phase d'euphorie boursière on sanctionne ceux qui vont contre le consensus, on comprend que la poursuite de l'intérêt individuel puisse se faire au détriment de la mission initiale.

Quelques données chiffrées sur les introductions boursières donnent la mesure du rôle des analystes dans le processus, et montrent combien il est difficile de maintenir l'étanchéité des séparations instaurées dans des groupes financiers intégrés autour de banques d'affaires. Lors du boom des années 1980, le volume annuel d'introductions était de l'ordre de 8 milliards de dollars. Au milieu des années 1990, au moment où démarre la vague de l'Internet, on atteint les 20 milliards de dollars, avant que le chiffre ne passe, entre 1995 et 1998, à 35 milliards de dollars pour atteindre en 1999-2000, au plus fort de la bulle, les 65 milliards de dollars.

Fait plus notable encore : dans les années 1980, seules les entreprises qui pouvaient se targuer d'un historique d'au moins quatre exercices bénéficiaires avaient une chance d'être introduites en Bourse. À la fin des années 1990, les entreprises qui

---

20. La question qui se pose est en effet la suivante : comment rémunérer l'analyste, qui fournit une information théoriquement gratuite – alors que son coût de fabrication est important – et dont les clients – émetteur, courtier, épargnant – ont des intérêts contradictoires ?

connaissent leur première cotation sont, pour 65 % d'entre elles, des start-up high tech qui n'ont qu'un exercice déficitaire à présenter aux marchés.

Durant la phase d'« exubérance irrationnelle des marchés », les analystes cautionnent les stratégies industrielles des émetteurs : dans un contexte où l'introduction en Bourse n'est pas un couronnement mais la condition d'existence pour des start-up qui en font autant un élément de leur stratégie marketing que de leurs plans de financement, les analystes deviennent des prescripteurs influents.

Mais comment ceux-ci ont-ils pu survendre les actions dites technologiques pendant les années de bulle de l'Internet ? Les enquêtes de l'attorney[21] de New York, Eliot Spitzer, montrent par quels savants glissements ils ont inventé une nouvelle métrique de l'évaluation quand l'information n'était pas disponible, recommandé des entreprises auxquelles ils ne croyaient pas, dégradé d'autres qui passaient à la concurrence et, au total, joué du crédit dont ils jouissaient auprès des investisseurs pour s'enrichir eux-mêmes ainsi que la banque d'affaires qui les employait.

Le krach de mars 2000 a mis au jour le rôle du trio infernal Grubman, Blodget et Meeker dans la promotion des valeurs de l'Internet. Jack Grubman, l'un des analystes vedettes de Salomon, Smith Barney proche de Worldcom – il participait même aux réunions du conseil d'administration –, préconise l'achat de titres Worldcom alors même que l'entreprise frise la faillite. Il recommande des opérateurs alternatifs des télécoms qu'il sait pourtant promis à la faillite, comme Winstar ou Global Crossing, avant de conseiller l'achat d'actions ATT au moment de l'autonomisation d'ATT Wireless parce que cette recommandation sert son employeur.

Par une dynamique non anticipée aux effets dévastateurs, on assiste à une véritable inversion du modèle de l'analyse. Une connivence contre nature s'établit entre l'entreprise, en l'espèce Worldcom, et l'analyste devenu partial : elle aboutit à une activité de placement qui permettra à ladite entreprise de trouver des

---

21. Procureur de l'État de New York.

financements, de développer une activité et donc de « raconter » une histoire économique – histoire que l'analyste s'empressera de diffuser auprès du public pour le plus grand profit de la banque d'affaires à laquelle il appartient et la ruine de l'épargnant.

De même, Henry Blodget, analyste vedette de Merrill Lynch spécialisé dans les valeurs Internet, promeut sur une grande échelle les introductions d'entreprises clientes de sa firme à coups d'analyses favorables, de valorisations flatteuses et de perspectives de croissance hyperboliques. Mais s'il s'agit là de pratiques courantes dans le secteur, l'analyste de Merrill Lynch innove en usant de l'arme de l'analyse et des recommandations d'achat pour dégrader les entreprises qui ont le front de passer à la concurrence, comme GoToCom, passé à CSFB, et pour mettre en valeur les entreprises dans lesquelles sa firme a des intérêts directs. À la cupidité et à l'absence d'éthique professionnelle, Blodget ajoute même le cynisme, puisqu'il décrit, dans des mails internes à la compagnie, de manière très péjorative les entreprises qu'il recommande publiquement à l'achat.

Mary Meeker, de Morgan Stanley, a, comme ses collègues, fortement recommandé les valeurs de l'Internet, et a contribué ainsi à développer l'activité de banque d'affaires de son employeur grâce à ses relations avec le milieu des start-up. Mais à sa décharge, elle croyait sincèrement au futur radieux de l'Internet. Contrairement à ses collègues, elle prenait en effet au sérieux son activité de sélection de valeurs à introduire sur le marché, et si elle a au total participé par son infatigable optimisme à l'euphorie boursière, elle fut plus crédule que cynique, et préféra abandonner la couverture d'une entreprise en difficulté plutôt que la dégrader.

Les auditeurs comptables

Chargés de certifier la sincérité des comptes des sociétés ou à tout le moins leur conformité aux règles légalement fixées, les auditeurs sont des comptables extérieurs aux entreprises qu'ils certifient. Ils ont gagné en importance à mesure que l'entreprise a cessé d'être la propriété intégrale d'un actionnaire-dirigeant et qu'elle a accru son recours à l'épargne et aux marchés financiers. Les auditeurs amenuisent l'asymétrie de l'information, rassurent, de manière peut-être excessive, les épargnants et rendent ainsi possible un recours massif aux financements extérieurs. Les auditeurs n'ont pas à se porter garants de la vérité des comptes, mais se contentent plus simplement de certifier leur conformité.

L'auditeur inspire confiance car il est indépendant, protégé par son ordre professionnel, surveillé par le régulateur et menacé à tout instant de perdre son principal actif : sa réputation.

Le métier d'auditeur trouve son origine dans le Securities Act de 1933[22], qui a rendu obligatoire pour les entreprises cotées la publication de comptes certifiés par des auditeurs indépendants. La SEC, créée en 1934 pour superviser la profession, délègue la normalisation comptable à des organes privés : la FASB[23] pour la comptabilité et l'AICPA[24] pour l'audit.

Et pourtant, l'affaire Enron a révélé la complicité active des auditeurs et de l'entreprise, unis afin de mieux tromper les instances de régulation, les investisseurs et les clients, ce qui a durablement affecté l'image de probité dont bénéficiait la profession.

Au-delà de la malhonnêteté avérée de quelques auditeurs, la faillite évidente de systèmes de contrôle qui n'ont pas réussi à détecter la fraude soulève alors un problème fondamental, celui de la fiabilité des procédures d'audit.

Trois explications sont habituellement avancées pour rendre compte des failles de l'audit.

La première tient à ce que l'on nomme l'*expectation gap* : on attend des auditeurs plus qu'ils ne peuvent fournir car, même s'ils peuvent pousser très loin le contrôle de conformité des comptes, ils ne pourront jamais garantir leur vérité.

---

22. Les Securities Acts de 1933 et 1934 définissent les obligations d'information des firmes cotées et instituent avec la SEC (Securities and Exchange Commission) un gendarme des opérations boursières.
23. Financial Accounting Standards Board, comité de droit privé investi par la SEC de la préparation et de l'interprétation des normes comptables américaines.
24. American Institute of Certified Public Accountants.

La deuxième tient à l'explosion de la complexité comptable : le mouvement incessant des fusions-acquisitions, la dématérialisation de l'économie et l'euphorie de la bulle Internet expliqueraient les difficultés de la profession à inventer la métrique de cette nouvelle économie.

La troisième tient au conflit d'intérêts que nous avons exposé entre les activités d'audit et celles de conseil. La complexité organisationnelle requiert la mobilisation de l'expertise comptable. Or, qui mieux que des consultants, qui connaissent en détail l'entreprise et maîtrisent en outre les données réglementaires et fiscales, pourrait conseiller le management en matière de montages déconsolidants et de procédés d'optimisation fiscale ? À l'inverse, comment l'auditeur pourrait-il maintenir sa rigoureuse indépendance vis-à-vis du management d'une entreprise s'il gagne davantage dans ses activités de conseil que dans celles d'audit ? De même, nul ne songerait à critiquer la spécialisation d'une firme d'audit dans un secteur d'activité comme l'énergie ou les services publics en réseau. Mais que se passe-t-il quand une entreprise dominante dans l'énergie est la principale entreprise régionale, et donc la principale pourvoyeuse de contrats de conseil d'une firme d'audit spécialisée dans ce secteur ?

C'est autour de ces trois questions que s'est jouée la crise de l'audit révélée par l'affaire Enron.

Tant qu'il s'agissait pour les auditeurs de comptabiliser des actifs tangibles, les choses étaient relativement faciles : le prix des actifs est connu et des techniques comptables permettent d'en calculer l'amortissement, c'est-à-dire d'en déprécier progressivement le prix[25]. Mais la tâche des auditeurs se complique lorsque l'actif d'une entreprise Internet est intangible, par exemple lorsqu'il est constitué de logiciels. En effet, selon que ces actifs satisfont une demande rentable ou non, il s'agit d'un investissement que l'on peut immobiliser et amortir ou bien d'une charge qui agit immédiatement sur le résultat.

Avec l'apparition des actifs intangibles, les auditeurs doivent évaluer la valeur d'une marque, d'un logo ou encore d'un

---

25. *Cf.* Aldo Cardoso, *L'Anarchie libérale*, Paris, Fayard, 2003.

abonné. C'est en raison de la «valeur» des abonnés à SFR ou à Canal + que le portail Vizzavi avait atteint une valorisation boursière extraordinairement élevée avant même d'exister. Lors d'une fusion, par exemple, on doit attribuer une valeur à ces actifs immatériels pour les rapporter à d'autres actifs – bien réels ceux-là. Les auditeurs justifient dans ce cas de manière comptable un prix d'acquisition supérieur à la somme des actifs tangibles. Cet écart entre la valeur d'acquisition d'une société et la valeur comptable de son bilan – le «goodwill» ou survaleur – prend une ampleur démesurée dans le contexte de la bulle de la nouvelle économie. Les auditeurs jouent alors un rôle prépondérant puisque les méthodes d'évaluation, de comptabilisation et d'amortissement conditionnent presque complètement la valeur de l'entreprise auprès des investisseurs.

Outre cet essor de l'immatériel, la multiplication des fusions-acquisitions a compliqué encore davantage le travail des auditeurs. Les montages financiers acrobatiques conçus par un Jean-Marie Messier ou un Guillaume Hannezo dans le but de consolider sans contrôler ou de céder un actif tout en continuant à en porter le risque ont considérablement altéré la qualité de la restitution comptable. Les bilans des entreprises sont devenus de moins en moins comparables et les informations financières de plus en plus sujettes à caution [26].

La complexité des règles comptables ouvre la voie à nombre de manipulations «légales» : la dérégulation financière, l'émergence des produits dérivés, ainsi que des opérations de gré à gré – qui ne transitent pas par les bourses – ont facilité l'opacité des comptes tandis que les «hors bilan» – ces éléments «exceptionnels» sciemment écartés des bilans comptables – se sont multipliés durant les années 1990.

Mais le plus grave survient lorsque – comme chez Enron – les auditeurs, loin de vérifier l'honnêteté du bilan financier présenté par l'entreprise, se contentent de le valider, allant parfois jusqu'à aider les dirigeants à le maquiller.

---

26. Il faut par ailleurs rappeler que les systèmes comptables sont différents aux États-Unis et en Europe, ce qui complique d'autant la tâche des auditeurs, puisque certaines entreprises ont pu afficher des résultats fort différents selon qu'ils obéissaient aux normes européennes ou aux normes américaines.

Après la disparition du cabinet Andersen, emporté dans le tourbillon Enron, les quatre grands cabinets d'audit restants (PricewaterhouseCoopers, Ernst & Young, Deloitte & Touche et KPMG) ont été contraints d'abandonner leurs activités de conseils ou de les séparer radicalement de leurs activités d'audit afin de retrouver une crédibilité perdue (paradoxalement, le premier cabinet à avoir procédé à cette séparation avait justement été Andersen).

Dans le cas d'Andersen, ce n'est pas cette double activité qui a conduit la firme à la fraude, mais plutôt l'importance du client Enron pour le bureau de Houston – une nuance de taille : il est en effet déterminant de savoir si la combinaison des activités d'audit et de conseil est en soi porteuse de conflits d'intérêts ou si, comme dans le cas d'Enron, la dérive, ponctuelle, s'explique par des raisons locales.

À l'inverse, les auditeurs de Vivendi Universal n'ont pas poussé aussi loin la compromission avec les dirigeants de l'entreprise auditée : alors que la COB s'interrogeait sur le traitement comptable qui avait permis au groupe de loger des titres BSkyB à la Deutsche Bank en décembre 2001, Salustro-Reydel a estimé qu'il s'agissait d'un montage de prêt, un avis défavorable à Vivendi – et repris par la COB.

Les agences de notation

Il existe trois agences de notation : Moody's, Standard and Poor's, les principales, et un outsider, Fitch.

Au début du XXe siècle apparaît aux États-Unis la notation de dette, liée à l'émission des premiers emprunts par les compagnies de chemin de fer. Ce sont d'abord les journaux financiers qui notent le sérieux des entreprises, avant que des agences spécialisées ne soient créées.

Aujourd'hui, lorsqu'une entreprise veut emprunter de l'argent sur les marchés financiers via un emprunt obligataire, elle a besoin d'afficher son sérieux et sa solvabilité auprès des investisseurs, souvent institutionnels, susceptibles d'acheter les obligations qu'elle émet. Or les statistiques montrent que le risque de défaillance d'une entreprise bien notée est bien moindre que pour une entreprise mal notée. Pour obtenir cette note, qui fait office de garantie, les entreprises paient les agences. Elles n'en ont pas l'obligation formelle, mais y trouvent leur intérêt car une entreprise qui ne paierait pas serait notée à partir des seules informations publiques dont disposent les agences, et n'aurait pas la possibilité de s'expliquer avec celles-ci.

Si les banques classiques ont longtemps été les agents principaux du financement de l'économie, elles sont, au cours des vingt dernières années, devenues de moins en moins prêteuses. Les entreprises se sont alors tournées plus volontiers vers les marchés financiers, soulageant ainsi les banques d'une partie des risques impliqués par ce financement – c'est ce qu'on appelle le processus de désintermédiation. Lorsque le financement dépendait exclusivement des banques, la nécessité d'un processus de notation ne s'imposait pas, les banques ayant une connaissance profonde des entreprises à qui elles prêtaient et évaluent elles-mêmes le risque. En revanche, les investisseurs institutionnels – fonds de pension, fonds de capital-risque, assureurs – et accessoirement les particuliers réclament des garanties. Avec la désintermédiation, l'information donnée par les agences de notation a donc pris une importance croissante dans le paysage financier, à tel point que leur utilité, jugée indispensable, s'est étendue à l'ensemble de la communauté financière.

Obligées de se servir de la notation dans leur activité de placement de titres, les banques ont à leur tour pris l'habitude de considérer la note comme un gage de sécurité, même lors des opérations où elles assumaient habituellement seules l'évaluation du risque.

La notation est ainsi devenue l'élément central de la décision de crédit, jusqu'à être progressivement intégrée dans certains contrats. Les entreprises sont même tentées, pour obtenir de bonnes conditions de crédit, de faire une sorte de pari sur leur note avec les banques.

La notation renseigne sur la solidité ponctuelle de l'entreprise mais pas sur son avenir ; la banque l'utilise donc pour « garantir » son emprunt malgré cette incertitude, en développant des *covenants* et des *triggers*. Lors de l'emprunt, une clause du contrat indique que le taux d'intérêt du prêt consenti par la banque à l'entreprise peut varier en fonction de l'évolution de la note de l'entreprise – c'est-à-dire augmenter si la note baisse. Un crédit sûr et intéressant peut se transformer en épée de Damoclès en cas de baisse de la note, puisque la banque est en droit d'exiger le remboursement immédiat de l'emprunt si la note tombe trop bas.

L'aspect éminemment pervers de ce système est qu'une entreprise qui rencontre des difficultés financières voit sa note se dégrader. Cette dégradation entraîne le jeu des « covenants » et le déclenchement des « triggers » qui la mettent dans l'obligation de payer de plus en plus cher ses crédits, voire de les rembourser – ce qui ne peut qu'accroître ses problèmes.

La baisse de la note entraîne alors non seulement une hausse de la dette de l'entreprise mais fait également plonger la valeur de son action, d'autant que de nombreux investisseurs institutionnels ont l'obligation statutaire de vendre les titres d'une firme si sa notation tombe en dessous d'un certain seuil.

La dégradation, censée sanctionner les difficultés d'une entreprise, peut rapidement en devenir la cause.

Les affaires Enron et Worldcom n'ont rien arrangé. Les agences avaient largement cautionné ces entreprises quelques semaines avant leur faillite en attribuant à Enron un BBB+ au moment de son dépôt de bilan, c'est-à-dire moins de 4 % de risque de faillite. Après le scandale, elles ont renforcé leur sévérité, aggravant de ce fait la « crise de confiance[27] ».

Les agences de notation – leurs critères d'évaluation, leur habitude de s'aligner les unes sur les autres ainsi que leur manque de vision à moyen et long terme – ont fait l'objet de légitimes critiques, mais elles ne sont pas les seules responsables de cette situation.

Leurs informations sont ainsi devenues des « prédictions » qui, par le mécanisme que nous venons de décrire, ont peu à

---

27. *Cf.* Crockett et *alii*, « Conflict of interest in the financial services industry... », art. cité.

peu eu toutes les chances de se réaliser (ce sont les «prophéties autoréalisatrices[28]» ou anticipations réalisatrices). Tout comme les analystes et les auditeurs, les professionnels de la notation sont tiraillés entre leur rôle de conseil et leur rôle d'évaluateur, puisqu'ils étudient les structures financières qui permettraient aux entreprises d'optimiser leur note tout en en évaluant pour le compte d'un tiers la solidité financière.

Les banques d'affaires

En théorie, un banquier d'affaires doit permettre au dirigeant de l'entreprise qu'il conseille de mettre en œuvre sa stratégie, en mettant notamment à sa disposition des compétences dont l'entreprise elle-même ne dispose pas. Le banquier élabore ainsi le montage des opérations de développement de l'entreprise, apporte des solutions financières adaptées et suggère éventuellement de nouvelles opportunités, en accord avec les objectifs fixés par son client.

Comme les autres acteurs de l'industrie financière, ces banques ont pris, au cours des années folles de la bulle Internet, une importance grandissante : elles n'ont cessé de proposer aux grandes entreprises de nouveaux «coups» plus alléchants les uns que les autres – les banques d'affaires sont, grâce à leur position stratégique dans la chaîne entrepreneuriale, les premières au courant des opportunités –, et ont beaucoup influencé les décisions stratégiques des patrons.

Si les entreprises ont l'habitude de travailler avec certaines banques, elles sont souvent tentées de céder aux sirènes d'autres établissements qui leur apportent des opérations finalisées et potentiellement très avantageuses. Au nom de notions relativement abstraites et floues comme la «convergence» ou encore la «synergie», les opérations se sont multipliées sous l'influence de banques d'affaires qui faisaient miroiter aux entreprises d'énormes bénéfices et diffusaient une doctrine qui se résumait à l'immémoriale *struggle for life*.

---

28. «*Self-fulfilling prophecy*».

Telle grosse opération dans un secteur donné – la banque, les télécoms – entraînait ainsi une succession de deals plus gigantesques les uns que les autres afin de donner la réplique aux concurrents. Jean-Marie Messier reconnaît par exemple que l'annonce de la fusion entre Time-Warner et AOL l'a poussé à racheter Seagram.

On imagine aisément comment ces banquiers d'affaires, payés à la commission, ont pu promouvoir des deals plus rémunérateurs pour leurs employeurs que pour les entreprises elles-mêmes. Les banques d'affaires emploient à la fois des analystes qui recommandent certaines opérations et des banquiers qui mettent en œuvre ces mêmes opérations, notamment en démarchant successivement des entreprises concurrentes pour leur proposer des mariages. Elles exercent ainsi une pression importante sur les entreprises et mènent en quelque sorte elles-mêmes le jeu.

Un des rôles du banquier d'affaires est d'obtenir le maximum d'informations privilégiées auprès de ses clients ; difficile alors d'empêcher la circulation d'informations d'une équipe à l'autre et d'une affaire à l'autre, et donc de limiter les conflits d'intérêts. Comme il existe très peu de banques d'affaires de poids international, les entreprises peuvent confier un deal à une banque et la retrouver dans le rôle du prédateur peu après. Ainsi, Vodafone a fait appel à Goldman Sachs lors de son OPA sur Mannesmann, alors que cette banque avait aidé Mannesmann lors du rachat d'Orange. Dans ce cas, la banque d'affaires bénéficie d'informations privilégiées sur l'entreprise qu'elle convoite, et l'on voit mal comment de véritables « murailles de Chine » peuvent être bâties.

De plus, certaines banques d'affaires ajoutent à leurs activités de conseil des activités de crédit. Claude Bébéar, membre du conseil d'administration de Vivendi, critique ce mélange des genres, mais reconnaît qu'en juillet 2002 l'attribution d'un prêt d'un milliard d'euros à Vivendi a été liée à une promesse faite à la banque de lui donner des mandats pour la cession d'actifs à venir. Enfin, l'industrie de la gestion qui est normalement au service de l'épargnant peut servir d'autres intérêts plus lucratifs.

Encore ne s'agit-il ici que de pratiques commerciales. Depuis les affaires Worldcom et Enron, on sait qu'un des moyens utilisés par les banquiers d'affaires pour fidéliser leurs grands clients était de les enrichir personnellement en leur réservant des actions dont ils savaient qu'elles allaient fortement augmenter le jour de l'introduction.

Non seulement les différents acteurs de la chaîne financière ont failli, mais ils se sont mutuellement influencés et confirmés dans leurs comportements déviants. Gestionnaires, banquiers d'affaires, analystes ou agences de notation partageaient en effet, au-delà de leurs tendances et de leurs doctrines, les mêmes informations. La nécessité – inhérente à leurs métiers – de disposer d'outils de lecture standard et rapides de phénomènes complexes a développé un «consensus de marché» qui approfondit la tendance au lieu de la corriger : plus l'industrie financière se développait, plus elle était moutonnière et plus elle amplifiait les phénomènes à la hausse et à la baisse.

Conclusions

Enron a incarné l'innovation dans un univers déréglementé et la performance économique dans une économie mondialisée. Vivendi s'est à sa manière réinventée, restructurée et diversifiée dans un contexte de libéralisation.

Si les deux entreprises ont un moment symbolisé les valeurs de l'éthique, de la discrimination positive et de la *corporate social responsability*[29], elles ont très tôt embelli leurs comptes et cédé à la tentation des montages en trompe l'œil. La cupidité ne suffit pas à expliquer ces errements, car leurs racines sont à chercher bien au-delà des comportements répréhensibles de

---

29. Responsabilité sociale des entreprises. Pour les tenants de la RSE, l'entreprise est responsable à l'égard de ses actionnaires mais aussi de ses salariés et clients et, au-delà, des communautés dans lesquelles elle est insérée et de l'environnement sur lequel elle agit.

quelques «brebis galeuses». La défaillance ponctuelle des normalisateurs comptables et des régulateurs n'est pas une explication plus satisfaisante (les SPE, pour ne citer qu'elles, étaient tout à fait réglementées), pas plus que celle qui met en avant la défaillance des administrateurs et des auditeurs dans un contexte d'euphorie financière. Comment croire que la seule croissance du nombre des administrateurs indépendants ou la rotation des auditeurs puissent changer en substance la gouvernance des grandes entreprises au moment où se développe la «complexité comptable»?

Brebis galeuses ou failles systémiques? La réponse apportée est simple : le modèle de régulation inventé après la crise de 1929 est épuisé. Quatre points résument les défaillances de ce système et désignent les pistes de réforme de la gouvernance financière dans un monde post-Enron.

Le premier point concerne les conséquences de l'universalisation du modèle de la «création de valeur». En alignant les intérêts des dirigeants sur leurs intérêts grâce aux stock options, les actionnaires pouvaient espérer bénéficier de la «création de valeur» sans recourir aux méthodes des raiders. Cette stratégie comporte un effet pervers : les dirigeants sont incités à gonfler artificiellement la valeur de l'action et à se comporter en initiés. S'ils ont commencé par rationaliser le portefeuille d'activités pour améliorer la rentabilité, ils ont très rapidement eu recours au levier de l'endettement et au rachat d'actions pour améliorer artificiellement le ROE. Obnubilés par l'impératif de la création de valeur, ils ont ensuite inventé un modèle d'entreprise «asset light» en ayant recours, avec l'aide des banquiers d'affaires, à des montages déconsolidants comme les SPE d'Enron. La pure logique de la création de valeur pour l'actionnaire a montré ses limites, alors que le *stakeholder capitalism*[30] avait au moins le mérite d'intégrer une pluralité de logiques permettant d'endiguer les dérives de la cupidité.

---

30. Littéralement «capitalisme des parties prenantes», qu'on oppose au pur capitalisme actionnarial.

La dérégulation financière couplée avec la réglementation bancaire (les ratios de solvabilité) a, quant à elle, stimulé une innovation financière proliférante que les autorités publiques ne sont pas parvenues à réguler. En l'absence d'un dictateur bienveillant fixant les normes, les freins et les barrières propres à prévenir le risque systémique, force est de constater que les lobbies sont parvenus à inhiber le législateur. L'explosion des dérivés de taux de change de crédit, la multiplication des « hedge funds » et le caractère souvent inopérant des « murailles de Chine » ont provoqué une volatilité et une fragilité aggravées du système.

On peut espérer que le législateur reviendra sur certains dispositifs ayant permis le développement des marchés OTC, qu'il essaiera de brider l'action des « hedge funds » et qu'il incitera à la création d'une recherche indépendante. Tant que le système incitera aux prises de risque excessives en faisant cohabiter secteurs régulés et activités non régulées, la tentation de masquer la réalité économique par des montages chatoyants restera forte et les auditeurs, banquiers et juristes continueront à utiliser ou à couvrir les montages déconsolidants et les dettes déguisées en capital.

Il serait nécessaire, dans le contexte actuel, de se poser à nouveau et comme pour la première fois un certain nombre de questions : comment prévenir le risque systémique ? Comment articuler volonté politique et autorégulation professionnelle ? Tout porte à croire qu'on se contentera, pour des raisons pragmatiques d'efficacité immédiate, d'augmenter les contrôles et d'aggraver les peines, c'est-à-dire de combiner désignation à la vindicte populaire et rigueur législative.

Les professions de la notation, de la certification et de l'évaluation qui ont accompagné la croissance de l'industrie du risque n'ont pas empêché les dérives constatées.

Andersen n'est pas – là réside notre troisième point – tombée à cause de ces pratiques mais parce qu'elle avait soustrait des preuves à la justice[31]. Contrairement à une croyance commune,

---

31. La charge a depuis été abandonnée et Andersen disculpé.

l'impératif de la réputation ne suffit pas à dicter un comportement éthiquement inattaquable aux différentes professions de l'industrie financière.

Deux raisons économiques majeures expliquent cela.

D'une part, la logique des économies d'échelle et des économies d'envergure entraîne l'émergence de conflits d'intérêts, d'autre part les professions de la collecte, de l'évaluation et de la certification de l'information financière constituent des oligopoles de *gatekeepers*[32] eux aussi confrontés par la force des choses à des conflits d'intérêts.

Après la crise, les « Big 5 » ont laissé la place aux « Fat 4 », Moody's, S&P et Fitch continuent à jouer dans le même pré carré cependant que Merrill Lynch, Morgan Stanley, CSFB, Goldman Sachs et Salomon (SSSB) se partagent toujours le très lucratif marché des financements structurés des fusions-acquisitions et des introductions en Bourse. Après la crise de 1929, le président Roosevelt avait pris des mesures drastiques pour prévenir le risque systémique – il avait notamment séparé les activités de banque de détail, d'affaires et de titres, institué la SEC et renforcé la lutte contre les pratiques collusoires, car il ne croyait pas à l'autorégulation et à l'efficience des marchés financiers. Le président Bush n'a pas repris à son compte cette logique après la crise de la « nouvelle économie ». La loi Sarbanes-Oxley se contente de renforcer les contrôles, de multiplier les obligations légales, d'accroître le risque de sanctions et, au total, de parier sur les vertus du « surveiller et punir ».

Enfin, et c'est notre dernier point, les administrateurs des entreprises cotées – qu'ils soient indépendants ou non – se sont révélés incapables de contrôler réellement les entreprises. Cette situation est-elle véritablement irréversible ?

Les problèmes d'asymétrie d'information sont à l'évidence difficilement solubles. Certes les comités d'audit, les comités financiers et stratégiques peuvent réduire l'écart de perception, mais seule une articulation de l'information interne et des contrôles externes pourra réduire les éventuelles pratiques

---

32. Littéralement « gardes-barrières » ou « points de passage obligés ».

déviantes. Autant que d'administrateurs indépendants, l'entreprise a besoin de salariés mobilisés et articulés aux instances de contrôle, et d'actionnaires attentionnés prêts à se faire entendre et non uniquement à sortir sur la pointe des pieds en cas de difficultés.

Il faudrait donc que les actionnaires activistes s'organisent, mais cela est-il possible si les principaux détenteurs d'actions, à savoir les «pension funds» et les «mutual funds», sont eux-mêmes déficients (on sait en effet que Calpers était associé à Enron)?

La gouvernance de l'espace financier n'est rien sans la volonté politique. Aujourd'hui, après 20 ans de croissance débridée de l'industrie financière, un nouveau moment fondateur s'impose, comme après 1929. L'industrie du risque manipule des produits fissiles et, comme toute idée d'autorégulation par les professionnels se révèle inadaptée, comme l'arbitrage entre régulations met en évidence les trous immédiatement exploités par les innovateurs financiers, la nécessité d'une régulation globale s'impose.

Il faut donc accepter l'idée de la course aux armements en matière de régulation et combiner réactivité législative et menaces de sanctions pour ceux qui aggravent le risque systémique. La seule menace de la sanction ne suffit toutefois pas : une fois la loi édictée, le régulateur sera d'autant plus incontestable que son indépendance par rapport à son milieu d'intervention sera protégée et que l'action de la justice sera sans faille.

10

La convergence des capitalismes

Les récits croisés d'Enron et de Vivendi livrent, pour peu qu'on les réinscrive dans leurs contextes nationaux, des résultats inattendus. Contrairement au capitalisme américain, caractérisé par une économie de marchés financiers ouverte et régulée par des autorités rigoureuses et concurrentes, le capitalisme français est souvent présenté comme étatiste et dirigiste. Il trouverait sa source dans l'existence de valeurs partagées (primat de l'intérêt général, supériorité de la norme publique sur celle du marché…), diffusées par les grandes instances étatiques communes de socialisation que sont l'ENA, les grands corps et les cabinets ministériels.

Vivendi Universal incarne, d'une certaine manière, l'alignement du capitalisme français sur le capitalisme américain, à tel point que Jean-Marie Messier passe un temps pour l'incarnation française du rêve américain avant d'être évincé par les oligarques du capital autochtone. Toutefois, un retour vers les anciennes valeurs n'empêche pas la transition vers un capitalisme financier qui semble inéluctable.

Si, aux États-Unis, l'État n'est pas censé interférer dans les stratégies individuelles des entreprises et si le jeu des pouvoirs et contre-pouvoirs rend la capture du politique par l'économique difficile, l'exemple d'Enron présente un contraste singulier avec ces principes. Il révèle ce capitalisme de connivence (« crony capitalism ») qui paraissait réservé à des pays émergents corrompus, et qui a prospéré dans ce pays où des groupes d'intérêt déterminés font ployer le législateur.

En somme, faut-il voir là des traits propres aux entreprises étudiées et à la période qui s'ouvre avec le krach de l'Internet et se clôt avec les faillites de 2001-2002, ou bien faut-il considérer ces évolutions comme des indices de transformations plus larges ?

Divers analystes se sont penchés sur l'impact supposé de la faillite d'Enron sur la dynamique du capitalisme de marchés financiers. Pour Gilles Etrillard, la crise de confiance que cette faillite a suscitée ne serait qu'un épiphénomène. Il se range du côté de ceux qui dénoncent les comportements délinquants, stigmatisent la cupidité humaine et saluent l'action de la justice[1]. Michel Aglietta, qui voit dans la crise d'Enron un signe trop négligé des failles du néocapitalisme actionnarial, prend le contre-pied de cette analyse : il propose de revenir sur la financiarisation des économies mondiales, de refonder le « stakeholder capitalism » et de renouer avec le financement bancaire. Philippe Herzog développe, pour sa part, une conception originale. Pour lui, les dérèglements de la finance sont l'occasion de promouvoir une « identité européenne d'entreprise », moins marquée par la pure création de valeur pour l'actionnaire et plus soucieuse de capital humain et de développement durable. Anton Brender s'inscrit à l'inverse dans la tradition inaugurée par Rajan et Zingales. Il considère que les Européens doivent suivre l'expérience américaine en matière de développement financier et maintenir l'impératif de la régulation. Les dérèglements observés résultent des effets d'une nécessaire période

---

1. Contribution de Gilles Etrillard, *in* CAE, *Les Crises financières*, Paris, La Documentation française, 2004.

d'apprentissage et d'une posture idéologique des législateurs qui ont tardé à réguler.

De puissants mécanismes économiques et financiers faisaient converger les variétés nationales de capitalisme vers le modèle anglo-américain bien avant la crise de confiance inaugurée par l'affaire Enron. La faillite de ce groupe fut loin de briser le modèle américain, ou à tout le moins de freiner sa généralisation. Phénomène plus singulier encore : non contents de renoncer à des modèles nationaux qui ne faillissent pas autant que celui des Américains, les Européens leur abandonnent l'initiative de la réforme. Ils se contentent de protester et d'adapter dans les faits, et avec retard, les normes américaines.

Une des questions que ces évolutions soulèvent concerne la légitimité et la viabilité d'un régime économique européen, inspiré du modèle américain quant au financement et à la gouvernance, mais qui garde ses spécificités en matière sociale et étatique. Si un régime économique national se définit autour de trois relations structurantes – capitaliste (financement et propriété-contrôle des entreprises), étatique (rôle de l'État en matière de régulation et de développement) et sociale (nature du compromis social institutionnalisé) –, nous restreindrons ici notre analyse à l'étude de la seule relation capitaliste.

QU'EST-CE QU'UN RÉGIME CAPITALISTE NATIONAL ?

L'histoire, le droit et la culture contribuent, entre autres facteurs, à façonner des variétés nationales de capitalisme reconnaissables à certaines caractéristiques. On entend, ici, par « régime capitaliste national » le système institutionnel et les arrangements spécifiques par lesquels il organise les relations entre marchés de capitaux et entreprises, le contrôle externe et interne de l'entreprise, la sélection et la sanction des dirigeants, et la représentation des groupes d'intérêt[2].

Le mode de financement des entreprises constitue le premier trait d'un régime capitaliste national. Il s'organise soit autour des marchés financiers par le capital actions, soit à partir du crédit bancaire. Cette classification offre l'avantage de mesurer le degré d'exposition au contrôle externe d'une entreprise[3]. Il est établi qu'une entreprise liée de manière privilégiée à une banque pour ses financements et travaillant en bonne intelligence avec elle est peu sujette aux stratégies fluctuantes des opérateurs des marchés financiers : même si le capital est, en dernière instance, détenu par des épargnants, la banque joue un rôle décisif dans ce capitalisme intermédié.

L'existence ou non d'un contrôle majoritaire, voire de blocs organisés de contrôle, détermine ainsi la forme et l'intensité du contrôle externe. Plus l'actionnariat est fractionné – plus l'entreprise est « publique », au sens américain du terme –, plus le rôle de l'industrie financière – le jugement des analystes, les décisions des gestionnaires de fonds et plus généralement les décisions quotidiennes des épargnants – est décisif dans le contrôle de l'entreprise. Le marché du contrôle, dont les OPA et les OPE sont les vecteurs les plus efficaces, est alors déterminant puisqu'il décide du transfert du contrôle. C'est la seconde caractéristique d'un régime capitaliste national.

Le mode de sélection et de nomination des dirigeants en constitue la troisième. Selon que leur nomination procède du conseil d'administration au terme d'un processus de sélection ou de procédures opaques de cooptation au sommet, qu'un marché organisé de recrutement des dirigeants existe ou que les

---

2. Dans *Capitalisme contre capitalisme*, Paris, Seuil, coll. « L'Histoire immédiate », 1991, Michel Albert s'est essayé à une typologie des variétés de capitalisme. Il y oppose en particulier un capitalisme néoaméricain à ses yeux inefficace mais triomphant à un capitalisme rhénan plus performant mais qui fait moins école.

3. Par contrôle externe, on fait référence au marché et aux lois qui l'organisent. Selon que les OPA sont facilitées ou non, selon que les autorités de marché ont une capacité d'influence et de sanction significative ou pas, on aura un contrôle externe vigoureux ou anémique.

nominations relèvent de logiques de sélection dans des clubs fermés, la probabilité pour que les dirigeants rendent des comptes est plus ou moins forte.

Enfin, dernière caractéristique d'un régime capitaliste national : le gouvernement d'entreprise a un pouvoir variable et s'exerce selon qu'une discrimination est opérée ou non entre actionnaires de contrôle et actionnaires minoritaires, qu'elle est organisée et renforcée par des dispositifs juridiques spécifiques ou bien qu'elle se trouve instaurée de fait.

Le contrôle externe est depuis quelques années au centre du débat sur la « corporate governance ». À partir du moment où les fonds de pension s'aperçoivent que la rentabilité de leurs placements dépend chaque fois davantage des performances du marché actions, ils sortent de leur rôle traditionnel d'apporteurs de capitaux, uniquement intéressés par la performance de long terme du titre, et se comportent en actionnaires actifs. Le fonds de pension californien Calpers, par exemple, s'engage dans les firmes dont il détient une fraction du capital, édictant des *guidelines* de bonne gestion qui réclament la transparence aux entreprises dans lesquelles il investit[4].

À côté de la traditionnelle stratégie du *Wall Street walk* qui consiste pour l'investisseur institutionnel à « voter avec ses pieds », c'est-à-dire à vendre lorsqu'il n'est pas satisfait de la performance d'un titre, se dessine une nouvelle stratégie de contrôle externe dans laquelle l'investisseur institutionnel impose ses critères de gestion au gouvernement d'entreprise.

La pointe ultime de cette logique, dédiée à la maximisation de la performance des fonds, fait des dirigeants les commis des actionnaires, ce qui aboutit à la déréglementation totale du marché des dirigeants puisque ceux-ci n'ont d'autre projet que celui des investisseurs et n'imposent pas leur pouvoir sur l'entreprise pour éviter de troubler la fluidité du capital.

---

4. Calpers n'hésite pas à comparer les performances des entreprises, à critiquer certaines décisions et, en cas d'absence d'actions correctrices, à prendre l'initiative de dénoncer certaines stratégies, voire d'appeler à la démission de l'équipe dirigeante.

Comment la variété française de capitalisme se structure-t-elle et évolue-t-elle dans le temps? Par quels moyens s'adapte-t-elle aujourd'hui à la mondialisation financière?

Si le capitalisme français est passé par plusieurs phases depuis 1945, l'année 1983 marque incontestablement une rupture.

Avant cette date, il se développe dans le cadre d'une économie de financements administrés, c'est-à-dire fortement intermédiée. C'est un capitalisme sans capitaux, encastré dans l'État, dirigé par des élites publiques cooptées, régulé à distance par des actionnaires transparents et administré par des conseils de complaisance. À partir de 1983 s'ouvre une période d'intenses réformes des marchés financiers, de libéralisation, de déréglementation et, pour finir, de privatisations. Le choix implicitement fait est alors celui d'un capitalisme de marchés financiers. Toutefois, le souci de préserver le capital autochtone, l'absence d'investisseurs institutionnels puissants et les accidents conjoncturels conduisent à une stratégie hésitante, oscillant entre la reconstitution d'un réseau d'influence paraétatique grâce aux noyaux durs, l'imitation du modèle germanique de banque-industrie et, malgré tout, l'introduction de régulations de marché. Les affaires Vivendi Universal ou Alstom ainsi que le débat actuel sur le «gouvernement d'entreprise» illustrent les hésitations des élites et la réalité des transformations.

Un capitalisme sans capitaux adossé à l'État

Profondément marqués par la crise des années 1930 et la débâcle de 1940, les gouvernements et les élites issus de la Résistance fondent à la Libération un nouvel ordre politique, économique et social. Ils lancent un programme de reconstruction dont l'État est l'architecte et le principal acteur. Le contrôle des prix, des changes et du crédit, la nationalisation et la planification, la transformation du Trésor en acteur central d'une politique keynésienne constituent autant de manifestations d'un État dont l'action se veut rationnelle et éclairée là où le marché serait myope et privilégierait à l'excès le court terme.

Au cœur du dispositif de reconstruction, une institution s'impose, le Trésor, qui avec sa « galaxie » d'institutions financières structure une économie de financements administrés [5]. Dans les années de reconstruction et d'expansion, le Trésor s'impose comme l'inventeur et le chef d'orchestre de la politique de financement de l'économie.

Tuteur du marché financier, il décide du calendrier des émissions obligataires et de la régulation boursière. Responsable de la politique monétaire avec la Banque de France, son bras armé, il fixe par ailleurs les taux, rationne le crédit, décide des emplois obligatoires : il est donc l'acteur majeur de la transformation. Actionnaire des entreprises publiques, il décide de leur financement, de leur programme d'investissements et, au-delà, s'arroge le droit de juger de la qualité des projets. Enfin, en tant que trésorier d'un État impécunieux, il est préposé à l'innovation financière. Fort de ces attributs, le Trésor met sous sa tutelle l'ensemble des circuits de financement de l'économie française et homogénéise la communauté financière en faisant don de ses brillants sujets à l'ensemble de la sphère financière.

Sur la première orbite gravitant autour du Trésor se situent les guichets financiers spécialisés dispensateurs de moyens aux grandes entreprises nationales (FME puis FDES), aux entreprises en difficulté (Ciasi puis Ciri), aux entreprises innovantes (Codis), ou encore aux entreprises ayant des besoins en fonds propres (Cidise) [6]. Sur une seconde orbite se trouvent les institutions financières spécialisées dans la distribution de crédits bonifiés à l'exportation, à l'investissement et à la construction comme Crédit national, Crédit foncier de France, Caisse d'équipement des PME et Coface, qui représentent la princi-

---

5. La métaphore de la galaxie (il parle en fait de « constellation du Trésor ») utilisée par Daniel Lebègue, ancien directeur du Trésor, dans son cours à Sciences Po intitulé *Le Trésor et la politique financière* (avec Philippe Jurgensen), Paris, Monchrestien, 1984-1985, est très heureuse.

6. Sur cette organisation, *cf.* Élie Cohen, *L'État brancardier,* Paris, Calmann-Lévy, 1989.

pale source de financement à long terme des entreprises. Sur une troisième orbite, les banques nationalisées offrent des financements courts aux entreprises par la technique de l'escompte, tandis que les banques formellement privées mais dépendant pour le moindre acte de gestion des instructions du Trésor gravitent sur une dernière orbite.

En pratiquant activement les préceptes keynésiens d'euthanasie du rentier par sa politique de taux ainsi que par sa grande tolérance à l'égard de l'inflation (dès lors que celle-ci est périodiquement sanctionnée par la dévaluation), le Trésor a longtemps permis un financement vertueux de l'économie. Le financement de long terme se fonde sur des ressources parapubliques bonifiées tandis que le financement de court terme est assuré par des ressources remboursées en monnaie dépréciée. En effet, une politique de prix administrés en matière de crédit autorise l'investissement, la croissance, l'enrichissement de l'entreprise qui s'endettait et le développement d'un capitalisme sans capitaux. Le financement externe des entreprises se développe par recours aux organismes parapublics.

La spécificité des choix faits par la France après guerre, et surtout en 1953-1954, apparaît très clairement lorsqu'on les compare à ceux de l'Allemagne. À la même époque, la RFA cherche à tout prix à restaurer les conditions d'existence normales du marché ; elle refuse l'inflation, rétablit des disciplines du marché et du capital privé, se dote d'une banque centrale indépendante et développe la cogestion et la concentration sans reconstruire pour autant les monolithes d'avant guerre.

La singularité de l'économie de financements administrée à la française tient à ce que, de 1945 à 1984, l'État pourvoit au financement des entreprises[7]. À la différence du modèle de banque-industrie allemand, les banques françaises ne s'engagent pas dans le financement à long terme des entreprises, ce qui les installe dans le rôle d'actionnaires passifs. Dès lors, une grande partie des grandes entreprises françaises pratiquent le contrôle

---

7. Il a ainsi déterminé le niveau de rentabilité en fixant notamment le niveau des prix et des salaires.

interne[8]. Ainsi, ce que la RFA obtient en liant organiquement banque et industrie, en limitant juridiquement les droits de vote d'actionnaires indésirables, et en développant ancrage territorial et contrat social coopératif entre syndicats et patronat, la France y parvient grâce à la seule intervention de l'État central actionnaire ou investisseur du capitalisme autochtone.

À la différence du modèle anglo-saxon de régulation par le marché financier, les entreprises françaises s'endettent auprès d'organismes parapublics pour éviter d'avoir recours au marché : tous les financements longs ont été soit le fait de créatures étatiques (FDES ou institutions financières parapubliques comme le Crédit national, le Crédit foncier, le Crédit d'équipement aux PME), soit celui de procédures incitatives initiées par le Trésor. Si une telle situation n'est guère propice à la maximisation du profit, elle rend acceptable, à court terme, le contrôle des prix et une politique sociale généreuse.

Enfin, si des entreprises françaises endettées et sous-capitalisées ne bénéficient pas de la sécurité que confère, dans le modèle corporatiste-congloméral japonais, l'appartenance à de vastes ensembles industriels financiers et commerciaux, elles profitent de la protection étatique pour investir dans des secteurs à faible ou lointaine rentabilité, pour éloigner la menace d'une concurrence étrangère trop vive, ainsi que pour dissuader les prises de contrôle inamicales de firmes autochtones. L'État joue le rôle ailleurs tenu par les grandes banques (RFA), les grandes familles et la Mediobanca (Italie) ou encore les keiretsu japonais.

Quand l'État pratique la transformation de l'épargne courte en financements longs, il incite fiscalement à l'endettement (alors que les investisseurs institutionnels sont relativement absents du fait de la faiblesse de la retraite par capitalisation), et protège le capital national des incursions non désirées. Tout milite pour l'avènement d'un capitalisme sans capitaux.

---

8. Le contrôle interne renvoie essentiellement au rôle du conseil d'administration et des AG d'actionnaires. Les conseils d'administration formés par le président, qui se comportent en chambres d'enregistrement, ou les assemblées générales qui ne sont qu'une simple formalité ne fondent pas un contrôle interne particulièrement efficace.

Finalement, l'économie de financements administrés permet la croissance extensive (production de masse, main-d'œuvre sous-qualifiée, faible effort de recherche et développement privé) ainsi que l'émergence, dans le sillage des grands projets de champions nationaux publics ou privés, d'un bon équipement du territoire.

Le cas de la Compagnie générale d'électricité (CGE) et de son bâtisseur, Ambroise Roux, est en ce sens emblématique de la relation capitaliste État-entreprise des années 1954-1983. Ingénieur du corps des Ponts, Ambroise Roux est d'emblée coopté au sommet. Les ressources qu'il mobilise avec constance pour bâtir et développer son groupe sont avant tout l'influence politique, l'inscription de son groupe dans les grands programmes d'équipement initiés par l'État, et enfin l'expertise financière destinée à recycler les financements publics afin de les transformer en capitaux privés. Son implication dans des projets stratégiques le préservera de toute confrontation avec l'actionnaire et le prémunira du risque d'une prise de contrôle extérieure.

Le caractère pervers de l'économie de financements administrés n'apparaît au grand jour qu'en 1979-1981 avec l'envolée des taux et la transformation de l'effet de levier en « effet de massue ». Dès que les taux réels atteignent 5 % et que la croissance stagne, le poids de la dette devient insoutenable, les frais financiers consomment l'essentiel des marges et il devient plus rentable de se désendetter que d'investir. Découverte de l'époque : un capitalisme sans capitaux est une source de fragilité majeure pour l'appareil industriel et financier.

C'est l'État qui donne le signal de la nouvelle orientation : en limitant, par nécessité budgétaire, ses concours aux entreprises nationalisées, il les oriente vers le marché financier. L'invention d'instruments financiers comme les certificats d'investissement privilégiés, qui sont des ersatz d'actions (puisque ce sont des actions dont on a détaché le certificat de droit de vote), lève des capitaux sans altérer le contrôle et maintient des dirigeants issus des grands corps et adoubés par le pouvoir politique.

À partir de 1984, le capital français est soumis à la déréglementation importée et à la politique d'innovation financière lancée par Pierre Bérégovoy. En quelques années, le système financier français évolue dans le sens de la déspécialisation des banques, de la désintermédiation, de la débonification du crédit et de la banalisation des circuits. La distance entre banques et entreprises s'accroît à nouveau tandis que l'État supprime les dispositifs administratifs d'intervention industrielle avec la fermeture des différents guichets d'aides, le renoncement aux plans sectoriels et l'ouverture à l'investissement étranger.

En déréglementant les marchés financiers et en défiscalisant l'épargne, l'État favorise l'expansion des marchés et facilite le financement des entreprises. La recapitalisation des entreprises françaises commence à se faire grâce au recours à des marchés financiers en plein essor. Portées par une Bourse euphorique, banques et entreprises françaises conduisent à marche forcée une mutation exceptionnelle et améliorent significativement leurs hauts de bilan. C'est dans ce contexte qu'Édouard Balladur lance les privatisations.

La politique de privatisation du gouvernement de Jacques Chirac, qui intervient après le « big bang » des marchés financiers français voulu par Bérégovoy, échoue à faire évoluer le modèle capitaliste français avec État fort vers le modèle anglo-saxon reposant sur la dynamique des marchés financiers.

PRIVATISATIONS :
LA FILIÈRE INVERSÉE DU CAPITALISME FRANÇAIS

Les privatisations de 1986, interrompues en octobre 1987 à la suite du krach boursier avant d'être reprises en 1993, présentent quatre caractéristiques majeures.

Elles sont inspirées par une idéologie ultralibérale, incarnée par Alain Madelin autant que par Jacques Chirac. Leurs principales références : la révolution conservatrice de Ronald Reagan et Margaret Thatcher, et les écrits du pape du Mont-Pèlerin,

Friedrich Hayek[9]. Cette inspiration détermine l'ampleur du programme de privatisations, qui concerne 66 grandes entreprises appartenant à 27 groupes pour une valeur totale de 275 milliards de francs[10].

Mises en œuvre par les fonctionnaires des Finances qui connaissent les fragilités du capitalisme français, ces privatisations intègrent la contrainte nationale par la constitution de noyaux durs ou groupes d'actionnaires stables. Initiées par des gaullistes, elles font la part belle à la « participation » : la modalité trouvée est l'actionnariat populaire et salarié. Dirigées par Édouard Balladur, alors ministre des Finances, elles placent à la tête des groupes privatisés une élite étroite issue des grands corps et formée d'amis politiques.

Ces orientations a priori aussi contradictoires engendrent une privatisation administrée et politiquement orientée dont la modalité pratique est la mise en œuvre d'une filière inversée du capitalisme français.

De quoi s'agit-il ?

Le gouvernement de l'époque choisit une privatisation par quotas, qui consiste à administrer la mise sur le marché de l'entreprise en organisant par avance l'actionnariat : une fraction des titres va au noyau dur, ce qui permet aux dirigeants de l'entreprise et au Trésor de choisir leurs actionnaires de contrôle. En échange d'un privilège aussi exorbitant, les actionnaires de contrôle s'engagent à conserver leurs titres un court laps de temps et paient une légère prime. Une seconde fraction du capital est alors cédée dans des conditions avantageuses aux salariés de l'entreprise afin de les associer à la bonne marche de celle-ci et surtout d'immobiliser une fraction du

---

9. Dans leur contribution à l'ouvrage collectif édité par Vincent Wright, *Les Privatisations en Europe. Programmes et Problèmes,* Le Méjan, Actes Sud, 1993, Hervé Dumez et Alain Jeunemaître signalent que Jacques Chirac reçut à la mairie de Paris Hayek et rappellent qu'au milieu des années 1980 la droite se prit d'amour pour l'ultralibéralisme : publication de l'œuvre intégrale d'Hayek, articles et dossiers dans *Le Figaro* et *Le Figaro-Magazine,* ou encore éclosion du mouvement libertarien autour de Lepage et Aftalion.

10. Édouard Balladur, *Je crois en l'homme plus qu'en l'État,* Paris, Flammarion, 1987.

capital dans des mains amies. Une troisième fraction, la plus importante, passe au grand public dans le cadre d'une offre publique de vente fortement médiatisée. Le succès réel de toute l'opération dépend de la réussite du placement, il faut donc que le grand public soit prêt à apporter son épargne sans toutefois influer sur la désignation des instances dirigeantes et sur la stratégie de la firme. Les quatrième et cinquième quotas sont enfin réservés aux investisseurs institutionnels français et étrangers.

Le pouvoir politique nomme un dirigeant qui choisit avec le Trésor son noyau dur, compose à sa convenance son conseil d'administration et désigne les actionnaires qui comptent et ceux qui ne comptent pas. Le capitalisme français, devenu libéral, s'approcherait du rêve communiste – quand le peuple ne convient plus au dirigeant, celui-ci dissout le peuple –, alors que le capitalisme est a priori fondé sur un principe rigoureusement inverse : c'est l'actionnaire qui choisit les organes sociaux de l'entreprise qui vont à leur tour désigner les dirigeants.

Ainsi, au moment où s'engage la campagne présidentielle de 1988, le reflux de l'actionnariat populaire est avéré, la fragilité de noyaux durs patente, et la constitution sur des bases ouvertement partisanes du conseil d'administration d'Havas largement citée (Raymond Barre dénoncera pêle-mêle «les privatisations administrées» et «la partialité de l'État»).

Le krach de 1987 et l'arrivée de la gauche au pouvoir en 1988 ne remettent pas seulement en cause le schéma balladurien, mais infléchissent la direction même de la restructuration du capitalisme français.

La fragilité des noyaux durs et les attaques dont le groupe BSN a été l'objet conduisent les décideurs publics à faire de la consolidation et de la défense du capital autochtone la priorité absolue. Pour ce faire, trois techniques sont employées qui portent rapidement leurs fruits : le développement de la banque-industrie et de la banque-assurance, la recapitalisation d'entreprises publiques par transfert de participations jusque-là portées par le Trésor, et la multiplication d'instruments financiers innovants visant à tourner la règle du «ni-ni» (ni privatisation – ni nationalisation).

En quelques années, une alliance BNP-UAP-Suez se forge avec de fortes participations industrielles (Saint-Gobain, Péchiney, mais aussi Air France), tandis qu'un pôle Crédit Lyonnais-Thomson-AGF-CDC disposant de participations notables chez Rhône-Poulenc, Usinor, Total et Péchiney émerge, et que le pôle Alcatel-Société générale se renforce considérablement. Mais cette présentation en pôles est trompeuse, car les liaisons financières se multiplient et les changements d'orbite sont fréquents[11].

Aussi, lorsque Édouard Balladur, alors Premier ministre, lance la deuxième vague de privatisations en 1993, il doit à la fois tenir compte du nouveau paysage financier, des critiques politiques adressées à l'État partial qu'il a mis en place, et du besoin urgent de trouver de nouvelles ressources budgétaires. Instruit par l'expérience, il réalise son dessein initial avec une maîtrise exceptionnelle.

D'une vague à l'autre, on distingue un certain nombre d'invariants dans le processus de nomination, la séquence temporelle de la privatisation et le choix des entreprises mises sur le marché.

La technique consiste presque toujours à privatiser pendant l'état de grâce politique : une entreprise prospère, tête de file du capitalisme français, est proposée au marché à un prix attractif avec une décote instantanée de 15 à 20 %. La clé du succès réside pour le Premier ministre dans la nomination à la tête de l'entreprise d'un président chargé de composer, avec l'aide du Trésor, un noyau dur qui conforte son pouvoir. La privatisation par quotas commence et se termine par la composition d'un conseil d'administration dévoué au P-DG de l'entreprise privatisée, lequel n'est autre que le patron de l'entreprise nationalisée. On retrouve encore le modèle de la « filière inversée du capitalisme français ».

Au terme du processus, la structure financière du capitalisme français devient plus composite : elle emprunte, du moins jusqu'en 1994, au modèle allemand de la banque-industrie (Crédit Lyonnais-Thomson, GAN-CIC), au modèle anglo-saxon de la *public company* reposant sur un marché financier dynamique (Alcatel-Alstom, Générale des eaux), voire au modèle japonais

---

11. *Cf.* François Morin, Claude Dupuy, *Le Cœur financier européen*, Paris, Economica, 1993, p. 50.

de l'archipel financier (l'ensemble flou BNP/UAP/Suez/Générale de Belgique).

Mais la crise économique persistante, le cauchemar immobilier, les acquisitions ruineuses au sommet du cycle de sociétés étrangères et les «affaires» ébranlent le capitalisme national. La contestation des piètres performances des entreprises privatisées, des systèmes de contrôle étanches et de l'impunité de dirigeants issus de la noblesse d'État prend alors, comme toujours en France, la forme de l'emprunt à un modèle étranger : ce sera l'importation de la «corporate governance». Du jour au lendemain on découvre le manque de transparence des entreprises, les administrateurs complaisants, les minoritaires bafoués, l'impunité des dirigeants.

Au total, ce sont près de 100 milliards d'euros d'actifs publics qui sont vendus en 20 ans, dont les trois quarts ont été souscrits par des investisseurs étrangers (essentiellement des fonds de pensions). Le grand tournant de 1983-1984 a donc permis un transfert du capitalisme d'État vers le capitalisme de Wall Street et le grand boom des marchés financiers.

Aujourd'hui, les chiffres sont particulièrement éloquents : la moitié du capital des sociétés cotées au CAC 40 et 37,5 % du capital des sociétés françaises cotées seraient, selon les derniers chiffres de la Banque de France, détenus par des investisseurs étrangers[12]. Des champions nationaux de naguère comme TotalFinaElf, CapGemini, Vivendi ou Alstom sont détenus à plus de 50 % par des investisseurs étrangers tandis que le taux de détention par les non-résidents n'atteint pas 10 % dans les autres pays développés[13]. En refusant d'importer en France le modèle des fonds de pension et en privatisant à outrance, la France invite les fonds de pension étrangers à devenir les maîtres du jeu sur son marché.

Paradoxalement l'Allemagne, où l'État ne joue pas de rôle significatif en matière de politique du capital, résiste davantage au passage à un régime capitaliste de marchés financiers.

---

12. «L'audit de la France», *Les Échos*, 15 et 16 mars 2002.
13. 5 % aux États-Unis, 9 % en Allemagne et au Japon.

Outre-Rhin, la logique partenariale entre banques et entreprises, l'imbrication des dimensions économique, sociale et politique dans le modèle de régulation économique, le pluralisme des enjeux pris en charge par les entreprises entrent en contradiction avec le nouvel ordre capitaliste fondé sur les droits de propriété, le rôle des marchés financiers et la logique du contrôle externe. Pourtant, sous le double effet de la déréglementation financière et de l'intégration européenne, l'Allemagne change les règles du jeu. L'exonération des plus-values réalisées lors de la vente de participations accélérerait à terme le démantèlement de « Deutschland AG ». D'ores et déjà, la fusion de Dresdner et d'Allianz donne le la. La Deutsche Bank se métamorphose en banque d'affaires tournée vers les États-Unis tandis que le géant du bâtiment Philipp Holzmann est mis en faillite et que l'absorption de Mannesmann, fleuron de la mécanique allemande devenu leader de la téléphonie privée, par Vodafone au terme d'une offre publique d'achat hostile est menée à bien malgré les oppositions ouvertement exprimées du chancelier et des syndicats.

Les polémiques récentes autour de la directive européenne anti-OPA et de l'évolution du statut des banques publiques locales, ainsi que les prises de position retentissantes sur la protection du capital de Volkswagen, témoignent cependant de la difficulté des élites et de la société allemandes à accepter pleinement ces évolutions vers un capitalisme de marchés financiers dans le domaine du contrôle, de la propriété et de la gestion des entreprises.

La Générale des Eaux, pilier du capitalisme national

La CGE illustre l'évolution du capitalisme français. Symbole absolu du capitalisme de financement administré à la française, elle est devenue le fleuron du nouveau capitalisme tandis que son patron, Jean-Marie Messier, incarne à la fois le produit de l'ancien système et le fer de lance du nouveau.

Au moment où Messier arrive, la Générale des eaux ne bénéficie pas, à la différence d'autres grandes entreprises françaises, des politiques de grands projets. Son modèle d'affaires repose sur le service aux collectivités locales; le groupe incarne, tout autant qu'Alcatel, Schneider ou Thomson, ce capitalisme encastré dans l'État qui, même après les privatisations, dépend presque entièrement des financements publics.

Lors de la phase de privatisations, la Générale des eaux est de tous les noyaux durs[14]. Guy Dejouany est l'un des «parrains» du capitalisme français et le partenaire de tous les grands patrons, de Jacques Calvet (PSA) à Claude Bébéar (Axa) en passant par Michel Pébereau (BNP) ou Ambroise Roux, le «parrain des parrains», sans oublier Marc Viénot (Société générale). Il est proche de l'Élysée et apprécie certains dirigeants socialistes (Jacques Delors, Dominique Strauss-Kahn), de sorte qu'il échappe en 1983 à un projet d'OPA de Saint-Gobain grâce à l'intervention de François Mitterrand. Mais on dit également de Dejouany qu'il a «l'oreille d'Édouard Balladur» et «le soutien de Charles Pasqua»[15], alors ministre de l'Intérieur et puissant président du conseil général des Hauts-de-Seine avec qui la CGE a signé des contrats. La connaissance et la maîtrise de tous les jeux d'influences au sein des collectivités locales constituent la source principale de la richesse de la CGE et Dejouany sait parfaitement que derrière chaque grand nom de la politique nationale se cache un élu local. Le modèle d'affaires de la CGE découle directement de ses relations financières avec les collectivités locales. Au moment où arrive Jean-Marie Messier, le point commun entre tous les pôles de la CGE réside dans l'importance de ces dernières, et donc des appuis et des connivences politiques. Or le développement des activités de la CGE dans les télécommunications relève de ce «capitalisme de connivence».

À la faveur de l'ouverture à la concurrence de la téléphonie publique, la CGE de Dejouany est à l'origine, en 1987, de la création de la Société française de radiotéléphone (SFR) dont Messier mesure ensuite l'importance stratégique. L'autre

---

14. Elle devient par exemple en 1993 l'actionnaire principal de Saint-Gobain.
15. «Guy Dejouany, un ambitieux de 72 ans», *L'Expansion*, 1/7/1993.

« joyau » du groupe CGE, Canal +, est l'objet de longues tergiversations lors de sa création en raison de son importance politique. Le statut juridique de Canal + n'est pas sans rapport avec le système de la « concession » à la française, Havas obtenant de l'État des garanties particulièrement solides contre toute forme de concurrence, tandis que le pacte d'actionnaires Havas-CGE-Société générale, qui permet une prise de contrôle de Canal + par le trio Dauzier-Dejouany-Viénot (entraînant en février 1994 le départ d'André Rousselet), illustre parfaitement les connivences entre pouvoir politique et stratégie économique. C'est bien la loi Carignon, qui permet à un actionnaire de détenir 49 % d'une chaîne au lieu de 25 %, qui rend ce pacte possible[16] et permet à la Générale des eaux, alors en mauvaise santé financière, de sécuriser l'une de ses seules sources de profit et d'amorcer le tournant qu'elle va prendre avec Jean-Marie Messier. Celui-ci, alors conseiller de la CGE chez Lazard, est d'ailleurs considéré comme le concepteur de cette manœuvre. Passé par le cabinet de Camille Cabana, ministre délégué chargé des privatisations sous la coupe d'Édouard Balladur, alors ministre des Finances, puis par celui d'Édouard Balladur, au sein de l'équipe « privatisation » au moment où s'élaborent les « noyaux durs », Jean-Marie Messier voit défiler dans son bureau tous les patrons français lors de privatisations d'entreprises aussi importantes que Saint-Gobain, Paribas, TF1 ou encore Havas et s'initie aux coulisses du pouvoir politique. Il confirme chez Lazard sa réputation de fin stratège, en participant notamment à l'OPA hostile de Schneider sur Square D, au sauvetage de Lagardère et à la fusion Hachette-Matra, ou encore au rachat de la FNAC par Pinault-Printemps-La Redoute, et n'aura aucun mal à s'adapter au fonctionnement d'une entreprise comme la CGE lorsqu'il en deviendra directeur général puis président.

Les participations prises par Guy Dejouany, avec le soutien du pouvoir politique, dans SFR et Canal +, permettent à la Générale

---

16. Après sa démission, André Rousselet dénonce ainsi le pacte comme une manœuvre pour mettre la chaîne « sous tutelle » du pouvoir et rend Édouard Balladur directement responsable de cette reprise en main.

des eaux de s'orienter vers un capitalisme de marché et de devenir une entreprise européenne et internationale en partie libérée de la tutelle financière de l'État et des pouvoirs locaux. Pour concrétiser cette évolution, Messier tire son épingle du jeu capitaliste oligarchique à la française, durablement affecté par le système des noyaux durs et l'imbrication de l'industrie dans l'État.

Le rapport très particulier qu'entretiennent en France la politique et l'industrie n'est pas entamé par les contraintes de la construction européenne ou par le renoncement idéologique au volontarisme planificateur : après 1993, les acteurs, les routines et les réseaux du capitalisme français restent les mêmes, tandis que les solidarités forgées dans les grandes écoles et les cabinets ministériels continuent d'influencer considérablement les processus décisionnels. Messier sait cependant que seuls les marchés financiers sont à même d'apporter succès et légitimité à ces dirigeants issus du système français de formation des élites dont il fait partie, de sorte que c'est vers ces marchés et sous son impulsion que la Générale des eaux se tourne pour se réinventer, avec le succès que l'on sait.

LA DYNAMIQUE DE CONVERGENCE DES CAPITALISMES

Ainsi, la convergence des régimes capitalistes nationaux vers un modèle unique – le modèle anglo-américain – est déjà à l'œuvre bien avant la crise de confiance ouverte par l'affaire Enron. Le développement des marchés financiers et la désintermédiation bancaire, la croissance d'une industrie de la gestion d'actifs et des métiers qui lui sont liés, les privatisations et le désengagement industriel des États constituent de fortes incitations à la convergence [17].

---

17. Nous ne souscrivons pas à la thèse d'Amable sur les 5 capitalismes. Certes les régulations sociales et publiques permettent de distinguer des variétés de régimes économiques et sociaux, mais le vrai signe distinctif du nouvel âge du capitalisme est la dissociation de ce que nous nommons le régime capitaliste du régime économique et

Dépeint à grands traits, le capitalisme régulé de marchés financiers présente les caractéristiques suivantes. C'est un capitalisme fondé sur des « public companies », au sens où les entreprises cotées ne sont pas contrôlées et possèdent un actionnariat atomisé ou partiellement concentré entre les mains d'investisseurs non impliqués dans la stratégie et le management comme les fonds de pension ou les fonds mutuels. Dans cette variété de capitalisme, les entreprises recourent essentiellement pour leur financement aux marchés financiers; le financement bancaire, décisif dans les variétés intermédiées de capitalisme, est plus faible aux États-Unis qu'ailleurs. Or l'abandon par les banques du risque de financement des entreprises entraîne la constitution d'une industrie puissante de gestion du risque de marché : les agences de notation, les analystes financiers, les gestionnaires de fonds évaluent, classent et notent les entreprises ou plus exactement leurs dettes, leur solidité financière et la crédibilité de leurs engagements. Le contrôle par les actionnaires étant affaibli en l'absence d'actionnaire majoritaire direct, le marché du contrôle se trouve donc ouvert.

Pour que le contrôle par les actionnaires s'exerce, il faut qu'une information complète, transparente, régulière et la plus égalitaire possible soit diffusée. Les OPA ou la menace d'OPA jouent ensuite le rôle de régulateurs du marché du contrôle puisque, lorsqu'une entreprise s'affaiblit, les risques d'OPA augmentent. Mais le marché du contrôle, pour être efficace, ne doit pas être bridé artificiellement par des défenses (*poison pills*[18]) qui, si elles sont conçues pour mettre l'entreprise à l'abri d'un prédateur, ont pour effet de maintenir en place les managements inefficaces. Enfin, il n'est pas de capitalisme de marché sans puissant outil de régulation. La Securities and Exchange

---

social englobant. La France a un régime de régulation économique et social très différent de celui des États-Unis, mais elle s'éloigne à grande vitesse du capitalisme gallican et converge vers un capitalisme de marchés financiers. C'est cette réalité-là qu'il convient à notre sens d'analyser.

18. On entend par « poison pills » des dispositifs financiers de protection de l'entreprise contre des OPA hostiles. Il peut s'agir d'augmentations de capital ou de conversions en actions d'obligations qui diluent les nouveaux entrants, ou encore de règles de vote qui surpondèrent les actions anciennes.

Commission (SEC) veille en permanence au respect des règles légales en matière d'information publique, de traitement égal des actionnaires et de divulgation d'informations pouvant avoir un impact sur le titre. En multipliant les exigences légales et en poursuivant les manquements à la règle, elle constitue ainsi l'ultime garant du système.

Ce modèle américain de capitalisme de marchés financiers régulés devient plus attractif dans les années 1990, notamment en raison de la mondialisation des grandes entreprises européennes. La cotation à Wall Street est souvent vécue au cours de cette période comme la clé permettant de gagner le statut d'entreprise globale. Certes, le marché financier américain est plus profond et le poids de la gestion collective y est plus important que sur les différentes places européennes, mais la cotation à Wall Street est choisie alors que les entreprises n'ont pas de besoins financiers. Pour une entreprise européenne, elle est le moyen de se soumettre aux exigences les plus strictes des professionnels compétents de l'industrie financière.

Un triple processus de convergence des régimes capitalistes américain et européen s'amorce donc avant l'affaire Enron, qui conjoint l'instauration d'un cadre législatif visant à rapprocher les systèmes de « corporate governance » en matière d'information, de régulation et de fonctionnement des conseils d'administration dans différents pays européens ; la constitution d'une industrie financière éclatée en métiers spécialisés ; la mise en place d'un processus de normalisation comptable, initialement conçu pour substituer à la norme américaine US Gaap une norme internationale qui favorise, en réalité, l'universalisation de la doctrine comptable américaine.

Choc de l'affaire Enron :
la convergence des modèles capitalistes remise en cause

La faillite d'Enron aurait dû sonner le glas du modèle de capitalisme de marchés financiers, qui avait largement failli. En effet, les « murailles de Chine » entre analystes et responsables du placement primaire se révèlent perméables, tandis que les structures d'incitation montrent leur perversité. On s'aperçoit par ailleurs que les auditeurs préfèrent capter les lucratifs contrats de consultants plutôt que s'en tenir à la dure éthique comptable, que les agences de rating mêlent les rôles de conseiller et de tiers de confiance, et que les conseils d'administration faillissent dans leur mission de contrôle. La SEC fournit la preuve de ses insuffisances, à la fois parce qu'elle est privée des outils du contrôle et parce qu'elle est empêchée politiquement de prendre les dispositions qu'impose le nouvel âge financier. Toutes les conditions semblent donc réunies pour que les Européens s'éloignent définitivement d'un modèle anglo-saxon qui vient de faire la preuve de ses dysfonctionnements.

Et de fait, à la suite de l'affaire Enron, les gouvernements européens et l'administration bruxelloise cherchent à infléchir la convergence vers une variété européenne de capitalisme de marchés financiers. L'application de certaines normes IAS est repoussée, la Commission européenne s'oppose à une application aux firmes européennes de la loi Sarbanes-Oxley, et les dispositifs anti-OPA protégeant les entreprises européennes sont maintenus par la Commission à la demande de l'Allemagne.

Mais les Européens tardent à réagir et assistent, d'abord en spectateurs puis en imitateurs, à l'invention par les Américains d'une sortie de crise qui conforte le modèle initial.

La réponse américaine

La réponse américaine à la crise se déroule en trois temps : stigmatisation publique des délinquants en col blanc, adoption d'une nouvelle loi, puis passage de témoin à la justice pour l'incrimination et la condamnation des délinquants qui mettent en péril le capitalisme de marchés financiers.

Dans un premier temps, les autorités s'indignent et les escrocs encore célébrés la veille comme entrepreneurs, innovateurs ou tycoons sont traînés, menottes aux poings, devant les juges. Si les images de Ken Lay, de Bernie Ebbers et de Jack

Grubman font la une pendant des semaines, c'est qu'il y a dans ce spectacle une volonté d'exorcisme : il s'agit avant tout de montrer à la terre entière – et surtout peut-être au peuple américain – que le système n'est pas atteint et que l'incrimination des coupables restaurera l'ordre initial. À en croire certains éditorialistes, Ken Lay et Bernie Ebbers représentent des ennemis plus redoutables que Ben Laden car ils minent, par leurs pratiques, les fondements du capitalisme et nuisent au rayonnement des États-Unis dans le monde.

Après la stigmatisation publique vient le moment législatif, avec la loi Sarbanes-Oxley qui présente trois caractéristiques majeures.

Elle renforce la responsabilité pénale des dirigeants d'entreprises cotées en les obligeant à certifier personnellement l'exactitude des comptes sociaux et la qualité des procédures de contrôle interne ; elle met fin à l'autorégulation de l'audit par la création d'une organisation placée sous l'autorité de la SEC, le Public Company Accounting Oversight Board[19], et elle élargit enfin les incompatibilités entre le métier de l'audit et le conseil au sein de la même société. S'il y a sur le moment télescopage entre les termes de la loi et les images des patrons faillis menottés, ce que les observateurs commentent n'a que peu à voir avec la réalité des bouleversements introduits par la loi Sarbanes-Oxley.

La véritable nouveauté introduite par la loi Sarbanes-Oxley, dans l'injonction faite aux dirigeants de veiller à la qualité des procédures de contrôle interne, signifie que la sincérité des comptes n'est plus manifestée par le simple respect de règles comptables généralement acceptées, mais qu'elle doit être fondée sur la diligence et les moyens mobilisés par la direction pour produire des comptes sincères et véritables. En pratique, tout groupe multinational doit mobiliser des équipes de contrôle interne afin de s'assurer que les revenus sont réels, les charges effectivement liées à l'exploitation et les amortissements en relation avec des investissements et non avec des

---

19. Cette autorité peut demander des comptes aux auditeurs, enquêter et sanctionner. Elle est également chargée d'établir les normes d'audit même si elle peut en déléguer une part à la profession.

charges récurrentes. De tels contrôles supposent que l'entreprise soit dotée de systèmes d'information adéquats, d'équipes de contrôle qualifiées et en nombre suffisant, et surtout d'un dispositif de supervision qui permette aux diverses instances de l'entreprise de prendre leurs responsabilités. Le contrôle interne est dans l'obligation de se soumettre au contrôle externe ainsi qu'au comité d'audit du conseil d'administration, et l'entreprise doit être capable de décrire et de documenter chaque processus interne, de s'assurer qu'il permet de donner une image fidèle de l'activité et de remédier aux éventuels dysfonctionnements. Le rapport qui accompagne les états signés par le P-DG et le directeur financier consiste en un inventaire des processus de gestion de l'entreprise, de l'état d'avancement de leur normalisation, et donne lieu à des actions de remédiation. Le coût de la mise en œuvre de ces nouvelles dispositions s'élève pour les grandes firmes européennes cotées à des dizaines de millions d'euros.

Principales dispositions du Sarbanes-Oxley Act

L'objet de la loi est autant la prévention du conflit d'intérêts que la régulation de la profession comptable, les normes du contrôle interne que la responsabilité personnelle des dirigeants, la transparence de l'information que le fonctionnement des conseils d'administration. Dans le détail, la loi institue un Conseil de supervision comptable, mettant ainsi fin à l'autorégulation professionnelle (Public Company Accounting Oversight Board, PCAOB). Elle traite le conflit d'intérêt en interdisant aux firmes d'audit une série d'activités de conseil. Elle interdit les prêts aux dirigeants faits par l'entreprise, et les soumet à une série d'obligations déontologiques (obligation de publicité sur leurs transactions financières) Elle institue des comités d'audit au sein des conseils d'administration. Elle précise les conditions d'indépendance et de compétence financière des membres du comité. Elle crée l'obligation pour les dirigeants de certifier personnellement la validité des comptes. (Le P-DG et le directeur financier engagent leur responsabilité pénale.) Elle protège les dénonciateurs contre leur hiérarchie dès lors que ceux-ci signalent des comportements illégaux de leur propre entreprise. Elle organise dans sa section 302 l'efficacité de l'environnement de contrôle. Aux termes de la loi, l'entreprise doit donner la preuve qu'elle dispose d'un outil d'évaluation des risques et de procédures codifiées pour en assurer le traitement. Elle prévoit enfin dans sa section 404 les procédures internes de contrôle, ainsi que leur validation par le contrôle externe. Elle oblige même le contrôle externe à divulguer les failles des contrôles internes (*material weaknesses*).

D'autres dispositions de la loi (section 701) mandatent par exemple le General Accounting Office pour une évaluation des effets de la concentration dans le secteur de l'audit comptable

---

Le troisième volet de la réponse américaine à la crise est donc judiciaire.

Eliot Spitzer, le district attorney de New York, incrimine les nouveaux *robber barons* de la finance américaine et s'en prend, dans un premier temps, aux banques d'affaires. Il souligne le conflit d'intérêts manifeste entre leurs activités de placement primaire et leurs activités d'achat et de vente de titres pour le compte de leurs clients, et met en cause le rôle des analystes dans quelques affaires très médiatisées de placement d'actions de la « nouvelle économie » : les affaires Grubman et Blodget, déjà évoquées, défraient la chronique.

Dans un deuxième temps, il s'en prend à l'industrie de la gestion d'actifs. Les opérations faites avec l'argent des épargnants, les charges indues facturées, les pratiques inavouables de rotation de portefeuille sur des plates-formes de transaction internes, bref toutes les opérations consistant à enrichir sans cause les gestionnaires au détriment d'épargnants sont dévoilées et incriminées.

Enfin, ce sont les compagnies d'assurances et les sociétés de courtage qui sont poursuivies. Les courtiers avaient en effet pris l'habitude de se faire payer deux fois en toute opacité, une première par le client et une deuxième par le fournisseur, est à son tour incriminée.

À chaque fois, les sociétés mises en cause transigent et mettent un terme à la procédure en payant de fortes amendes, sans reconnaître leur culpabilité.

Sans décrire à nouveau les pratiques cyniques de quelques analystes cupides, force est de constater que le conflit d'intérêts n'est qu'une face des économies d'échelle et d'envergure, que les doubles facturations ne sont que le pendant de la pression à la baisse des frais facturés pour les transactions, et que les opérations faites sur les plates-formes propriétaires sont un des moyens d'optimiser la gestion de titres. Si Eliot Spitzer poursuivit des industriels de la finance qui avaient manqué à leurs obligations en matière de prévention du conflit d'intérêts, ces derniers ont cherché à préserver un outil coûteux qui avait, sur la durée, assuré un niveau élevé de rentabilité.

Tel fut donc le triple front sur lequel les autorités américaines ont combattu la crise de confiance consécutive à l'éclatement de la bulle d'Internet et aux faillites frauduleuses d'Enron et de Worldcom.

La réaction européenne

À ce coup porté aux institutions du capitalisme américain, la réaction européenne ne manque pas de surprendre : l'Union européenne s'aligne sur le programme de réforme américain, accélérant ainsi le processus de convergence des capitalismes.

Non contents de renoncer à des modèles nationaux qui n'ont pas autant failli que celui du capitalisme de marchés financiers, les Européens abandonnent l'initiative de la réforme aux Américains et se contentent de protester en paroles et d'adapter dans les faits les normes américaines.

La rapidité de la réaction américaine, avec l'adoption de la loi Sarbanes-Oxley, et l'incapacité européenne à répondre autrement qu'en multipliant les lois de sécurité financière nationales ont un double effet.

La loi Sarbanes-Oxley acquiert un statut extraterritorial, et ce malgré les indignations verbales de commissaires européens et d'autorités nationales.

À la suite des insuffisances avérées de la filière du contrôle externe, on assiste à la généralisation d'un nouveau gouvernement de l'entreprise fondé sur une responsabilité personnelle aggravée des dirigeants, sur un rôle renforcé des comités spécialisés du conseil d'administration, ainsi que sur l'interdiction du cumul d'activités dans les domaines où le conflit d'intérêts est manifeste. Une nouvelle doctrine du contrôle interne, infiniment plus exigeante que la précédente, est mise en place.

Confrontées aux effets extraterritoriaux de la loi Sarbanes-Oxley, les autorités européennes tentent de s'y opposer et réagissent en trois temps. Dans un premier temps, elles cherchent à endiguer les empiétements américains en leur déniant la capacité à peser sur leur droit interne, puis elles jettent les bases d'une régulation européenne et, enfin, tentent de se saisir des normes comptables pour harmoniser l'information financière.

C'est autour de la question des normes comptables que se joue l'une des batailles décisives entre capitalisme de la convergence importé des États-Unis et tentative d'institution d'un eurocapitalisme.

Si la bataille entre les normes d'inspiration américaine – par les règles – et les normes d'inspiration européenne – par les principes – est présentée sur le moment comme technique, ce sont en réalité deux philosophies des affaires qui s'affrontent.

Les entreprises européennes critiquent de longue date le formalisme excessif des normes comptables américaines (US Gaap), et leur opposent les normes européennes, moins détaillées mais plus structurées autour de grands principes.

IASB versus FASB : l'enjeu du référentiel comptable

Au terme d'un processus long de 30 ans, l'élaboration d'un référentiel comptable international a abouti : à compter du 1er janvier 2005, les 7 000 entreprises cotées en Europe doivent publier leur bilan consolidé en normes dites « IAS-IFRS ».

Ces normes sont élaborées par l'International Accounting Standards Committee (IASC), un organisme privé de normalisation comptable créé en 1973. L'idée des fondateurs était de faire converger les systèmes nationaux en reprenant les meilleures pratiques dans un référentiel international. Cette démarche se révèle longue, laborieuse et surtout décalée par rapport à la multiplication des référentiels comptables utilisés par les firmes transnationales cotées sur plusieurs places. Deux avancées décisives interviennent, l'une à l'initiative des régulateurs boursiers et l'autre à l'initiative de la Commission européenne.

En 1995, l'accord passé entre l'IASC et l'organisation internationale des commissions de valeurs ouvre la possibilité pour les entreprises présentant leurs comptes en normes IAS d'obtenir la cotation sur les différentes places sans recourir aux normes comptables locales (US Gaap aux États-Unis, par exemple). En 1999, l'IASC devient IASB tandis que le groupe de professionnels bénévoles cède la place à un groupe d'experts.

En 1995, l'Union européenne déclare son intention de reconnaître les normes IAS. Quoique n'étant pas représentée à l'IASB alors que le FASB américain l'est (Financial Accounting Standards Board), l'UE rend dans un règlement communautaire du 19 juillet 2002 obligatoire le recours à ces normes pour les comptes consolidés des sociétés cotées à partir de 2005.

Les initiatives européennes et américaines sont suspendues à l'édification de normes consensuelles ou ne suscitant pas de rejet violent. Un conflit ouvert va pourtant émerger autour de la norme IAS 39 sur les instruments financiers. Pour les banquiers européens, l'adoption de la juste valeur de marché pour les instruments financiers introduit en effet une volatilité excessive dans les résultats.

L'adoption partielle des normes IAS par les Européens pose à nouveau la question de la convergence. Les normes internationales élaborées par des experts anglo-américains ne sont pas encore adoptées aux États-Unis mais sont devenues obligatoires en Europe.

(Source : *Les Échos* du 3 janvier 2005 et CAE, *Les Normes comptables et le monde post-Enron*, 2003.)

Le point de départ de cet alignement réside dans la volonté des Européens de disposer d'un cadre comptable harmonisé qui ne soit pas la transposition des US Gaap ni une impossible harmonisation à partir des cadres comptables nationaux. D'où le choix d'une procédure : favoriser l'émergence de normes dites internationales.

On crée à Londres l'IASB, initiative européenne à vocation internationale, d'abord perçue avec hostilité par les Américains mais rapidement investie par les experts anglo-américains. L'Union européenne délègue à l'IASB la confection des nouvelles normes comptables en se réservant le droit de refuser ou d'adopter telle ou telle norme. L'un des points essentiels discutés concerne le passage d'une norme comptable fondée sur les coûts historiques à une norme fondée sur la valeur de marché (la *market value*).

Dans sa contribution au rapport du Conseil d'analyses économiques (CAE), Jacques Mistral s'interroge sur l'adoption de la *full fair value* : « Le raisonnement aussi bien que l'expérience attire l'attention sur le danger qu'il y a à introduire des évaluations en partie subjectives au cœur de la construction comptable. L'asymétrie d'information entre le management et les auditeurs ouvre la voie aux manipulations dont on cherchait au départ à se prémunir[20]. »

Comme le précise toujours Mistral, il faut, au-delà de la logique comptable, mesurer les effets tangibles sur l'exploitation de l'entreprise de la publication de données en « fair value », car la publication de résultats ainsi établis reflète davantage la volatilité des marchés et la valorisation à la casse pour les banquiers d'affaires que la réalité de l'exploitation et la valeur de long terme de l'entreprise.

Un accord assez large est passé entre opérateurs de marché pour utiliser la « market value », pour tous les éléments d'actif et de passif. Le fait qu'Enron s'en soit servi pour manipuler les comptes et, plus fondamentalement, qu'il subsiste des problèmes

---

20. CAE, Jacques Mistral, Christian de Boissieu, Jean Hervé Lorenzi, *Les Normes comptables et le monde post-Enron*, Paris, La Documentation française, 2003.

de comptabilisation pour les dérivés et plus généralement pour les actifs des fonds de pension aurait cependant dû conduire à une attitude plus prudente. Dans une économie de plus en plus immatérielle où les entreprises utilisent des instruments financiers d'autant plus complexes et dans laquelle les acteurs de marché se révèlent particulièrement moutonniers, la généralisation de la « fair value » accélère les effets procycliques. Appliquer la « fair value » aux secteurs de la banque et de l'assurance et plus généralement appliquer ce principe aux instruments financiers introduit ainsi une volatilité extrême des résultats et des comptes.

L'exemple du secteur de l'assurance est particulièrement éclairant. Dans ce secteur, le régulateur, soucieux de protéger l'assuré, édicte des règles de solvabilité qui contraignent les assureurs à comptabiliser leurs actifs risqués (actions) pour une fraction de leur valeur. Quand les actions baissent pour des raisons de court terme alors que les engagements sont de long terme, les assurances sont obligées de vendre ces actions, accélérant ainsi leur chute.

La généralisation du *mark to market* dans sa forme extrême de *mark to model* appliqué aux dérivés de crédit, que Warren Buffett appelle le *mark to myth*, aggrave la situation. Si l'on en croit Buffett, «... *derivatives are financial weapons of mass destruction, carrying dangers that, while now latent, are potentially lethal*[21] ».

Alors pourquoi des normes internationales élaborées par un comité d'experts et inspirées des normes anglo-américaines sont-elles adoptées par les Européens et non par les Américains, malgré les dérèglements révélés par l'affaire Enron ?

Pour comprendre, mobilisons les subtilités de la démarche comitologique européenne.

Lorsque des sujets paraissent trop techniques, trop mobiles et qu'ils requièrent une réactivité contraire aux pratiques des bureaucraties nationales et européennes, les pouvoirs publics

---

21. « Les produits dérivés sont des armes financières de destruction massive portant en eux-mêmes des dangers qui, s'ils sont aujourd'hui à l'état latent, ont potentiellement un pouvoir mortel », *Fortune*, 17/3/2003.

délèguent à une organisation professionnelle le soin de penser une régulation que le pouvoir politique consacrera par la suite. Le processus Lamfallussy, du nom du président du comité qui a impulsé ces travaux, est emblématique de cette manière de fonctionner. À partir du moment où un domaine est concédé à un comité, c'est la dynamique interne à ce comité et aux parties représentées qui est décisive ; le pouvoir politique devient un pouvoir de veto transféré aux autorités européennes. L'actuel enlisement du processus Lamfallussy, suite à la volonté de la Commission de reprendre l'initiative en faisant le tri dans les propositions finalisées qu'elle reçoit, montre qu'il faut choisir entre la technicité, la rapidité, l'autorégulation et les procédures sans fin de l'harmonisation.

Conclusions

La double faillite d'Enron et de Vivendi Universal a précipité le processus de convergence des systèmes capitalistes nationaux américain et européens qui était déjà à l'œuvre, pour des raisons qui tenaient à la globalisation financière, au développement financier et, dans le cas français, aux politiques de libéralisation et de privatisation. Alors que ces faillites auraient pu retarder, infléchir, voire inverser le processus, elles l'ont au contraire accéléré ; la rapidité et l'unité de la réponse fournie par les Américains ayant permis aux normes américaines de s'imposer. Trois éléments permettent de comprendre cette évolution. La dynamique de financiarisation des économies développées s'est accrue pendant les années de formation de la bulle de la nouvelle économie. Face aux dérives constatées, le gouvernement américain n'est pas revenu sur la libéralisation de l'industrie financière, renonçant, par exemple, à casser les groupes et à réinstaurer une organisation financière fondée sur la séparation et la spécialisation des activités. La solution alors adoptée associe une exigence supplémentaire d'information et de contrôle à une rigueur renforcée de la loi pour les délinquants.

En Europe, l'effet combiné des transpositions nationales de la loi Sarbanes-Oxley et de l'adoption communautaire des normes IAS-IFRS est en passe de provoquer une révolution tranquille dans les conseils d'administration. Ceux qui veulent échapper à cette loi, au nom de la souveraineté européenne ou parce qu'ils veulent éviter le coût de la mise à niveau des contrôles internes, fuient une exigence de transparence renforcée et s'exposent ainsi à la critique des marchés.

Conclusion

Après avoir hésité, notamment avec George W. Bush, le *Financial Times* a finalement décerné le titre d'homme de l'année 2004[1] à Eliot Spitzer, procureur de l'État de New York et pourfendeur de la délinquance en col blanc.

Eliot Spitzer ne s'est pas contenté de révéler les turpitudes des analystes vedettes de l'ère de l'Internet, comme Henry Blodget[2], il a conduit à résipiscence les banquiers d'affaires de Wall Street, les gestionnaires de fonds et les courtiers d'assurances comme Marsh & McLennan[3]. En dévoilant les appels d'offres truqués, les rétrocommissions et autres marges indues, l'« avocat du peuple » s'est fait le porte-parole des épargnants ruinés et a mis un terme provisoire à l'impunité des professionnels de Wall

---

1. *Financial Times*, 24-25-26 décembre 2004.
2. *Cf.* chapitre 9. Blodget avait dans un mail qualifié de «*piece of shit*» une valeur qu'il conseillait par ailleurs à ses clients; Merrill Lynch acceptera de payer 100 millions de dollars pour cet «impair». Pour des pratiques comparables, l'ensemble du secteur déboursera au total quelque 1,4 milliard de dollars et s'engagera à se réformer.
3. L'incrimination publique du courtier provoqua en quelques jours le départ du président, l'effondrement de 40 % du cours de Bourse et l'annonce de la mise à pied de 3 000 personnes tandis qu'Aon, l'autre grand du secteur, perdait 32 % de sa valeur. Dans la procédure civile engagée contre Marsh, Spitzer accusa le courtier de trafiquer les appels d'offres, de susciter artificiellement des offres tarifaires élevées pour mieux faire ressortir le bénéfice à choisir et de toucher des rétrocommissions. « There is simply no responsible argument for a system that rigs bids, stifles competition and cheats customers », *Financial Times*, 29 octobre 2004.

Street. Par un savant mélange de techniques juridiques, d'art de la communication et de pression sur la SEC, Eliot Spitzer a obtenu la démission de quelques grands patrons de Wall Street et lancé des procédures judiciaires toujours en cours. Au départ marginal, le mouvement qu'il a initié atteint aujourd'hui le cœur du capitalisme américain, comme le montre la récente mise en examen de Hank Greenberg, fondateur d'AIG, ou encore celle de Warren Buffett. Loin de se limiter à l'inculpation de délinquants en col blanc, Spitzer parvient à faire accepter des réformes lourdes de conséquences pour la banque d'affaires, le courtage d'assurances, la réassurance et, au-delà, pour nombre de professions de l'industrie financière.

Pourquoi est-ce le procureur de l'État de New York qui a mené cette croisade et non le ministère de la Justice ou la SEC, l'appareil de régulation financière concerné par ces dérives ? Difficile de comprendre pourquoi la législation financière la plus sophistiquée de la planète fut impuissante face à des dérives majeures. Il a fallu exhumer le Martin Act, une législation locale réprimant la fraude en matière financière dans l'État de New York, pour à nouveau faire respecter la loi.

L'action de Spitzer illustre l'échec flagrant du régulateur financier et l'émergence de nouveaux acteurs, inaugurant un nouvel âge de la régulation.

Durant les années 1990, la conjonction d'une idéologie conquérante de l'autorégulation, d'un exécutif favorisant l'innovation financière et d'un Congrès avare de moyens budgétaires a désarmé progressivement le régulateur au moment où son utilité était la plus manifeste.

Après l'éclatement de la bulle de l'Internet et la révélation des scandales financiers, des journalistes, des avocats et des hommes politiques se mobilisent pour démasquer les fraudeurs et instituer une nouvelle régulation[4]. La pression des citoyens

---

4. Le caractère ténu de la base juridique sur laquelle s'appuie Spitzer pour inculper les barons de Wall Street illustre cette dynamique selon laquelle des contre-pouvoirs se mettent immédiatement en place lorsque les pouvoirs institués – la justice et les organes de régulation – font défaut.

épargnants a eu un triple effet : elle a suscité l'apparition d'entrepreneurs médiatiques, professionnels ou politiques exigeants, incité le législateur à produire de nouvelles lois et réveillé des institutions par trop accommodantes.

En quoi cette sortie de crise est-elle originale ? Le cycle qui s'est achevé en 2000-2004 présente bien des similitudes avec ceux qui s'achevèrent respectivement en 1929-1933 et en 1880-1890. On y retrouve la même séquence chronologique : l'innovation et l'ouverture de nouveaux marchés entraînent une frénésie entrepreneuriale, laquelle déclenche un engouement boursier suivi de la formation d'une bulle puis de son éclatement – éclatement qui provoque un violent retrait des épargnants, puis une avancée de la régulation et l'émergence progressive d'un nouvel âge du capitalisme. Ce n'est donc pas un hasard si, à un siècle de distance, un « avocat du peuple », hier incarné par Louis Brandeis et aujourd'hui par Eliot Spitzer, surgit.

Symbole de la révolte contre les « trusts », Louis Brandeis, avocat, poursuivit sans relâche les cartels et les monopoles et dénonça la malfaisance de la grande firme qui écrase les petits, interfère avec les affaires de la République et dont l'efficacité économique paraît douteuse. Brandeis voit naître le capitalisme américain – ce moment singulier où s'achève l'unification du marché et où naissent les grandes firmes grâce à la concentration horizontale. Il devient l'emblème du premier âge de la régulation, celui de l'antitrust marqué par le Sherman Act de 1890 et le démantèlement de la Standard Oil en 1911. Ces mesures entendent protéger les consommateurs des abus possibles des monopoleurs et favoriser un accès égal aux biens publics, avec comme objectif principal la régulation concurrentielle des marchés de biens et services.

Premier praticien de la régulation post-Enron, Eliot Spitzer s'attaque à l'industrie financière, c'est-à-dire au véritable cœur de la nouvelle économie américaine. Tout procède désormais de cette industrie : la gestion des retraites comme le financement de la consommation, l'émergence de nouvelles entreprises comme la gestion du retournement des firmes en difficulté, le financement des déficits publics comme le placement de liquidités.

Mais si l'action est spectaculaire, peut-on y voir pour autant les prémisses d'un nouvel âge de la régulation ? Le Sarbanes-Oxley Act est-il comparable au Sherman Act, et plus généralement aux mesures prises pendant la « Progressive Era » et incarnées par Teddy Roosevelt ? Les crises de 1880-1890 et de 1929-1933 sont d'une certaine manière des « crises d'adolescence » du capitalisme et elles ont débouché sur un appareil législatif étoffé visant la régulation des marchés. La crise de 2002, pourtant comparable aux deux précédentes, semble correspondre à une crise de maturité qui met en cause le principe même de la régulation du capitalisme.

La crise de 1929, comme celle qui suivit l'éclatement de la bulle numérique, est déjà une crise de la « nouvelle économie » – l'économie électrique –, de l'effervescence entrepreneuriale, de l'explosion de la demande de titres et du financement de la spéculation par les banques.

Les mesures prises par Franklin Roosevelt pour prévenir ces dérèglements ont ouvert une nouvelle ère. Le Glass-Steagall Act[5] cloisonne et spécialise l'industrie financière pour éviter qu'une défaillance locale ne puisse entraîner en cascade celle de l'industrie financière dans son ensemble. Les Securities Acts de 1933 et 1934 définissent les obligations d'information des firmes cotées et instituent un gendarme des opérations boursières, la Securities and Exchange Commission, la SEC. Elles rendent disponible pour les investisseurs une information normée, contrôlée et diffusée selon de stricts critères d'égalité et de transparence.

Ces lois et, plus généralement, l'ensemble des dispositifs du New Deal inaugurèrent une seconde étape décisive dans le processus de la régulation. Le but n'est plus tant de corriger les failles des marchés de biens, mais plutôt de prévenir le risque systémique. La crise de 1929 donna ainsi naissance à l'État régulateur, stabilisateur et redistributeur. À travers ses interdictions et

---

5. Pour une histoire des motivations et du processus d'élaboration et d'adoption du Glass-Steagall Act en 1933 puis de son démantèlement en 1999, *cf.* Jill Hendrickson, "The long and Bumpy Road to Glass-Steagall Reform", *American Journal of Economics and Sociology*, vol. 60, n° 4, octobre 2001.

ses réglementations détaillées, cet État régulateur a défini les marchés et les conditions d'exercice de certaines professions (financières, services publics en réseau, etc.) tandis que de puissantes instances de régulation veillaient à la bonne application du dispositif tout en raffinant continûment ses modalités.

Les dispositifs conçus à la fin du XIXe siècle et lors du New Deal ont contribué pendant plus de 70 ans à façonner le paysage économique américain. Ils ont institué la régulation des cartels des monopoles et des positions dominantes[6] et favorisé le développement ordonné des marchés financiers. La résilience de ce système a été telle que même les chocs à répétition de la crise asiatique et russe, de la crise des «hedge funds» (LTCM), puis de celle de la nouvelle économie ont été absorbés.

En sera-t-il de même avec les choix de régulation survenus après le choc Enron?

Pour l'essentiel, la loi Sarbanes-Oxley vise à prévenir les conflits d'intérêts et à responsabiliser les dirigeants d'entreprise. Ces mesures paraissent dérisoires tant le conflit d'intérêts est inscrit dans la dynamique de constitution des grands ensembles financiers. Au regard de la gravité des affaires Enron et Worldcom, des mesures plus radicales auraient pu être prises. On aurait ainsi pu casser l'oligopole des gardiens du marché formé par les agences de notation, les grands cabinets d'audit et les grandes banques d'affaires, mettre en cause la gestion des «mutual funds» aux États-Unis et des Sicav en France et faire en sorte qu'elles échappent à l'attraction de groupes financiers plus vastes, enfin réguler certaines activités financières jusque-là non contrôlées et potentiellement nocives.

On a préféré théâtraliser la répression et voter une loi renforçant les règles de «corporate governance»[7].

---

6. La Standard Oil, RCA, ATT et IBM ont ainsi dû, à des époques différentes, rendre des comptes et parfois ont été sommées de se démanteler.

7. L'affaire Worldcom illustre la séquence : l'incrimination publique, l'entrée en scène du régulateur puis celle de la procédure judiciaire. En août 2002, le directeur financier de l'entreprise est arrêté un mois après l'annonce d'un risque de faillite alors que Jack Grubman, l'analyste vedette de Salomon, est quant à lui impliqué dans la procédure pour fraude dans l'information financière lancée par Spitzer. Il était en effet à la

Rendons toutefois justice au législateur américain : séparer les métiers de la finance selon leur spécialisation et multiplier les organes de régulation seraient des mesures de faible portée pour résoudre les problèmes issus de l'innovation financière et de l'arbitrage réglementaire. À l'âge du capitalisme régulé, c'est la réforme de la régulation qui est centrale et non son extension à de nouveaux champs. La politique suivie renforce le cadre réglementaire des entreprises. Celles-ci doivent respecter des standards d'information et de contrôle infiniment plus exigeants ou bien sortir du marché, sous le regard vigilant du régulateur et du juge. On établit ainsi de nouvelles normes de solvabilité financière pour les banques (Bâle 2 et ratios Mac-Donough), de nouvelles normes comptables (IFRS et convergence US Gaap-IFRS) pour les entreprises et des règles de « corporate governance », instituées par la loi Sarbanes-Oxley, pour les entreprises cotées. Soumises à un tel faisceau d'exigences, les entreprises doivent significativement améliorer la qualité de l'information produite si elles ne veulent pas encourir les foudres de l'industrie financière ou de l'un de ces régulateurs. Au moment du vote de la loi Sarbanes-Oxley, les commentateurs s'intéressent surtout à la mise en cause de la responsabilité personnelle des dirigeants et à l'aggravation des sanctions en cas de manquements à la règle. Mais c'est une disposition technique sur la certification des processus de contrôle interne de l'entreprise qui va avoir les plus grands effets[8] : les auditeurs externes ne peuvent plus se contenter de certifier la sincérité des comptes sur la base des règles comptables légales. Ils doivent certifier que l'ensemble des processus internes de l'entreprise pour la collecte, le traitement de l'information et l'évaluation des risques, aboutit à une information conforme, validée par l'audit interne.

---

fois analyste, conseiller occulte d'Ebbers et intéressé aux opérations financières que sa banque faisait avec Worldcom. Ses employeurs paieront une amende sans reconnaître leur culpabilité. La SEC ouvre une enquête en 2002 pour information financière trompeuse et l'entreprise négocie l'abandon des poursuites contre une amende de 500 millions de dollars. En 2004, Bernie Ebbers, le président fondateur de Worldcom, est arrêté, accusé avec son équipe de direction de « conspiration pour cacher la réalité des comptes » : il vient d'être condamné à vingt-cinq années de prison.

8. Cette disposition correspond aux articles 302 et 404 de la loi.

Conclusion 373

Ces dispositions, prises par le législateur américain pour prévenir les fraudes d'entreprises américaines ou celles d'activités américaines d'entreprises européennes, s'appliquent aux entreprises européennes – signe de l'extraterritorialité des normes américaines, de l'attraction maintenue de la place de New York et de la faiblesse des régulateurs européens.

L'adoption des normes IFRS ainsi que l'application des règles de Sarbanes-Oxley en Europe inaugurent de nouveaux rapports entre les entreprises et leurs dirigeants d'un côté, les investisseurs, l'industrie financière et les régulateurs de l'autre. Les nouvelles normes produisent un effet loupe sur les comptes des entreprises : les situations les mieux établies sont réexaminées, leur endettement et leurs fonds propres parfois brutalement remis en cause. Le contrôle externe par les investisseurs et les régulateurs est doté de nouveaux outils d'information financière tandis que le contrôle interne gagne en efficacité sous l'effet combiné des exigences nouvelles de certification des processus internes de gestion et de la mise en jeu de la responsabilité personnelle des dirigeants.

Or les évolutions liées à l'application des règles comptables de « corporate governance » s'accompagnent en Europe de la mise en œuvre progressive des nouveaux ratios de solvabilité dits « ratios Mac Donough », issus des accords de Bâle 2[9], si bien

---

9. Le premier accord de Bâle de 1988 organise le contrôle prudentiel autour d'un ratio de solvabilité, le ratio Cooke, fixé à 8 %. L'instauration de ce ratio a contribué à la stabilité du secteur financier et permis d'améliorer significativement le niveau des fonds propres bancaires. Cette réglementation a permis de doubler la capitalisation des établissements de crédit et des entreprises d'investissement de 4 % au milieu des années 1980 à 8 % actuellement dans les pays du G10. Ce ratio a toutefois été largement contourné, les établissements financiers se livrant à un arbitrage réglementaire dont l'effet a été de dégrader la couverture du risque.

La réglementation prudentielle issue de Bâle 2 substitue trois piliers au seul ratio Cooke actuel. Le pilier 1 est un ratio de solvabilité, dit ratio MacDonough, qui étend les classes de risques couvertes par les capitaux requis (risques de crédit, risques de marché et risques opérationnels). Le pilier 2 permet pour le contrôleur bancaire d'augmenter l'exigence minimale en fonds propres (8 %) dans le cadre d'un processus de surveillance renforcé. Le pilier 3 introduit la discipline de marché comme un élément de régulation à travers les exigences d'informations à fournir au public (source : « Juste valeur et évaluation des actifs », contribution de Jean-Marc Figuet, *Revue d'économie financière*, février 2003, p. 277-278).

que la surveillance des risques et leur couverture par des capitaux appropriés sont encore renforcées. Les entreprises sont encore plus incitées à sortir de leurs bilans les risques par des procédures de titrisation.

Si les régulations et les institutions post-Enron n'ont pas la visibilité et la force apparentes de celles issues de la crise de 1880-1890 ou de 1929-1933, elles peuvent induire des effets décisifs.

Dans les années 1980-1990, on a entrepris de démanteler, au nom de l'efficience des marchés et des vertus de l'autorégulation, les législations créées par le Sherman Act, le Glass-Steagall Act ou les Securities Acts. Avec la loi Sarbanes-Oxley, l'accord Bâle 2 et le renforcement des normes comptables, une autre philosophie de la régulation se met en place, entre prohibition et autorégulation. Elle se fonde sur trois piliers : la loi, la régulation conjointe et la justice. Elle est servie par l'activisme des actionnaires, un contrôle plus strict des professionnels du chiffre et la menace permanente de l'engagement de la responsabilité personnelle des dirigeants.

On assiste aujourd'hui à une véritable surenchère dans les discours et les pratiques de transparence. Les acteurs faillis du système de régulation antérieur appliquent avec zèle les nouvelles normes : les auditeurs, analystes et autres agences de notation font régner une terreur de la vertu. L'audit interne développe avec frénésie des outils de formalisation et d'évaluation des risques et l'audit externe contrôle et teste les dispositifs du contrôle interne sous la supervision d'une haute autorité comptable. L'exercice étant nouveau, chacun cherche à se protéger en rajoutant des contrôles, renforçant les démarches de précaution, et infligeant à l'entreprise des coûts grandissants, ce qui émousse sa réactivité et sa mobilité. Une telle pression n'est pas soutenable à long terme et déjà des voix s'élèvent pour demander une plus grande souplesse dans l'application du nouveau cadre réglementaire. Force est cependant de constater que la machine réglementaire et judiciaire continue à tourner à plein régime.

Comment caractériser ce nouvel âge de la régulation?
Après l'âge de la régulation des marchés de biens et services pour le plus grand bénéfice du consommateur et du petit

producteur, après l'âge de l'État régulateur appliqué à prévenir le risque systémique par l'encadrement des activités financières, voici aujourd'hui l'ère de la concurrence entre régulateurs. L'arbitrage entre régulations participe des stratégies des industriels du risque. La régulation devrait donc être d'autant plus renforcée. Mais les coûts qu'elle implique et le poids des lobbies dans une démocratie représentative sont tels qu'il peut y avoir des failles dans la régulation. L'action d'Eliot Spitzer montre que la concurrence entre régulateurs fait naître un ordre supérieur de régulation, la multiplication des obligations d'information, la mise en jeu de la responsabilité personnelle des acteurs économiques et financiers, ainsi que la surveillance mutuelle à laquelle se livrent les régulateurs contribuant à corriger les failles de l'État régulateur.

Régulation des marchés, prévention du risque systémique : à chacun de ses moments, la régulation a produit des effets durables dans la dynamique du capitalisme. Qu'en sera-t-il de la concurrence entre régulateurs ?
La conséquence la plus évidente des évolutions réglementaires a été de développer à l'excès l'aversion pour le risque ou plus exactement son transfert à l'épargnant final. Preuve en est la solidité retrouvée des bilans bancaires ainsi que la profitabilité croissante des banques.
La sortie du marché au profit du *private equity* d'entreprises moyennes soumises à une trop forte pression réglementaire n'est pas nécessairement positive [10]. Ainsi, les professions de l'audit comptent parmi les premiers bénéficiaires de la loi Sarbanes-Oxley. La mise en place des nouveaux outils de contrôle a fait doubler les factures annuelles d'audit des grandes entreprises.
Avant cette loi, une entreprise innovante souhaitait entrer sur le marché le plus rapidement possible ; des entreprises émergentes sans chiffre d'affaires cherchaient la cotation pour lever des fonds, accroître leur notoriété et marquer symboliquement leur entrée dans le monde adulte. De même, la séquence

---

10. Le « private equity » est un fonds d'actions non cotées.

classique pour un « champion national » en phase d'expansion internationale était de rechercher la cotation à New York.

Aujourd'hui, des entreprises pesant plusieurs milliards d'euros de chiffres d'affaires et cotées depuis longtemps envisagent de sortir du marché boursier local pour échapper à l'agressivité retrouvée des analystes financiers ou au « courtermisme » ravageur des « hedge funds ». De grandes entreprises européennes cherchent, pour échapper à la loi Sarbanes-Oxley, à sortir de la Bourse de New York, tandis qu'un marché secondaire du « private equity » commence à s'organiser.

Il n'est pas facile à ce stade de démêler les effets de conjoncture de ce qui relève de transformations plus durables. Si le « private equity » comme les *hedge funds* se sont considérablement développés après le krach de 2000, on ne peut pas exclure une évolution plus durable. La multiplication des exigences comptables et réglementaires pesant sur les entreprises, l'incapacité à trouver sur les marchés boursiers des actionnaires patients pourraient ainsi conduire les entreprises à ne chercher que tardivement la cotation et à préférer la relation avec des actionnaires professionnels gérant des fonds de « private equity ».

Si tel était le cas, deux mondes coexisteraient alors : celui, hyperrégulé, des grandes capitalisations boursières et celui, hypercontrôlé par de vrais capitalistes, d'entreprises importantes à l'échelon national.

Dans ce nouveau monde capitaliste, l'industrie financière poursuivrait son développement tandis que son action dans le traitement et la dissémination du risque augmenterait fortement. Le ressort de l'innovation resterait l'arbitrage réglementaire, même rendu plus difficile. La banque, fortement régulée, continuerait à externaliser le risque, à se défaire de ses participations industrielles, à valoriser ses clientèles de détail en leur vendant des services et donc à s'insensibiliser aux crises.

Les entreprises qui subissent aujourd'hui une forte pression des contrôleurs externes et internes sont incitées à développer leurs activités industrielles plutôt qu'à s'improviser banques d'affaires ou maisons de titres. L'ère de la cotation pour tous semble bien révolue : le choix de la cotation divise désormais le monde des entreprises selon le stade de développement, le mode de propriété et le degré d'intégration mondiale.

Ce livre s'est ouvert sur une double question : comment expliquer la résilience d'un système économique qui, s'il est soumis à des crises à répétition, retrouve à chaque fois rapidement son sentier de croissance ? Quelles conclusions tirer du mouvement de libéralisation et de déréglementation à la lumière des affaires Enron et Worldcom ?

Le processus de dérégulation/rerégulation dans le secteur des services publics en réseau est comparable à celui en cours dans la sphère financière. Ce processus procède de l'idée selon laquelle les failles constatées du marché justifient une régulation, mais que celle-ci induit des coûts élevés et des effets pervers. À moins de poser l'hypothèse d'un État régulateur bienveillant, parfaitement informé et résolument désintéressé, ce qu'il ne peut être, il faut accepter qu'il poursuive des intérêts propres et risque bien souvent de se voir capturer par le milieu contrôlé. Il ne dispose par ailleurs que d'une information lacunaire et, face aux turbulences de l'environnement technique et économique, sa capacité à trouver des solutions est limitée. En raison de ces lacunes de la régulation étatique, un mouvement de déréglementation des services publics en réseau et des professions fermées a pris son essor à partir des États-Unis. Worldcom, Vivendi et Enron ont été les grands bénéficiaires de politiques qui pariaient sur la mise en concurrence de services en réseau sous la surveillance de régulateurs spécialisés.

Or les récits croisés de ces entreprises montrent que la dérégulation soulève en réalité autant de problèmes que la régulation. Si on s'accorde sur l'objectif final, à savoir substituer un ordre concurrentiel à un ordre monopoliste, le type de marché qu'on veut instituer, le niveau et l'objet de la régulation à maintenir soulèvent de redoutables problèmes.

La faillite de Worldcom, précédée par celle de nombre de CLEC's et de DLEC's, la disparition de plusieurs opérateurs alternatifs européens, ainsi que la formation d'un oligopole des

« baby bells » américaines sur les ruines d'ATT pourraient laisser penser que la dérégulation des télécoms fut un échec [11]. De même, le constat que la baisse des prix de l'électricité, le démantèlement des monopoles verticalement intégrés et l'optimisation des marchés électriques grâce aux bourses auraient finalement conduit à des hausses de prix, à des concentrations et à des manipulations des bourses pourrait conduire à un bilan négatif.

La vérité est plus complexe et l'on peut tout à fait soutenir, comme nous aimerions le faire, que les effets incontestablement positifs de la dérégulation ne sont pas en contradiction avec la nécessité de fonder une nouvelle ère de la régulation.

Le fait de casser des monopoles verticalement intégrés a obligé les firmes concernées à rendre au consommateur la rente de monopole, comme l'attestent les baisses de prix observées sur le marché des télécoms et de l'électricité. L'injonction faite aux opérateurs dominants d'ouvrir leurs réseaux à des offreurs de services concurrents a stimulé l'émergence d'une multitude de nouveaux acteurs particulièrement innovants. Mais la conjonction d'une nouvelle vague d'innovations, des spéculations liées à la « nouvelle économie » et des effets délétères de l'idéologie de la dérégulation a cependant conduit au surinvestissement dans les télécoms, aux manipulations des marchés électriques et au désarmement des puissances publiques.

La leçon de ces expériences est à nos yeux relativement simple. Il en va des institutions comme des activités : l'innovation et les transformations des marchés génèrent des processus de destruction créatrice. La séquence de ce processus de déréglementation/reréglementation est toujours la même : des secteurs dominés par des monopoles régulés qui handicapent le développement économique sont ouverts à la concurrence ; cette politique produit des effets vertueux, mais elle favorise également des

---

[11]. Le Bell system contrôlé par ATT a été cassé par le juge Greene en 1984. Sur les 7 baby bells alors créées, 2 ont émergé par regroupements successifs, Verizon et SBC. Leur accès au marché des mobiles, de l'interurbain et de l'Internet a de plus affaibli ATT, qui finira par disparaître (absorbé par SBC), et ses concurrents Worldcom, MCI et Sprint. Worldcom et MCI, qui avaient fusionné, ont fait faillite, et le nouveau groupe formé sur les ruines de Worldcom a été l'objet d'une bataille entre Verizon et Qwest.

manipulations du marché et peut décourager l'innovation. Un design institutionnel pouvant même se révéler inadapté. Un nouveau dispositif de régulation peut alors émerger.

En ce qui concerne la résilience du système économique, la réponse est triple.

D'une part, la qualité de la gestion macroéconomique des crises s'est considérablement améliorée. En témoigne la politique monétaire mise en place par Alan Greenspan, lors de son arrivée à la tête de la réserve fédérale. Comme l'ont montré Brender et Pisani, cette politique avait cependant besoin, pour être pleinement efficace, de relais permettant d'agir rapidement sur le comportement des agents économiques que sont les consommateurs, les investisseurs et les agents financiers. L'existence de marchés financiers développés réactifs à la baisse des taux et produisant rapidement des effets d'incitation sur les acteurs a été le canal privilégié de transmission de ces politiques macroéconomiques par temps de crise.

La titrisation et la formidable croissance des produits dérivés expliquent en partie le mécanisme vertueux qui transforme en quelques mois une baisse de taux monétaires courts en une reprise de la consommation et en boom immobilier. S'il est peu probable qu'une consommation soutenue artificiellement par la monétisation des actifs puisse constituer une solution durable, force est de reconnaître que cette stimulation de l'activité a été bienvenue, que le relais de la consommation a été pris par l'investissement et qu'au total la performance de croissance a été bien meilleure aux États-Unis qu'en Europe.

L'essor de la finance de marché joint à une régulation prudentielle stricte appliquée aux banques a favorisé le développement d'une industrie du risque, ce qui explique que l'éclatement de la bulle de l'Internet n'ait pas provoqué la faillite des institutions financières. Certes les nostalgiques de la puissance industrielle pourront déplorer que des opérateurs de télécoms aient disparu ou se soient appauvris pendant que les institutions financières qui leur vendaient fort cher des conseils mal avisés ont continué à prospérer. Mais les affaires Vivendi ou Enron nous ont appris que ces entreprises avaient précisément choisi de se réinventer en financier non régulé pour l'un et de se transformer en banque d'affaires pour l'autre.

Si le système a résisté, c'est avant tout parce que le risque était disséminé : comme tous les détenteurs de polices d'assurance, de fonds de retraite et de placements financiers possédaient une part du risque, cela a permis aux institutions financières, dont le revenu dépendait de plus en plus du service rendu et de moins en moins de l'intermédiation, de sortir indemnes de la crise.

Il n'en reste pas moins que le traitement des crises par la réserve fédérale, l'innovation financière continue, l'accélération des mutations économiques fragilisent l'ordre mondial et installent la volatilité au cœur des processus économiques. De nouvelles crises peuvent survenir dans des économies de plus en plus favorables à la formation de bulles spéculatives.

Dans *L'Ordre économique mondial,* paru en 2001, nous avancions la thèse selon laquelle la « nouvelle économie » ne résiderait ni dans l'irruption de l'Internet ni même dans une éventuelle troisième révolution industrielle. C'est dans la conjonction de trois évolutions économiques majeures – la vague d'innovations des NTIC, la mondialisation et le retour des droits de propriété – et de deux évolutions politiques décisives – l'intégration régionale et la multiplication des autorités de régulation indépendantes – que résidait alors à nos yeux la grande transformation.

Ce que nous nommions un « ordre économique » a depuis été soumis à rude épreuve : krach de l'Internet, montée de l'unilatéralisme commercial, crise du modèle patrimonial, failles de la régulation et interrogations sur le modèle d'intégration européen. Et pourtant, la réactivité du système ne cesse d'étonner et la convergence vers un modèle de capitalisme financier régulé ne paraît guère devoir s'interrompre. La crise de confiance la plus grave depuis 1929 semble avoir été résorbée sans dommage sérieux, bien que certains dénoncent les « dérives du capitalisme financier » et prophétisent que les crises connues dans la période récente en annoncent d'autres plus graves encore. D'autres croient à l'inverse voir dans l'articulation trouvée entre nouvelles technologies, marchés financiers et autorités politiques un équilibre dynamique facteur de croissance continue.

Notre démarche, plus pragmatique, montre pour sa part que la « grande transformation » que nous annoncions est bien à l'œuvre, même si les dispositifs dominants lors d'une phase du cycle se trouvent remis en cause après un choc économique majeur. Ainsi, même si le krach de l'Internet conduit à redécouvrir les échelles de temps en industrie et la différence entre innovation technique et marché solvable, il ne remet pas fondamentalement en cause la dynamique de diffusion des technologies de l'information. Bien que la crise de confiance ouverte par Enron provoque des réaménagements significatifs dans les modes de régulation dont témoigne la loi Sarbanes-Oxley, elle ne met pourtant pas en péril le fonctionnement du capitalisme financier régulé. Enfin, si les échecs de la régulation semblent discréditer l'idéologie de l'autorégulation, ils n'entament pas la capacité à inventer à chaque étape du développement une forme spécifique d'articulation innovation-régulation.

La régulation ne peut prévenir les effets potentiellement déstabilisants de l'innovation financière, mais elle peut l'encadrer, une fois ses effets révélés. L'affaire Enron et son traitement livrent en ce sens la clé de la dynamique capitaliste, qui se définirait par une acceptation du risque conjointe à une destruction institutionnelle créatrice. Ainsi, l'industrie financière n'a cessé d'investir de nouveaux champs, et a débordé constamment les règlements censés l'organiser, de sorte que l'arbitrage réglementaire est même devenu l'un des ressorts majeurs de l'innovation. En effet, les autorités politiques, administratives et judiciaires américaines réagirent très rapidement en initiant un nouveau dispositif de régulation.

Pour les Européens, la leçon aurait mérité d'être méditée. L'intermédiation bancaire, le financement par la dette et le regard bienveillant de régulateurs accommodants en matière d'information financière constituaient en effet la base d'un capitalisme rhénan propice au développement industriel car animé par des investisseurs patients. Et pourtant, malgré ses imperfections, ses dérives et ses crises, le capitalisme financier régulé s'impose en Europe. À la différence du modèle européen, il facilite l'action macroéconomique en offrant des canaux de transmission rapide aux orientations des banquiers centraux, permet la prise de risque, sa gestion et sa dissémination entre épargnants. Il a prévenu jusqu'ici les crises systémiques en se fondant sur une exigence d'information et de responsabilité indissociable des régulateurs qui l'organisent. Avec une application qui frise l'obsession, le régulateur américain a dépouillé la profession comptable de son autorégulation, contraint les dirigeants à se porter personnellement garants des comptes, et même codifié la délation interne afin que les dirigeants ne puissent pas faire taire ceux qui auraient vent d'une malversation[12].

Enfin, pour achever de contraindre ceux qui ne s'encombreraient pas d'éthique et méconnaîtraient leur intérêt bien compris, il reste la peur du juge : avec Eliot Spitzer, le *Financial Times* a bien choisi l'homme qui incarne le mieux le nouvel âge du capitalisme.

---

12. Organisation légale de la dénonciation ou *whistleblowing*. Toute entreprise doit organiser un mécanisme interne protecteur de dénonciation des pratiques illégales de l'entreprise. Afin d'éviter qu'un salarié ne soit contraint d'enfreindre la loi parce que sa hiérarchie le lui commande, un mécanisme doit être prévu qui permet au salarié de dénoncer une pratique illicite tout en se protégeant des sanctions de ses supérieurs hiérarchiques.

Lexique financier

Arbitrage
Opération qui consiste à dégager un bénéfice en tirant partie des seules imperfections susceptibles d'apparaître entre différents marchés. L'arbitrage est donc une combinaison de plusieurs opérations ne nécessitant globalement aucune mise de fonds ni aucune prise de risque.

Brokerage
Courtage.

Chinese Wall ou Firewall
« Muraille de Chine » ou barrière légale établie entre activités exercées au sein d'un même groupe et visant à prévenir la communication d'informations pouvant soulever des problèmes de conflits d'intérêts.

Future
Contrat à terme. Il s'agit d'un produit financier qui permet à un acheteur et à un vendeur de s'engager l'un à acheter, l'autre à vendre, à une échéance fixée, un instrument financier à un prix décidé le jour de l'engagement. Les *forwards* sont quant à eux

des contrats à terme qui s'échangent de gré à gré. Ils ne sont donc ni standardisés ni supervisés sur une bourse organisée.

Gestion alternative

Gestion décorrélée des indices de marchés. Ce type de gestion, qui repose sur des stratégies et des outils à la fois diversifiés et complexes, est donc réservé aux investisseurs « avertis », c'est-à-dire aux investisseurs institutionnels comme les banques.

Hedge Fund

Fonds d'arbitrage ou de couverture. L'arbitrage permet d'assurer l'égalité des prix à un même moment. Il assure la fluidité entre les différents marchés et contribue à leur liquidité. Contrairement à ce que leur dénomination suggère, les fonds d'arbitrage sont en fait des fonds spéculatifs. Il existe des *hedge funds* de plusieurs types : les fonds macro, les fonds d'arbitrage obligataires, les fonds d'arbitrage en fusions-acquisitions et les fonds d'options. Dans le cas le plus fameux, le *hedge fund* LTCM exploitait les écarts de taux entre taux longs et taux courts.

Instruments financiers

Ils regroupent :
- les actions et autres titres donnant ou pouvant donner accès aux droits de vote (certificats d'investissement, bons de souscription d'actions, etc.) ;
- les titres de créance (obligations, OCEANE, titres subordonnés à durée indéterminée, etc.) ;
- les parts ou actions d'organismes de placement collectif (actions de Sicav, parts de FCP, etc.) ;
- les instruments financiers à terme (contrats d'option d'achat ou de vente, contrats financiers à terme, contrats d'échange, etc.).

Investment grade

Il s'agit de mesurer le risque de solvabilité d'un emprunteur. Il existe des organismes spécialisés dans l'analyse du risque de défaut qui délivrent une note : le rating. Ainsi, au sein de l'échantillon suivi par Standard and Poor's et au bout de 20 ans, 0,6 % des émetteurs notés AAA (*investment grade*) n'ont pas honoré une échéance sur un emprunt tandis que 43 % des émetteurs notés B ont fait défaut (*non investment grade*).

OTC *(Over The Counter)*
Marché hors cote décentralisé électronique (par opposition à une bourse) sur lequel interviennent des opérateurs financiers et où s'échangent des titres non traités sur une bourse d'échanges.

PER *(Price Earning Ratio)*
Le PER d'une action est égal au rapport de la valeur de cette action au bénéfice par action. On l'appelle aussi multiple de capitalisation des bénéfices.

Produit dérivé
Instrument financier spéculatif qui s'appuie sur des valeurs mobilières dites sous-jacentes. On trouve dans cette catégorie de produits les contrats à terme, les options ou encore les *swaps*.

Put & call options
Contrats d'option d'achat ou de vente. Une option *Put* est un instrument financier qui donne à un investisseur le droit de vendre un paquet de titres à un prix fixé à l'avance et durant une période déterminée. L'investisseur se protège ainsi contre des variations qui peuvent affecter la valeur de titres détenus. Une option *Call* est un contrat qui permet l'achat d'un nombre spécifié de titres à un prix fixé à l'avance avant la date d'expiration du contrat.

Special Purpose Entity
Technique financière de déconsolidation permettant à une firme de diminuer son risque en le transférant à une structure partenariale à laquelle elle associe des investisseurs extérieurs. Pour échapper à la consolidation, cette unité doit respecter des critères comptables strictement définis.

Stock option
Option sur des titres émis par des sociétés à destination de leurs personnels. Des options d'achat d'actions d'une société à un prix fixé et à une échéance donnée sont proposées à un salarié. À l'échéance de l'option, si l'action de la société est à la hausse, le salarié peut exercer ses options et acheter les actions à un coût avantageux.

Swap
Échange de flux financiers portant sur des opérations à taux fixes ou variables, sur des devises ou des dettes, à une échéance fixée à l'avance.

Titrisation de créances hypothécaires (*mortgage-backed securities*)
Activité consistant à acheter les prêts bancaires accordés aux particuliers qui accèdent à la propriété, puis à regrouper ces actifs en « pools » revendus ensuite sur le marché sous forme d'obligations.

Bibliographie

ABBATE, Janet, *Inventing the Internet*, Cambridge, MIT Press, 1999.
AGLIETTA, Michel, REBERIOUX Antoine, *Dérives du capitalisme financier*, Paris, Albin Michel, 2004.
ALBERT, Michel, *Capitalisme contre capitalisme*, Paris, Seuil, 1991.
AMABLE, Bruno, *The Diversity of Modern Capitalism*, Oxford, Oxford University Press, 2003.
ARTUS, Patrick, *La Nouvelle Économie*, Paris, La Découverte, 2001.
AUGAR, PHILIP, *The Death of Gentlemanly Capitalism*, New York, Penguin Books, 2000.
BANCEL-CHARENSOL, Laurence, *la Déréglementation des Télécommunications*, Paris, Economica, 1996.
BAKER, George P., DAVID SMITH George, *The New Financial Capitalists*, Cambridge, Cambridge University Press, 1998.
BÉBÉAR, Claude, MANIÈRE Philippe, *Ils vont tuer le capitalisme*, Paris, Plon, 2003.
BOYER, Robert, DEHOVE Mario, PLIHON Dominique, *Les Crises financières*, Paris, CAE- La Documentation française, 2004.
BOYER, Robert, *Une théorie du capitalisme est-elle possible?* Paris, Odile Jacob, 2004.

BRENDER, Anton, *La France face aux marchés financiers*, Paris, La Découverte, 2004.
BRENDER, Anton, PISANI Florence, *La Nouvelle Économie américaine*, Paris, Economica, 2004.
—, *Les Marchés et la croissance*, Paris, Economica, 2001.
BRIANÇON, Pierre, *Messier Story*, Paris, Grasset, 2002.
BRIE-IGCC E-Conomy Project, *Tracking a Transformation*, Washington, Brookings, 2001.
BRUCK, Connie, *The Predators' Ball*, New York, Penguin Books, 1998.
CAIRNCROSS, Frances, *The Death of Distance*, Londres, Texere, 2001.
CARDOSO, Aldo, *L'Arnachie libérale*, Paris, Fayard, 2003.
CASSIDY, John, « The Greed Cycle », *The New Yorker*, 23 septembre 2003.
—, *Dot.con : How America Lost its Mind and Money in the Internet Era*, Londres, Penguin Books, 2002.
CEDDAHA, Franck, *Fusions Acquisitions*, Paris, Economica, 2005.
CLARKE, Thomas ed., *Theories of Corporate Governance*, Londres & New York, Routledge, 2004.
CROCKETT, Andrew & *alii*, *Conflicts of Interest in the Financial Services Industry : What should we do about it?*, Londres, CEPR, 2003.
CRUVER, Brian, *Anatomy of Greed*, New York, Caroll & Graff Publishers, 2002.
DERTOUZOS, Michael, *What Will Be*, New York, Harper Collins, 1997.
DUNBAR, Nicholas, *Invenring Money*, Hoboken, Wiley & Sons, 2000.
The Economist, « The World in your pocket : a survey of Telecommunications », 9 octobre 1999.
—, « Untangilng e-conomics : a survey of the "New Economy" », 23 septembre 2000.
—, « A cruel sea of capital : a survey of global finance », 3 mai 2003.
—, « Kings of capitalism : a survey of private equity », 27 novembre 2004.

—, « Living dangerously : a survey of risk », 24 janvier 2004.
—, « A perfect market : a survey of e-commerce », 15 mai 2004.
EMMANUEL, William, *Le Maître des illusions*, Paris, Economica, 2002.
FENEYROL, Michel, *Télécommunications : réalités et virtualités*, Paris, Masson, 1996.
FLIGSTEIN, Neil, *The Transformation of Corporate Control*, Cambridge, Harvard University Press, 1990.
FOX, Loren, *Enron : The Rise & Fall*, Hoboken, Wiley & Sons, 2003.
GASPARINO, Charles, *Blood on the Street*, New York, Free Press, 2005.
GENTY, Laurence, *UMTS et partage de l'espace hertzien*, Paris, Hermès, 2001.
GIRAUD, Pierre-Noël, *Le Commerce des promesses*, Paris, Seuil, 2001.
GRAVEREAU, Jacques, TRAUMAN Jacques ed., *Crises financières*, Paris, Economica, 2001.
GILDER, George, *Telecosm*, New York, Free Press, 2000.
GRAY, John, *False Dawn*, New York, The New Press, 1998.
HALL, Peter A., SOSKICE David ed., *Varieties of Capitalism*, Oxford, Oxford University Press, 2001.
HOLMSTROM, Bengt, KAPLAN Steven, « Corporate Governance and Merger Activity in the US », *Journal of Economic Perspectives*, vol.15, n° 2, printemps 2001.
HUNDT, Reed E., *You Say You Want A Revolution*, Yale, Yale University Press, 2000.
JETER, Lynne W., *Disconnected Deceit and Betrayal at Worldcom*, Hoboken, Wiley & Sons, 2003.
KAY, John, *The Truths about markets*, Londres, Penguin Allen Lane, 2003.
KINDLEBERGER, Charles P., *Mania, Panics and Crashes*, Hoboken, Wiley & Sons, 1978.
KITSCHELT, Herbert & *alii*, *Continuity and Change in Contemporary Capitalism*, Cambridge, Cambridge University Press, 1999.
KLEIN, Alec, *Stealing Time*, New York, Simon & Schuster, 2003.

KOVACIC, William, SHAPIRO Carl, « Antitrust Policy : a century of economic and legal thinking », *Journal of Economic Perspectives*, vol. 14, n° 1, hiver 2000.

KRUGMAN, Paul, *The Great Unraveling*, Londres, Penguin Allen Lane, 2003.

LOWENSTEIN, Roger, *When Genius Failed*, Londres, Harper Collins, 2001.

McCRAW, Thomas ed., *Regulation in Perspective*, Boston, Harvard Business School, 1981.

MESSIER, Jean-Marie, *J6M.com*, Paris, Hachette, 2000.

— avec MESSAROVITCH, Yves, *Mon vrai journal*, Paris, Balland, 2002.

MICKLETHWAIT, John, WOOLRIDGE Adrian, *The Company*, Londres, Random House, 2003.

ORLEAN, André, *Le Pouvoir de la finance*, Paris, Odile Jacob, 1999.

ORANGE, Martine, JOHNSON Jo, *Une faillite française*, Paris, Albin Michel, 2003.

PARTNOY, Frank, *F.I.A.S.C.O.*, Londres, Profile Books, 1997.

—, *Infectious Greed*, Londres, Profile Books, 2003.

PASTRE, Olivier, VIGIER Michel, *Le Capitalisme déboussolé*, Paris, La Découverte, 2003.

PETIT, Jean-Pierre, *La Bourse, rupture et renouveau*, Paris, Odile Jacob, 2003.

PLENDER, John, *Going off the Rails*, Chichester, Wiley & Sons, 2003.

RAJAN, Raghuram G., ZINGALES Luigi, *Saving Capitalism from the Capitalists*, New York, Crown Business, 2003.

Revue d'économie financière, *Juste valeur et évaluation des actifs*, Paris, février 2003.

Revue économique, *Économie de l'Internet*, Paris, Presses de Sciences Po, octobre 2001.

ROE, Mark J., *Political Determinants of Corporate Governance*, Oxford, Oxford University Press, 2003.

SAUVAGE, Gérard, *Les Marchés financiers*, Paris, Seuil, 1999.

SAXENIAN, Annalee, *Regional Advantage : Culture and Competition in Silicon Valley and Route 128*, Cambridge, Harvard University Press, 1996.

SHILLER, Robert J., *The New Financial Order*, Princeton, Princeton University Press, 2003.
—, *Irrational Exuberance*, Princeton, Princeton University Press, 2000.
SHLEIFER, Andrei, *Inefficient Markets*, Oxford, Oxford University Press, 2000.
STIGLITZ, Joseph E., *The Roaring Nineties*, New York, Norton, 2003.
STOFFAES, Christian dir., *Vers une régulation européenne des réseaux*, Paris, ISUPE, 2003.
SWARTZ, Mimi, avec la collaboration de WATKINS, Sharon, *Power Failure. The Rise & Fall of Enron*, Londres, Aurum Press, 2003.
VERNIMMEN, Pierre, *Finance d'entreprise*, Paris, Dalloz, 2002.
VERON, Nicolas, AUTRET Matthieu, GALICHON Alfred, *L'Information financière en crise*, Paris, Odile Jacob, 2004.
VISAVU, Jean-René, *Dernier Séminaire à Deauville*, Paris, Albin Michel, 2002.
WASSERSTEIN, Bruce, *Big Deal*, New York, Warner Books, 2001.

Index

A

Adams, Charles : 50.
ADSL (*Asymmetrical Digital Subscriber Line*) : 140, 144-147.
Aglietta, Michel : 336.
Ahold : 9, 14, 302, 304.
AICPA (*American Institute of Certified Public Accountants*) : 321.
AIG : 368.
Alcatel : 82, 123, 136, 270, 296, 348, 351.
Allianz : 350.
Amazon : 114, 234, 240, 250-252.
Andreessen, Marc : 237.
AOL-Time Warner : 22, 98-102, 105-106, 109-110, 114, 129-130, 140, 145, 141, 150-155, 197-199, 201, 207, 218, 223, 239-241, 250-253, 263-264, 280, 283, 328.
Arbitrage group : 175.
Arbitrage réglementaire : 159, 177-180, 196, 260, 300, 305, 333, 372-373, 375-376, 381, 383.

Arnault, Bernard : 100, 155, 289.
Arrêt Munn contre l'État d'Illinois : 50.
ART (*Autorité de Régulations des Télécommunications*) : 146, 215-216.
Arthur Andersen : 13, 182, 190, 276, 283, 300-302, 324, 330.
Asset light : 160, 183-184, 186, 293, 330.
ATR : 55.
ATT : 50, 120-123, 125-127, 129, 132-134, 142, 146, 269, 319, 371, 378.
Axa : 265, 287, 351.
Azurix : 74-77, 274.

B

B2B : 234, 250, 252, 264.
B2C : 234, 250, 264, 272.
baby bells : 122, 125-127, 133, 144, 146, 378.
Bâle 2 : 372-374.

Bangemann, Martin : 135.
Bank of America : 162, 165, 168-170, 178, 195.
Bankers Trust : 304-305.
Banque Lazard : 21, 28, 39, 88, 352.
Bébéar, Claude : 287, 290, 303, 328, 351.
Beffa, Jean-Louis : 285-286.
Bell Atlantic : 127, 129, 144.
Bell Canada Entreprise (BCE) : 153-154.
Bell system : 121, 123, 378.
Bellsouth : 96.
Benartzi, Shlomo : 245.
Berle, Adolf A. : 306-307.
Berners Lee, Tim : 118, 354, 357, 372.
Bertelsmann : 84, 88, 99-101.
Biggs, Barton : 247.
Black and Sholes : 168, 175.
Blodget, Henry : 99, 250, 251, 319-320, 359, 367.
BNP-Paribas : 265, 286, 290, 348-349, 351.
Bonlat : 305.
Boone Pickens, T. : 307.
Bowen, Jack : 56.
Brandeis, Louis : 51-52, 369.
Brender, Anton : 12, 172, 174, 176, 336, 379.
British Telecom : 94, 96, 101, 104, 106, 123, 125, 269, 283.
Broadband connectivity : 138, 144.
Bronfman, Charles : 288.
Bronfman, Edgar Jr. : 153, 197-199, 203, 209-210, 288-289.
BSkyB : 91-93, 109, 201, 203, 207, 217, 283, 292, 305, 324.
BT : 124-126.
Buffett, Warren : 234, 248, 364, 368.

Bulle spéculative :
– 1929 : 7-8, 50, 54, 302, 332-333, 370.
– Économie industrielle de la bulle : 230, 234, 236, 240, 257-259, 262-264, 369, 380.
– Immobilière : 8, 18, 22, 34, 37, 44, 110.
– Internet : 7, 101, 107, 110, 113, 142, 148, 155-157, 172, 199, 211, 233-234, 236, 251, 253, 257-258, 260-261, 264-269, 271, 274, 278-279, 282, 291, 297, 318-319, 322-323, 327, 360, 365, 368, 377.
Bush, George W. : 15, 60-62, 66, 73, 332, 367.

C

Câble : 22, 27-29, 37-38, 82, 91, 95, 112, 114, 118, 120, 123, 126-128, 130-131, 136-141, 143-146, 150-151, 198, 229, 238, 241-242, 393-394.
Cactus funds : 181.
Calpers : 182, 187-188, 254, 333, 339.
CanalSatellite : 88, 91, 93, 100, 107, 202.
Canal+ : 29-30, 39, 79, 82, 87, 93, 99-100, 102, 105, 107, 110, 155, 198, 207-208, 210, 216, 229-230, 281-282, 284-286, 288, 323, 352.
Capitalisme : 7-9, 11, 13, 15-17, 44-49, 153, 160, 293, 298, 301-302, 307-308, 310, 330, 335-338, 340, 342-344, 354, 370, 375, 380.
– allemand : 338, 381.
– américain : 11, 13, 48, 194, 303, 335, 355, 360, 368-369.

Index

– convergence des : 14, 16-17, 335-361, 365.
– de connivence (*crony capitalism*) : 48, 58, 303, 336, 351.
– européen : 14, 355-356, 361, 381.
– français : 17, 22, 39, 85, 335, 340, 345-350, 353.
– régime national : 337-339, 349, 353.
Cardoso, Aldo : 13, 322.
Carter, Jimmy : 51, 54.
Case, Steve : 22, 150, 192, 212, 223.
CBO (*Collateralized Bond Obligations*) : 174.
Cegetel : 94-96, 99-100, 103, 106, 129, 201, 206, 224-225, 281, 283.
Cerf, Vinton : 118.
CFTC (*Commodity Future trading Commission*) : 60.
CGE (Compagnie Générale des Eaux) : 15, 21-45, 79-85, 89, 94-95, 98-99, 104, 213, 222-224, 286, 295-596, 346, 350-352.
Chandler, Alfred : 307.
Cinven : 227.
CIP (Compagnie Immobilière Phénix) : 35.
Cisco : 123, 141, 183, 250-251, 270.
Citron, Robert : 194.
Civil Aeronautics Board : 51.
Clark, Jim : 237-238.
Clayton Act : 49.
CLEC : 127, 246, 377.
Clinton, Bill : 12, 133, 138, 246.
Coase, Ronald : 308-309.
COB : 280, 283-284, 288, 305, 324.
Cohen, Abbie : 248.

Compagnie Générale de Vidéocommunications : 29.
Comprehensive National Energy Policy Act : 62.
Concession de service public :
– Décapitalisation : 45.
– histoire : 23-25.
Conflit d'intérêts : 13, 276, 303, 305, 312-333, 358, 360-361, 371, 383.
– Analystes financiers : 314-320, 360.
– Agences de notation : 303, 313, 324-327.
– Auditeurs comptables : 276, 303, 305, 313, 320-324.
– Banques d'affaires : 303, 327-329, 359.
Corporate governance : 306, 311, 349.
– France : 349.
– États-Unis : 11, 306, 339, 355, 371-372.
– Europe : 38, 373.
Credit Suisse First Boston (CSFB) : 196, 280.
Crises systémiques : 11, 382.
Cycle de la cupidité (*greed cycle*) : 306.

D

Dabhol : 72-73, 77, 189, 274.
Dauzier, Pierre : 30, 82-83, 89, 98, 352.
Dejouany, Guy : 21-22, 26-32, 34-39, 44, 84, 88, 90, 295-296, 351-352.
Deloitte & Touche : 324.
Dent, Harry : 243.
Deutsche Bank : 207, 278-279, 283, 289, 324, 350.

Deutsche Telecom : 96.
DGT (Direction Générale des Télécommunications) : 27-28, 132.
Diller, Barry : 22, 208-211, 218, 226.
Direct TV : 89, 129, 209.
Disney : 22, 198, 210, 226.
DLEC : 127, 146, 377.
DLJ : 101.
Dreamworks : 206.
Dresdner : 350.
DTI (Department of Trade and Industry) : 266.
Dynergy : 274.

E

Ebbers, Bernie : 356-357, 372.
EBITDA (*Earnings Before Interest, Tax, Depreciation and Amortization*) : 280-281, 283, 306.
EchoStar : 208-209, 211, 218, 228, 278, 292, 297.
EDF : 220, 222.
Elektrim Telekomunika : 223-224, 228.
Energie électrique : 10, 44, 49-50, 54, 86, 163, 188-189, 219-220, 370.
  – Dérégulation : 47, 53.
    - Californie : 10, 18, 55, 58-59, 62-66, 69-70, 274.
    - France : 293.
    - Europe : 292-293.
  – Distribution : 65.
  – Économie du secteur : 43, 50, 53-54, 61, 63, 65, 70, 74, 87, 161, 184, 276.
  – Effet NIMBY : 68.
  – Organisation des marchés : 64, 70-71, 75-77, 163-164, 179, 184, 220, 378.
  – Production : 26, 62, 65-66, 72, 87, 184.
  – Transport : 53, 55, 59, 68-69, 71, 126.
Energy Policy Act : 55, 62.
Enron : 7-18, 47-49, 51, 53, 55-61, 63, 65-78, 86-87, 114, 159-167, 169, 171, 173, 175, 177-193, 195-196, 219, 273-277, 279, 287, 290-294, 298-299, 302-306, 310, 312-313, 315, 321-324, 326, 329-330, 333, 335-337, 353, 355-356, 360, 363-365, 371, 377, 379, 381, 389, 391, 394, 396.
Enron Capital & Trade Ressources : 164.
Enron Renewable Energy Corp. : 163.
Enron Transwestern pipeline company : 58.
E-Plus : 96.
Ericsson : 123, 266-267, 270.
Ernst & Young : 324.
E-Trade : 101.
Excite : 98.
Exubérance irrationnelle des marchés : 234, 240, 247, 249, 263-264, 319.
Exxon : 48.

F

FAI (Fournisseurs d'accès Internet) : 9, 12, 51, 58, 68, 93-94, 98-99, 106, 110, 121, 127, 145-146, 152, 156, 159, 161, 166, 194, 202, 223, 228, 239-240, 242, 244, 250, 278, 296, 302, 327, 331, 337, 341, 365, 372.
Failles systémiques : 13, 196, 301-333, 336.

Fannie Mae : 160, 172-174.
FASB (*Financial Accounting Standards Board*) : 178, 281, 321, 361-362.
Fastow, Andy : 74, 181, 187-190, 275.
FCC (Federal Communications Commission) : 51, 129, 134.
FERC (Federal Energy Regulatory Commission) : 55-57, 60.
Finance structurée : 171.
Fitch : 190, 324, 332.
FCC (Fomento de construcciones y contrata) : 85.
Fonds de pension (*pension funds*) : 167, 182, 187, 193, 253, 255, 325, 333, 339, 349, 353, 364.
Fourtou, Jean-René : 290.
France Télécom : 27, 29, 31, 88, 95, 99, 101-102, 119, 123-124, 136, 146, 215-216, 224, 266, 269.
Freddie Mac : 173-174.

G

Galbraith, James : 307.
Gates, Bill : 212.
Gaz :
– Économie du secteur : 53, 56-58, 61-62, 67, 70-73, 76, 161, 163, 165, 165-166, 179, 181, 184.
– Régulation : 59.
– Trading : 48-49, 77, 162, 164, 184.
General Dynamics : 234.
Gent, Chris : 97, 106.
Geocities : 101.
Germond, Philippe : 97, 100, 216, 225-226.
Gilder, George : 239.

Gingrich, Newt : 247.
Glass-Steagal Act : 178, 300-301, 370, 374.
Global Crossing : 127, 129-130, 163, 319.
Goldman Sachs : 108, 180, 248, 279, 315, 328, 332.
Gore, Albert : 126, 133, 137-138, 142, 246, 394.
GPU (*General Public Utilities*) : 87.
Gramm, Phil : 60, 180.
Greenberg, Hank : 368.
Greenspan, Alan : 194, 234-235, 247-250, 257, 379.
Grossman, S. J. : 259.
Grubman, Jack : 250-251, 319, 357, 359, 371.

H

Hachette : 154-155.
Hachette-Matra : 352.
Hannezo, Guillaume : 41, 97, 203, 217-218, 221, 225, 278-279, 296, 323.
Havas : 29, 30, 39, 81-84, 87, 89-90, 98-99, 101, 103, 107, 152, 226-227, 283, 347, 352, 394.
Hayek, Friedrich : 346.
Hedge funds : 255, 331, 376.
Holzmann, Philipp : 350.
Houghton Mifflin : 226-228, 297.
Houston Natural Gas : 56-57, 183.
HTML : 118, 162, 183.

I

IAS (*International Accounting Standards*, normes) : 356, 362.
IASB (*International Accounting Board*) : 361-363.

IASC (*International Accounting Standards Committee*) : 361-362.
Icahn, Carl : 309.
ICC (*Interstate Commerce Commission*) : 50.
IFRS (*International Financial Reporting Standards*, normes) : 361, 366, 372-373.
IPO (*Initial Public Offering*) : 98, 175, 238, 253, 257, 395.
Industrie financière :
– Économie du secteur : 186, 235, 242, 253, 274, 291, 305, 316-317, 329, 332-333, 355, 365, 369-370.
– Murailles de Chine : 314, 328, 331, 355.
– Régulation financière : 160, 180, 312, 338, 373, 376, 381.
Innovation financière : 12, 16, 17, 19, 43, 77, 159, 165, 169, 185, 195-196, 304-305, 331, 341, 345, 368, 372, 380-381.
Intel : 116, 123, 141, 145.
Internet :
– Économie : 211, 226-227, 234-236, 239-240, 242-243, 247, 250, 253, 260, 263, 265, 267-268, 270-271, 274, 291, 318, 322, 368, 380-381.
– Entreprise : 237-239, 246, 250-251, 272, 278, 322.
– Gourou : 250, 319-320, 367.
– Mobile : 236, 253, 265, 267, 269.
– Modèle d'affaires : 227, 237, 241-242, 249, 257, 264, 279, 281, 286, 294.
– Technologie : 236, 241.
Internorth : 56-57, 183.
ISO (*Independent System Operator*) : 62-63, 69.

J

JEDI (*Joint Energy Development Investors*) : 182, 187-188.
Jensen, Michael : 308-310.
Junk bonds : 170-171, 174, 276.

K

Kahneman, Daniel : 260-261.
KKR : 309-310.
KPMG : 173, 324.
Krieger, Andrew : 168-169.
Krugman, Paul : 68-70.

L

Lachmann, Henri : 285.
Lagardère : 100, 154-156, 352.
Lagardère, Arnaud : 100, 155-156.
Lagardère, Jean-Luc : 154-155.
Landis, James : 51-52.
Lay, Ken : 12, 15-18, 49, 56-62, 67, 70-71, 74-76, 90-91, 162-165, 182, 185, 192-193, 276, 304, 356-357, 394.
Level 3 : 127.
Liberty Media : 210.
Licoys, Éric : 83, 203-204, 217, 284.
Liebermann, Joe : 60.
Loi de Moore : 116.
Loi Erisa : 245, 254.
LTCM (*Long Term Capital Management*) : 8, 19, 175, 371, 384.
Lucent : 123, 127, 270.
Lundberg, Barbara : 223.
LVMH : 289.
Lycos : 97, 153.

M

Mac Donough (ratios) : 372-373.
Maisons Phénix : 32, 34-35.

Malone, John : 210.
Mannesmann : 94, 96-97, 103, 106, 110, 268, 328, 350, 394.
MAP (Multiaccess portal) : 97, 105-107.
Marchés efficients : 175, 259-260.
Mark, Rebecca : 74-77, 364, 390.
Markowitz, Harry : 258.
Maroc Télécom : 224, 228, 283.
Marsh & McLennan : 367.
Martin Act : 368.
Masayonshi Son : 101.
MCI : 121, 123, 125-127, 378.
Means, Gardiner : 306.
Media mogul : 14, 208, 211-212, 224.
Meeker, Mary : 99, 248, 250-251, 319-320.
Meriwether, John : 175.
Merrill Lynch : 114, 195, 320, 332, 367.
Messier, Jean Marie : 14-18, 21-22, 29-31, 37-45, 79-110, 114, 141, 151-152, 154-155, 197-218, 220-222, 224-231, 240, 264, 278-290, 295-298, 305, 323, 328, 335, 350-353, 388, 390, 393, 395.
Microsoft : 111, 123, 129, 140, 145, 239, 250.
Middelhoff, Thomas : 100.
Miller, Merton : 177, 258.
Minitel : 98, 117, 131-133, 136.
Minzberg, Samuel : 288.
Mondialisation : 7-9, 133, 213, 249, 279, 299, 340, 355, 380.
Monopole :
– Administratif : 47, 119, 123, 128.
– Lutte anti : 52, 58, 62, 242, 247, 369, 371, 378.
– Naturel : 50-51, 53, 118, 120-121, 128.
– Verticalement intégré : 50, 52-54, 56, 78, 121, 129-130, 146, 378.
Monty, Jean : 153-154.
Moody's : 80, 164, 287, 324, 332.
Morgan Stanley : 67-68, 162, 238, 247-248, 320, 332.
Mosaic : 118, 237-238.
MP3.com : 227.
Murdoch, James : 92-93, 102, 109, 197, 200, 208.
Mutual funds : 245-246, 255, 258, 333, 371.

N

National Power : 71.
NCSA de l'Université d'Illinois :
Nethold : 88-90, 92-93, 204.
Netscape : 97, 123, 140, 150, 164, 233-234, 236-242, 395.
News Corp : 102, 104, 288.
Nikkei : 170.
Nippon Telecom and Telecommunications : 138.
Noise trader approach : 259.
Normes comptables : 180, 189, 321, 362-363.
– Créativité : 361-363, 372.
– Fraudes : 173, 182, 207, 279-280, 305, 311.
– Régulation : 361, 374.
Northern California Power Agency : 76.
Nouvelle économie : 147, 151, 156, 159, 263, 271, 273, 301, 332, 359, 365, 369, 380.
– Définitions (*new paradigm*) : 8, 12, 61, 106, 112, 142, 172, 174, 239, 248-249, 251, 257.
– Et productivité : 183, 234-235, 240, 249, 370-371, 378.

NTIC (Nouvelles Technologies de l'Information) : 18, 128, 250, 253, 271-272, 380.

O

OPA : 30, 81-82, 85-86, 93, 103, 106, 309-310, 328, 338, 350-352, 354, 356.
OPE : 82, 97, 338.
Oracle : 250.
Orange : 96-97, 194, 215, 240, 328.
Orange County : 194.
OTC (*Over The Counter*) : 167-168, 179, 331, 385.
Oury, Jean-Marc : 34, 36, 39.

P

Pacific Gas & Electric : 63, 65.
Paper, Xavier : 283.
Parmalat : 9-10, 14, 304-305.
Partnoy, Franck : 160, 168, 187, 192-193.
Pathé : 91-93.
PCAOB (Public Company accounting Oversight Board) : 357-358.
Peapod : 252.
Pearson : 93, 226.
Peco Energy : 220.
Peer to peer : 234, 264.
Pellerin, Christian : 35-36.
Pets.com : 252.
Philip Utilities Management : 75.
Pinault-Printemps-La Redoute : 352.
Polygram : 198.
Portland General : 71, 163.
Powell, Colin : 73.
PriceWaterhouseCoopers : 324.
Private equity : 175, 375-376, 388, 395.

Procter & Gamble : 251.
Produits dérivés : 18, 159-160, 165-170, 174, 179-181, 185, 188, 192-196, 206, 256, 323, 364, 379, 395.
Proglio, Henri : 219, 284, 297.
Psycho-économie de la bulle
 – Anchors : 261.
 – Overconfidence Bias : 261.
 – Representativeness heuristic : 261.
PTC (Polska Telefonia Cyfrowa) : 223.
PUC (Public Utilities Commissions) : 55.
PUHCA (Public Utilities Holding Company Act) : 53.
PURPA (Public Utilities Regulatory Policies Act) : 54.

Q

Quattrone, Franck : 238, 248.
Qwest : 129, 130, 378.

R

Rajan, Raghuram : 12, 160, 175, 177, 336.
Rating : 80, 170-172, 292, 356, 384.
Reagan, John H. : 50.
Régulation : 7, 48, 56, 127, 174, 309, 340.
 – Autorégulation : 194, 331-333, 357-358, 365, 368, 374, 381-382.
 – Concurrence des : 78, 178, 305, 33, 358, 369, 375.
 – Échec/insuffisances : 12-13, 18, 52, 64, 66, 77, 146, 160, 196, 303-304, 375, 377.

– Modèle de : 19, 47, 49-50, 52-53, 302, 330, 340.
– Nécessité/efficacité de : 10, 19, 129, 136, 161, 169, 333, 336, 354.
– Nouvel âge : 12, 368-370, 374, 378-379, 381.
– Organes de : 8, 10-11, 47, 50-52, 123, 125, 128, 146, 215, 254, 302, 321, 336-337, 371-372, 374, 380.
– financière : 19, 49, 160, 196, 277, 280, 301-302, 336, 341, 343, 350, 353-354, 361, 368.
– *Sunshine regulation* : 50
Reliant Energy Inc. : 70.
Renault : 154.
Retraites : 8, 244, 253, 302, 369.
Defined benefits : 244.
Defined contributions : 244.
Révolution industrielle : 113, 141, 156-157, 240, 271-272, 380.
Révolution numérique :
– La première, informatique : 112, 116, 271.
– La deuxième, télécoms : 113, 117, 130.
– La troisième, multimédias : 116, 118, 130, 241-242.
Rhythms Net Connection : 183.
ROE (*Return on equity*) : 74.
Roosevelt, Franklin Delano : 51, 53, 173, 332, 370.
Roosevelt, Theodore : 370.
Rousselet, André : 29-30, 88, 90, 352.
Roux, Ambroise : 22, 39, 344, 351.
RWE : 220.

S

Saint-Gobain : 30, 35, 37, 286, 348, 351-352.
Salustro-Reydel : 283, 324.

Sarbanes-Oxley Act : 11, 14, 302-303, 332, 356-358, 360-361, 358, 366, 370-373, 376, 381.
SBC Communication : 94, 139, 283, 378.
Schumer, Charles : 60.
Schumpeter, Joseph : 237.
Schwab : 114.
Seagram : 109, 151, 153, 197-200, 207, 209, 211, 214, 217-218, 221-226, 229, 278, 282, 285, 296, 328.
Securities Act : 321, 370, 374.
SEC (*Securities and Exchange Commission*) : 51, 59, 275, 321, 370.
Seydoux, Jérôme : 91, 93.
Shafir, Eldar : 262.
Sharpe, William : 258.
Sherman Act : 49, 369-370, 374.
Shiller, Robert J. : 236, 244-246, 260, 262.
Shleifer, Andrei : 259-262.
Silicon Graphics : 237.
Silicon Valley : 133, 235, 249, 257.
Siméon, Henri Comte de : 23.
Sithe : 17, 32, 87, 220, 222.
Skilling, Jeff : 61, 71, 77, 162-164, 182, 190, 274-275.
SMS : 108, 272.
Société Française de Radiotéléphone (SFR) : 31, 79, 94-95, 99-100, 106-108, 207, 215, 225, 229, 323, 351-352.
Société générale : 30, 35, 39, 89, 224, 290, 348, 351-352.
Société Lyonnaise des Eaux et de l'Éclairage : 25, 28-29, 31, 38, 74, 84, 88.
Softbank : 101-102.
Solomon : 175.
Southern California Edison : 63.

SPE (*Special Purpose Entity*) : 75, 161, 174, 181-182, 186-189, 195, 275, 304, 330, 385.
Spitzer, Eliot : 303, 319, 359-360, 367-369, 371, 375, 382.
Sprint : 125, 127, 378.
SSII (Société de services informatiques et d'informations) : 136, 252.
Standard and Poor's : 104, 164, 171, 190, 201, 276, 287, 324, 385.
Start-up : 98, 100-101, 108, 114, 176, 183, 238, 250, 252, 308-309, 319-320.
Stigler, George : 51-52, 309.
Stiglitz, Joseph : 11-12, 59, 65, 70, 72, 259, 309.
Stock options : 160, 191, 286, 293, 306, 308, 310-311, 330.
StudioCanal : 91, 202.
Suez : 25, 74-75, 84, 293, 346, 349.
Swaps : 168, 170, 178-179, 184, 385.

T

Tanzi, Calisto : 304.
TCI : 114, 127, 129, 144.
Teeside power plant (centrale) : 71.
Telecom Développement : 95.
Télécommunications :
– Batailles : 44, 50, 242.
– Boucle locale : 121, 122, 146, 153.
– Dérégulation : 10, 16, 94, 118-119, 123, 134-135.
– Économie du secteur : 10, 117-119, 125, 225, 234, 253, 266, 351.
– Interurbain : 121-123, 153, 378.
– Opérateurs alternatifs : 94, 109.
– Organisation du marché : 10, 15, 22, 29, 31, 97, 111, 113, 120, 126, 131, 135, 224-225, 236, 241-242, 266.
– Régulation : 27, 146, 215.
Téléphonie mobile :
– Acteurs : 18, 31, 37, 85, 95, 97, 108, 229, 264-265, 268.
– GSM : 31, 125.
– UMTS, 3 G : 96, 111, 147, 236, 241.
Tennessee Valley Authority : 53.
Thaler, Richard : 245.
TIAA-Cref : 254.
Titrisation : 161, 171-173, 179, 374, 379, 386.
T-Online : 155.
TotalFinaElf : 349.
Trading : 14, 17, 48-49, 60-61, 67-71, 74, 76-77, 151, 162-165, 181-184, 274, 277, 290, 293-294, 304.
Transco : 56-57.
TV à péage : 88, 109, 152, 197, 227.
Tversky, Amos : 260-262.
Tyco : 10, 14, 302.

U

Unisource : 126.
United States Filter corporation (USFilter) : 86.
UMG (Universal Music Group) : 198, 206, 281.
Universal studio : 198, 206, 210, 281.
US Gaap : 280, 282, 353, 361, 363, 372.
US West : 139-140.
USA Interactive : 22.

Utilities (services publics en réseau) : 14, 51-55, 62-66, 68, 75, 77, 87, 159, 322, 371, 377.

V

Vail, Théodore : 50.
Venture capital : 175, 235, 237.
Viénot, Marc : 30, 286, 290, 296, 351-352.
Vinik, Jeffrey : 234, 248.
Vishny, Robert : 261.
Vivendi : 9, 13-15, 17-18, 21-23, 25, 27, 29, 31, 33, 35, 37, 39, 41, 43, 45, 74, 75, 79, 81, 83-87, 89, 90-93, 95- 97, 99, 100- 109, 151, 152, 154-155, 197-227, 229, 231, 273-274, 277-279, 281-299, 304-306, 312, 324, 328-329, 335, 340, 349, 365, 377, 379, 393, 394, 396.
Vivendi Environnement : 43, 74, 86, 104, 199, 201, 219, 220-222, 224, 229, 278, 281, 283-284, 286, 288-289, 296-297.
Vivendi Water : 219.
Viventures : 101, 107.
Vizzavi : 97, 98, 102, 105-109, 152, 200, 207-208, 229, 278, 282, 323, 394.
VU (Vivendi Universal) : 13-18, 205, 208-210, 212, 224, 228-229, 277, 280, 303, 305.

W

Wal-Mart : 48, 114, 185.
Wanadoo : 99, 102, 146, 221.
WAP (Wireless Access Portal) : 96, 108.
Waste Management : 86.
Waxman, Henry : 61.

Web-EDI : 272.
Wessex Water : 75.
Western Electric : 122.
Wien, Byron : 247.
Wi-fi : 147-148.
Williams Cos. : 70, 162-163.
Wolak, Frank : 68.
Worldcom : 7, 9, 10, 14-15, 123, 127, 129, 273, 278, 292, 299, 302, 304, 310, 312, 319, 326, 329, 360, 371, 372, 377, 378.
www (world wide web) : 118, 237, 241.

Y

Yahoo! : 97, 101, 105, 107, 108, 114, 151, 199, 234, 240, 250, 251.

Z

Zingales, Luigi : 12, 160, 175, 177, 336.

Table

Introduction 7

**1 – Avant Vivendi (1)
Il était une fois la Générale des eaux** 21

    Une entreprise centenaire à l'origine du modèle
de la concession de service public 23
    De l'eau au cycle de l'eau 25
    De l'eau aux services publics urbains : l'intégration
par les réseaux politiques locaux 26
    Le câble, les télécoms et la télévision 27
    Hors de France : début timide de l'internationalisation ... 32
    L'immobilier 32
    Le gouvernement Dejouany 37
    L'adoubement de Messier 39
    La décapitalisation des compagnies d'eau
et le traitement de la crise immobilière 41
    Bulle immobilière, innovation financière
et redéploiement industriel 43

2 – Enron, entreprise phare de la déréglementation électrique 47

Le secteur énergétique américain avant la dérégulation 49
Enron : une entreprise énergétique dérégulée 56
Kenneth Lay et le capitalisme de connivence : 58
La déréglementation de l'électricité en Californie 62
Des espoirs déçus : 64
Enron : Du gaz à l'électricité 67
Un marché manipulé : 68
L'expansion d'Enron 71
De l'énergie aux services publics locaux : l'échec d'Azurix : 74
Conclusion 77

3 – Vivendi (2) – D'impasse en impasse, toujours plus haut 79

La prise d'Havas et la naissance de Vivendi 81
Entrée en matière : 81 – La convergence édition / multimédia : 83 – Environnement : l'autre pôle de Vivendi : 85
Canal + : devenir le champion de la TV payante 88
Le choix de Nethold : 88 – Messier, virtuose du deal : Pathé : 91 L'échec du projet de fusion Canal +/BSkyB : 92
Devenir le champion
des opérateurs alternatifs de télécommunications 94
La tentation Mannesmann : 96
Devenir le champion de l'Internet 97
Surfer sur la vague du net : 100
Sortir des impasses successives : Vizzavi 102
« Vizzavi : plus fort que tous les Yahoo! du monde » : 105
Conclusion 109

4 – La convergence numérique 111

La société de l'information et ses conditions de possibilité 115
L'impact de la déréglementation des télécommunications 118
Les formes historiques de la convergence numérique 130
La recherche de « l'interactivité » : du câble à l'Internet mobile : 131 – Al Gore et la « National Information Infrastructure » : 133 – Delors et le volet néokeynésien de la relance européenne : 134 – France : Les autoroutes de l'information : 136 – Internet ou la convergence réalisée : 139

Scenarii de convergence technologique 143
Les stratégies industrielles de la convergence 149
Conclusion 156

5 – Enron (2) – Innovation financière et arbitrage réglementaire 159

Trading et instruments financiers 162
L'innovation financière 165
Naissance de l'industrie des produits dérivés : 166 – Titrisation et finance structurée : 171 – Le cycle venture capital/private equity/ introductions en Bourse (IPO) : 175 – L'arbitrage réglementaire : 177
Les « special purpose entities » 181
Enron.com : l'entreprise sans actifs 183
De l'innovation financière à la fraude 185
Conclusion 194

6 – Vivendi devient Universal 197

Saut d'obstacles 200
Le sens de la convergence 206
Jean-Marie Messier « media mogul » :
à la conquête des USA 208
Jean-Marie Superstar : 211 – Messier sur son nuage : 213 – Vivendi Universal ou AOL-« Time Water » ? : 218 – L'addiction au « deal » : l'entreprise gaspille ses moyens : 223
Conclusion 228

7 – La bulle numérique 233

Irrational exuberance (1) 236
Le moment Netscape : 237 – Les facteurs structurels : 240 – La convergence numérique : 241 – Un marché à la hausse depuis 1982 : 242 – Un contexte macroéconomique favorable : 246
96-99, Irrational exuberance (2) 247
Les résistances premières de la FED : 247 – Les facteurs structurels : 248 – La nouvelle économie entre prophétisme et regain de la productivité du travail : 249 – La démocratisation du capital-risque : 250 – L'économie industrielle de la finance : 253 – Psychoéconomie et analyse des bulles spéculatives : 257

Irrational exuberance (3) : la nouvelle économie
s'empare de la vieille 263
*AOL-Time Warner : « la grenouille gonflée par la bulle
spéculative absorbe le bœuf »* : 264 – *L'Internet mobile
ou la version européenne de la « nouvelle économie »* : 265
Conclusion : La nouvelle économie 271

8 – La crise : un changement de référentiel 273

L'implosion d'Enron 274
Vivendi Universal : une gestion financière
devenue chaotique 277
Fin de partie 290
Conclusion 298

9 – Brebis galeuses ou failles systémiques ? 301

Enron, Vivendi Universal et Parmalat :
innovation, fraude ou complexité comptable ? 304
Le cycle de la cupidité 306
Conflit d'intérêts 312
Les analystes financiers : 314 – *Les auditeurs comptables* : 320 –
Les agences de notation : 324 – *Les banques d'affaires* : 327
Conclusions 329

10 – La convergence des capitalismes 335

Qu'est-ce qu'un régime capitaliste national ? 337
Un capitalisme sans capitaux adossé à l'État 340
Privatisations : la filière inversée du capitalisme français 345
La Générale des eaux, pilier du capitalisme national 350
La dynamique de convergence des capitalismes 353
*Choc de l'affaire Enron : la convergence des modèles capitalistes
remise en cause* : 355 – *La réponse américaine* : 356 – *La réaction
européenne* : 360

Conclusion 367
Lexique financier 383
Bibliographie 387
Index 393

Cet ouvrage a été composé en Garamond par Palimpseste à Paris.

Impression réalisée sur CAMERON par
BRODARD ET TAUPIN
La Flèche

pour le compte des Éditions Fayard
en septembre 2005

Imprimé en France
Dépôt légal : octobre 2005
N° d'édition : 61854 – N° d'impression : 32005
ISBN : 2-213-62554-9
35-10-2754-6/01